权威·前沿·原创

皮书系列为
"十二五""十三五"国家重点图书出版规划项目

BLUE BOOK

智库成果出版与传播平台

商务中心区蓝皮书

BLUE BOOK OF
CBD

中国商务中心区发展报告 No.6
（2020）

ANNUAL REPORT ON THE DEVELOPMENT OF CHINA'S
CENTRAL BUSINESS DISTRICT No.6 (2020)

CBD：引领中国服务业扩大开放

名誉主编／龙永图　崔小浩
主　　编／郭　亮　单菁菁
副主编／周　颖　武占云

社会科学文献出版社
SOCIAL SCIENCES ACADEMIC PRESS (CHINA)

图书在版编目(CIP)数据

中国商务中心区发展报告. No.6,2020：CBD：引领中国服务业扩大开放/郭亮,单菁菁主编. ——北京：社会科学文献出版社,2020.10
（商务中心区蓝皮书）
ISBN 978-7-5201-7444-2

Ⅰ.①中… Ⅱ.①郭… ②单… Ⅲ.①中央商业区-研究报告-中国-2020 Ⅳ.①F72

中国版本图书馆CIP数据核字（2020）第198527号

商务中心区蓝皮书
中国商务中心区发展报告No.6（2020）
——CBD：引领中国服务业扩大开放

名誉主编 / 龙永图 崔小浩
主　　编 / 郭亮 单菁菁
副 主 编 / 周颖 武占云

出 版 人 / 谢寿光
责任编辑 / 薛铭洁 陈颖

出　　版 / 社会科学文献出版社·皮书出版分社（010）59367127
　　　　　　地址：北京市北三环中路甲29号院华龙大厦 邮编：100029
　　　　　　网址：www.ssap.com.cn
发　　行 / 市场营销中心（010）59367081　59367083
印　　装 / 天津千鹤文化传播有限公司

规　　格 / 开　本：787mm×1092mm　1/16
　　　　　　印　张：23　字　数：345千字
版　　次 / 2020年10月第1版　2020年10月第1次印刷
书　　号 / ISBN 978-7-5201-7444-2
定　　价 / 158.00元

本书如有印装质量问题，请与读者服务中心（010-59367028）联系

▲ 版权所有 翻印必究

《中国商务中心区发展报告》编委会

顾　　问　　王　灏　文　献　张宇祥　闵师林　代小红
　　　　　　　张俊勇　查显春　唐　锋　黄昊明　李　昂
　　　　　　　周军营　谢　果　杨春晖　郭明富　高　峰
　　　　　　　许佳锋　冯向阳　娄承斌　王　英　林正航
　　　　　　　张冀瑞　刘学礼　王　其　蒙建群　易　鑫
　　　　　　　刘锦易

名誉主编　　龙永图　崔小浩

主　　编　　郭　亮　单菁菁

副 主 编　　周　颖　武占云

编　　委　　张　馨　耿　冰　王　菡

合作机构　　（以下按拼音首字母排序）
　　　　　　　北京通州运河商务区
　　　　　　　北京商务中心区
　　　　　　　长沙芙蓉中央商务区
　　　　　　　重庆江北嘴中央商务区
　　　　　　　重庆解放碑中央商务区
　　　　　　　大连市人民路中央商务区

广州市天河中央商务区
广州市琶洲商务区
杭州钱江新城
杭州市拱墅区运河财富小镇
杭州武林中央商务区
济南中央商务区
南宁市青秀区金湖中央商务区
南京河西中央商务区
宁波南部商务区
上海虹桥商务区
上海陆家嘴金融城
深圳福田中央商务区
四川天府总部商务区
天津河西商务中心区
天津市意风区中央商务区
武汉中央商务区
西安市碑林区长安路中央商务区
银川阅海湾中央商务区
郑州郑东新区中央商务区
珠海十字门中央商务区

主要编撰者介绍

郭　亮　北京商务中心区管理委员会常务副主任，曾担任北京奥林匹克森林公园建设管委会、北京市朝阳区发展和改革委员会的领导职务，长期从事城市与区域经济发展研究，具有丰富的实践管理经验。

单菁菁　中国社会科学院生态文明研究所研究员、博士生导师，中国城市经济学会常务副秘书长。主要从事城市与区域可持续发展、国土空间开发与治理、城市与区域经济、城市与区域管理等研究。先后主持国家社会科学基金项目，中国社会科学院重大课题、国际合作课题，国家各部委课题等60多项，出版专著3部，主编著作13部，参与14部学术著作和《城市学概论》《环境经济学》等研究生重点教材的撰写工作，先后在国内外学术期刊和《人民日报》《光明日报》《经济日报》等发表论文或理论文章100多篇，向党中央、国务院提交的政策建议多次得到国家领导人的批示，获得各类科研成果奖15项。

周　颖　北京商务中心区管理委员会发展处处长，先后从事金融产业发展和商务区发展研究工作，具有丰富的实践经验。

武占云　中国社会科学院生态文明研究所副研究员、博士，主要从事城市与区域经济、国土空间开发与治理研究。在国内外核心期刊发表中英文学术论文30余篇，撰写研究报告20余篇。先后主持或参与完成了十多项科研项目，包括国家社会科学基金4项、国家自然科学基金3项、教育部人文社会科学项目1项、博士后基金1项、中国社会科学院中英研究项目1项、中国社会科学院青年中心基金1项。

摘　要

经济服务化和服务全球化是世界经济发展的重要趋势，服务业的对外开放深刻影响着一国经济发展水平和国际竞争力的提升。新时期，持续深化服务业对外开放、深度参与全球服务业价值链重构、提升中国服务业国际竞争力是 CBD 发展的重要方向。

《中国商务中心区发展报告 No.6（2020）》以"CBD：引领中国服务业扩大开放"为主题，基于国际贸易格局变化、中国全面深化改革和扩大对外开放的战略背景，准确研判全球服务业和服务贸易发展趋势及规则演变态势；系统分析国家服务业扩大开放的重点领域和政策走向；梳理总结各地 CBD 服务业扩大开放的进展、成效和问题，研究提出促进 CBD 服务业扩大开放的总体思路、重点任务及对策建议。本书总体框架包括总报告、重点领域篇、创新发展篇、体制机制篇、国内案例篇、国际经验篇和大事记等 7 个部分。

本书指出，随着改革开放的深入推进，中国服务业深度融入全球经济，CBD 作为服务业重要聚集区，始终坚持改革先行、开放先行和创新先行，服务业开放结构不断优化，利用外资规模持续扩大，开放领域不断拓展，开放制度环境逐渐完善，有力提升了"中国服务"在全球价值链中的地位。然而，中国 CBD 在服务业开放结构、开放领域和开放规则方面与世界一流 CBD 仍存在较大差距，同时面临着世界经济深度衰退、国际经贸环境不确定性增加等带来的诸多风险和挑战。一是全球经贸格局变化的不确定性带来风险与挑战，二是中国服务贸易法律法规的不完善蕴涵潜在风险，三是贸易投资便利度与国际领先水平尚存差距，部分服务业领域外资准入壁垒依然较高，四是服务业开放结构亟须优化提升。未来，CBD 在促进中国服务业对

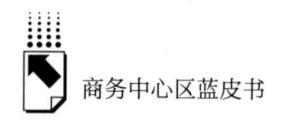

外开放、参与新一轮经济全球化中将承担着更加重大的责任与使命。

本书还指出，随着世界经贸格局的深度调整，第四次工业革命的加快兴起，以数字技术推动服务贸易创新融合发展、以制度型开放推动服务业高水平开放、以单一增长目标主导转向兼顾经济与社会平衡发展成为全球服务业开放的重要趋势。CBD作为中国服务业开放的前沿阵地，应紧跟全球经贸发展的新趋势和新机遇，加大服务业制度型开放力度，多元探索新兴服务业开放；坚持对内和对外双向开放，加快形成国际国内"双循环"发展的引擎；着力优化国际化营商环境，全面提升服务贸易便利化水平；全方位完善服务业开放促进机制，加快推进服务业在更大范围、更深层次和更高标准上与国际先进制度规则接轨，打造新时期中国对外开放前沿阵地。

关键词： CBD 服务业 扩大开放 服务贸易 营商环境

目　录

Ⅰ 总报告

B.1 深化CBD服务业扩大开放：进展、挑战与应对
　　…………………………………………… 总报告课题组 / 001
B.2 2019年中国CBD发展评价 …………………… 总报告编写组 / 045

Ⅱ 重点领域篇

B.3 CBD服务贸易发展的现状、问题与对策 ………… 张　宇 / 066
B.4 CBD金融服务业开放的现状、问题与对策研究
　　………………………………………… 王广凯　张卓群 / 089
B.5 CBD文化创意产业开放的现状、问题与对策研究
　　………………………………………… 仇晓洁　王　月 / 102
B.6 CBD科技服务业开放的现状、问题与对策 ……… 张卓群 / 115

Ⅲ 创新发展篇

B.7 推动CBD数字贸易发展的思路与对策研究 …… 周　济　李培序 / 128

B.8 中央商务区跨境电商商业模式创新研究 ………………… 黄景贤 / 144

B.9 促进CBD知识产权服务业对外开放的路径与对策研究
　　……………………………………………………… 袁金星 / 159

Ⅳ 体制机制篇

B.10 CBD服务业扩大开放中的知识产权保护对策研究
　　…………………………………………………………… 牛　强 / 174

B.11 CBD服务业扩大开放中的风险防范研究
　　………………………………… 赵家章　刘　煊　苏　雅 / 189

B.12 服务业扩大开放需求下CBD国际人才体系构建研究
　　——基于双因素理论的分析 ……………… 邬晓霞　黄　艳 / 203

Ⅴ 国内案例篇

B.13 开放创新：北京CBD发展实践路径评析 ……………… 张　杰 / 220

B.14 上海服务业开放的现状、问题及未来发展方向研究 …… 张鹏飞 / 235

B.15 陆家嘴金融城国际品牌体系建设研究 …… 陈歆磊　周海东 等 / 250

B.16 广州天河中央商务区服务业开放的实践探索与战略选择
　　………………………………… 武占云　张双悦　于冰蕾 / 268

Ⅵ 国际经验篇

B.17 伦敦金融城金融服务业开放和国际化发展 …………… 王晓阳 / 282

B.18 墨尔本中央商务区服务业开放与创新发展研究 ……… 吴　昊 / 296

Ⅶ 大事记

B.19 2019年CBD发展大事记 ………………………………… / 313

Abstract ………………………………………………………… / 333
Contents ………………………………………………………… / 336

皮书数据库阅读使用指南

总报告

General Reports

B.1
深化CBD服务业扩大开放：
进展、挑战与应对

总报告课题组*

摘　要： 随着改革开放的深入推进，中国服务业深度融入全球经济，CBD作为服务业重要聚集区，始终坚持改革先行、开放先行和创新先行，服务业开放结构不断优化，利用外资规模持续扩大，开放领域不断拓展，开放制度环境逐渐完善，有力提升了"中国服务"在全球价值链中的地位。然而，当前中国CBD在服务业开放结构、开放领域和开放规则方面与世界一

---

* 单菁菁，中国社会科学院生态文明研究所研究员、博士，研究方向为城市与区域可持续发展、国土空间开发与治理、城市与区域经济、城市与区域管理等；武占云，中国社会科学院生态文明研究所副研究员、博士，研究方向为城市与区域经济、国土空间开发与治理等；邬晓霞，首都经济贸易大学城市经济与公共管理学院副教授、硕士生导师，研究方向为区域政策、城市与区域发展；黄艳，首都经济贸易大学硕士研究生，研究方向为区域政策、城市与区域发展。

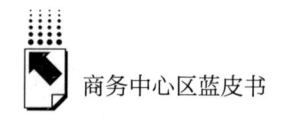

流CBD仍存在较大差距，同时也面临着世界经济深度衰退、贸易保护主义和单边主义抬头、新冠肺炎疫情防控常态化、"逆全球化"思潮加剧、国际经贸环境不确定性增加等带来的严峻挑战。面对新形势和新挑战，本报告提出，CBD应坚持对内和对外双向开放，加快形成国际国内"双循环"发展的引擎；加大服务业制度型开放力度，多元错位探索新兴服务业开放；着力优化国际化营商环境，全面提升服务贸易便利化水平；全方位完善服务业开放促进机制，打造新时期中国对外开放前沿阵地。

关键词： CBD　服务业　扩大开放　服务贸易　营商环境

经济服务化和服务全球化是世界经济发展的重要趋势，服务业的对外开放深刻影响着一国经济发展水平和国际竞争力的提升。随着中国改革开放的深入推进，中国服务业深度融入全球经济。CBD是中国服务业集聚的最主要载体和平台，各地CBD基于自身产业基础和国际化优势，紧紧围绕自由贸易试验区、"一带一路"倡议和服务业扩大开放试点等国家对外开放战略，积极有序推进服务业深层次改革、高水平开放和全方位创新，服务业开放结构不断优化、开放领域不断拓展、开放规则逐渐与国际接轨，有力提升了"中国服务"在全球价值链中的地位，也为全球服务业和服务贸易发展注入新动能。与此同时，由于第四次工业革命的深刻影响、大国竞争与博弈的日益加剧、新冠肺炎疫情的全球传播、贸易保护主义和"逆全球化"思潮泛起等，世界政治经济格局正在加速分化与重构，中国服务业进一步开放既面临新困难、新挑战，也迎来新机遇与新优势。未来，持续深化服务业对外开放、深度参与全球服务业价值链重构、提升中国服务业国际竞争力，既是CBD经济发展规律使然，也是国家对外开放的战略要求。

一 中国CBD服务业对外开放的进展与成效

改革开放以来,中国服务业的对外开放经历了由小范围试点到大范围、实质性开放,由逐步放开服务产品市场、服务要素市场到大幅放宽市场准入的发展历程。2019年,中国服务业占国民经济比重达到53.9%,服务业占外商投资比例达到68.1%,服务贸易进出口总额位列全球第二,中国服务业对外开放实现了跨越式发展。在这一跨越式发展过程中,CBD作为服务业重要聚集区,始终坚持改革先行、开放先行和创新先行,服务业开放结构不断优化,开放领域不断拓展,服务业深层次改革有序推进,开放制度环境逐渐完善,为引领中国服务业深度融入全球价值链做出了积极贡献。

(一)服务业高水平开放全面推进,国际高端要素加快集聚

在经济全球化背景下,扩大服务业开放是大势所趋。党的十八大以来,服务业逐渐成为中国经济增长的重要推动力,党的十九大报告进一步指出,要"放宽服务业准入限制""扩大服务业对外开放",扩大服务领域对外开放成为新时期中国对外开放的重中之重。从国际经验看,服务业和服务贸易是经济发展的重要组成部分,进一步放宽服务业市场准入和促进服务贸易创新发展是扩大服务业对外开放的重点领域。2019年中国服务贸易进出口总额达5.41万亿元(合7434亿美元),连续五年保持服务贸易全球第二。在国家服务业对外开放战略部署下,CBD率先实行准入前国民待遇加负面清单管理制度("准负模式"),持续放宽服务业外资市场的准入限制,减少对外资投资企业开展业务的限制,积极探索金融、商务服务、文化创意、科技研发等服务业领域的对外开放,CBD外资利用规模稳中有进,全球功能性机构不断集聚,服务贸易竞争力不断增强,为中国深度参与全球服务业价值链重构创造了良好条件。

1. 外资利用规模稳中有进

各地CBD紧抓自由贸易试验区、"一带一路"倡议和服务业扩大开放试点等国家对外开放政策,进一步放宽市场准入,大幅缩减外商投资负面清

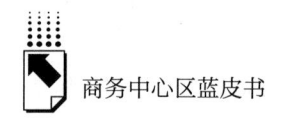

单,提升投资便利化程度,服务业吸引外资能力持续增强,外资企业数量稳步增长,规模质量不断提升。2019年,在国际跨境投资整体震荡低迷的背景下,中国各地CBD外资利用规模仍保持稳中有进的态势。北京、广州、深圳和杭州等一线城市CBD的外资利用规模处于绝对领先地位,均超过了6亿美元;其次是上海虹桥CBD和长沙芙蓉CBD,外资利用规模均超过2亿美元(见图1)。从增速来看,大连人民路CBD、宁波南部CBD和南京河西CBD外资利用总额虽然仅有1亿美元,但与2018年相比分别上升了409%、193%和42.86%,呈现良好的增长态势。北京CBD作为首都乃至全国涉外资源最为集聚的区域,凭借其独特的区位优势、成熟的市场环境和便利的投资环境,2019年外资利用总额超过40亿美元,新注册外资企业超过600家,外企总数超过1万家,外资企业税收近450亿元。

即便是在国际贸易摩擦和新冠肺炎疫情对全球经济造成极大冲击的情况下,我国各地CBD对外资的吸引力也未减弱。2020年第一季度北京CBD新增外商投资企业达到60家,特别是全球知名投资公司——橡树资本全资子公司Oaktree(北京)完成工商注册,成为新版《中华人民共和国外商投资法》正式实施后的第一家在京注册的外资私募机构。2020年1~7月,上海陆家嘴金融城实到外资逆市上扬,完成15.69亿美元,同比增长24.3%;新引进外商直接投资合同项目233个,包括7家跨国地区总部,呈现稳中有进、稳中向好的发展态势。

2. 服务业重点领域加快开放

(1) 金融服务业

改革开放以来,中国金融开放水平不断提升,国家层面不断推出金融开放新举措,金融对外开放步伐明显加快、成效显著,从法律法规的完善到具体落地实践,开放的广度和深度不断拓展。作为金融业高度集中的区域,各地CBD紧紧抓住自由贸易试验区、服务业扩大开放试点等机遇,深入贯彻落实国家和地区的金融开放政策,促进和提升了中国金融业的整体开放水平,CBD成为中国金融业扩大开放的排头兵和主阵地。陆家嘴金融城作为全国唯一以金融贸易为功能特色的国家级开发区,积极贯彻落实中央关于金

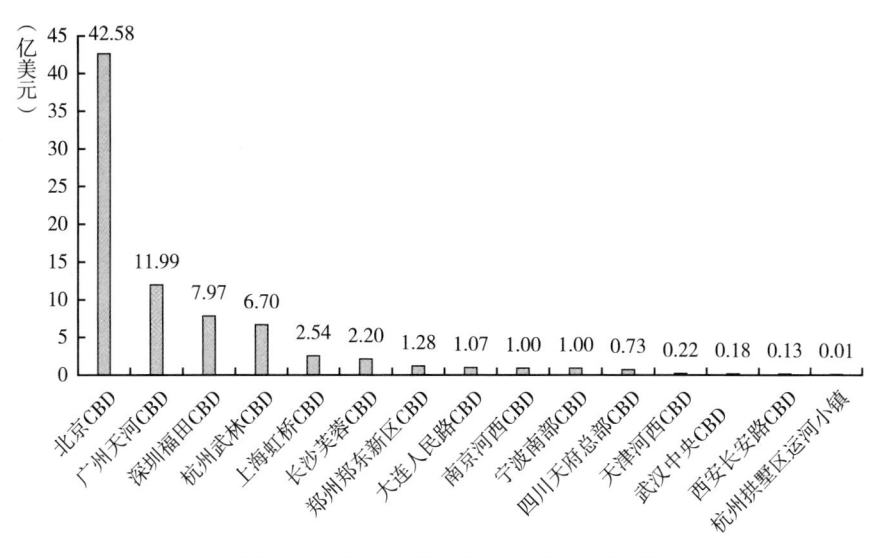

图 1 2019 年中国部分 CBD 外资利用规模

说明：北京 CBD、广州天河 CBD、深圳福田 CBD、上海虹桥 CBD、长沙芙蓉 CBD、天津河西 CBD 和西安长安路 CBD 为 2018 年数据，上海虹桥 CBD 为核心区 15 平方公里范围统计数据。

资料来源：中国商务区联盟提供数据。

融服务业全面对外开放的战略部署和"上海对外开放 100 条""上海市扩大金融业开放 25 条""国务院金融稳定发展委员会办公室金融业进一步对外开放 11 条"等政策措施，紧紧围绕加快建设国际一流金融城的目标，重点发展全球资管、金融科技、融资租赁等优势产业，着力引进外资持牌类金融机构，汇集国内外银行、证券、保险等传统金融服务业的巨头企业和新兴金融机构数量超过 6000 家，围绕金融特色构建起的专业服务机构超过 3000 家。广州天河 CBD 紧抓粤港澳大湾区建设机遇，着眼于建设辐射东南亚、服务"一带一路"的金融枢纽，打造大湾区金融服务业国际化的桥头堡和新坐标，加强服务外资金融机构、支持外资金融机构深度参与大湾区经济社会发展，吸引了大量外资银行入驻。截至 2019 年，广州市 34 家外资银行中有 33 家坐落在天河 CBD，其中包括安联保险、渣打银行、花旗银行等国际巨头，金融服务业的辐射深度和发展广度不断拓展。重庆江北嘴 CBD 作为中国（重庆）自由贸易试验区的重要片区和中新（重庆）战略性互联互通

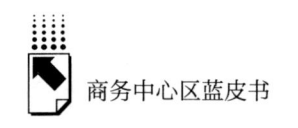

示范项目的重要承载区，积极推动国际商业贷款、赴新发债、银团贷款和融资租赁等跨境融资项目落地，争取具有离岸银行业务资格的机构开展离岸金融结算、本外币资金集中运营管理、跨境人民币结算、跨境电子商务结算等业务，至2019年底重庆江北嘴CBD已聚集金融机构251家，其中全国及区域性金融总部机构89家，传统金融机构96家，金融业态不断丰富，内陆金融开放高地的作用进一步凸显。

（2）科技服务业

全球一流CBD均拥有专业化、国际化的科技服务业，CBD也是中国科技服务业创新发展和对外开放的阵地。陆家嘴金融城通过推动商业银行等金融机构为科技企业提供自由贸易账户、境外本外币融资等金融创新服务，支持条件成熟的银行业金融机构探索开展投贷联动融资服务试点，推动股权投资企业开展境内外双向投资等具体措施，致力于通过金融创新服务科技创新，打造全球科技金融中心。至2019年底，陆家嘴金融城已集聚了280余家金融科技企业。2020年，陆家嘴金融城进一步筹备建设陆家嘴金融科技研究院和陆家嘴金融科技展示中心，汇集金融监管机构、金融基础设施、金融科技企业三方力量，不断推动金融科技服务创新。郑州郑东新区CBD是近年来我国中部CBD崛起的典型代表，它将科技服务与金融服务、高端商务、国际会展一起确立为重点发展的四大产业，通过建设国家科技服务业集聚区，推进科技服务业创新发展，搭建科技创新创业服务平台，加快科技创新扶持转化，已经形成传统金融业、财务公司、要素市场、股权投资、互联网金融等十余种业态融合发展态势，吸引了中原云数据中心、世导大数据中心等龙头企业落户。

（3）文化产业

中国加入WTO后逐步放开文化对外市场，文化产业由"相对封闭"向"逐步开放"转变，各地CBD是文化产业对外开放和创新发展的重要实践区。例如，宁波南部CBD拥有国家级文化广告产业园，目前已经形成了广告创意设计、广告媒体发布、品牌策划营销、互联网和新媒体、影视制作等高端和新型业态，2019年外资利用总额达到9962万美元，引入总部型企业共计23家。北京CBD是全国首个国家文化产业创新实验区的核心区域，聚集了人民日报社、中央电视台、北京电视台、华尔街日报、路透社、美联社等近200家国内国际新闻机构,中外资文化总部企业92家,其中有16家企业和10个项目被认定为2019~2020年度国家文化出口重点企业和重点项目,分别占北京市的40%和56%;同时,北京CBD积极推进"文化+科技"融合发展,吸引了全国首个国家级5G新媒体平台——央视频道以及掌阅科技、罗辑思维、影谱科技、果壳互动等行业领军企业落户。2020年9月,北京市发布《关于加快国家文化产业创新实验区核心区高质量发展的若干措施》,从激发文化活力、优化空间承载、构建文化生态、扩大开放融通4个方面出台18条政策,为北京CBD在文化产业高水平开放领域进行更多先行先试探索进一步创造了条件。

专栏1 上海陆家嘴金融城诞生全国多个第一

借助自贸试验区外商投资准入措施和金融业、现代服务业扩大开放的契机,陆家嘴金融城积极推动一批涉及金融服务、航运服务、专业服务、社会服务等领域的扩大开放举措落地。比如,吸引了全国第一家以"先照后证"方式设立的持牌金融机构、全国第一家再保险经纪公司、全国第一家CEPA项下的合资全牌照券商、全国第一家航运财产保险公司落户,全球最大的国际船管公司(威仕)等8家外商独资船管公司入驻陆家嘴;推动全国第一家外商独资营利性非学制类职业培训机构开业并在全球首次推出创新业务,全国第一家中外律师事务所联营办公室设立在陆家嘴。2018年以来,陆家嘴金融城积极贯彻落实中央关于金融服务业全面对外开放的战略部署和"上海对外开放100条""上海市扩大金融业开放25条""国务院金融稳定发展委员会办公室金融业进一步对外开放11条"等政策措施,紧盯外资持牌类金融机构项目进展,全力服务外资金融机构开展业务,韦莱保险经纪有限公司(全球三大保险经纪商之一)、怡和保险经纪有限公司(世界500强企业怡和集团成员公司)先后成为全国第一家、第二家获准扩展经营范围的外资保险经纪机构;渣打银行获批证券投资基金托管资格,成为全国首家被中国证监会授予该资格的外资银行。

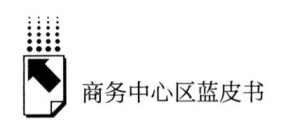

3. 全球功能性机构高度集聚

从全球经济结构的演进规律来看，服务业主导的经济结构转型和变革已经成为一种重要趋势，国际产业转移和资本流动逐渐以制造业为主转向以服务业为主，在这一过程中，全球功能性机构的布局深刻影响着全球服务业价值链的构建，进而影响着服务业的全球竞争力。吸引具有全球资源配置能力的功能性机构集聚成为全球CBD竞相发展的重要方向。经过改革开放四十多年的发展，中国CBD已经成为全球跨国公司、企业总部、国际组织与机构以及会计、法律、咨询等国际高水平专业服务业的主要汇聚地，引领CBD所在的城市、区域乃至国家参与全球服务业竞争。

2019年，上海陆家嘴金融城的总部企业和世界500强企业数量分别达到600家和340家，居全国CBD首位（见图2）。同时，吸引了全球58家国际知名资管机构在陆家嘴设立了80家各类外资资管机构，其中全球资管规模前十的有9家；全国22家已获得私募管理人资格的外资独资资管公司有20家在陆家嘴落户；全国6家获批投资咨询业务资格的外资资管机构，有5家位于陆家嘴，陆家嘴金融城已成为全球资管机构在华的重要集聚地和展业地。北京CBD中心区总部企业数量达到428家，拥有世界500强企业170家，占北京市的70%左右，是全国世界500强企业和跨国公司地区总部集中度最高的区域之一，三大国际评级机构均落户北京CBD；与此同时，北京CBD还聚集了北京市70%的国际金融机构、90%的国际传媒机构、80%的国际组织和国际商会以及近100%的外国驻华使馆（除俄罗斯），已经成为具有世界水准的国际会议目的地、外资机构进驻中国的首选地和信息国际传播的枢纽。广州天河CBD拥有超过200个世界500强项目，广州市70%的持牌金融机构和97%的外资银行，上交所南方中心和渣打银行大湾区中心先后落户于此；集聚了广州市主要的人力资源机构、四大会计师事务所、五大国际地产行、全市营收排名前十的所有律师事务所，以及54家外国领事机构（占比超过全市80%）。

深圳福田 CBD 和四川天府总部 CBD 的总部企业占区域内企业总量的比例最高，分别达到 4.21% 和 3.17%。深圳福田 CBD 的持牌金融机构总部占深圳市的 67%，物流企业总部和安防企业总部均占深圳市的 70%；在专业服务机构方面，福田 CBD 聚集了全市超过 50% 的会计师事务所和专利代理机构，成为粤港澳大湾区的重要引擎和总部集聚地。四川天府总部 CBD 紧抓中国（四川）自由贸易试验区和"一带一路"建设机遇，积极筹建四川市州总部产业联盟，探索"总部＋基地""研发＋生产"的产业合作模式，已经引进 39 家总部企业和 11 家世界 500 强企业。

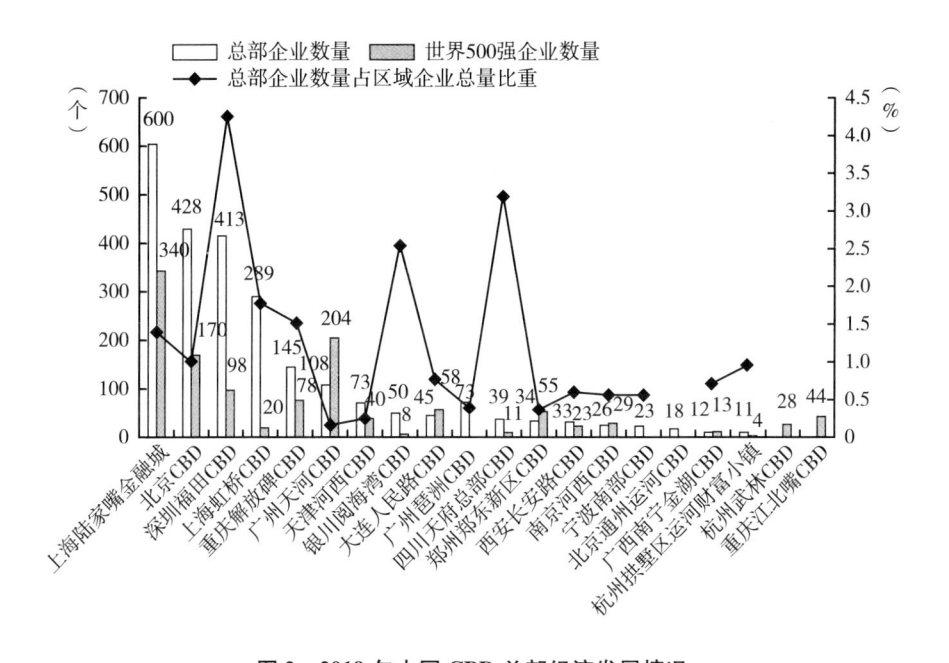

图 2　2019 年中国 CBD 总部经济发展情况

资料来源：中国商务区联盟提供数据。

（二）服务业全方位创新逐渐深化，服务贸易业态创新成为亮点

以人工智能、大数据、物联网等新技术引领的第四次工业革命深刻影响

着服务业结构和业态的演进，同时大大提高了服务的可贸易性，为世界各国开展更广泛的、更深入的服务贸易提供了技术条件。中国CBD紧抓全球贸易格局演变和全球技术变革机遇，积极推进数字技术对产业链价值链的协同与整合，全面促进金融、科技、文化等领域的高水平开放，数字服务、知识产权等新兴服务业态加快发展。

1. 服务贸易竞争力不断增强

作为国际经贸活动的新兴领域，服务贸易在全球范围内的发展方兴未艾。中国各地CBD紧抓国家"服务业扩大开放综合试点"和"服务贸易创新发展试点"等政策，围绕金融服务、科技服务、文化创意、数字贸易、商务服务、知识产权服务等领域，不断优化服务贸易结构、提升服务贸易能级和贸易辐射能力[①]。上海陆家嘴金融城依托上海自由贸易试验区的先行先试政策，率先发布全国首份跨境服务贸易负面清单，进一步明确跨境服务贸易定义、管理与开放的基本原则，并建立负面清单管理模式，形成了覆盖服务贸易主体、市场、平台、政策全链条的促进体系，涉及金融、科学研究和技术服务业、租赁和商务服务、软件与信息等13个门类和31个行业大类。目前，陆家嘴金融城已经实现金融服务、航运服务、专业服务、社会服务等多个领域的扩大开放举措落地实施。上海虹桥CBD依托虹桥综合交通枢纽和国家会展中心两大功能体，不断提升贸易规模、贸易能级和贸易辐射能力，探索以保税展示交易、跨境电商＋进博会政策延伸组合为框架的制度创新和商检通关流程再造，以商品准入、保税展示等贸易便利化措施促进进口贸易放量发展；依托虹桥海外贸易中心，打造海外主要经济体贸易及投资服务机构、组织集聚地，建立服务海外贸易机构的一站式商办展览的综合服务平台，截至2019年已有约40个国家和地区的贸易机构入驻或即将入驻。广州天河CBD率先落实国家对港澳开放的新举措，推进广东省服务贸易自由化示范基地和广州市服务贸易示范区建设，

---

① CBD属于特殊经济功能区，尚未建立系统性的服务贸易统计制度，故本报告无法对CBD服务贸易的总量和结构进行系统分析，主要采用典型案例分析来反映CBD服务贸易进展情况。

探索研究粤港澳大湾区全面实行服务贸易自由化的重点领域，提出了在金融、法律、医疗、教育、家政服务等领域逐步放松 CEPA "负面清单"的首批 6 条试验性政策措施，广州天河 CBD 已经成为广州市服务贸易种类最全、发展程度最高、辐射效应最广的区域。

2. 数字服务成为新兴增长点

随着第四次工业革命的兴起，大数据、云计算、物联网、区块链、人工智能等新一代信息技术极大地提高了服务可贸易性，服务贸易企业形态、商业模式、交易方式发生深刻变革。各地 CBD 充分利用信息技术和大数据等技术平台对传统贸易和产业发展进行全面赋能和升级改造，数字贸易、数字商贸、跨境电商、电竞产业等数字经济在 CBD 蓬勃发展，成为引领经济发展的新兴增长点。尤其是北京、上海、深圳、杭州等城市在具有先导性的创新产业培育方面取得了显著成效，成为中国独角兽企业分布最多的城市，而这些独角兽企业高度聚集在 CBD 区域内。上海虹桥 CBD 依托长三角电商中心等平台积极推进"全球数字贸易港建设"。广州天河 CBD 依托国家数字服务出口基地，推动数字技术与服务贸易的深度融合，积极搭建跨境科技并购服务平台，努力建设科技并购国别服务节点，截至 2019 年，广州天河 CBD 已拥有数字服务类企业近 2 万家，数字服务出口企业近 400 家，电信、计算机和信息服务出口额达 63 亿元。北京通州运河 CBD 以国家网络安全产业园为重点，积极吸引国内国际新一代信息技术、软件与信息服务、人工智能等产业要素。广州琶洲 CBD 聚焦人工智能与数字经济发展，依托琶洲会展中心，推动"数字+会展+总部"融合创新发展。杭州武林 CBD 推进"数字零售模式创新"，鼓励商贸零售企业开展智能化、场景化改造。银川阅海湾 CBD 依托中阿经贸先行区，建设中阿跨境贸易电商交易平台及支付平台，推动实现跨境贸易的专业化、高效化和便利化，为中阿跨境贸易提供一站式服务。四川天府总部 CBD 围绕文化创意、数字经济、新兴金融等新兴服务业态，引进电竞娱乐、智慧医疗、电音剧场等项目。各地 CBD 推动服务贸易业态创新成为新亮点。

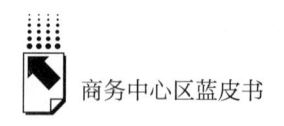

表 1　2019 年中国部分 CBD 数字经济创新发展情况

代表 CBD	数字经济业态和模式	重点内容
上海虹桥 CBD	数字贸易 数字消费	·加快形成联通全球的数字贸易枢纽，打造虹桥商务区"全球数字贸易港"总部集聚功能，打造便利化的数字贸易综合营商环境，建设虹桥商务区数字贸易重点区域 ·加快建设数字贸易企业成长中心，扶持数字贸易场景应用创新，挖掘培育独角兽。建设一批高端数字贸易服务平台与项目，加强对数字贸易发展的金融服务支持 ·加快形成进博会溢出效应转化中心，围绕数字贸易推动展会服务模式创新，打造全球数字贸易展示中心 ·加快建设长三角贸易促进中心，推进一批长三角贸易一体化合作项目，推动长三角与全球城市数字贸易合作
广州天河 CBD	数字服务出口	·依托国家首批数字服务出口基地，推动数字技术与服务贸易的深度融合 ·依托粤港澳大湾区服务贸易自由化基地，搭建跨境科技并购服务平台，努力建设科技并购国别服务节点
北京通州运河 CBD	网络安全产业	·以国家网络安全产业园为重点，积极吸引国内国际新一代信息技术、软件与信息服务、人工智能等产业要素
广州琶洲 CBD	"数字+会展+总部"融合创新	·聚焦人工智能与数字经济发展，推动"数字+会展+总部"融合创新发展；已引入阿里巴巴、腾讯、复星、唯品会等人工智能与数字经济领军企业
杭州武林 CBD	数字商贸 数字娱乐	·推进"数字零售模式创新"，鼓励商贸零售企业开展智能化、场景化改造 ·将跨境贸易小镇及电竞数娱小镇合并为数字经济产业园区，发挥大平台带动效应，推动互联网、大数据、人工智能与五大产业深度融合
银川阅海湾 CBD	跨境电商	·依托中阿经贸先行区，建立中阿跨境贸易电商交易平台及支付平台，为中阿跨境贸易提供一站式服务 ·依托互联网数字经济服务产业园，发展电子商务、云计算、大数据、物联网等新型服务业态，构建智慧产业集群
四川天府总部 CBD	电竞产业	·积极引进文化创意、数字经济等新兴服务业项目，签约新一代电竞娱乐综合体天府量子光项目、神马出行全球总部项目、日本公益财团法人神户医疗产业都市推进机构中国总部项目、成演集团全国总部项目并打造 PLAYHOUSE 国际电音剧场、四川数字金融大厦项目等

资料来源：中国商务区联盟提供数据。

3. 创新创业生态逐渐完善

蓬勃成长的创新生态是 CBD 服务业高水平开放和创新发展的重要保障，

提高原始创新能力、聚集创新资源、提供创新供给是 CBD 提升全球竞争力的重要路径。各地 CBD 基于全球技术变革和创新人才竞争的新形势，通过减负降税、优化产业生态圈、打造众创空间等措施，最大限度地激发创新创业活力。其中，通过市场化机制、专业化服务和资本化途径构建低成本、便利化、全要素、开放式的新型创业空间是各地 CBD 优化创新创业生态的普遍做法。如图 3 所示，北京 CBD、杭州武林 CBD、大连人民路 CBD、西安长安路 CBD、上海陆家嘴金融城、宁波南部 CBD 均拥有国家级的众创空间。北京 CBD 的国家级众创空间数量居首位，共拥有国安龙巢、星库空间等国家级众创空间 9 家，占朝阳区的 50% 以上；拥有优客工场、得到、宝宝树及便利蜂等 12 家独角兽企业，总估值达 156.1 亿元。上海陆家嘴金融城依托国际级众创空间——陆家嘴金融科技产业园，充分发挥丰富的金融科技应用场景优势，深刻分析金融科技企业全生命周期的发展规律，联合业界推出 2.0 版金融科技"陆九条"，分别对接金融科技企业在应用场景、孵化投资、专业服务、技术研发、风险防范、展示交流、人才服务、财政扶持、国际推广等方面的具体诉求，力争打造全球最优金融科技生态圈。南京河西 CBD 依托 3 家省级、8 家市级众创空间，为企业提供"众创空间+创业辅导+资金融通+中介服务+政策对接"的全方面服务。

（三）服务业深层次改革有序推进，多元错位探索成效显著

中国幅员广阔，区域经济发展水平存在梯队差异，各地 CBD 在经济发展基础、制度创新条件和对外开放水平等方面存在较大差异，但各地 CBD 利用自身资源禀赋、地缘政治条件等，紧紧围绕国家"一带一路"倡议以及自贸区、自由港、保税区、国家新区等战略，积极争取全国多项服务业开放政策率先在 CBD 落地，形成了全方位、多元化、高效能和错位发展的对外开放格局。

1. 差异化发展，对外开放模式多样

全国各地 CBD 结合其所在城市在国家战略中的要求和定位，根据发展基础和实际诉求，积极申报中国自由贸易试验区、国家服务业扩大开放综合试点、国家跨境电子商务综合试验区、粤港澳服务贸易自由化示范基地、中新

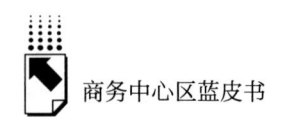

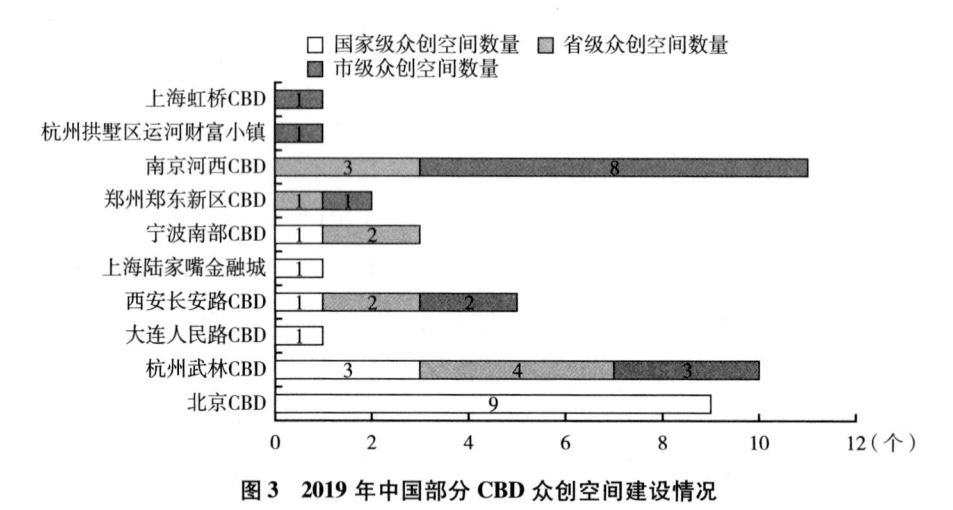

图 3 2019 年中国部分 CBD 众创空间建设情况

资料来源：中国商务区联盟提供数据。

战略性互联互通示范项目等各类对外开放新平台新载体，形成了差异化、多元化的对外开放路径和模式。如表 2 所示，北京 CBD 和北京通州运河 CBD 既是北京市服务业扩大开放综合试点区，也是中国（北京）自由贸易试验区的重要组成部分。上海虹桥 CBD 是国家级现代服务业综合试点区；上海陆家嘴金融城、重庆解放碑 CBD、深圳前海 CBD、珠海十字门 CBD、郑州郑东新区 CBD 和四川天府总部 CBD 等已纳入自贸区范围，广州天河 CBD 是粤港澳服务贸易自由化重点示范基地，杭州武林 CBD 是中国（杭州）跨境电子商务综合试验区，西安长安路 CBD 是丝绸之路经济带上的"经济创新引擎"，银川阅海湾 CBD 则是中阿经贸先行区的重要组成部分，重庆江北嘴 CBD 作为"一带一路"和长江经济带连接点的核心区，既是中国（重庆）自由贸易试验区的重要片区，也是中新（重庆）战略性互联互通示范项目的重要承载区。这些 CBD 在服务业对外开放领域形成了一系列突破性政策创新和制度安排，在助推中国服务业融入全球价值链的过程中承担着重要的示范引领作用。

2. 多元化发展，深入连接全球资源

举办国际性的会议会展、商务活动、文化艺术交流活动是 CBD 快速连接全球市场、提升服务业开放水平的重要举措。无论是位于东部沿海一线城市的 CBD，还是中西部地区的 CBD，紧紧抓住中国国际服务贸易交易会（服贸会）、中国进出口商品交易会（广交会）、中国国际进口博览会（进博会）等

表2　2019年中国部分CBD服务业开放先行先试情况

CBD	先行先试政策	建设重点
北京 CBD	北京市服务业扩大开放综合试点；国家文化产业创新实验区；中国（北京）自由贸易试验区（国际商务服务片区）	按照北京服务业扩大开放综合试点总体方案的要求，放开会计审计、商贸物流、电子商务等领域外资准入限制，鼓励外资投向节能环保、创业投资、知识产权服务等商务服务业，支持外资以参股、并购等方式参与国内商务服务企业改造和重组；为国内企业在全球范围内提供对外投资、融资管理、工程建设等领域的高端咨询服务，搭建"走出去"交流合作平台；落实和探索金融开放政策。按照中国（北京）自由贸易试验区总体方案，国际商务服务片区重点发展数字贸易、文化贸易、商务会展、医疗健康、国际寄递物流、跨境金融等产业
北京通州运河 CBD	北京市服务业扩大开放综合试点；中国（北京）自由贸易试验区（国际商务服务片区）	聚焦文化和旅游，稳妥推进文化服务扩大开放措施，允许在京设立的外商独资经营旅行社试点经营中国公民出境旅游业务（赴台湾地区除外）
上海陆家嘴金融城	中国（上海）自由贸易试验区	探索建立与国际通行规则相衔接的金融制度体系，持续推进投资便利化、贸易自由化、金融国际化和监管制度创新
上海虹桥 CBD	国家级现代服务业综合试点区域；自贸区政策延伸区	围绕"建设虹桥国际开放枢纽，打造国际化的中央商务区和国际贸易中心的新平台"的目标，核心区重点加快集聚总部经济、平台经济、数字经济、创新经济；闵行片区着力推进精品化医疗教育文化居住配套建设；长宁片区大力建设世界领先的航空服务业创新试验区，航空企业、航空机构和航空要素集聚；青浦片区在会展功能基础上拓展贸易和消费功能；嘉定片区正在推进"四新经济"和创新产业先行区建设
广州天河 CBD	粤港澳服务贸易自由化重点示范基地	加强粤港澳在商务服务、金融服务、通信和信息技术服务、教育服务、健康服务、文娱服务、旅游服务、其他专业服务等8个服务领域合作，深化行政管理体制改革，打造国际化、法治化的营商环境
杭州武林 CBD	中国（杭州）跨境电子商务综合试验区	重点打造跨境贸易创新引领区、传统产业嫁接跨境电商服务枢纽区、跨境电子商务集聚区，建设集聚跨境电商总部、O2O国际街区、大通关服务平台、跨境电商众创空间、跨境生活体验综合体等的"跨贸小镇"

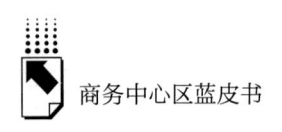

续表

CBD	先行先试政策	建设重点
重庆解放碑CBD、重庆江北嘴CBD	中国（重庆）自由贸易试验区；中新（重庆）战略性互联互通示范项目；国家深化服务贸易创新发展试点	重点在金融创新、总部贸易、保税贸易、对外文化贸易、跨境电商、融资租赁、"互联网+"等方面进行探索和尝试，大力推进投资和贸易便利化，搭建"引进来、走出去"的双向开放平台；以服务贸易为主体，加强中国和新加坡在金融、航空、物流、通信等领域的合作
深圳前海CBD	中国（广东）自由贸易试验区（深圳前海蛇口片区）	重点发展科技服务、信息服务、现代金融等产业，建设我国金融业对外开放试验示范窗口、世界服务贸易重要基地和国际性枢纽港
珠海十字门CBD	中国（广东）自由贸易试验区（珠海横琴新区片区）	重点发展旅游休闲健康、商务金融服务、文化科教和高新技术等产业，建设文化教育开放先导区和国际商务服务休闲旅游基地，打造澳门经济适度多元发展新载体
郑州郑东新区CBD	中国（河南）自由贸易试验区	以促进流通国际化和投资贸易便利化为重点，重点发展金融、高端商务、会展服务和科技服务业，打造对外开放高端服务平台，建设成为"一带一路"倡议核心腹地
西安长安路CBD	丝绸之路经济带上的"经济创新引擎"	重点深化与中亚地区的交流与合作，助推西安市着力打造"一高地六中心"，即内陆改革开放新高地，金融商贸物流中心、先进装备制造中心、能源储运交易中心、文化旅游中心、科技研发中心、高端人才培养中心
四川天府总部CBD	中国（四川）自由贸易试验区	重点发展现代服务业、高新技术、临空经济、口岸服务等产业，建设国家重要的现代高端产业集聚区、创新驱动发展引领区、开放型金融产业创新高地、商贸物流中心和国际性航空枢纽，打造西部地区门户城市开放高地；四川天府总部CBD以国际贸易、航空经济、科技创新、新兴金融等总部经济为主要发展方向
银川阅海湾CBD	国家跨境贸易电子商务试点城市；宁夏内陆开放型经济试验区；银川综合保税区；中阿经贸先行区	重点面向对阿开放，服务中阿贸易，立足建设"一带一路"中阿合作示范区，重点引进基金、证券、信托、担保、离岸金融、资产管理，以及互联网信贷、支付工具等金融电子商务企业；着力打造宁夏保税国际商品展销中心、中阿跨境电商及金融业务的重要平台

资料来源：中国商务区联盟成员以及国家自贸区政策文件。

国家三大展会提供的契机,积极推进国际会议会展、国际商务对话、国际文化交流等高能级的开放载体平台,拓展对外交流渠道,构建多维度、全方位、连接全球的资源网络。例如,2019年,上海虹桥CBD举办了包括中国国际进口博览会、上海国际会展月、"一带一路"名品展、国际手工艺产业博览会、长三角文化博览会等具有国内外广泛影响的品牌展会活动,国际性展览占比达到95%。广州天河CBD依托港澳会展资源优势,整合优化现有会议载体,打造高效服务贸易会议承接配置平台,大力引进国际论坛、学术研讨、行业峰会等高端服务贸易会议。北京CBD立足国际知名研究机构、世界商务区联盟、国际商协会、跨国公司等国际组织和企业,连续多年举办北京CBD国际论坛、国际金融圆桌会、中外跨国公司CEO圆桌会议、中国特色世界城市论坛等国际高端商务文化活动。上海陆家嘴金融城搭建了"国际金融城圆桌会"的有效机制,与伦敦、巴黎、米兰、新加坡、香港等区域建立了常态化的交流平台。四川天府总部CBD依托中国西部国际博览城以及四川承接国家主场外交的核心载体——天府国际会议中心,通过自主策源、境外引育等塑造"天府会展"IP,引进英国英富曼等世界顶级会展机构15个、慕尼黑环保展等UFI认证展会5个,全面提升了西部地区的国际经贸交往水平。广州琶洲CBD是海上丝绸之路重要始发港——黄埔古港所在地,中国外贸第一促进平台——中国进出口商品交易会举办地,先后举办了《财富》全球论坛、世界航线发展大会、"读懂中国"广州国际会议等高端国际性会议。

(四)服务业开放制度环境持续优化,体制机制不断完善

服务业因其独特的轻资产、软要素等特点,更加需要开放、透明、包容、非歧视的制度环境①,党的十九届四中全会提出要"推动规则、规制、管理、标准等制度型开放",为中国CBD促进服务业扩大开放、构建开放型经济体系指明了方向。各地CBD主动对标国际高标准投资贸易规

---

① 习近平总书记在2020年中国国际服务贸易交易会全球服务贸易峰会上致辞。

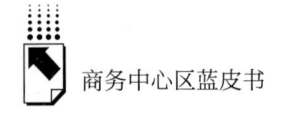

则、着力优化营商环境、加强知识产权保护力度,切实推动了服务业领域的对外开放和制度创新。

1. 对标国际高标准投资贸易规则

各地CBD瞄准国际一流CBD,加快建设国际标准的投资贸易自由化、便利化制度体系,持续放宽服务业外资市场准入限制,减少对外资投资企业开展业务的限制,率先探索跨境服务贸易领域的开放。在放宽市场准入方面,陆家嘴金融城及其所在的上海自贸试验区,率先落实新版市场准入负面清单制度,将负面清单由最初的190项缩减为48项,不断加大核心领域的开放力度;发布全国首份跨境服务贸易负面清单,进一步明确跨境服务贸易定义、管理与开放的基本原则,并建立负面清单管理模式,共列出159项特别管理措施。在投资贸易便利化方面,各地CBD大力深化国家外资企业"一窗受理"改革,实施外企备案管理新规,大幅缩减外企备案事项办理时限;通过商事制度改革、注册资本制度改革和登记制度改革等,调整证照关系,多证合一、证照分离,大大简化了市场准入的环节。

2. 着力优化营商环境

对标国际一流CBD,着力优化政务服务环境是优化营商环境的核心,中国各地CBD通过减少行政审批事项、推动"互联网+政务服务"等,最大限度实现准入环节便利化,既提升了政府服务效率,又为CBD的发展注入新动能和新活力。同时,注重营造国际化人才环境,不断完善人才引进、培育、使用、评价和服务保障等政策,积极建设具有国际竞争力的全方位人才服务体系。例如,上海虹桥CBD整合市、区两级人才服务资源,加快引进具有全球人力资源配置服务能力的市场机构,筹建了虹桥国际人才港,完善人才服务、人事服务、涉外服务、社保办理、公积金事项办理等功能,并设立外国人来华工作许可窗口,开设全国首家企业变更登记与商标申请"二合一"窗口,全面提升国际人才环境竞争力。北京通州运河CBD依托中国北京人力资源服务产业园,开通了外国人工作居留许可业务窗口,为申请工作居留许可的外籍人员提供一站式的高效服务,推动持永久居留身份证的外籍人才在创办科技型企业方面享受国民待遇。武汉江汉区CBD申报建立了国家级人力资源服务产业园,以"集聚产业、拓展服务、创新示范、培育市场"为定位,形成了中高端人才寻访、招聘、培训、薪酬及人力资源外包、人才测评、管理咨询、人力资源信息软件等多位一体的综合人力资源服务产业链。

专栏2　四川天府总部CBD营商环境优化举措

四川天府总部CBD依托自贸试验区建设,组建天府新区海关、自贸区法院、知识产权法庭,优化商事登记流程,推动"证照通"改革试点,率先实现"一件事"全流程"仅跑一次",企业出口退税全流程电子化,外籍人士足不出户签证换补发,着力构建国际一流的营商环境。人才引进方面,自2017年7月实施"天府英才计划"以来,设立10亿元人才发展专项资金,学历落户人数达13.8万,占整个成都市学历落户人数近一半。国际化社区建设方面,借鉴新加坡、广州等代表性CBD功能空间配比,优化提升商业和住宅建筑规模占比。靶向总部办公等就业人群及高学历、高收入、年轻化的居住人群特征,积极构建文化、教育等8大类18项"15分钟生活圈",推动国际化社区以及超2000套人才公寓加快建设,打造吸引城市精英驻留的品质化生活社区。

---

3. 加强知识产权保护力度

知识产权保护是外商进入投资并能够公平参与市场竞争的重要前提,加强知识产权保护是当前中国服务业扩大开放并参与新服务贸易规则制定的现实需要。CBD聚集了金融、商务、科技、文化等众多知识密集型服务机构,既是知识产权侵权多发区,也是知识产权服务需求旺盛区。各地CBD紧密结合市场主体知识产权保护需求,依托国家和所在辖区的相关政策,加快建立查处知识产权侵权行为快速反应机制与知识产权申请集中快速受理通道,着力营造"尊重知识价值的营商环境"。例如,北京CBD依托国家文化产业创新实验区，建立了一系列知识产权服务平台，包括国家版权创新基地、中国版权协会版权监测中心平台、国家文化产业创新实验区知识产权保护中心、北京文化产权交易中心影视产权交易平台、北京朝阳知识产权快捷维权中心等。上海陆家嘴金融城依托中国（浦东）知识产权保护中心，进一步拓展服务领域，建成上海自贸试验区版权服务中心，加大知识产权保护力度。2019年广州琶洲CBD围绕会展和数字经济知识产权服务需求，成立了全国第三家互联网法院——广州互联网法院，建立了行政执法与维权服务良性互动的会展与数字经济知识产权保护中心，以提供更加快速优质的知识产权综合服务，促进会展与数字经济产业发展。2020年，上海虹桥CBD与上海市知识产权局合作成立"上海虹桥商务区知识产权服务窗口"、"中国（上海）知识产权维权援助中心虹桥商务区工作站"，开展专利申请、商标注册受理和知识产权事务咨询服务工作，积极创建上海商标品牌创新创业基地和上海市知识产权试点示范园区，建立完善知识产权管理机构和制度，提升商务区知识产权服务能级。宁波南部CBD充分发挥商标品牌在广告业发展中的服务和推动作用，成立了商标品牌服务中心，为企业提供商标许可、转让、咨询、维权等全维度的商标品牌服务。

北京CBD	上海陆家嘴金融城	上海虹桥CBD	广州琶洲CBD	宁波南部CBD
·国家版权创新基地 ·中国版权协会版权监测中心平台 ·国家文化产业创新实验区知识产权保护中心 ·北京文化产权交易中心影视产权交易平台	·中国（浦东）知识产权保护中心 ·上海自贸试验区版权服务中心	·上海虹桥商务区知识产权服务窗口 ·中国（上海）知识产权维权援助中心	·广州互联网法院 ·会展与数字经济知识产权保护中心	·商标品牌服务中心 ·提供商标许可、转让、咨询、维权等商标品牌服务

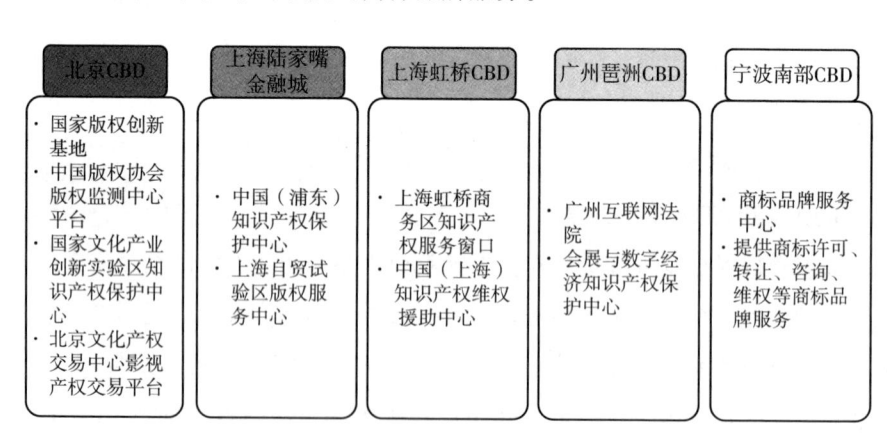

图4　中国部分CBD知识产权保护平台建设情况

资料来源：中国商务区联盟提供的数据。

二 中国CBD服务业对外开放面临的问题与挑战

受中国服务业对外开放壁垒相对较高、自由化进程相对滞后的整体环境影响，中国CBD在服务业开放结构、开放领域和开放规则方面与世界一流CBD仍存在较大差距，同时面临着全球经贸摩擦带来的诸多风险和挑战。未来，中国CBD在促进中国服务业对外开放、参与新一轮经济全球化中将承担着更加艰巨的任务与使命。

（一）全球经贸格局变化带来的风险和挑战

改革开放以来，中国CBD在服务业扩大开放、推动市场经济改革中发挥了重要作用。然而，在全球经贸摩擦升级、世界经济严重衰退、国际需求大幅萎缩的复杂背景下，全球价值链从快速扩张走向稳健布局，中国CBD服务业进一步开放的形势严峻复杂。一是全球经贸格局变化的不确定性带来风险与挑战。中国CBD聚集了大量总部型企业、金融服务机构、国际组织等全球功能性机构，产业发展将不可避免地受到国际经贸格局变化的深刻影响，而中国CBD现行的体制性制度性安排与国际经贸格局规则重构等新要求新形势仍不相适应，中国CBD需紧密关注全球经济形势变化，重点防范化解重大风险，有效应对全球市场波动。二是服务贸易法律法规不完善蕴含潜在风险。中国现行的服务贸易法律法规体系仍不完善，尤其在数字贸易、科技金融等新兴领域，因此，法律与监管体系能否接轨国际高标准规则是服务业扩大开放中贸易安全面临的一大挑战。三是金融业深化开放带来的风险与挑战。随着CBD加快融入全球金融市场，资本项目开放程度不断提高，跨境资金快速流动风险提升，对金融体系的安全和稳定带来较大挑战。

（二）贸易投资便利度与国际领先水平尚存差距

虽然当前中国实行准入前国民待遇加负面清单管理制度，贸易投资便利化达到全球中上游水平，但制度创新仍有待深入。以世界银行营商环境报告中的跨境贸易指标为例，中国跨境贸易进出口耗时及费用成本均明显高于经合组织高收入成员，更是高于最佳监管绩效经济体，表明中国跨境贸易便利度与国际先进水平仍有较大差距（见表3）。更为重要的是，当前国际最高标准已经深入投资便利后规则，包括进入后的竞争中立规则、环境标准提升、知识产权服务、劳动权益保护等已经充分放开，而包括中国自由贸易试验区在内的制度创新仍主要集中在投资便利前规则，风险压力测试明显不足。与此同时，贸易模式的不断创新和贸易方式的日益多样化对新型贸易投资便利化提出了更高要求。特别是随着数字贸易的兴起，加快探索数据流动与监管的创新和开放将成为接轨国际的紧迫任务。

表3　2019年中国跨境贸易耗时及费用情况与国际比较

指标	中国上海	中国北京	东亚及太平洋地区	经合组织高收入成员	最佳监管绩效经济体
出口耗时：边界合规（小时）	18	24	57.5	12.7	1
出口费用：边界合规（美元）	249	265	381.1	136.8	0
出口耗时：单证合规（小时）	8	10	55.6	2.3	1
出口费用：单证合规（美元）	70	78	109.4	34.4	0
进口耗时：边界合规（小时）	37	34	68.4	8.5	1
进口费用：边界合规（美元）	230	255	422.8	98.1	0
进口耗时：单证合规（小时）	11	15	53.7	3.4	1
进口费用：单证合规（美元）	75	80	108.4	23.5	0

资料来源：世界银行：《全球营商环境报告2020》。

（三）部分服务业领域外资准入壁垒依然较高

中国制造业领域的外资准入已基本放开，但中国仍是服务市场限制程度最高的少数几个国家之一，服务业的对外开放壁垒相对较高、自由化进程相对滞后，外商投资进入服务业仍然面临准入资格、进入形式、股权比例和业务范围等诸多限制。根据经济合作与发展组织（OECD）技术的FDI限制性指数，2019年中国FDI总体限制性指数①为0.3，远高于巴西和南非的水平，FDI的开放程度仍然低于其他新兴经济体，尤其是媒体、通信和金融服务领域的限制性更高，这些服务往往是中国CBD发展的重点领域，由此也造成了中国CBD在全球金融服务、科技服务和总部能级方面与伦敦金融城、纽约曼哈顿以及东京CBD存在较大差距。尤其是在总部能级上，中国CBD吸引的跨国公司总部企业以制造业为主，包括了大量的中国本土国有企业总部，而国际一流CBD的总部业务以咨询、金融、研发为主，且大部分是区域总部乃至全球总部。

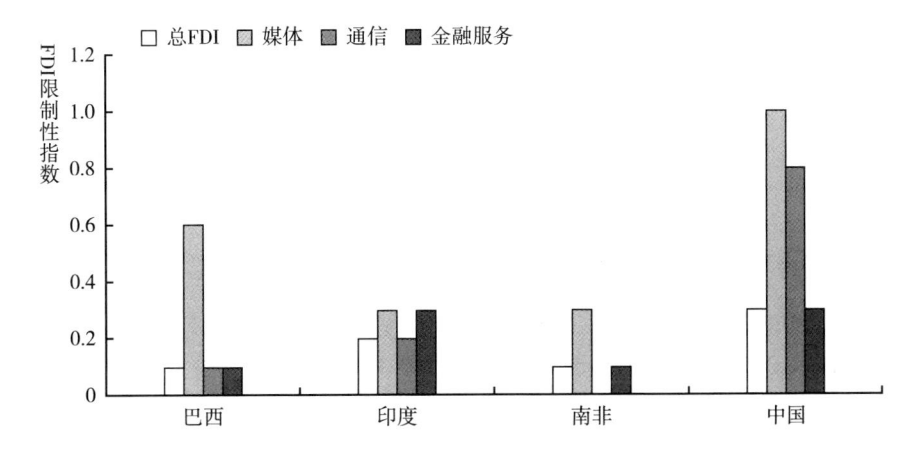

图5 中国FDI限制性指数与国际比较情况

资料来源：经济合作与发展组织（OECD）。

（四）服务业开放结构亟须优化提升

中国服务贸易进出口总额虽然位居世界第二，但服务进口规模远大于出口规模，以加工贸易和建筑服务为代表的劳动密集型产业在中国服务业出口中仍占据重要地位，加工贸易和建筑服务分别占到服务业出口总额的6.63%和8.96%，而电信计算机和信息服务、个人文化和娱乐服务、知识产权使用

---

① 数值越大表示限制性越高，1表示完全封闭。

费等知识密集型服务的进口比重大于出口，2018年三者进口合计占总进口量的23.8%。整体而言，中国服务业在占据全球价值链顶端的知识密集领域缺少竞争优势，尤其是知识产权服务业发展滞后。近年来，中国知识产权使用费进口额占服务类进口额的比重在5%~7%，但是知识产权使用费出口额占服务类出口额的比重仅为2%左右，"知识产权使用费"连续第5年居服务贸易逆差首位。从各地CBD知识产权服务业发展实践来看，服务领域主要集中在专利、商标、版权代理及信息检索等传统服务领域，对于企业知识产权咨询顾问、质押评估、预警分析、海外布局等高端服务开展较少。尤其是随着国际政治经济形势的变化、贸易保护主义抬头，中国服务业扩大开放中的海外侵权风险将进一步增加。

三 服务业对外开放的国际经验借鉴

服务业扩大开放是构建开放型经济体系、提升全球竞争力的必由之路，作为一国或一个城市中服务业最密集的区域，CBD对于促进服务业扩大开放具有重要的引领作用。从世界范围看，伴随新一轮产业革命的兴起，服务业在国家对外贸易中发挥越来越重要的作用，发达国家和地区先后构建起较成熟的服务业开放体系，对于促进中国CBD服务业扩大开放具有借鉴意义。

（一）美国：制度保障，培育核心竞争优势

美国的全球服务业贸易发展优势突出，服务贸易长期保持顺差，国际竞争力强。2006~2018年，美国服务业贸易进出口额持续增加，特别是2008年金融危机后，美国服务业对外贸易呈现加速增长态势，贸易顺差不断扩大（见图6）。2018年，美国服务业进出口总额达到13876.4亿美元，居世界首位，占OECD成员服务业进出口总额的19.8%，服务贸易顺差2692.1亿美元，占OECD成员服务贸易总顺差的44.3%。其中，商贸服务、旅游、知识产权、交通运输、电信及互联网、政府服务等是美国对外服务贸易的主要

领域，呈现鲜明的高端化、科技化和全球布局特征。《2018年全球服务贸易发展指数报告》指出，由于技术创新、人力资本、政府政策及国内需求等多元驱动，美国全球服务贸易发展指数排名第一，在贸易体量、贸易差额和贸易结构上均具有绝对优势，而中国在该项排名中仅列第20位。

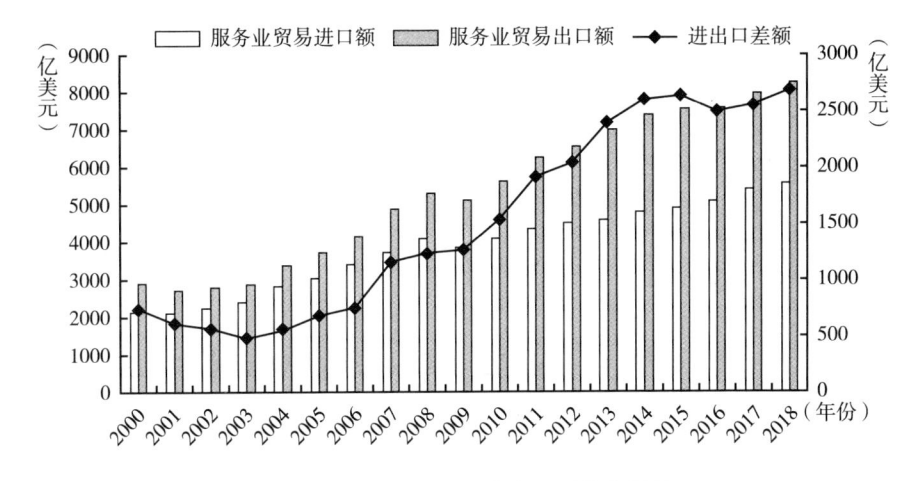

图6 2000~2018年美国服务业对外贸易情况

资料来源：世界主要经济体数据库。

美国是服务业对外开放具有显著优势的国家，其服务业对外贸易的蓬勃发展对于优化美国进出口结构、改善国际收支和国内就业状况均具有举足轻重的作用。总体而言，在CBD服务业扩大开放的过程中，美国政府始终发挥重要作用，主要体现在以下三个方面。

1. 完善的顶层制度设计

美国通过完善服务业外贸立法和制定长期稳定的服务业出口先行战略，为本国服务业扩大开放提供完善的顶层制度体系。

第一，加强立法保障。1974年，美国政府颁布《外贸法》，首次将美国对外贸易划分为商品贸易和服务贸易两种类型。1985年，《国际投资和服务贸易调查法》出台，为分析服务业对外贸易情况提供良好的统计依据。1988年，《综合贸易与竞争法》出台，将服务贸易与商品贸易并列作为扩大出口的两项内容，从法律层面确定了服务业扩大出口的政策方向。之后，服务业开放策略持续在美国服务业各细分行业的法律法规中得到体现,并对服务业贸易中可能发生的纠纷做出详细规定,为美国扩大服务业开放奠定坚实的法律基础。

第二,出口战略先行。美国专门成立高级别"贸易协调委员会"并将其作为对外贸易战略的制定机构,每年出台一部《国家出口战略》报告,动态更新对外开放的战略导向。1994年第二部《国家出口战略》报告提出,将服务贸易出口战略定位为"巩固传统市场、打开新兴市场",提出要"集中力量支持国内服务业发展,增强服务贸易竞争力",此后美国历年《国家出口战略》基本沿用该定位和要求,并在美国主要CBD开展应用,从而奠定了美国服务业向海外新市场扩张的总基调。

2. 灵活适度的开放政策

第一,为服务业创造自由开放的发展环境。在服务业对外贸易和本国服务业准入领域,美国均以严格保护本国企业竞争力为前提,尽可能地构建自由开放的服务业发展环境。在"引进来"方面,美国始终坚持服务业自由开放,在服务业准入、投资方面给予外国投资者国民待遇,成功吸引了大量其他发达国家的投资,自由竞争促使市场机制充分发挥作用,有效地促进了美国服务行业的快速发展。在"走出去"方面,美国积极运用外交手段扩大本国服务业出口,与多个国家和地区缔结了自由贸易协定,降低服务业关税壁垒,扩大对其他国家的服务业准入。

第二,对开放市场分类施策。美国政府将开放市场划分为传统市场和新兴市场两种类型。对于传统市场,主要将双边谈判交由服务业行业和公司进行;对于新兴市场,由政府出面进行政府间高层对话,为服务业对外贸易争取更好的准入条件。

第三,积极参与、引领国际贸易组织。美国参与、引领多种类型的国际贸易组织,不断加强与多种国际贸易组织成员之间的对话,广泛采取多边贸易政策,拓展服务业对外贸易的深度和广度,取得良好效果。

尽管美国服务业相对开放,但并非毫无限制。出于保障国家安全和保持服务业本土竞争力的需要,美国对外国资本进入服务业市场设置诸多限制,形成"形式上总体开放,实际上有所限制"或"大门开放,小门不开放"的事实格局。限制行业主要集中于金融保险、运输通信和部分专业服务业,限制内容主要为业务范围、持股比例以及专业许可,从而有效保障了服务业开放的安全性。

3. 培育服务业国际竞争力

美国十分重视提升服务业科学技术水平和培育人力资本,加大对服务业相关公共资源的投资,为服务业对外开放塑造了核心竞争力。

第一,注重培育人力资本。美国依靠长期高水平的教育投入和人才引进机制,为服务业发展提供了充足的人才。充足的人力资本有效推动了服务业发展水平的提升,也为服务业全球布局提供了"高附加值"资本,成为美国服务业对外开放长期保持优势的重要原因。

第二,注重提升服务业的科学技术水平。美国政府注重运用高科技和信息化手段,加大对服务贸易相关应用技术的研发投入,全球范围内物流、通信、信息处理能力持续提升,对外服务贸易成本不断下降,服务贸易的市场范围不断拓展,成为美国服务业国际竞争力的重要来源之一。

第三,注重对服务业相关公共资源的投资。美国政府十分重视对服务业发展和服务业对外开放相关公共资源的投资,在政府预算中提前划拨服务出口促进经费,不断完善信息存储、信息分析、信息传输等服务业相关设施。注重加强服务业贸易的统计分析和研究,为国家层面的政策制定和贸易谈判提供决策参考,有助于本国企业开展服务贸易市场调查并进行出口决策。

第四,注重对优势行业的支持。美国重点支持信息技术、金融保险、电信通信和影视娱乐等具有突出优势的行业,促进优势行业国际竞争力不断增强。

(二)日本东京:产业融合,塑造国际吸引力

20世纪80年代,日本开始大规模调整产业结构,东京制造业出现外迁,一批知识密集型中小企业逐渐成为东京工业的主要组成部分,并促使工业向产品研发、技术创新等服务业领域延伸,促进了工业与高端服务业的融

合，呈现"工业型"与"服务型"融合演变的特征。截至2019年，东京已成为全球重要的国际金融中心和物流中心，千代田区、中央区和港区作为主要的商业中心区，汇集了大量的国际金融机构和跨国公司总部，以高端生产性服务业为代表的第三产业逐步代替工业和制造业，成为东京的主要经济支柱。根据2018年新华·道琼斯国际金融中心发展指数排名，东京成为第四大国际金融中心，成长潜力较大，增长态势强劲，具备较强的国际竞争力。在促进CBD服务业扩大开放的过程中，日本政府始终发挥重要作用，主要体现在以下四个方面。

1. 营造良好的政策环境

日本政府十分注重对服务业发展的引导，通过规划改造加强对东京发展定位的引领，打造了一系列以知识和信息为基础的优势服务类产品，注重提升东京的国际沟通和服务能力，极大地提高了东京的现代服务业发展水平。同时，日本政府坚持"渐进开放、分类施策"的原则，针对不同类型服务业行业制定差异化的促进政策。对于居主导地位且国际竞争力不强的中小型企业，加强财政补贴，对外资介入设置较为严格的条件限制，从而有效保护了本国企业的竞争力。对金融、信息服务和旅游等服务行业制定较为开放的政策，塑造开放自由的竞争环境，以吸引外企和外资流入。除此以外，日本政府还通过采取延迟纳税、设立海外投资亏损准备金等方式，为本国企业和公民进行境外投资提供政策支持，促使日本一定时期内在美国服务业外商投资中占据重要位置。

2. 构建完善的服务业基础设施

东京拥有成田国际机场、千叶港口等众多国际知名空港和港湾，中央商务区与区内外的交通和通信都十分便利。同时，为适应社会信息化发展步伐，东京在"电子日本"的战略引领下，大力推进高度信息化社会建设，电子政务、宽带、信息等基础设施均取得重大进展，云计算、大数据逐渐成为技术变革的新动力，极大地促使数字信息的便利获取和数字业务的拓展，为服务业发展提供了便捷的营商环境。

3. 重视产业融合和技术贸易

东京是日本重要的工业中心之一，1984年，东京的工厂数量和工业销售额分别占全国的12.0%和7.3%，居全国第四位。之后日本经历了艰难的产业转型期，部分制造类企业迫于经济压力和环境压力外迁。在长期萧条的宏观环境下，日本政府准确研判服务贸易发展方向，选择大力发展知识和技术密集型服务业。因此，日本政府和企业均非常重视对产品的研发和技术创新，并配套严格的知识产权保护制度，促使制造业部门逐渐向"高精尖"的知识密集型现代服务业方向发展。将服务业嵌入制造业部门中，带动传统工业转型升级，促进以技术服务为主的高端服务业发展，使得日本成为世界主要技术贸易国之一。

东京政府强调教育的全球站位和国际视野，通过采取全英文授课、全球跨学科课程和完善的留学服务体系等方式，保障东京的技术创新紧跟国际一流水平，成为东京知识密集型现代服务贸易的重要支撑。根据2020QS亚洲大学排名，东京地区共有5所大学位列前100名，在"最佳留学城市排名"中，东京仅次于英国伦敦，位列世界第二。

4. 塑造提升国际吸引力

20世纪90年代开始，东京进入国际化主导战略全面实施阶段，编制完成《东京都国际化政策推进大纲》，提出要将东京打造成能够为世界和平与繁荣做出贡献的城市。

第一，东京注重塑造国际友好形象。通过吸引国际组织、召开国际会议等方式，与众多国际城市开展友好城市交流活动，支持民间组织开展国际交流活动，极大地增强了东京的国际沟通能力和服务能力。同时，东京非常注重举办国际性赛事活动，通过东京奥运会、东京马拉松比赛、东京国际动漫展等活动赛事，吸引全球目光，向世界展示东京繁荣开放的价值导向。

第二，东京为外籍人才提供良好的国际生活和工作环境。注重打造国际开放社区，在教育、医疗、居住和休闲设施等方面采取综合对策，充分尊重不同国家居民的风俗习惯，为外籍人才提供专门的语言培训学校和技能培训渠道，为外籍人才子女提供母语教育的国际学校，外派高精尖人才交流学习，

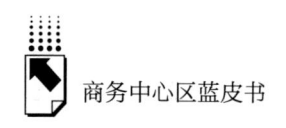

提升本土人才的国际化水平。同时，成立专门的外籍居民服务机构，推出一系列政策保护外籍人才的人权与合法权益，赋予外籍居民一定的参政权利。

第三，东京政府十分注重畅通外籍人才的信息咨询渠道，定期举办国际人才招聘会，提供岗位需求对接平台，面向世界广纳高端人才。

（三）新加坡：人才立国，营造宽松准入环境

新加坡凭借其优越的区位条件，将自身定位为营运中心和跨国采购中心，通过实施"人才立国"战略，在服务贸易中取得举世瞩目的成就。20世纪80年代，新加坡确立以现代服务业为导向的开放型经济发展道路。经过多年发展，新加坡已形成较为完善的服务贸易产业结构，发展成为集国际航运中心、国际金融中心、国际贸易中心和国际旅游会议中心为一体的国际服务经济中心。2000～2018年，新加坡的服务贸易出口额总量持续上升，从285.5亿美元增加至1840.2亿美元。同期，新加坡的服务贸易出口额占总出口额的比重不断增加，从2000年的16.0%增加至2018年的29.0%（见图7）。从贸易结构来看，2005～2018年，新加坡服务贸易中，货物相关服务、交通运输业、旅游业所占比重呈下降趋势，金融服务、知识产权使用费以及电信、计算机和信息服务占比呈现明显的上升趋势，其中金融服务占比提升4.83个百分点，电信、计算机和信息服务占比提升4.93个百分点（见表4）。在促进CBD服务业扩大开放的过程中，新加坡政府始终发挥重要作用，主要体现在以下四个方面。

1. 宽松的市场准入环境

新加坡始终倡导多边贸易自由化，通过宽松的市场准入吸引服务业跨国企业和相关外资流入。

第一，加强制度保障。为促进服务业对外开放，新加坡设立贸易工业部、经济发展局和贸易发展局三个部门。其中，贸易工业部主要负责制定贸易政策；贸易发展局主要对促进国内贸易发展和对外贸易过程进行管控；经济发展局负责投资引进，最大限度取消关税，积极参与国际贸易组织，并将最惠国待遇扩展到所有贸易伙伴。

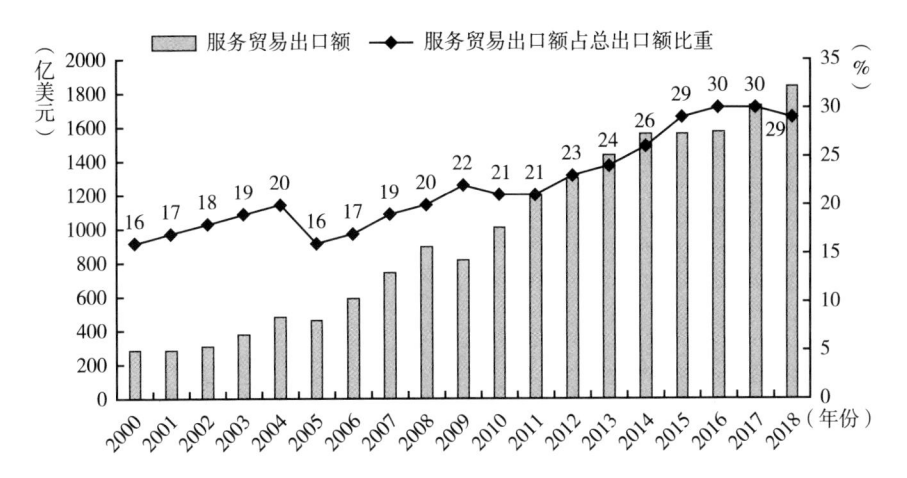

图 7 2000～2018 年新加坡服务贸易出口额及其占总出口额比重变化情况

资料来源：UNCTAD 数据库。

表 4 2005～2018 年新加坡部分服务贸易行业出口占比情况

单位：%

年份	货物相关服务	交通运输业	旅游业	保险和养老金	金融服务	知识产权使用费	电信、计算机和信息服务
2005	6.11	42.37	13.37	3.00	9.92	1.11	2.25
2006	6.06	38.40	12.73	2.62	11.39	0.89	2.64
2007	5.91	39.21	12.22	2.25	14.15	0.94	2.53
2008	6.58	40.49	11.84	2.24	12.39	0.87	2.90
2009	7.67	36.59	11.27	3.22	13.12	1.03	3.20
2010	6.29	38.39	14.06	3.51	12.11	0.97	3.51
2011	6.19	35.56	14.93	3.22	12.66	1.38	4.13
2012	5.58	34.46	14.47	2.79	12.75	1.43	5.18
2013	6.00	32.50	13.41	2.86	13.15	2.21	5.32
2014	4.99	32.70	12.30	3.18	13.51	2.43	5.11
2015	4.35	30.22	10.67	4.04	13.49	5.53	5.70
2016	4.03	26.80	12.07	3.75	13.88	4.65	7.45
2017	3.56	27.80	11.44	3.71	14.43	4.65	7.38
2018	3.70	27.96	11.16	3.80	14.75	4.74	7.18

资料来源：UNCTAD 数据库。

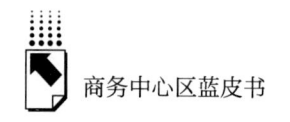

第二，取消对服务和投资的多种限制。在服务业市场准入方面，新加坡政府采取负面清单的管理模式，取消对服务和投资的多种限制。与《服务贸易总协定》相比，新加坡在商贸服务、电信业、教育行业、旅游业以及娱乐和运输行业均做出更为开放的市场准入承诺。同时，寻求消除与世贸组织不一致的非关税壁垒，以实现更宽松、更真实的市场准入。针对不同行业，新加坡也推出更有针对性的准入政策。其中，针对金融服务业，主要提供一系列的减税、免税等税收优惠，加大对外资企业的引进，并分别于1999年和2002年取消外资对本地银行和金融公司的持股限制；针对通信服务业，在企业管理局注册的外国公司均可申请许可证，为新加坡提供电信服务，对电信业的外资持股也没有做出任何限制；针对专业服务，新加坡政府规定持牌外国律师事务所可提供国际法方面的全方位法律服务，持有外国法律执业许可证的企业也被允许在"许可领域"内从事与外国法律相关的法律服务。

第三，完善投资环境。新加坡政府通过完善国内投资软、硬环境，吸引欧盟、日本、美国等主要贸易伙伴在新加坡设立国际营运中心，并将新加坡的跨国采购对象聚焦在韩国、日本等商业服务贸易较多的国家。

2. 致力发展总部经济

新加坡十分注重发展总部经济，实施以营造总部生态环境、吸引全球企业机构为目的的"总部计划"。一方面，提供减税政策，推出吸引跨国公司设立办事处的《特准国际贸易计划》，打造区域营运中心；另一方面，通过向区域内包括海外子公司或其他关联公司提供行政、技术支持、财务管理以及培训等方式促进跨国商务、采购中心建立。

3. 汇集高素质的国际人才

高素质的人力资源决定服务贸易的国际竞争力。新加坡确立"人才立国"战略，采取开放的外籍劳动力引进政策，逐渐在国际竞争中占据优势地位，并迅速成为东南亚金融、服务、航运、设计、教育和科技交流中心。

第一，重视外籍高素质人才引进。一是采取多种途径吸引留学生。在新加坡的海外留学生，就读期间能够获得多种类型的奖学金，硕士以上学历毕业后可自由选择留在本地工作。多数海外留学生在进入新加坡学习之前，就会与新加坡当地政府签订协议，在毕业后为新加坡提供5~6年的服务。二是宽松的人才引进政策。新加坡政府每年都会批准大量海外人才成为永久居民，并允许部分海外专业人才成为新加坡公民。三是搭建海外人才信息网络，在全球各地设立"联系新加坡"中心。四是为海外人才提供优厚的待遇和良好的保障环境。

第二，重视培育本土人才。提供均衡的国民教育是新加坡教育体系的重要目标。一是大力实施终身教育，为居民提供多种类型的就业培训、岗前培训和在岗培训。行政人员和企业从业者每年的培训时长均不少于工作时间的5%，企业必须为员工提供带薪培训。二是注重教育的国际化。新加坡政府采取包括双语教育、与国际课程对接、教师国际化、国际合作办学在内的多种措施，以全面提高国内高等教育的国际化水准。

4. 对接国际的法制环境

新加坡实行自由的国际法制度，树立了良好的国际信誉和公平公正的国际形象，在法律服务、仲裁服务中均与国际规则相对接，部分国家出现国际贸易、投资争端时，也常会选择前往新加坡进行仲裁。知识产权方面，新加坡是《巴黎公约》《伯尔尼公约》《马德里协定》《布达佩斯条约》《与贸易有关的知识产权协定》等的签约国以及世界知识产权组织等国际组织的成员，建立了健全的知识产权保护制度，设立了包括新加坡知识产权局、新加坡国际仲裁中心在内的多个知识产权保护机构。因此，新加坡的知识产权保护水平排在世界前列，并成为高端服务业开展知识产权业务的首选地之一。

（四）法国巴黎：文化引领，开放与保护并重

作为世界服务贸易大国的法国，其服务业集中于巴黎。2019年，金融服务业、商务服务业、旅游业、会展业和创意设计产业产值合计占巴黎地区生产总值的90%以上，在巴黎就业的服务业从业人员数量占全国的比重为90.7%，中心商务区拉德芳斯汇集了1000余家包括专业咨询、教育培训、

市场调研在内的专业服务公司，形成了完整的商业服务配套。依托浓厚的历史文化，巴黎的会展业和创意设计产业发展优势突出。在促进CBD服务业扩大开放的过程中，巴黎凭借其独特文化吸引全球著名国际机构和跨国企业，着重保护自身文化产业，在开放与保护之间寻求平衡。

1. 以特色文化引领服务业发展

巴黎是世界公认的创意文化中心，是世界上最伟大的"文化生活中心"，也是联合国教育、科学及文化组织所在地。巴黎拥有大量有形和无形的文化遗产，包括众多历史名校、音乐厅、展览馆、美术馆、博物馆和公共图书馆，政府每年拨出专门资金资助文化团体和建设文化场所，深厚的历史文化底蕴和完善的公共文化设施促使巴黎的会展业和创意设计服务业高度发达。2018年，巴黎共举办200余场国际展会，位列全球第一。根据国际大会&会议协会统计，2019年巴黎共举办237场国际会议，居世界首位，商业会展更是数量繁多。2013年发布的《世界城市文化报告》指出，"艺术家评价"和"文化交流指数"是衡量城市文化影响力的两个核心指标，巴黎的"艺术家评价"和"文化交流指数"分别列全球城市第一位和第三位，巴黎在国际组织、科研与文化设施、历史遗产与宗教、创意产业和文化旅游等领域在全球城市网络中具有显著优势。在此基础上，巴黎大力发展以文化创意产业为特色的服务业，并向全球提供产品设计、服装设计、时尚设计、企业形象设计服务，成为"全球文化与创意之都"。

2. 实施保护与开放并举的发展策略

法国以法律形式确定了"外国资金往来自由"的基本原则，对外国直接投资实行"国民待遇"，并按照欧盟《统一市场法案》的要求实施贸易自由化。在巴黎，除某些领域外来投资需强制性申报和许可以及必要的投资申报外，对电信、运输等其他领域的外来投资没有任何行政限制。截至目前，法国已承诺完全开放的服务行业包括法律服务、电信服务、信息服务、旅游服务、环境服务和银行服务，运输服务业、分销服务业、邮政服务业、保险服务业，除部分行业存在个别限制，其他基本处于开放状态。

法国服务业市场高度开放，但对部分限制开放行业始终保留资格审查、行政申报、商人证以及许可证制度，尤其对于文化产业始终坚持"文化例外"原则，以减弱外国文化对本国文化产业的冲击。自2001年以来，巴黎每年均发布《文化政策》作为建设全球文化与创意之都的行动纲领，并采取多种补贴对本国文化产业进行扶持，对外国影片、戏剧、表演的播放量和演出量进行限制。在乌拉圭回合谈判中，法国以"文化例外"为由，坚决反对文化市场的自由贸易，并在2005年联合国会议上将其上升为"文化多元化"原则，既体现了法国高度的文化自信，也激发了本土文化的艺术创造力，确保法国文化产业始终保持核心竞争力。

（五）经验启示

我国应充分借鉴美国、日本东京、新加坡、法国巴黎等国家和城市服务业扩大开放的具体做法，为国内CBD服务业扩大开放提供经验借鉴。

1. 规划引领，健全顶层制度体系

通过分析发达国家服务业扩大开放的经验，可以发现，开放的服务业发展战略在促进本国服务业"走出去"过程中具有重要的引领作用。美国、日本、新加坡等国家均成立专门的政府机构，就服务业扩大开放和对外贸易制定动态全面的开放战略，参与和指导服务业扩大开放的各个环节。同时，政府也非常注重完善相关政策法规，通过详细规定服务业开放中可能出现的贸易、投资、准入、完善产权保护制度等方式，努力营造公平公正的竞争环境，为本国服务业保持国际竞争优势制定扶持政策，有效促进不同类型服务业的健康发展。因此，我国CBD也应针对服务业扩大开放出台系统的战略规划，针对每个阶段面临的矛盾和国际形势进行动态更新。同时，健全顶层制度体系，对服务业扩大开放中可能出现的问题和摩擦进行详细规定，尽快完善外商投资领域规定，重点制定知识产权相关的法律法规，成立专门的知识产权服务机构。此外，还应坚持"重点企业引领，中小企业补充"的原则，积极利用财政、金融等手段提升优势企业开拓国际市场的能力，出台一批鼓励、扶持中小型服务业企业"走出去"的政策措施，提升服务业融入

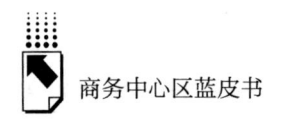

全球价值链的水平。

2. 软硬并重，优化服务业发展环境

完善的CBD"硬环境"和"软环境"是服务业扩大开放的基础。因此，发达国家在促进本国服务业开放发展的同时，非常注重塑造良好的服务业发展环境。美国在开放过程中持续加大应用技术的研发投入，提升全球范围内的物流、通信、信息处理能力，从而为本国服务业扩大海外市场提供良好的硬件条件。日本通过营造便捷宜居的城市生活环境、塑造国际友好形象等方式提升自身吸引力，成为跨国企业和国际人才首选的宜居之地。因此，我国CBD应着力完善服务业基础设施"硬环境"。在提升CBD对外交通和通信能力的同时，将信息技术、技术研发等行业作为扩大开放的先行领域，提升社会信息化水平，扩大服务业对外服务的能力半径。同时，以营商环境优化和国际形象塑造为重点，打造良好的服务业"软环境"。深化"放管服"改革，开展营商便利化试点，主动吸引国际赛事和展会进入CBD，营造自由、开放、宜居、生态的CBD生活环境，提升CBD宜居性和宜业性。

3. 人才优先，发挥国际人才红利效应

人力资本是服务业扩大开放的首要资源。美国通过长期高水平的教育投入和人才引进机制，为本国服务业提供了人才优势支撑；日本东京通过具有国际视野的教育体系和留学服务体系支撑本国信息技术服务业发展；新加坡通过实施"人才立国"战略，汇集大量国际服务业人才。上述国家和城市均重视引进国际人才，并将引进、培养、激励等多个环节综合起来，推动形成完备的国际人才发展体系，成为服务业扩大开放核心竞争力的重要来源。因此，我国CBD应注重从人才引进、培育、激励、保障、服务等方面全方位打造完备的国际人才发展体系。提升人才存量，优化人才环境，畅通人才培养渠道，注重人才培养的国际性，扩大外籍人才职业提升渠道，推动职业资格互认，完善国际人才保障制度，设立外籍人才专门服务机构，打造服务业扩大开放的深厚人力资源基础。

4. 深化改革，营造宽松准入环境

宽松的准入环境是引进外资和跨国企业的重要手段。服务业开放程度较高的国家多数奉行服务业贸易自由化政策，除部分特殊行业外，均给予外国企业和投资者一定的"国民待遇"，甚至实施税收减免和优惠政策。除降低准入门槛以外，新加坡等国家也非常重视消除非关税壁垒，在通关环节、进口许可等方面给予便利，努力减轻贸易中存在的技术壁垒。因此，我国应将CBD作为服务业扩大开放改革的先行区，更大程度放宽服务业外商投资和企业准入，降低对外国投资资产总额、投资领域、服务许可等方面的限制，给予外国投资企业和投资者一定的"国民待遇"。同时，主动通过金融、税收、优惠等手段提升对外资的吸引力，消除非必要的技术壁垒，提升外商经营的便利度，以实现更宽松、更真实的市场准入。

（六）分类施策，注重保护与开放并举

服务业开放是一个过程，先进的服务业经济体都十分注重"扬长避短"，采取税收优惠、财政补贴和外资限制等方式，保护本土行业健康发展。日本始终坚持"渐进开放、分类施策"的原则，对部分行业外资进入设置极为严格的条件限制，从而保护本国竞争力较弱的行业。新加坡政府采取负面清单的管理模式，推出有针对性的准入政策。法国将文化产业剔除在自由贸易政策之外，并采取多种补贴对本国文化产业进行扶持，保护传统文化市场。借鉴国际经验，我国在服务业扩大开放过程中应该坚持保护与开放并重的渐进模式，根据CBD自身实际情况分类施策，精准识别优势领域和薄弱行业，处理好保护与开放的关系。对于优势行业，要重点推动、先行先试；对于竞争力薄弱的行业，应加大保护，待发展成熟后再行开放。

四 扩大和深化CBD服务业对外开放的思路与对策

在当前世界经贸格局深度调整、第四次工业革命加快兴起的形势下，以数字技术推动服务贸易创新融合发展、由商品和要素流动型开放转向制度型开放、由单一增长目标主导转向兼顾经济与社会平衡发展成为全球服务业开放的重要趋势。CBD作为中国服务业开放的前沿阵地，应紧跟全球经贸发

展的新趋势，加大服务业制度型开放力度，多元探索新兴服务业开放；坚持对内和对外双向开放，加快形成国际国内"双循环"发展的引擎；着力优化国际化营商环境，全面提升服务贸易便利化水平；全方位完善服务业开放促进机制，加快推进服务业在更大范围、更深层次和更高标准上与国际先进制度规则接轨。

（一）坚持对内对外双向开放，加快形成国内国际"双循环"发展引擎

在2020年5月14日中共中央政治局常委会上，中央提出了构建国内国际双循环相互促进的新发展格局，为CBD参与全球产业链重构指明了方向。CBD往往位于市场环境相对成熟、拥有改革自主权和外向发展度较高、创新氛围浓厚的区域，CBD聚集的总部企业、金融服务、国际组织等功能性机构既链接全球市场资源，又聚焦于服务国内市场，发挥着联系国内国际经济活动的战略枢纽作用，因此，CBD应着力增强国际国内两个市场、两种资源的黏合度，在促进形成以国内大循环为主体、国内国际双循环相互促进的新发展格局中发挥引领作用。

1. 加强服务业对内开放

完整意义上的服务业开放既包括对外开放，又包括对内开放，而一些技术门槛较高、风险控制复杂的行业存在对内开放与对外开放方式、内容和业务不对等的现象①。中国CBD在服务业扩大开放的过程中应注重对等开放，积极争取国家和行业政策，鼓励一些限制性、垄断性行业向社会资本全面开放，按照"非禁即入"的要求，凡是法律法规未明令禁止进入的服务业领域，全部向社会资本开放，大幅减少前置审批和资质认定项目，实行"准入即准营"。

2. 强化服务业对内合作

顺应新时期服务业开放新趋势，强化CBD之间的横向协作，畅通不同

---

① 夏杰长、姚战琪：《中国服务业开放40年——渐进历程、开放度评估和经验总结》，《财经问题研究》2018年第4期。

层级之间的纵向联动，加强 CBD 与自贸区、自由港、服务贸易创新试点的集成创新、经验互鉴，将 CBD 服务业开放和创新的经验模式推广到其他区域，辐射带动周边区域高质量发展，最大限度激发各种经济成分、各种行业、各个领域的发展活力，最大限度地挖掘国内经济循环的潜力。

3. 拓展多元化国际市场

CBD 聚集了大量具有全球资源配置能力的跨国公司、引领新兴行业的独角兽企业，这些大型企业深度参与和影响着全球创新链、供应链和价值链。CBD 应以全球市场需求和技术变革为牵引，鼓励优势企业以核心技术、创新能力、自主知名品牌等为依托，带动技术、标准、产品和服务"走出去"，增强对全球供应链的整合能力，提升在全球价值链分工中的位势。鼓励有条件的企业通过参与跨国并购等方式，建立健全全球研发、生产和营销体系[1]，提升企业国际化布局和运营能力。充分利用 CBD 服务业集群和产业创新优势，构建组合式、协同化、敏捷型的区域供应链合作与创新网络[2]，促进中国创新链、产业链、供应链有机嵌入全球分工体系。

（二）加大服务业制度型开放力度，加快推进新兴服务业开放

面向高质量发展阶段和应对国际百年未有之大变局，中国服务业发展必须对标国际先进规则推进制度型开放。2020 年商务部印发《全面深化服务贸易创新发展试点总体方案》，提出中国服务业扩大开放要坚持要素型开放与制度型开放相结合、开放与监管相协调、准入前与准入后相衔接的原则，有序拓展开放领域，推动取消或放宽对服务贸易的限制措施，探索制度开放路径。CBD 应紧抓国家新一轮对外开放的战略机遇，加大探索服务业制度型开放力度，积极争取国家政策在 CBD 开展国际投资贸易新规则试验，围绕新兴服务业开放进行压力测试，加快推动服务业领域的规则、规制、管理、标准等制度型开放。

---

[1] 史丹：《构建新发展格局的时代背景与重点任务》，《经济日报》2020 年 8 月 19 日。
[2] http://epaper.1news.cc/ccrb/pc/paper/c/202005/07/content_1799236.html.

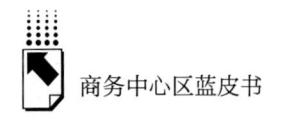

1. 加快推进重点领域开放

对标国际先进贸易投资规则，聚焦科技服务、数字经济和数字贸易、金融服务、商贸文旅、教育服务、健康医疗等重点行业领域，积极争取制度创新、要素供给等方面的开放创新政策在CBD先行先试。特别是在数字贸易领域，重点探索数据流动与监管的创新和开放，如探索跨境数据流动分类监管模式，开展数据跨境传输安全管理试点，优化数字营商环境建设，建设国家数字服务出口基地等。支持位于自贸试验区、自由港、服务贸易创新试点、粤港澳大湾区内的CBD加快在跨境服务贸易、离岸贸易服务、金融科技创新、跨境科技并购等领域放宽市场准入，提升CBD在国际服务贸易价值链中的地位。着力完善外商投资便利后规则，包括进入后的竞争中立规则、环境标准提升、知识产权扩大、劳动保护等方面，为外国投资者创造更加稳定、透明、可预期和公平竞争的市场环境。

2. 放宽服务业的外资准入

目前，中国在服务业的外资准入方面仍存在一定的限制，各地CBD应加快落实准入前国民待遇，大幅缩减外资准入负面清单限制性条目，提升外商投资准入负面清单透明度。对于开放风险较小的部门，如物流、咨询、商务服务、餐饮住宿、批发零售以及生活服务业，可以全面放开对外资的准入限制；一些开放风险较高的领域，如金融、电信服务等可尝试在部分CBD率先开展"沙盒试验"，完善风险控制措施后再通过许可证及牌照制度对现有的市场准入标准进行逐步放松；而对于文化、传媒以及基础性的教育和医疗等较为敏感或关系社会保障的部门，可以探索建立一定的外资准入标准并在对经营领域、持股比例等进行必要限制的情况下允许其有限地进入。

3. 推进服务业的市场化改革

与制造业相比，中国服务业的总体市场化程度仍相对偏低，在很多领域仍然存在着针对民营部门的准入限制以及在融资、审批等方面的隐性壁垒。CBD既要积极促进服务业的对外开放，还应当更多地推进服务业的市场化改革，逐步破除国内企业尤其是民营企业从事离岸金融、跨境商务服务、信息与数据服务以及设计和研发等体制性壁垒；打破横亘于地区之间的地方保护和部门之间存在的条块分割；同时推进对服务业发展具有基础性作用的人力资本要素市场化改革，促进人才的有效流动，从总体上实现服务业的"对内开放"，以培育多元化的服务业市场主体。

（三）着力优化国际化营商环境，全面提升服务贸易便利化水平

随着经济全球化的深入推进和竞争加剧，国家和地区竞争优势逐渐从全球化初期基于产品成本的比较优势转向更加重视营商环境的制度优势和国家治理能力优势。从2020年1月1日起，中国《优化营商环境条例》正式实施，重点针对中国营商环境的突出短板和市场主体反映强烈的痛点难点堵点问题，对标国际先进水平，从完善体制机制的层面做出相应规定，为CBD营造法治化、国际化、便利化营商环境提供了法律依据。

1. 着力提升贸易便利化水平

一是强化竞争政策基础性地位，在要素获取、准入许可、经营运行、政府采购和招投标等方面，对各类所有制企业平等对待。二是加快推进通关一体化制度改革，进一步加强国际贸易"单一窗口"建设，将"单一窗口"功能由口岸执法环节向前置和后续环节拓展，推行通关无纸化作业，压缩通关时间，提升跨境贸易时效。三是加速智能化通关一体化系统的改革进程，运用大数据、云计算、区块链等技术搭建跨境贸易大数据平台，推动跨部门数据与平台对接，构建多部门协同的跨境贸易监测和综合监管制度。

2. 继续深化商事制度改革

一是继续推进审批制度改革。各地CBD应按照国家和省市行政审批制度改革的要求，进一步精简行政审批事项，减少不合理收费项目，加快构建统一的"一站、一门、一窗、一次"服务体系，简化审批流程和审批材料，推动政务信息数据、相关证明信息等跨部门、跨区域、跨行业互认共享，真正实现"一窗受理、限时办结"和"最多跑一次"。二是持续推动服务流程再造。推进工商登记全程电子化，加快推行电子营业执照跨区域、跨行业、跨领域应用，围绕"准入不准营"问题，在"多证合一"改革基础上，加

大推进"证照分离"力度。同时，鉴于新行业新业态在CBD的快速涌现，CBD应积极配合推动相关企业主体、相关行业主管部门出台新兴行业/产业标准、工商登记管理办法和管理标准等，为新兴产业的有序发展和市场培育保驾护航。

3. 加强知识产权保护

一是聚焦知识产权质量以及知识产权的转化应用，鼓励企业加快知识产权布局，加大对企业在国外申请专利的支持力度；探索建立针对海外知识产权风险和纠纷的快速应对机制，支持企业在境外申请知识产权保护。二是加快建立知识产权信用体系，坚持日常监管与专项整治相结合，强化对侵犯知识产权等失信行为的联动惩戒；加强商标、专利和版权等知识产权执法保护，建立知识产权侵权查处快速反应机制，完善知识产权行政管理和执法"三合一"机制，建立持续稳定的司法执法机制。

4. 强化信用管理和风险预警

一是充分利用互联网、大数据、云计算等新一代信息技术，构建覆盖事前、事中和事后全过程的智慧化信用监管模式，促进形成跨部门跨行业的协同监管体系，提高市场监管效能；二是按照"鼓励创新、包容审慎"的原则，对新经济、新业态实施包容审慎监管，分门别类制定包容审慎监管模式和标准规范；三是建立服务业重点领域风险预警机制，设置风险控制的红线，适时发布重点服务领域风险预警报告，制定应对措施规避各类贸易风险、金融风险等，提升对外开放的风险防范水平和安全监管水平。

（四）全方位完善服务业开放促进机制，打造服务业对外开放高地

深化服务贸易对外交流与合作，推动建立政府市场高效协同、国内国外有机联动的服务业开放促进机制和促进平台，支持和引导企业面向全球配置资源、拓展市场。

1. 强化促进平台

积极吸引贴近市场的监管部门、国内外行业协会、公共服务平台、研究院所、学术社团落户CBD。支持各类国际组织（或中国代表处）、非政府组

织和跨政府组织（NGOs 和 IGOs）落户发展。积极举办各类国际会议、高规格论坛和行业信息发布会，提升 CBD 国际影响力和话语权。积极争取国家政策，在 CBD 建设不同级别的服务贸易境外促进中心，提升海外贸易中心服务能级，进一步拓展承接海外贸易机构入驻载体，积极探索并建立网络化、规范化的海外机构承接平台体系，强化提升贸易及投资服务功能。

2. 优化促进机制

整合优质资源，聚合高端要素，丰富法律财税、知识产权、创客空间等资源，完善行业协会、商会交流机制，推动服务贸易相关协会、商会在行业信息交流、经贸交流、引资引技引智等方面发挥更大作用；加快建立商事调解、行业调解和行政调解等知识产权纠纷多元调解机制，为企业"走出去"提供知识产权侵权预警、海外维权援助等服务，不断优化 CBD 对外开放的促进机制。

3. 参与国际治理

依托全球商务区创新发展联合会、中国商务区联盟等国际组织，加强与国家主管部门、行业协会的合作，积极参与国际治理规则、相关产业和行业标准的制定，推进优势、特色领域服务标准国际化，为中国在全球产业链提升地位和增强话语权不断争取空间。对于"走出去"的企业，加强国际法律和规则培训与援助，提高企业对国际普遍规则的认知度，引导企业尊重国际规则标准，严格遵守各国法律法规。

参考文献

丁政：《基于"文化例外"原则的国际文化贸易保护研究》，《高等建筑教育》2013 年第 1 期。

洪群联：《服务业开放与限制：美国的经验与启示》，《中国经贸导刊》2014 年第 36 期。

贺立：《美国服务贸易发展经验及对我国的启示》，《时代金融》2018 年第 21 期。

金满涛：《美国服务贸易发展经验对我国的启示》，《银行家》2018 年第 11 期。

李俊、李西林、崔燕新：《全球服务贸易发展指数报告（2018）》，社会科学文献出

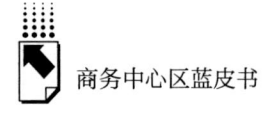

版社，2019。

李庚、王野霏、彭继延：《东京的国际化发展态势与国际化政策》，《城市问题》1996年第4期。

李明、李欣越：《新加坡"以才立国弯道超车"的经验和启示》，《中国培训》2019年第2期。

潘素昆：《新加坡总部经济发展经验及其启示》，《亚太经济》2010年第4期。

王兆宇：《世界城市服务业发展的结构特征与经验借鉴》，《城市发展研究》2015年第12期。

魏伟、刘畅、张帅权等：《城市文化空间塑造的国际经验与启示——以伦敦、纽约、巴黎、东京为例》，《国际城市规划》2020年第3期。

王迎新：《法国服务贸易自由化与监管及其启示》，《国际贸易》2016年第2期。

杨辰、周俭、弗朗索瓦丝·兰德：《巴黎全球城市战略中的文化维度》，《国际城市规划》2015年第4期。

杨亚琴、王丹：《国际大都市现代服务业集群发展的比较研究——以纽约、伦敦、东京为例的分析》，《世界经济研究》2005年第1期。

张欣玥、陈志洪：《香港、新加坡服务贸易发展模式及对上海发展启示》，《上海管理科学》2006年第3期。

张丽娟：《2020新议题：全球经济不确定性、全球化转型与国际合作治理》，《太平洋学报》2020年第8期。

姚洋、杜大伟、黄益平：《中国2049走向世界经济强国》，北京大学出版社，2020。

袁金星：《国家知识产权创意产业试点园区知识产权服务业发展研究》，《黄河科技学院学报》2019年第4期。

B.2
2019年中国CBD发展评价

总报告编写组*

摘　要： 本文围绕高质量发展的核心要义，对标国际一流CBD标准，立足中国CBD发展基础，从经济增长质量、创新发展活力、对外开放水平、高品质营商环境、共治共享氛围等5个维度对中国商务区联盟的25个CBD进行量化评价。评价结果显示，2019年，中国CBD经济效益持续提升，总部经济特色突出；创新生态体系逐渐优化，新兴经济蓬勃发展；对外开放持续推进，国际影响力显著提升；对接国际通行规则，营商环境显著优化；多元共治模式逐渐完善，共建共享氛围日益浓厚。展望未来，CBD应加快推进服务业对外开放、深层次改革和全方位创新，进一步提升"中国服务"在全球价值链中的地位。

关键词： CBD　高质量发展　对外开放　营商环境

CBD作为知识密集型产业最为集聚的区域，在带动城市、区域乃至国家经济高质量发展方面发挥着极为重要的作用。无论是东部沿海地区，还是中西部内陆地区，培育具有引领力、创新力和辐射力的CBD成为新时

---

* 武占云，中国社会科学院生态文明研究所副研究员、博士，研究方向为城市与区域经济、国土空间开发与治理等；单菁菁，中国社会科学院生态文明研究所研究员、博士，研究方向为城市与区域可持续发展、国土空间开发与治理、城市与区域经济、城市与区域管理等。

期推动经济高质量发展的重要举措。CBD不同于一般的经济功能区,其发展质量评价不能单一考虑经济维度的绩效,还必须考量其肩负的提升国际化水平、促进服务业开放的责任与使命。因此,本报告围绕高质量发展的核心要义,基于全球化和多学科视角,立足中国CBD发展基础,对标国际一流CBD标准,构建中国CBD发展的"质量效益(E)—创新活力(I)—对外开放(O)—营商环境(E)—共治共享(G)"五维评价体系。鉴于CBD边界范围往往与所在行政区不完全一致,尚未建立系统性的经济社会统计制度,本报告无法对所有指标体系进行量化分析,故采用定量与定性评价相结合的方法,对中国CBD高质量发展进行综合评价,以期为全国CBD提升发展质量和能级、促进中国服务业高水平开放和全方位创新提供参考与借鉴。

一 CBD高质量发展内涵与指标体系

习近平总书记在党的十九大报告中指出:"我国经济已由高速增长阶段转向高质量发展阶段。"与此同时,报告首次强调"提高全要素生产率",这一重要提法契合经济发展的理论逻辑,表明中国经济从高速增长转向高质量发展,其战略路径是从依赖要素投入增加、不可持续的旧动能,转变为主要依靠全要素生产率提高的可持续新动力。因此,从这个意义上来看,高质量发展的本质是资源配置效率和生产效率的大幅提高、发展动力的根本变化。作为特殊经济功能区和中国对外开放的前沿阵地,CBD的高质量发展实质上是高效率、高附加值、高链接度和更具可持续性、包容性的结合,具体体现在以下五个维度。

一是具有较高的经济效益。CBD高质量发展是以质量效益提升为目标的发展方式。从投入产出角度看,CBD高质量发展必须具备生产要素投入少、单位产出能耗低、全要素生产率相对较高等基本特征。从结构层次看,产业层次高、处于产业价值链高位、占据全球先导性产业前沿、拥有前瞻性和强大覆盖能力的革命性技术是其重要特征。

二是具有较强的创新发展活力。高质量发展必须以创新为发展动力,蓬勃成长的创新活力是CBD区别于一般经济功能区的显著特征。未来,提高原始创新能力、聚集创新资源、提供创新供给是CBD实现高质量发展的重要途径。从全球视野来看,除了人才、技术、管理和服务的创新,产业业态的创新也是全球CBD竞相发展的重点领域。

三是具有较高的对外开放水平。当今世界是一个全球高度融合发展、国际市场高度一体化的共同体。CBD作为城市中对外开放程度最高、与全球价值链连接最为紧密的区域,其高质量发展必然是在高度开放的全球化过程中实现的。尤其是在全球产业从基于全区价值链(GVC)的制造业全球化向嵌入全球创新链(GIC)的服务业全球化转型中,全力提升在全球创新链中的等级是CBD的重要发展趋势。

四是具有与国际接轨的营商环境。CBD作为跨国企业和高端服务机构最为集聚的区域,已成为外资进入中国的"投资指南"和"风向标",营商环境的优良直接决定了CBD及其所在城市和区域的竞争力,CBD的高质量发展更需要与国际通行规则接轨的营商环境。未来,持续优化营商环境、降低制度性交易成本是CBD提升全球竞争力的重要方向。

五是具有包容共享的社会氛围。从根本上看,高质量发展意味着要从不平衡不充分发展转向共享发展、充分发展和协同发展,实现产品服务高质量、投入产出高效率、发展成果共享化。CBD作为最具经济活力和人文魅力的区域,增强文化黏性、扩大人文开放性、提升政府包容性,从而营造包容共享的氛围,是吸引人才和投资、提升软实力的重要做法。

基于上述内涵和原则,在借鉴国内外相关评价指标体系的基础上,本报告构建中国CBD发展的"质量效益(E)—创新活力(I)—对外开放(O)—营商环境(E)—共治共享(G)"五维评价体系,如图1所示。鉴于CBD并非传统的行政统计单元,尚未建立系统性的经济社会统计制度,故本报告基于CBD现行的核算统计口径,遵循前瞻性、代表性和动态性等原则,充分考虑数据的可获取性、可靠性和可比性,选取以下代表性指标对

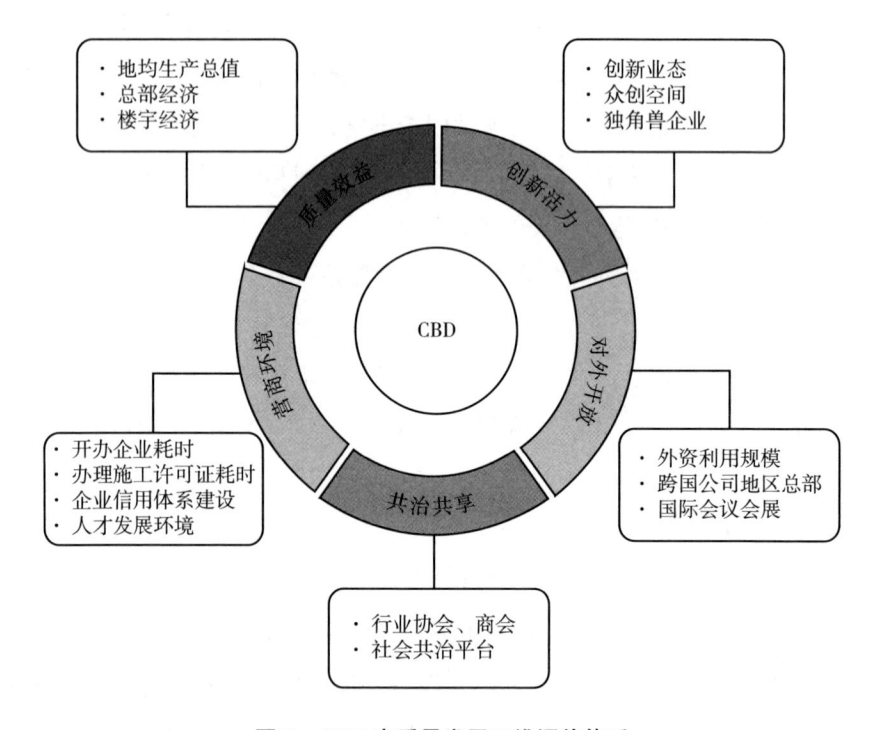

```
          ・创新业态
・地均生产总值                    ・众创空间
・总部经济                        ・独角兽企业
・楼宇经济
```

图中圆环文字：质量效益、创新活力、对外开放、共治共享、营商环境，中心为 CBD

```
・开办企业耗时                    ・外资利用规模
・办理施工许可证耗时              ・跨国公司地区总部
・企业信用体系建设                ・国际会议会展
・人才发展环境
```

```
・行业协会、商会
・社会共治平台
```

图 1　CBD 高质量发展五维评价体系

中国 CBD 的发展质量进行综合评价，所有资料来源于调查统计，由中国商务区联盟成员单位提供。

质量效益（E）反映 CBD 的经济质量和效益，选取地均生产总值、楼宇经济和总部经济等指标进行评价。创新活力（I）反映 CBD 的创新驱动能力，选取创新业态、众创空间和独角兽企业数量等指标进行评价。对外开放（O）反映 CBD 开放型经济和国际文化影响力情况，选取外资利用规模、跨国公司地区总部和国际性会议会展等指标进行评价。营商环境（E）反映 CBD 政府效率、市场秩序等与国际通行规则接轨的程度，选取开办企业耗时、办理施工许可耗时、企业信用体系和人才发展环境等指标进行评价。共治共享（G）反映 CBD 的人文社会环境的开放性和包容性，选取行业商协会以及社会共治平台等指标进行评价。

二 2019年中国CBD高质量发展评价

2019年，全球贸易摩擦升级和经济不稳定性加剧，中国经济进入高质量发展的关键期。CBD在引领中国经济高质量发展和开放型经济体系建设方面做出了积极贡献，即便是在国际贸易摩擦和新冠肺炎疫情对全球经济造成极大冲击的情况下，各地CBD依然表现出了较强的经济韧性和创新活力。

（一）质量效益：经济效益持续提升，总部经济特色突出

1. 经济效益持续提升

2019~2020年，中国CBD的地区生产总值呈现明显的梯度变化。位居第一梯队的分别是广州天河CBD、深圳福田CBD和北京CBD，地区生产总值均超过了1500亿元，其中广州天河CBD的GDP达到3328亿元，居全国CBD首位；武汉CBD、杭州武林CBD和天津河西CBD位居第二梯队，GDP均超过了1000亿元；重庆解放碑CBD、大连人民路CBD、广州琶洲CBD和郑东新区CBD位于第三梯队，GDP达到500亿元左右；银川阅海湾CBD、重庆江北嘴CBD、南京河西CBD、西安长安路CBD和宁波南部CBD则位居第四梯队，GDP低于500亿元。

从GDP占全市比例来看，银川阅海湾CBD、广州天河CBD和深圳福田CBD均超过了10%。其中，西部地区的银川阅海湾CBD占全市GDP比重接近25%，成为银川高质量发展的增长极。目前银川阅海湾CBD正积极推进互联网数字经济服务产业园、科技创新服务产业园、人力资本产业园、幸福产业园和金融产业聚集区的"四园一区"建设，着力打造银川构建内陆开放型经济试验区的核心区。

从地均GDP来看，居第一位的是西部地区的重庆解放碑CBD，地均产值达到445亿元/平方公里，深圳福田CBD、北京CBD和广州天河CBD分居第二位、第三位和第四位，地均产值均超过100亿元/平方公里。由此可

见，CBD作为高附加值、高成长性企业的高度集聚区，在经济产出效益方面具有绝对领先优势。

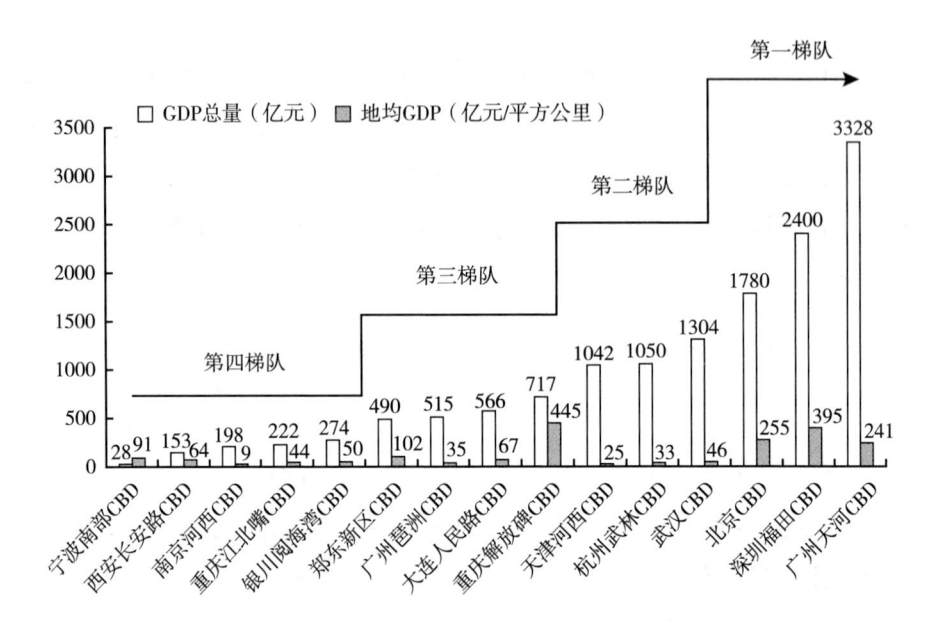

图2 2019年中国CBD地区生产总值与地均GDP比较

说明：武汉CBD、天津河西CBD、重庆解放碑CBD、银川阅海湾CBD和重庆江北嘴CBD为2018年数据，深圳福田CBD和西安长安路CBD为2017年数据，其他CBD为2019年数据。部分商务区联盟成员单位未提供GDP数据，暂未纳入本年度评价。

资料来源：中国商务区联盟提供数据。

2. 总部经济特色突出

总部经济是一种资源配置力经济，总部经济发展水平是一个国家和地区经济竞争力和影响力的重要体现。从国际城市发展规律来看，CBD往往是城市集聚大型企业总部尤其是跨国公司总部的重要区域。经过改革开放四十多年的发展，中国CBD已经成为全球跨国公司及企业总部、国际组织与机构以及会计、法律、咨询等高水平专业服务业的主要汇聚地，引领CBD所在的城市、区域乃至国家参与全球经济竞争。由于中国具有典型的大国经济特征，各地CBD对外开放水平和经济发展能级存在地区差异，目前中国CBD的总部经济总体呈现梯度发展格局。

位于第一梯队的是陆家嘴金融城、北京CBD和深圳福田CBD,总部企业数量均超过了400家;位于第二梯队的是上海虹桥CBD、重庆解放碑CBD和广州天河CBD,总部企业数量均超过了100家;天津河西CBD、银川阅海湾CBD、大连人民路CBD等位于第三梯队,总部企业数量低于100家。2019年,上海陆家嘴金融城的总部企业数量和世界500强企业数量分别达到600家和340家,居全国CBD首位;同时,吸引了全球58家国际知名资管机构在陆家嘴设立了80家各类外资资管机构,其中全球资管规模前十的有9家;全国22家已获得私募管理人资格的外资独资资管公司有20家落户在陆家嘴;全国6家获批投资咨询业务资格的外资资管机构,有5家位于陆家嘴,陆家嘴金融城已成为全球资管机构在华的重要集聚地和展业地。北京CBD中心区总部企业数量达到428家,拥有170家世界500强企业,占北京市的70%左右,三大国际评级机构均落户北京CBD,与此同时,北京CBD还聚集了北京市70%的国际金融机构、90%的国际传媒机构、80%的国际组织、国际商会以及近100%的外国驻华使馆(除俄罗斯),已经成为外资机构进驻中国的首选地。

从总部型企业占比来看,深圳福田CBD和四川天府总部CBD的总部企业占区域内企业总量的比例最高,分别达到4.21%和3.17%。深圳福田CBD的持牌金融机构总部占深圳市的67%,物流企业总部和安防企业总部均占深圳市的70%。在专业服务机构方面,福田CBD聚集了全市50%的会计师事务所和专利代理机构,成为粤港澳大湾区的重要引擎和总部集聚地。四川天府总部CBD紧抓中国(四川)自由贸易试验区和"一带一路"建设机遇,积极筹建四川市州总部产业联盟,探索"总部+基地""研发+生产"的产业合作模式,已经引进了39家总部企业和11家世界500强企业。

3. 楼宇经济高质量发展

楼宇经济是依托商务楼宇发展起来的一种集约型经济形态。近年来,各地CBD都十分重视楼宇税源建设、楼宇品质提升以及楼宇标准制定,楼宇经济已经成为引领CBD经济高质量发展的重要形态。从楼宇数量来看,2019年上海虹桥CBD和陆家嘴金融城的楼宇数量最多,均超过了300座;

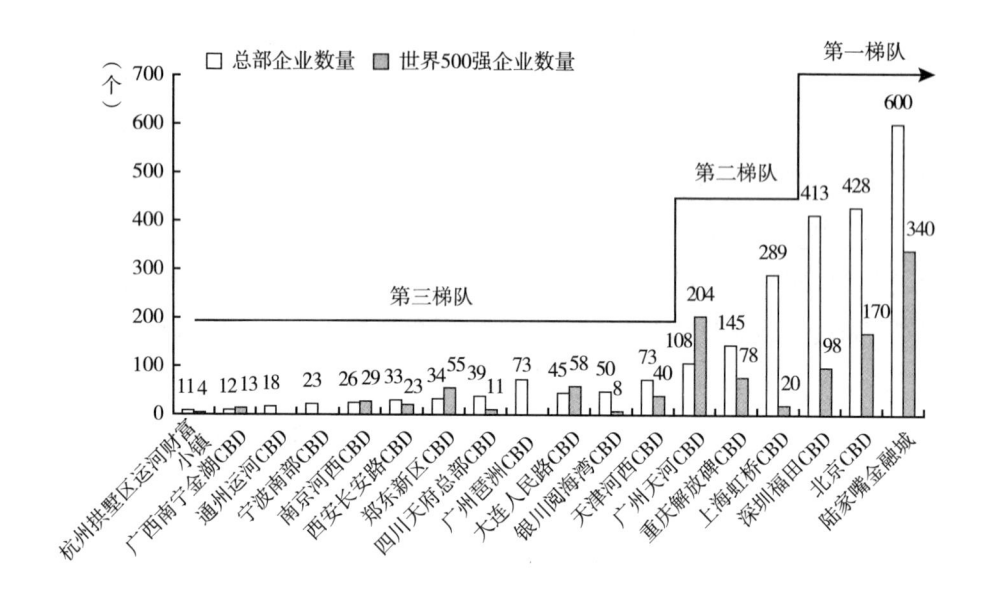

图 3　2019 年中国 CBD 总部经济发展情况

资料来源：中国商务区联盟提供数据。

北京 CBD、深圳福田 CBD、广州天河 CBD、杭州武林 CBD、天津河西 CBD 和大连人民路 CBD 的楼宇数量均超过了 100 座。从楼宇纳税贡献来看，众多 CBD 的单座楼宇税收超过 1 亿元，甚至 10 亿元。其中，陆家嘴金融城纳税过亿楼宇达到 102 座，纳税过 10 亿元楼宇达到 30 座，楼宇经济效益居全国 CBD 首位。广州天河 CBD 纳税过亿元楼宇数量达到 71 座，占商务楼宇总量的 58.7%，纳税过 10 亿元楼宇也有 17 座，成为粤港澳大湾区楼宇经济高地。北京 CBD 纳税过 1 亿元、过 10 亿元楼宇数量分别为 46 座和 9 座，楼宇纳税贡献率达 87.9%，单体楼宇最高纳税额达到 57 亿元，楼宇经济的集约性和高效性日益凸显。位于中部地区的郑东新区 CBD 纳税过亿元楼宇数量占比达到 47.8%，建成投用的 46 栋商务楼宇中有 22 座税收超过 1 亿元（其中 5 亿元楼宇 7 栋，10 亿元楼宇 3 栋），每平方公里贡献税收超过 18 亿元，人均创造税收达 13 万元，人均创造增加值 14 万元，经济社会效益明显。

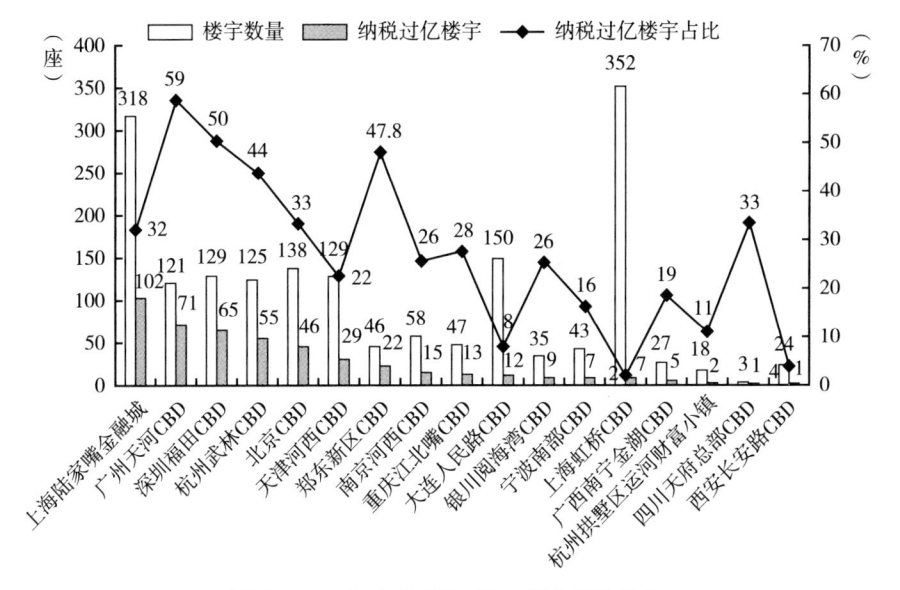

图 4　2019 年中国部分 CBD 楼宇经济情况

说明：深圳福田 CBD、天津河西 CBD 为 2018 年数据。
资料来源：中国商务区联盟提供数据，部分 CBD 由于数据缺乏未纳入评价。

专栏 1　楼宇经济引领北京 CBD 高质量发展

为了推动楼宇经济高质量发展，北京 CBD 推出《CBD 楼宇品质分级评价标准》，2018 年、2019 年连续两年进行楼宇品质评价，目前，CBD 共完成认证 13 座超甲级楼宇以及 17 座甲级楼宇，楼宇金牌管理员培训覆盖 300 余座楼宇、580 余人，有力推动了 CBD 楼宇品质和管理水平的提升，打造出中国高端商务楼宇标准和品牌。截至 2019 年底，CBD 功能区楼宇数量达到 584 座，税收过亿元楼宇达 110 座，占比 18.84%，纳税总额 864.16 亿元，对 CBD 的纳税贡献率达 80.69%；中心区楼宇 138 座，税收过亿元楼宇达到 46 座，占比 33.33%，纳税总额 337.61 亿元，对 CBD 的纳税贡献率达 87.92%，单体楼宇最高纳税额达到 57 亿元。2019 年，CBD 功能区超甲级商务楼宇地均税收达到 1.55 亿元/万平方米，地均税收产出最高的楼宇达到 4.7 亿元/万平方米，楼宇经济的集约性和高效性日益凸显。

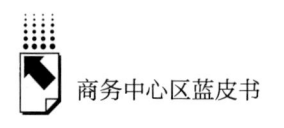

（二）创新活力：新兴经济蓬勃发展，创新生态持续优化

1. 新兴经济蓬勃发展

高质量发展必须以创新驱动为发展动力，充沛的创新发展活力是CBD区别于一般经济功能区的显著特征。瞄准全球先导性产业、前瞻性技术和创新性业态，不断提升创新驱动发展能力是CBD增强核心竞争力、引领区域发展的必然选择。尤其是随着第四次工业革命的兴起，各地CBD充分利用信息技术和大数据等技术平台对传统贸易和产业进行全面赋能和升级改造，数字贸易、数字商贸、跨境电商、电竞产业等数字经济在CBD蓬勃发展，成为引领经济发展的新兴增长点。例如，银川阅海湾CBD依托楼宇资源禀赋，全力发展电子商务、云计算、大数据、物联网等新型服务业态，构建互联网服务、科技金融、智能服务等多种业态的智慧产业集群，截至2020年6月，银川阅海湾CBD已建设城市数据湖、宁夏首个智能体验中心，银川金凤区第一个区域级的5G网络全覆盖运营智慧园区，已有新浪网宁夏运营中心、贝壳网、58科创等多家企业入驻阅海湾CBD互联网数字经济产业园。

上海虹桥CBD	广州天河CBD	北京通州运河CBD	广州琶洲CBD
·依托长三角电商中心、临空示范区国家数字服务出口基地、经纬全球商品博览会、阿里智慧贸易园区等，打造"全球数字贸易港"	·依托国家首批数字服务出口基地，推动数字技术与服务贸易深度融合 ·依托粤港澳大湾区服务贸易自由化基地，搭建跨境科技并购服务平台，建设科技并购国别服务节点	·以国家网络安全产业园为重点，积极吸引国内国际新一代信息技术、软件与信息服务、人工智能等产业要素	·聚焦人工智能与数字经济，推动"数字+会展+总部"融合发展；已引入阿里巴巴、腾讯、复星、唯品会等数字经济领军企业
数字贸易	数字服务出口	国家安全产业	人工智能与数字经济

图5 中国部分CBD数字经济发展情况

2. 创新生态持续优化

蓬勃成长的创新生态是 CBD 服务业高水平开放和创新发展的重要保障，提高原始创新能力、聚集创新资源、提供创新供给是 CBD 提升全球竞争力的重要路径。各地 CBD 基于全球技术变革和创新人才竞争的新形势，通过减负降税、优化产业生态圈、打造众创空间等措施，最大限度激发创新创业活力。其中，通过市场化机制、专业化服务和资本化途径构建低成本、便利化、全要素、开放式的新型创业空间，是各地 CBD 优化创新创业生态的普遍做法。如表 1 所示，北京 CBD、杭州武林 CBD、大连人民路 CBD、西安长安路 CBD、上海陆家嘴金融城、宁波南部 CBD 均拥有国家级的众创空间。

北京 CBD 的国家级众创空间数量居首位，共拥有国安龙巢、星库空间等国家级众创空间 9 家，占朝阳区的 50% 以上；拥有优客工场、得到、宝宝树及便利蜂等 12 家独角兽企业，总估值达 156.1 亿元。

上海陆家嘴金融城依托国际级众创空间——陆家嘴金融科技产业园，充分发挥丰富的金融科技应用场景优势，深入分析金融科技企业全生命周期的发展规律，联合业界推出 2.0 版金融科技"陆九条"，分别对接金融科技企业在应用场景、孵化投资、专业服务、技术研发、风险防范、展示交流、人才服务、财政扶持、国际推广等方面的具体诉求，着力打造全球最优金融科技生态圈。

杭州武林 CBD 拥有 3 家国家级、4 家省级和 3 家市级众创空间，其中的"创新中国·武林数字产业园"采用智慧园区平台管理，为企业提供"一站式"服务，已有国际知名联合办公品牌 WeWork、浙商金融交易中心、银泰集团、杭州市城市大脑停车系统等创新型企业入驻。

南京河西 CBD 依托 3 家省级、8 家市级众创空间，为企业提供"众创空间+创业辅导+资金融通+中介服务+政策对接"的全方面金融服务。

银川阅海湾 CBD 统筹规划互联网数字经济产业布局，打造"互联网+创客+创投+产业"的创新创业生态圈，搭建"互联网+协同智造"的创新平台。

表1 2019年中国部分CBD众创空间建设情况

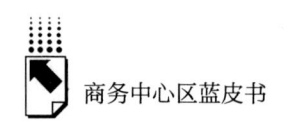

CBD	国家级众创空间数量(个)	省级众创空间数量(个)	市级众创空间数量(个)
北京CBD	9	—	—
杭州武林CBD	3	4	3
大连人民路CBD	1	—	—
西安长安路CBD	1	2	2
上海陆家嘴金融城	1	—	—
宁波南部CBD	1	2	—
郑东新区CBD	—	1	1
南京河西CBD	—	3	8
杭州拱墅区运河财富小镇	—	—	1
上海虹桥CBD	—	—	1

资料来源：中国商务区联盟提供数据。

（三）营商环境：对接国际通行规则，营商环境显著优化

随着全球一体化的深入推进和竞争加剧，国家和地区的全球竞争优势逐渐从全球化初期基于产品成本的比较优势转向更加重视营商环境的制度优势和国家治理能力优势。2019年，随着国家"放管服"改革的深入推进，中国CBD商事制度改革取得显著成效，市场准入日益便利化，信用监管日益精准化，人才发展环境日趋国际化，营商环境的国际化、法治化和便利化水平显著提升。

1. 商事制度改革成效显著

对标国际一流CBD，着力优化政务服务环境是优化营商环境的核心。中国各地CBD通过减少行政审批事项、深化商事登记制度改革、推动"互联网+政务服务"等措施，着力优化营商环境，最大限度实现准入环节便利化。根据世界银行发布的《全球营商环境报告2020》，中国已连续两年被世界银行评选为全球营商环境改善幅度最大的10个经济体之一，该报告以上海和北京为调研样本，显示出上海和北京在开办企业耗时、办理施工许可证耗时等方面逐渐与国际一流标准接轨。2019年，北京CBD成立了招商服务大厅和网上办事大厅，集中开展高精尖企业招商引资及企业登记备案、税务报到、统计登记等"最后一公里"服务。同时，与朝阳区工商局、相关街道、楼宇物业密切合作，建立了入驻企业手续办理的绿色通道，为优质企业制定专项政策，提供"一对一"管家式服务，极大地缩短了企业办理相关手续的时间。位于中西部地区的CBD在提升政务服务水平、为企业提供便利化服务方面也取得了积极进展。如图6所示，银川阅海湾CBD和四川天府总部CBD的开办企业耗时已压缩至1天，广西南宁金湖CBD则只需0.5天，这些CBD在建设内陆型开放高地中发挥着示范引领作用。例如，四川天府总部CBD依托自贸试验区建设，组建天府新区海关、自贸区法院、知识产权法庭，优化商事登记流程，推动"证照通"改革试点，率先实现"一件事"全流程"仅跑一次"，企业出口退税全流程电子化，外籍人士足不出户签证换补发，着力构建国际一流的营商环境。

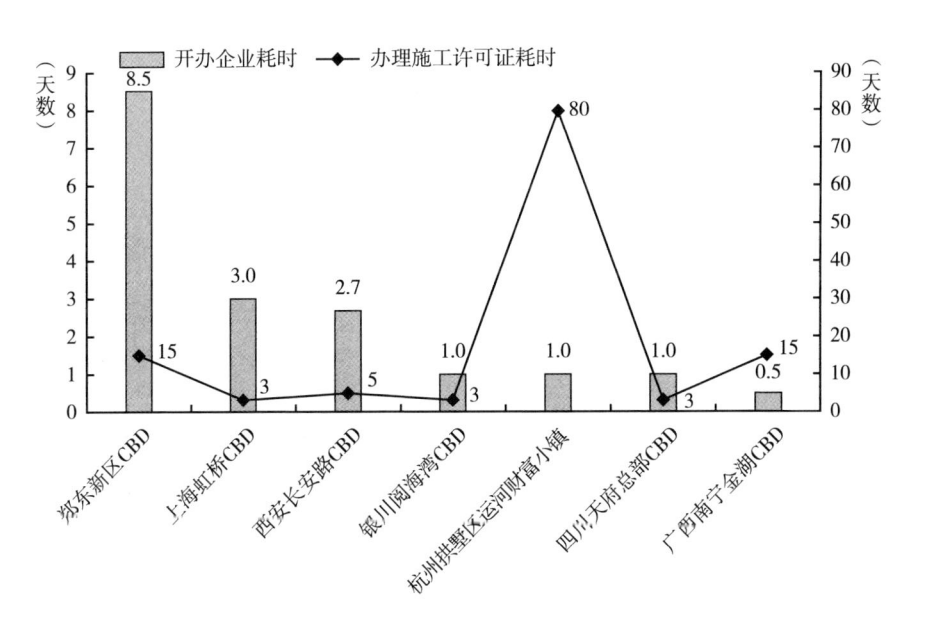

图6 2019年中国部分CBD营商便利度情况

资料来源：中国商务区联盟提供数据，部分CBD由于数据缺乏未纳入评价。

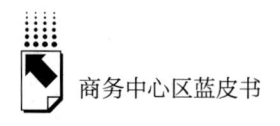

2. 企业信用体系建设不断完善

加强信用体系建设是各地CBD营造诚信法治营商环境的重要途径。各地CBD通过建设以信用监管为核心的市场监管机制、完善以商务诚信为核心的社会信用体系，以及加强知识产权保护等措施，努力营造公平高效的市场法治环境。北京CBD归集政府、市场、互联网等数据，建立CBD信用综合监管平台，对风险企业筛查，利用信用评价与楼宇评价体系对楼宇入驻企业进行预评估；2019年开始探索企业信用正面评价，利用政府职能部门协同监管、公众共同监督的模式，形成"评价方法－数据归集－综合应用－业务联动"的信用监管体系。银川阅海湾CBD联合银川市审批局、工商局、税务局、市场安全监督局等对区域内企业建立长效监督机制，全面清理处置企业违约失信问题，加大对违约失信行为惩戒力度，构建"一处失信、处处受限"的失信惩戒长效机制。

3. 人才发展环境显著优化

CBD是区域创新的策源地，而人才是创新的主体和源泉，通过各项人才引进和激励政策汇集全球创新型人才成为各地CBD提升软实力的普遍做法。在服务业加速开放的背景下，北京、上海、广州、深圳、武汉等CBD纷纷采取多样化的方式与政策，构建了较为全面的国际人才引进、培育和激励体系。根据世界商务区联盟发布的《全球商务区吸引力报告》，北京CBD人才吸引力排名全球第九。截至2018年，朝阳区港澳台居民和外籍人员占到北京市外籍人口的57.7%，CBD从业人员中国际人才占比达到5%。上海陆家嘴金融城依托浦东国际人才港搭建国际人才活动交流平台，多部门协同联动设立了外国人来华工作许可、居留许可、体检预约"单一窗口"，目前浦东新区海外留学归国人员已占到外籍人员总数的65%。武汉CBD申报建立了国家级人力资源服务产业园，以"集聚产业、拓展服务、创新示范、培育市场"为定位，形成了集中高端人才寻访、招聘、培训、薪酬及人力资源外包、人才测评、管理咨询、人力资源信息软件等多位一体的综合人力资源服务产业链。

（四）对外开放：外资利用稳中有进，国际影响力持续增强

1. 外资利用规模稳中有进

各地CBD紧紧围绕自由贸易试验区、"一带一路"倡议和服务业扩大开放试点等国家对外开放政策，进一步放开市场准入，大幅缩减外商投资负面清单，提升投资便利化程度，服务业吸引外资能力持续增强，外资企业数量稳步增长，规模质量不断提升。2019年，在国际跨境投资整体震荡低迷的背景下，中国各地CBD外资利用规模仍然保持稳中有进的态势。其中，北京CBD和广州天河CBD外资利用规模处于领先地位，均超过了10亿美元；其次是深圳福田CBD和杭州武林CBD，外资利用规模超过了5亿美元；上海虹桥CBD、长沙芙蓉CBD外资利用规模则超过2亿美元，如图7所示。从增速来看，大连人民路CBD、宁波南部CBD和南京河西CBD外资利用总额虽然仅有1亿美元，但与2018年相比分别上升了409%、193%和42.86%，呈现良好的增长态势。北京CBD作为全国涉外资源最密集的区域，凭借其独特的区位优势、成熟的市场环境和便利的投资环境，2019年外资利用总额超过40亿美元，新注册外资企业超过600家，外企总数超过1万家，外资企业税收近450亿元。

即便是在国际贸易摩擦和新冠肺炎疫情对全球经济造成极大冲击的情况下，各地CBD对外资的吸引力也未减弱。2020年第一季度北京CBD新增外商投资企业达到60家，特别是全球知名投资公司——橡树资本全资子公司Oaktree（北京）完成工商注册，成为新版《中华人民共和国外商投资法》正式实施后的第一家在京注册的外资私募机构。2020年1~7月，上海陆家嘴金融城实到外资逆市上扬，完成15.69亿美元，同比增长24.3%；新引进外商直接投资合同项目233个，包括7家跨国地区总部，呈现稳中有进、稳中向好的发展态势。

2. 国际影响力显著提升

CBD的综合竞争力不仅体现在高附加值、高成长性、高引领性的大量跨国企业集聚，更体现在具有较高国际影响力、区域辐射力和凝聚力的各类商务文化活动和会议会展平台。无论是位于东部沿海一线城市的CBD，

低于1亿美元		1亿~2亿美元		2亿~10亿美元		高于10亿美元	
四川天府总部CBD	0.73	上海虹桥CBD	2.54	深圳福田CBD	7.97	北京CBD	42.58
天津河西CBD	0.22	长沙芙蓉CBD	2.20	杭州武林CBD	6.70	广州天河CBD	11.99
武汉CBD	0.18	郑东新区CBD	1.28				
西安长安路CBD	0.13	大连人民路CBD	1.07				
杭州拱墅区运河财富小镇	0.01	南京河西CBD	1.00				
		宁波南部CBD	1.00				

图7　2019年中国部分CBD外资利用规模

说明：北京CBD、广州天河CBD、深圳福田CBD、上海虹桥CBD、长沙芙蓉CBD、天津河西CBD和西安长安路CBD为2018年数据，上海虹桥CBD为核心区15平方公里范围统计数据。

还是中西部地区的CBD，都紧紧抓住中国国际服务贸易交易会（服贸会）、中国进出口商品交易会（广交会）、中国国际进口博览会（进博会）等国家三大展会，积极推进国际会议会展、国际商务对话、国际文化交流等高能级的开放载体平台，拓展对外交流渠道，构建多维度、全方位、链接全球的资源网络。上海虹桥CBD充分发挥世博会溢出效应，打造虹桥海外贸易中心，引进上海海外联谊会、中国瑞士中心、西班牙商会、马来西亚商会等22家贸易及服务机构入驻，并联系全球超过150多家贸易及投资促进机构，初步形成全球化的贸易及投资服务网络。北京CBD依托国际知名研究机构、世界商务区联盟、国际商协会、跨国公司等国际组织和企业，连续多年举办北京CBD国际论坛、国际金融圆桌会、中外跨国公司CEO圆桌会议、中国特色世界城市论坛等国际高端商务文化活动。目前，北京CBD聚集了北京市80%的国际组织、国际商会以及近100%的外国驻华使馆（除俄罗斯），已经成为具有世界水准的国际会议目的地、外资机构进驻中国的首选地和国际信息传播的枢纽。郑东新区CBD依托郑州国际会展中心，先后举办了世界旅游城市市长论坛、全球跨境电商大会、国际民航货运发展论坛、世界传感器大会高规格展会，成为中部地区国际商务和文化交往的窗口。

表2 2019年中国部分CBD对外开放平台建设情况

代表性CBD	具体内容
上海虹桥CBD	举办了包括中国国际进口博览会、上海国际会展月、"一带一路"名品展、国际手工艺产业博览会、长三角文化博览会等具有国内外影响力的品牌展会活动，国际性展览占比95%
广州天河CBD	依托港澳会展资源优势，整合优化现有会议载体，打造高效服务贸易会议承接配置平台，大力引进国际论坛、学术研讨、行业峰会等高端服务贸易会议
北京CBD	立足国际知名研究机构、世界商务区联盟、国际商协会、跨国公司等国际组织和企业，连续多年举办北京CBD国际论坛、国际金融圆桌会、中外跨国公司CEO圆桌会议、中国特色世界城市论坛等国际高端商务文化活动
上海陆家嘴金融城	搭建了"国际金融城圆桌会"的有效机制，与伦敦、巴黎、米兰、新加坡、中国香港等区域建立了常态化的金融交流平台
四川天府总部CBD	依托中国西部国际博览城以及四川承接国家主场外交的核心载体——天府国际会议中心，通过自主策源、境外引育等塑造"天府会展"IP，引进英国英富曼等世界顶级会展机构15个、慕尼黑环展等UFI认证展会5个，全面提升了西部地区的国际经贸交往水平
广州琶洲CBD	海上丝绸之路重要始发港——黄埔古港所在地，中国外贸第一促进平台——中国进出口商品交易会举办地，已先后举办《财富》全球论坛、世界航线发展大会、"读懂中国"广州国际会议等高端国际性会议
郑东新区CBD	依托郑州国际会展中心，先后举办了世界旅游城市市长论坛、全球跨境电商大会、国际民航货运发展论坛、世界传感器大会高规格展会

资料来源：中国商务区联盟提供数据。

（五）共治共享：创新业界共治模式，治理能力显著提升

国际经验表明，CBD作为最具经济活力和人文魅力的区域，往往通过多元市场主体参与共治以增强文化黏性、提升政府包容性，从而营造包容共享的氛围。近年来，我国CBD着力改变政府单一主体的治理模式，积极构建由政府、市场、社会组织等多元主体共治共享的营商环境。

1. 搭建业界共治平台

为了营造共治共享、包容性发展的国际化人文环境，中国各地CBD积极搭建政府、社会、各类组织和个人共同参与的业界共治平台。上海陆家嘴

金融城借鉴伦敦金融城的经验，建立了金融城理事会这一"业界共治＋法定机构"区域公共治理架构，理事会由127家业界代表共同组成，理事会下设立了品牌推广、楼宇发展、绿色金融和金融风险管理四个专委会，作为共治的平台和抓手。北京CBD联合政、产、融、学、服等领域的企业成立北京国际CBD生态联盟、世界500强与跨国公司智库联盟、北京CBD高精尖产业促进会、北京CBD楼宇联盟等业界共治和社会参与的合作交流平台，搭建政企沟通平台和企业生态联盟，推动业界共同治理。

2. 创新共商共治党建模式

CBD作为中国外向型经济的主要承载区，具有外资企业高度集聚、外籍人口占比较高和市场主体多元的特征，如何将党建工作与CBD建设有机融合在一起，充分发挥党建平台的作用，构建共商共建、共治共享的社会氛围是近年来各地CBD重点探索的领域。北京CBD于2018年成立首个商圈党建工作联盟，即CBD华贸商圈党建工作联盟，2019年成立CBD核心区商圈党建工作联盟，联盟以党建工作为纽带构建"一核十会三机制两平台"工作机制，形成"共融、共治、共享、共赢"的新型党建模式。上海陆家嘴金融城创建了"金领驿站"这一党建引领下社会共商共治的服务平台，通过建立双向认领机制，形成需求、资源、项目"三类清单"，采用线上线下相结合的方式，为金融城的各类人群提供精准服务，形成了政府职能部门、各类社会组织、企业、社区、员工等多元主体参与的公共事务和社会服务体系。广州天河CBD面对楼宇经济蓬勃发展的趋势，主动适应城市发展变化，不断探索商务楼宇党建新模式。2017年7月在广州国际金融中心成立党委，2020年5月升级并更名为天河中央商务区南区联合党委，以提升组织力为重点，以标准化、规范化督促、指导区域内各党组织的党内政治生活，有力提升商务楼宇党组织的政治功能。同时，以"交流、服务、凝聚、引领"为理念，面向区域内单位、党组织和党员、群众，提供政策宣传、党务服务、行政服务、人才服务、社会服务、生活服务，打造以党建为引领，政务、社务一体化的综合性服务平台。并推出专员驻点服务，为新进驻的企业提供免费政务咨询及代办服务，加快企业落地进程，积极构建"清""亲"新型政商关系，营造良好的营商环境。

专栏2　北京CBD商圈党建模式

北京CBD核心区党建工作联盟秉持"跨隶属、跨行业、跨用途"的理念，以属地区域性党组织牵头、由北京CBD核心区内各单位自愿参与为理念，按照"一核十会三机制两平台"总体思路进行组织构建，即着力构建商圈党建工作联盟这一核心，搭建十个联合会载体（工会联合会、白领青年汇、巾帼金领联合会、侨胞侨属联合会、归国留学人员联合会、新经济人士俱乐部、跨国公司高管俱乐部、楼宇金牌管理员联合会、企业社会责任联合会、其他行业协会），形成三个运行保障机制（党建工作联席会议机制、党建服务协商协调机制、"四单"搜集机制），依托两个平台（商圈党群服务中心、网络智慧党建平台），织好区域化党建最后一张网，推进商圈单位共驻、共建、共商、共治、共享，全面推进商圈党建的"两个覆盖"，持续提升CBD商圈的治理能力和治理体系现代化水平。

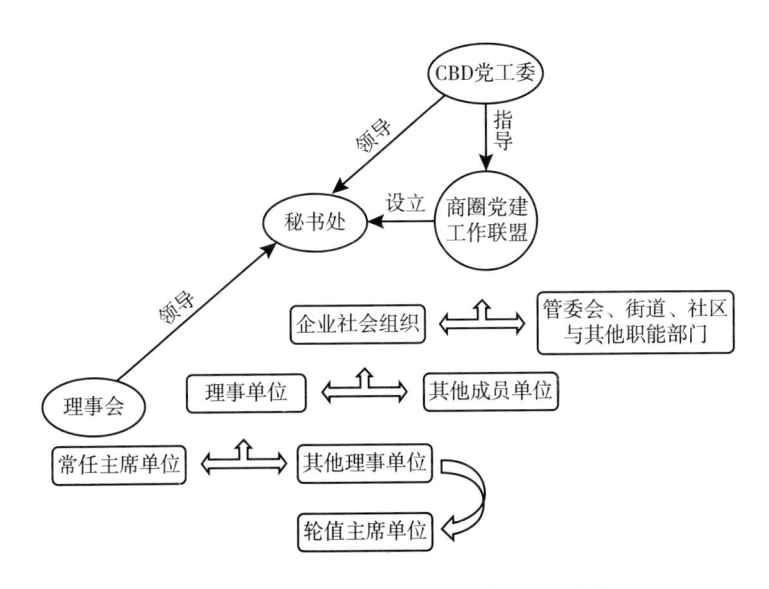

图8　北京CBD商圈党建工作联盟组织结构

资料来源：根据北京CBD管委会提供资料整理绘制。

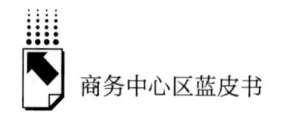

三　趋势与展望

现阶段，世界处于百年未有之大变局，新一轮科技革命和产业革命的大规模快速发展，以再平衡为主题的全球政治、经济、文化和技术格局的调整拉开了市场重心替换、贸易方式调整、全球规则重构的序幕，中国 CBD 高质量发展和高水平开放面临的形势日趋严峻。展望"十四五"，CBD 应紧跟全球经贸发展的新趋势和新机遇，着力增强经济韧性，提升全球风险应对能力；搭建国际经济文化交往的载体平台，提升全球经济治理能力；加快开放和创新政策集成，推动形成高水平制度型开放，进一步提升"中国服务"在全球价值链中的地位。

一是增强经济韧性提升全球风险应对能力。经济韧性与经济长期增长之间存在密切的相互作用，拥有多样化产业结构的 CBD 在面对复杂多变的经济环境时更能抵御风险，尤其是当经济进入衰退期时，CBD 能够通过发展"新经济"孕育一批更有活力和竞争力的市场主体，从而获得长久和坚实的经济韧性。对于步入经济高质量发展攻坚期的中国 CBD 而言，不仅要面对国际经贸摩擦的外部冲击，还要防范快速发展过程中的内部风险，因此，各地 CBD 既要培育知识和技术密集型的新兴经济和新兴业态，又要重视运用新技术新理念改造提升传统服务业，促进服务业向价值链高端演进，通过增加产业多样性提升经济发展韧性。

二是加快建设参与全球经济治理的载体平台。CBD 历来是全球化重要推动力量，是跨国公司决策与运营的关键节点。经济全球化和信息化的交互作用，已使全球经济活动呈现地域空间上的分散化和组织的全球一体化趋势，跨国公司通过分散在重点 CBD 的分支机构来实现其对全球业务发展的战略部署。中国必须加大力度推动 CBD 服务业改革、开放和创新发展，尤其是要依托北京、上海、广州、深圳等一线城市打造具有世界竞争力的全球性 CBD，从而更好地引领中国参与国际资源配置，提升中国在全球经济治理中的话语权。

三是加快政策集成推动高水平制度型开放。经济服务化和服务全球化是世界经济发展的主流趋势，中国 CBD 在深化中国服务业对外开放、深度参与全球服务业价值链重构中发挥着引领作用。中国 CBD 应积极争取国家政策，率先落实《全面深化服务贸易创新发展试点总体方案》，加大探索服务业制度型开放力度，积极争取国家政策率先在 CBD 开展国际投资贸易新规则试验，围绕新兴服务业开放进行压力测试。此外，鉴于 CBD 管理机构在政策制定、市场监管和政务服务等方面仍存在较大局限性，应强化与上级部门的协调联动，加强在开放风险评估、开放路径与时间表等方面的顶层设计，加快推动服务业领域的规则、规制、管理、标准等制度型开放。

参考文献

世界商务区联盟：《全球商务区吸引力报告》，2017。

北京 CBD 管委会：《北京 CBD 人才服务体系研究终期报告》，2019。

上海浦东新区人民政府：《浦东新区 2018 年人才紧缺指数报告》，2018。

张丽娟：《2020 新议题：全球经济不确定性、全球化转型与国际合作治理》，《太平洋学报》2020 年第 8 期。

武占云、单菁菁：《中央商务区的功能演进及中国发展实践》，《中州学刊》2018 年第 8 期。

王晓红：《以服务业开放为重点不断完善开放型经济新体制》，《光明日报》2018 年 10 月 16 日。

重点领域篇

Key Areas Chapters

B.3
CBD服务贸易发展的现状、问题与对策

张 宇*

摘　要： 中央商务区（CBD）是现代城市产业集聚的重要平台和依托，而服务业则是后工业化时代城市发展的重要支柱。本文立足于我国服务贸易发展的现实，在结合历史趋势与国际比较剖析我国服务贸易总体发展态势的同时，通过上海陆家嘴CBD、北京商务中心区和广州天河CBD三大全国顶级中央商务区的案例显示了中央商务区在促进服务开放与服务贸易发展方面的进展，据此剖析了CBD在促进服务贸易发展方面的优势以及我国目前CBD服务贸易发展方面的不足，并提出了促进CBD服务开放和服务贸易发展的若干对策建议。

---

* 张宇，中国社会科学院财经战略研究院副研究员，研究方向为国际贸易与国际投资。

CBD 服务贸易发展的现状、问题与对策

关键词： 中央商务区　服务贸易　对外开放

一　中国服务贸易的总体发展态势

作为国际经贸活动中的新兴领域，服务贸易在全球范围内的发展方兴未艾，同时随着我国经济发展水平的提升和经济结构转型的深入，服务贸易在我国也呈现一定的快速发展态势。总体而言，我国服务贸易发展的特征可以概括为如下几大方面。

（一）服务贸易总体规模增长迅速

自20世纪80年代以来，伴随着我国改革开放的起步和国际分工参与程度的逐步加深，我国的服务贸易出口也得到较为快速的发展。据 UNCTAD 服务贸易统计数据，我国在 1982～2018 年期间的服务贸易出口额由最初的 25.12 亿美元增长到 2668.41 亿美元，总体上增长了近 106.23 倍，年平均增长率达到 13.84%（见图1）。

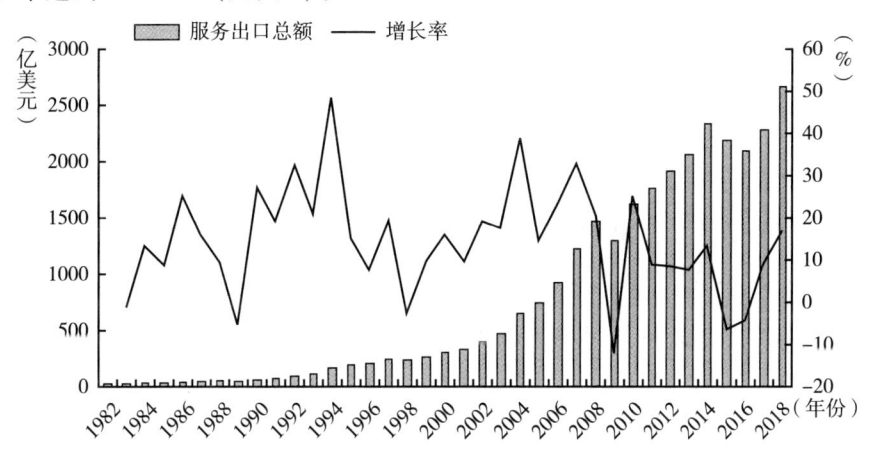

图1　1982～2018年中国服务业出口总额

说明：UNCTAD 的 2019 年数据十分不全，无法进行国际比较，国别数据比较的是 2018 年数据；《中国统计年鉴 2019》的指标数据为 2018 年数据、中国服务业出口的最新数据为 2018 年数据。

资料来源：UNCTAD 数据库及《中国统计年鉴》。

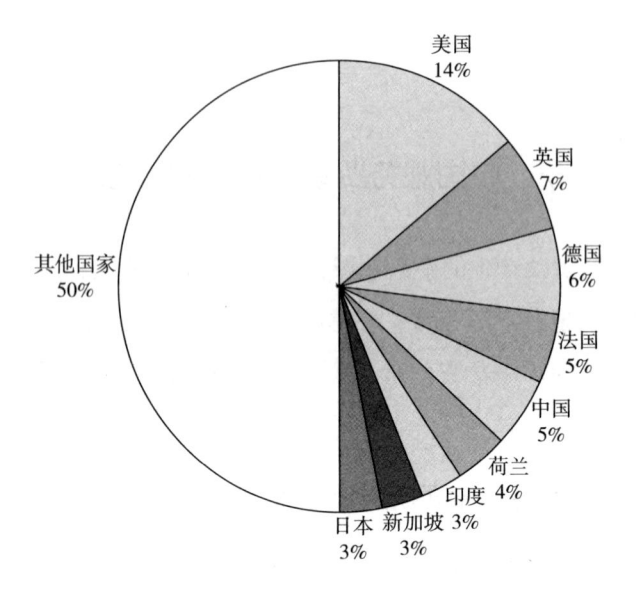

```
                    美国
                    14%
                      英国
                      7%
                       德国
                       6%
                        法国
                        5%
                        中国
                        5%
其他国家              荷兰
50%                   4%
            日本 新加坡 印度
            3%  3%    3%
```

图2　2018年中国服务业出口占全球比重

说明：UNCTAD的2019年数据十分不全，无法进行国际比较，国别数据比较的是2018年数据；《中国统计年鉴2019》的指标数据为2018年数据、中国服务业出口的最新数据为2018年数据。

资料来源：UNCTAD数据库。

（二）服务贸易国际地位显著提升

从世界范围内服务业出口的总体国别分布情况来看：服务业出口显现相对集中的趋势，前20大出口国实现的服务业出口份额在全球服务出口中的比重达73%；同时服务业的出口较多地集中在美、英、德、法等发达国家，在世界服务贸易出口排名前10位的国家当中，仅有中国和印度两个发展中经济体（见图2）。在这其中，美国在2018年实现服务业出口额8624.33亿美元，约占全世界当年服务业出口总额的14.31%，为世界最大的服务贸易出口国。相对而言，中国服务贸易在总体规模上并不逊色，在2018年以2714.51亿美元的服务贸易出口额位列美、英、德、法之后而跻身世界第五大服务贸易出口国，占世界服务出口总额约4.50%，在服务贸易出口的总体规模方面凭借经济体量方面的优势获得了较为可观的国际地位。

（三）服务出口在国民经济中的地位有待提升

随着服务贸易规模的扩张，1982~2018年我国服务业出口占GDP的比重也从不足1%攀升到近2%，服务贸易在国民经济中的比重得到一定的提升。然而对比世界范围内服务贸易的总体发展形势，可以看出我国服务业出口占GDP的比重也始终低于世界范围内服务业占GDP的比重水平。2018年，我国服务业出口占GDP总额的比重尽管已经提升到1.90%，但仍落后于全球在20世纪80年代初期的水平，并且仅相当于同年全球服务贸易占GDP比重的1/3。此外，从发展趋势上来看，除去个别特殊时期（如2009年金融危机影响）之外，在世界范围内服务业出口在经济中的地位始终处于上升态势，表明服务出口的扩张在总体上是世界范围内产业结构调整的一个共性的趋势；然而从我国的情况来看，在金融危机爆发前，我国的服务出口占国民经济的比重尚能与国际上保持同步增长态势，但在2007年后步入下降通道，由此意味着我国服务贸易的发展以及贸易结构的转型仍存有较大的提升空间。

（四）服务贸易技术结构有待提升

与规模的扩张相比，技术结构偏低是我国当前服务贸易中存在的主要问题。

一方面，从世界范围内来看，通常被认为具有较高附加值和技术能力的金融与知识产权使用费出口尽管在服务业出口总额中并不占据主导地位，但已经形成了一定的规模，2018年全球范围内上述两个产业分别实现出口总额5184.18亿美元和4051.65亿美元，分别占到当年全球服务贸易出口总额的8.64%和6.75%，是服务出口贸易的第5和第6大来源产业；而在我国，受制度约束和技术能力所限，金融服务与知识产权使用费出口则仍处于较低的水平，2018年中国金融服务出口总额仅有

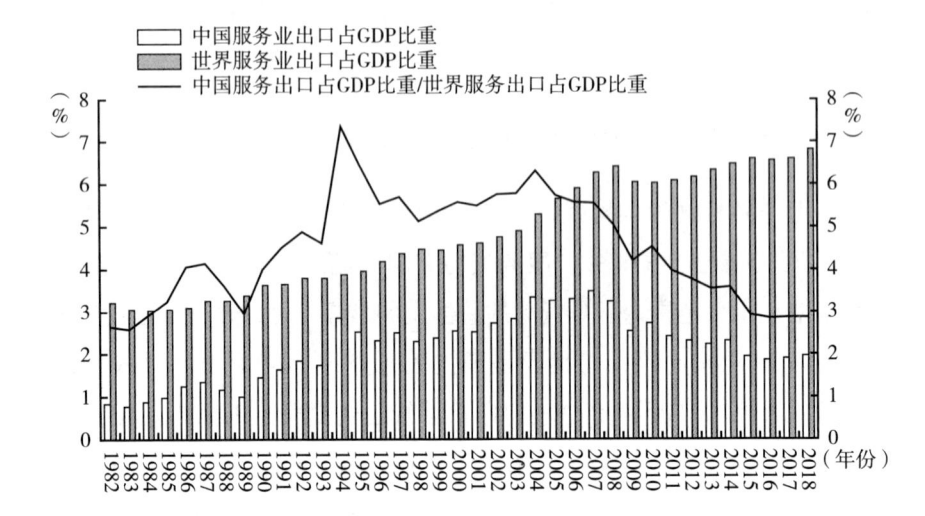

图3 1982~2018年中国服务业出口占GDP比重

资料来源：UNCTAD服务贸易统计及《中国统计年鉴》。

34.8亿美元，占全国当年服务业出口总额的1.3%，而知识产权使用费出口额也仅有47.62美元，仅占当年服务业出口总额的2.08%，均显著低于世界平均水平，由此彰显我国服务业出口在高端领域仍处于较为明显的劣势。

另一方面，以加工贸易和建筑服务为代表的劳动密集型产业在我国服务业出口中仍占重要地位。除去旅行、运输和商务服务这些传统服务出口产业之外，受我国目前的禀赋条件所限，我国在具有典型的劳动密集型特征的加工贸易和建筑服务出口领域显现一定的优势。据统计，2018年全球加工贸易服务和建筑服务分别实现出口总额1272.29亿美元和1159.81亿美元，在当年全球服务贸易出口总额中的比重仅为2.12%和1.93%，并非全球服务贸易出口的主要来源；但中国2018年在加工贸易服务和建筑服务领域的出口却分别达到174.2亿美元和265.9亿美元，分别占到当年中国服务业出口总额的6.63%和8.96%，跻身我国服务业出口贡献的第5和第6大产业（见图4）。

中国（2018）

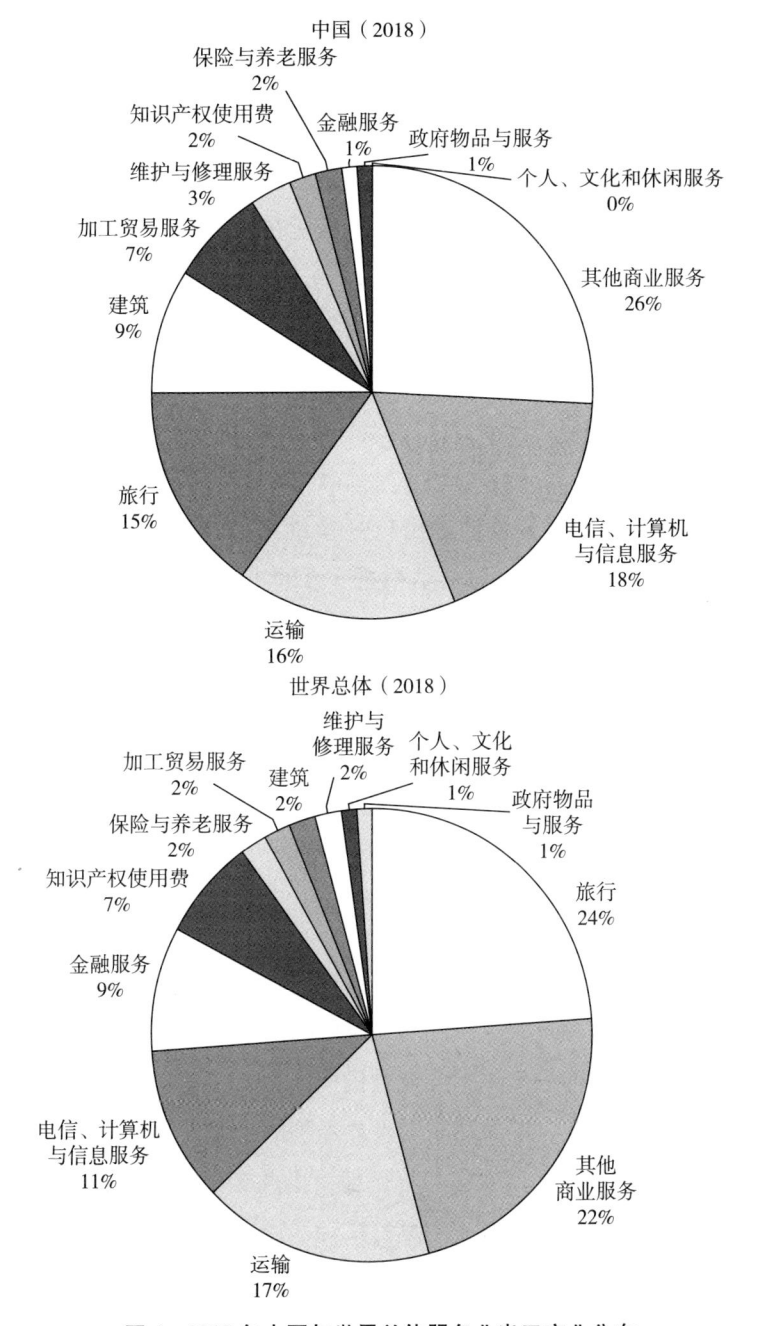

- 保险与养老服务 2%
- 知识产权使用费 2%
- 金融服务 1%
- 政府物品与服务 1%
- 维护与修理服务 3%
- 个人、文化和休闲服务 0%
- 加工贸易服务 7%
- 其他商业服务 26%
- 建筑 9%
- 旅行 15%
- 电信、计算机与信息服务 18%
- 运输 16%

世界总体（2018）

- 加工贸易服务 2%
- 建筑 2%
- 维护与修理服务 2%
- 个人、文化和休闲服务 1%
- 政府物品与服务 1%
- 保险与养老服务 2%
- 知识产权使用费 7%
- 金融服务 9%
- 旅行 24%
- 电信、计算机与信息服务 11%
- 其他商业服务 22%
- 运输 17%

图 4　2018 年中国与世界总体服务业出口产业分布

资料来源：根据 UNCTAD 服务贸易统计数据及《中国统计年鉴》，由作者统计整理得到。

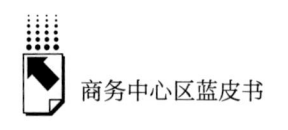

二　CBD服务贸易发展的现状

目前，我国的很多中央商务区（CBD）在促进服务业对外开放和发展服务贸易方面都取得了良好的进展，并成为所在城市乃至所在区域服务贸易的有力支撑。尽管由于系统性的统计制度尚未建立，无法实现对于CBD服务贸易总量与结构的深入细致分析，但通过对一些典型的CBD在服务贸易发展方面的案例也可对其所取得的成就和发展现状管窥一斑。

（一）上海陆家嘴中央商务区

2018年，上海市服务贸易进出口规模继续位列全国第一。在保持规模增长的同时，上海服务贸易的结构进一步优化，服务进出口日趋平衡，高附加值业务竞争力不断提升，市场呈现多元化发展态势，并在全国率先建立起以服务贸易负面清单为核心的管理模式，覆盖服务贸易主体、市场、平台、政策全链条的促进体系，聚焦数字贸易、技术贸易、文化旅游、专业服务等重点领域的培育体系，重点领域出口均实现两位数增长。

在上海市的服务贸易发展当中，以陆家嘴金融城为支撑的浦东新区做出了重要贡献。上海以浦东为代表的宽领域对外开放使其成为外资服务业进入中国市场的首选地之一。一方面，上海打造国际经济、金融、贸易和航运中心的目标，特别是上海自贸试验区的建设使得浦东率先成为服务贸易开放工作的重要载体，相当部分世界主要金融机构已相继在浦东特别是金融城设立了分支机构；另一方面，随着浦东与世界经济的密切程度越来越高，浦东正在成为世界的制造厂和世界品牌的集聚地，由此带来的外资在金融、保险、物流、证券、会展、咨询等领域的投资扩大，让浦东成为中国沿海及长江中下游地区最具活力的外商经贸活动平台和营运中心。在上述因素的带动下，浦东新区抓住机遇相继出台关于《支持投资性机构在浦东设立和发展》《鼓励跨国公司地区总部在浦东发展》等多项专项性鼓励政策，并着力推动在电信、旅游、会展、律师、会计、咨询等其他高层次服务领域的开放政策，包括吸引持牌类金融机构集聚、推动外资公募基金落户、促进融资租赁产业升级以及完善航运资源配置能力等，使得以陆家嘴金融城为核心的浦东新区服务贸易规模不断攀升。自2008年成为全国首个国家级服务贸易综合示范区以来，浦东新区的服务贸易总额已经占到全市的40%以上，而由于中央商务区的支撑，浦东在部分商务服务领域特别是离岸服务外包和技术贸易领域的优势地位更加明显——2018年全年，新区企业完成离岸服务外包执行额53.03亿美元，占到全市的70%以上，同比增长了14%；同年技术进出口合同登记总金额达到71.77亿美元，占全市的比重超过50%，同比增长了17%。

在上述的成就基础上，目前的上海浦东正在着眼于以跨境服务贸易负面清单管理模式为轴，不断扩大跨境服务贸易对外开放，探索设立数字贸易跨境服务功能区、跨境生物医药保税研发区、文化旅游创新发展区等试点区域，以"国际一流的金融城"、"世界级中央活动区"、"金融贸易制度创新先行区"和"上海建设全球城市的战略支点"为目标定位，持续打造深化服务贸易创新发展的核心功能，在推进以资本项目可兑换和金融服务业开放为目标、以金融创新制度和贸易便利化为重点的贸易监管制度方面取得突破，探索符合国际惯例和具有国际竞争力的贸易规则和运作模式。

（二）北京商务中心区

作为一个以服务业为支柱产业的后工业化城市，北京在服务业的开放和发展方面一直走在全国的前列。2015年，北京市服务业扩大开放综合试点工作方案正式获得国务院批准，使北京成为全国服务业对外开放的先行者。在《北京市服务业扩大开放综合试点实施方案》中，服务业的外资准入被进一步放宽，并在准入清单中新增了"广播电视电影音像""企业管理服务""法律服务""医学研究与试验发展"四个新领域；同时在划定文化娱乐业聚集的特殊区域中允许外资企业开设演出和娱乐场所，且不设投资比例

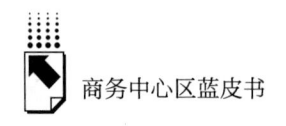

的限制；此外，在相关领域高层次人才和紧缺外籍专业人才聘用限制等方面也做了进一步的放宽。在其带动之下，北京市的服务贸易呈现迅速发展的态势，2018年北京市全年服务贸易进出口额突破1万亿元（10628.9亿元），占全国的20.3%。而在此之中，北京商务中心区也发挥了重要的基础性作用。在承接全市试点任务的基础上，北京商务中心区所处的朝阳区也充分发挥自身优势，提出了另外12项创新政策措施，立足于科技创新、文化科技融合、金融服务、中医药服务贸易等领域进行扩大开放的有益尝试，以期形成具有朝阳特色的改革试点成果。截至2019年，北京商务中心区共实现税收1071亿元，税收总额占朝阳区的比重超过60%；在经济总量扩张的同时，产业结构也得到进一步的优化升级，包括现代商务服务、金融、科研和技术服务业在内的高端服务产业都实现了较快的增长。

从产业布局来看，北京商务中心区目前集聚的金融业企业达1252家，实现税收266.53亿元，有以标准普尔信用评级（中国）有限公司、穆迪（中国）信用评级有限公司、中国人民人寿保险股份有限公司为代表的23家跨国公司与国内大型企业总部落户于此地，基本形成了以"国际金融为龙头、高端商务为主导"，"文化传媒聚集发展"的产业格局。

与国内其他CBD相比，更高的国际化程度是北京CBD建设的另一大特征。在北京商务中心区周边云集了包括各国驻华使馆、国际组织、商贸协会和国际传媒机构在内的众多国际化的机构与组织，依托这些优质资源，北京商务中心区也对很多国际企业产生了巨大的吸引力。

（三）广州天河中央商务区

作为全国17个深化服务贸易创新发展试点地区以及31个服务外包示范城市之一，广州在服务贸易发展方面也取得了骄人成绩。纵观近年来的发展，广州市的服务贸易总量规模从2015年的292亿美元增加到2019年的530亿美元，位居全国第四，年均增速高达16%。其中数字服务出口企业近400家，电信、计算机和信息服务出口额达63亿元。

作为广州市的经济核心以及国家级中央商务区，天河中央商务区在广州市服务贸易发展中扮演了重要角色。作为我国三大中央商务区之一的天河中央商务区坐落于广州市的中轴线与珠江交汇处，已建成面积约为12平方千米。而在目前，粤港澳大湾区的现代服务业集聚区服务贸易自由化示范区也正在这里起步。天河CBD已经建起了包括广州国际金融中心和广州周大福金融中心在内的120座甲级写字楼，并吸引了世界500强企业中的200家在其中进行投资，并有100余家企业在区内设立总部。此外，区内还容纳了美国、英国、德国、加拿大等53家外国领事机构以及包括德国商会、日本商工会、意大利商会在内的11家境外商会组织，另有包括德意志银行、汇丰银行和花旗银行在内的33家外资银行在此设立地区总部，服务领域辐射广东全境甚至华南地区。

在2020年，广州天河CBD正式入选由商务部、中央网信办和工信部联合认定的首批国家数字服务出口基地。同年广州市政府也审议通过并印发《广州市加快服务贸易和服务外包发展的实施意见》（以下简称《意见》），进一步明确了广州市服务贸易的发展目标——到2025年广州市要在服务贸易和服务外包的规模方面继续保持全国前列，争取实现服务进出口额突破800亿美元，服务外包合同执行额超过120亿美元；同时在结构调整方面，实现新型服务贸易和高质量服务外包占比年均1%的增速。围绕上述目标，《意见》还以推动服务业对外开放为突破点提出进一步巩固传统的欧洲、日本、韩国等优势市场，并深化"穗港澳"在服务贸易领域方面的合作要求，进一步加深穗港澳地区在数字贸易、金融、工业设计、文化创意、会展、专业服务等领域的互利合作。此外，南沙自由贸易试验区的发展也为广州地区以及广州天河CBD的服务业开放与服务贸易的发展创造了有利契机，通过外资准入前国民待遇以及"负面清单"管理制度的全面引入，广州市将对更多的全球龙头服务企业形成吸引。同时，围绕天河国家文化出口基地的建设，广州也在进一步加快推进"国际会展之都"的打造，并鼓励旅行社开创以"海上丝路"为主题的世界文化遗产旅游、穗港澳跨境自驾游以及国际游艇旅游自由港等特色旅游项目，全方位地挖掘广州市服务贸易的发展潜力和发展空间。

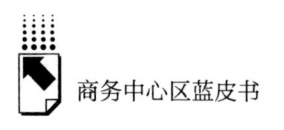

三 CBD 服务贸易发展的优势

作为现代城市中高端商务活动集聚的功能区，CBD 在发展现代服务业以及探索服务业开放路径方面具有得天独厚的优势。概括而言，这些优势主要体现在如下方面。

（一）良好的基础设施

现代城市中的 CBD 功能区往往建立在发展相对成熟的城区当中，相对于各类出于节约用地成本或环境因素考虑而建立在远郊的工业园区与经济开发区，CBD 拥有更为良好的基础设施，包括更现代化的生产与办公场地、便捷的交通网络、发达的网络通信系统、优美的环境以及充足的公共服务资源与配套。典型如广州天河数字服务出口基地，随着 5G、云计算、大数据、人工智能等技术不断应用已经实现全域 5G 覆盖，交通、教育、医疗、楼宇、警务、商场等场景已实现 5G + 应用，5G + 智慧楼宇在广州地标建筑周大福金融中心应用，实现 AI 客流分析、AI 人面寻车、LBS 地磁导航、3D 建模应用、智慧门店、智能充电插座等功能。

而对于现代服务业发展而言，无论是传统意义上的"商业存在""自然人移动"，还是"境外消费"，本质上都更依赖于人员和信息的流动，因此以交通和通信为代表的基础设施建设水平是关乎服务贸易发展的一个至关重要的因素。特别是在当前信息技术和数字技术迅速发展、服务贸易的数字化和网络化程度不断提升的背景下，发达的网络和通信设施已经日渐成为服务贸易发展所必备的条件，而 CBD 在基础设施方面的完善性显然可以满足服务贸易发展对于外部硬件环境的需求。除此之外，作为一类强调消费体验的产业，服务业的产品在提供方面因缺乏显性的质量标准而存在着较传统工业品更严重的质量信息不对称问题，而能否拥有良好的办公场所不仅直接关乎消费者的体验，同时也可以作为企业拥有雄厚实力和良好信誉证明向消费者传递积极的信号，而在此方面，

CBD 所提供的优越环境无疑也会对区内企业扩大市场、争取更多的消费者提供直接助力。

（二）深厚的服务业发展基础

与传统产业类似，服务贸易的发展本身也需要以强大的服务产业作为依托，因此本地服务业的发展水平和竞争力是决定服务贸易发展水平的根本。从现实的经济发展实践来看：目前在全球范围内服务贸易占比较高的国家普遍是服务业发展水平更高的发达国家；而在国内，服务贸易相对活跃的地区也基本上是服务业相对发达的地区。依照上述逻辑，如果我们将视角进一步缩小到城市内的不同功能区域，则能容纳更多服务产业的功能区本身也应当成为该城市服务贸易发展的主体力量。

而 CBD 实际上正是这样一种以现代服务业为主体产业的城市功能区。从现代 CBD 的产业布局来看，以金融、法律、咨询、财务以及会展等现代商务服务为代表的生产性服务业是 CBD 的核心，因此在几乎所有的 CBD 中，服务业都占有绝对优势的比重。这无疑为 CBD 区域中服务贸易的开展提供了强有力的产业依托。同时，由于 CBD 所集聚的服务产业多集中在金融、商务和知识产权等高端服务领域，由此衍生出的服务贸易活动也多具有较高的技术含量，因此 CBD 对于服务贸易发展的意义不仅仅体现服务贸易规模扩大方面，也更多地体现为促进服务贸易技术结构向更高层次升级。

（三）完善的产业配套体系

随着全球范围内的分工格局逐渐从以产品分工为核心的水平一体化向以产业链为核心的垂直一体化转变，经济社会中的各行业已经日渐紧密地被串联在产业链分工网络当中，成为商品价值链体系的有机组成部分。这意味着各行业与其他行业之间的相互依存与关联关系有了前所未有的强化。而作为这一价值链的重要组成部分，服务业特别是与生产活动相关的研发、设计、市场调研与咨询以及金融、法律、财务等商务服务业的发展也在很大程度上依托于整体的产业生态系统和配套体系。一方面，作为传统制造业价值链的延伸，生产性服务业的发展需要足够贴近生产环节所在地，从而能够及时对生产活动中面临的各类问题提供相应的管理服务；另一方面，在社会分工日益精细化的条件下，各类生产性服务部门之间也存在着日渐紧密的依存关系，甚至需要在同一产业链体系下彼此配合，客观上也需要一个能够容纳各类服务型企业的产业生态圈。而从上述两方面的要求来看，CBD 无疑为现代服务产业的发展提供了一个适宜的解决方案：从现代商务服务与生产制造环节的关联来看，CBD 所在的城市大多为区域的经济中心，具有相对发达和完备的制造业基础，并可以通过便捷的交通和通信设施对周边的制造基地形成辐射；而从服务产业自身的生态建设来看，CBD 内所容纳的产业类别的多样性可以实现在一个相对集中的空间内建立起相对完整的产业集群体系，从而为区内服务业乃至服务贸易活动的开展提供有力的产业配套支持。

（四）产业集聚效应

服务贸易出口的发展离不开服务产业技术能力的提升，对于诸如知识产权、金融、信息通信等高技术密集度的服务产业而言，技术水平在维持出口竞争力方面的作用将更为凸显。在提升服务产业技术能力的诸多途径当中，通过产业的集聚带来相应的技术扩散与外溢效应带动相关产业的技术进步无疑是一个重要的方面。在 CBD 中，服务企业高度集中化的区域分布无疑为发挥产业集聚效应、促进区内服务企业技术进步，进而带动其出口竞争力的提升创造了有利的环境条件：一方面，CBD 集聚了大量来自同一产业的服务企业，由此产生的企业间的竞争效应会在相当程度上激发企业追求技术创新的动力与活力；另一方面，众多同类企业的高度集中也会产生更为明显的示范和模仿效应，企业可以通过近距离地感受和模仿先进企业的技术及管理经验来迅速提升自身的技术能力，特别是在 CBD 区域进驻国际大型跨国企业的情况下，这种示范和模仿带来的技术溢出效应会更加凸显。此外，CBD 范围之内高层次的人力资本集聚，在企业之间的流动也更为频繁，也可以使得一些先进的技术和管理经验在企业之间得到有效传播。

（五）契合区域功能定位

在 CBD 中发展服务贸易，同时也是契合 CBD 城市功能定位的一个有力的选择。作为现代城市商务活动的核心，CBD 通常建设在城市中心地区，并且在软环境和硬环境建设方面都谋求城市最高的水准，但伴随中心城区的区域定位和高端的建设标准而来的则是 CBD 地区高昂的土地租金和更高的环境保护要求，由此会对进入 CBD 的产业形成一定的遴选。从区域功能定位角度来看，开展服务贸易则显然是更加契合 CBD 发展特征的选择。一方面，服务型企业作为一类"清洁型"产业，对环境保护造成的压力相对较小，适于在城市中心地区开展经营活动；另一方面，服务贸易，特别是以金融、研发和咨询等为代表的高端服务贸易和商务服务贸易活动所具有的高附加值特征能够相对承受 CBD 地区的高昂租金；此外，数字技术的广泛应用所带来的服务企业"轻资产"特征也使得现代服务企业在经营场地上更加集约化，单位土地面积所带来的附加值密度要远高于传统产业，也使得服务贸易成为寸土寸金的 CBD 区域产业发展的不二选择。

（六）与自贸试验区的深度融合

作为城市商务功能的核心，CBD 的发展也与城市整体的发展目标存在密不可分的联系。而在目前国家深入推行对外开放战略，加快探索新形势下贸易、投资与金融自由化改革路径的宏观背景之下，很多 CBD 较为集中并形成一定发展规模的城市都相继被批复设立自由贸易试验区，而很多 CBD 作为所在城市贸易开放和制度创新的主要承载区域，也已被纳入所在城市的自贸区建设范畴当中。

自贸区建设与 CBD 的深度融合会对 CBD 及其所在城市形成积极的联动效应。一方面，被纳入自贸区建设框架之中的 CBD 必然会在相关的自贸试验区建设和体制改革方面承担更多的责任和使命，很多先行先试的改革措施都可能选择以贸易基础条件更好、商贸活动更为集中的 CBD 区域作为率先施行的试点区域，从而使得CBD相对于一般性的城市经济功能区，在推进服务贸易以及相关的体制和制度创新方面具有更多的政策先行优势。另一方面，自贸试验区的设立也获得了国家的大力支持，特别是给予了所在地区以高度的政策自主权和选择权，与之相关的CBD发展也可以随之获得更为广阔的政策施行空间，为进一步提高CBD区域的制度优势和竞争力，吸引高层次的企业进驻，并实现更高水平的开放与发展提供了历史性的机遇。

四 CBD服务贸易发展存在的问题

尽管CBD在发展服务贸易方面具有很多天然优势，但在实践中，我国很多城市的CBD在促进服务贸易特别是服务出口方面仍然存在着如下一些障碍和问题。

（一）服务业开放程度相对有限

从我国目前的贸易结构来看，传统的货物贸易仍然在贸易活动中居于主体地位，服务贸易在其中的比重相对有限。其原因固然有相当部分在于中国服务业整体技术能力与国际竞争力的欠缺，但也有相当一部分可以归于我国服务业总体开放程度的不足：一方面，国内很多服务产业，如金融、教育以及文化娱乐等产业存在着针对外资企业的严格市场准入限制，这不仅限制了具有更高技术含量和产业引领作用的跨国公司的进入，制约了国内服务产业的国际竞争力，同时在跨国公司主导全球分工体系的背景下，也在相当程度上切断了我国服务产业与全球价值链之间的联系；另一方面，服务贸易活动所依赖的诸如离岸金融和信息通信等领域也存在着较多的准入障碍，导致国内企业在从事服务贸易的过程中面临着诸多制度性壁垒。而这些问题落实到更为微观的CBD层面，我们也会发现尽管CBD建立起了以商务服务为核心的产业布局，但大部分的服务活动仍集中在国内，对于服务贸易的参与处于相对偏低的状态。

（二）服务业总体产业层次偏低

从我国服务贸易的技术结构来看，目前我国的服务贸易优势产业主要集中在建筑和加工贸易等与制造业存在紧密关联的行业，在显性比较优势指数的评价中，也仅有这两个行业的出口表现出了显著的比较优势。然而从 CBD 的产业布局角度来看，这些与制造业关系更为密切的服务产业却并不是 CBD 这样一个地处城市中心的功能区所承载的产业主体。如前所述，CBD 在产业布局与发展方面的主要优势领域为金融、咨询、管理以及相关的法律、财务等商务活动，然而遗憾的是，受技术能力等方面所限，上述产业并非我国具有明显优势的产业，甚至在一定程度上处于竞争的弱势地位，特别是在我国 CBD 产业布局中占据重要地位的金融产业，其出口的比较优势几乎居于我国所有服务产业的末位（见图5）。在服务业总体技术结构偏低，以及竞争优势仍向制造业领域倾斜的宏观背景下，以金融和现代商务服务为支撑的 CBD 在服务出口发展方面的空间自然也会受到相当程度的压抑。

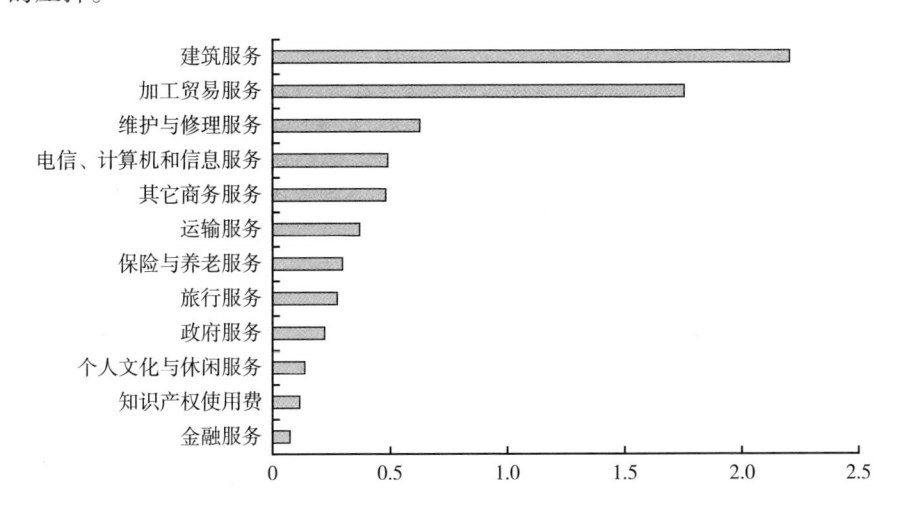

图 5　中国 2018 年各服务产业出口显性比较优势指数

资料来源：根据 UNCTAD 服务贸易统计数据，由作者统计整理得到。

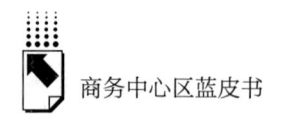

（三）产业布局相对单一

困扰当前 CBD 建设的另一问题在于 CBD 产业布局的相对单一。从纽约和芝加哥等一些世界性的 CBD 发展经验来看，成功的 CBD 通常会拥有多元化的产业布局并以此形成相互依存共生的产业集群生态体系，如芝加哥的卢普区（The Loop）就围绕其美国交通运输网络中心的枢纽地位对传统金融贸易中心进行了进一步的拓展和强化，开拓了包括商品交易、期货与期权等衍生金融、会展与旅游在内的多种现代服务产业，同时极力推动工业的技术创新与升级，将芝加哥打造成为美国的国际航空运输中心和国际光缆通信中心，并由此将美国的"制造之都"、"金融商贸之都"和"会展之都"等桂冠收入囊中。同时芝加哥还云集了美国多所知名高等学府，汇聚了包括芝加哥大学商学院、西北大学、伊利诺伊大学芝加哥分校、伊利诺伊艺术学院、肯特法学院、凯勒商学院、Loyola 大学等在内的多所知名院校，是全美最负盛名的高等教育中心。围绕上述产业布局，芝加哥基本形成了以服务业为主体的多元化经济结构。相比之下，我国的 CBD 在规划和建设方面的产业布局则较为单一，各大 CBD 基本上都将金融列为首选产业，广州天河 CBD 金融业已成为天河区第一主导产业，也是广州经济的造血"发动机"。天河区全年累计拥有持牌金融机构 216 家，占全市 70% 以上；北京 CBD 功能区金融业企业达到 1252 家，实现税收 266.53 亿元，占朝阳区 76%；上海陆家嘴 CBD 在产业选择上也侧重于金融、保险、房地产等产业，金融服务业的区位熵高达 3 以上，而批发零售、住宿餐饮、文教娱乐等配套产业的区位熵明显偏低，只有 0.7 左右。由于制度限制，目前我国的金融业开放度仍相对有限，并不足以支撑大规模的金融服务贸易活动，这种过于强调金融的 CBD 产业布局对于区内服务贸易的发展难以形成足够的支撑。

（四）同质化竞争严重

随着城市化进程的加速，目前我国的城市 CBD 建设开始进入快速发展期，很多城市都已经或正在进行 CBD 的规划建设。然而由于功能定位缺乏层次性和差异化的产业导向,全国各CBD在建设方面存在比较严重的同质性,绝大多数的CBD都将自己定位于全国或地区的金融中心,并将金融、物流和科技创新产业规划作为产业发展目标。如此雷同的产业规划不仅显示了城市CBD在规划建设方面的盲动性,缺乏对本地区产业特色及区位比较优势的详细了解,无法寻找到CBD发展的准确产业定位,也给CBD的健康与可持续发展带来挑战:对于CBD的发展而言,优质的企业资源特别是诸如企业总部和行业龙头企业相对稀缺,尤其是在当前数字技术的引领下,服务贸易活动往往可以借助线上交易活动突破传统的地理局限,从而使得越来越多的服务型企业可以不必依靠实体和网点的扩张,而只需要在特定的中心区域设立相应的节点便可实现对周边的辐射,由此进一步压缩了CBD的企业资源。而在严重的产业同质化趋势下,这种企业资源的稀缺性无疑会被进一步地放大,并容易引发各CBD之间的不良引资竞争,甚至需要动用大量的财政和金融补贴,不仅严重降低了CBD发展的效益,带来大量CBD楼宇的空置与浪费,甚至有可能造成经济中新的扭曲与资源错配,影响市场经济公平性的建设。因此在未来的发展中,如何针对城市本身的特点寻求有特色的产业布局和CBD发展的空间将是未来CBD建设面临的重要考验。

五 CBD发展服务贸易的对策

结合CBD功能区自身的特点和我国CBD建设在目前所呈现的问题,未来在促进CBD区域服务出口方面可考虑加强下列方面的工作。

(一)扩大服务业的对外开放

服务业开放程度的相对偏低是制约我国总体服务贸易发展的重要体制因素。在目前我国制造业已经基本实现全领域开放的情况下,可以将下一阶段扩大开放的工作逐步转向服务业领域,积极稳妥地探索服务业的开放路径。

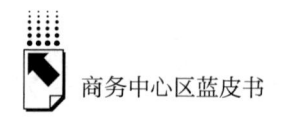

1. 服务业开放的重点产业领域

服务业是继制造业之后的又一主要的对外开放领域。然而，与制造业的大规模开放不同，服务业本身由于各行业发展的不平衡性以及对国家政治经济安全的复杂性影响，在开放的过程中可能需要持有更为审慎的态度。

结合目前国内服务业发展的现状以及 CBD 的产业特征，可以将未来服务贸易开放的主要突破领域集中在风险较小，且对于国内产业链体系能够形成较为明显带动作用的现代商务服务（如法律、财务、咨询）以及软件、研发等产业；同时，对于具有较大战略意义，但易产生风险的银行、保险等金融行业可在总体风险可控的情况下适时加以推进，着重探索能够对涉外经贸活动提供融资支持和便利的离岸金融、商业保险以及汇兑领域的开放路径。此外，在高端的教育以及医疗等领域也可结合国内产业的发展情况实现一定的放宽，以形成与国内的保障性教育及医疗体制互为补充的格局。

2. 放宽服务业的外资准入

在国内服务企业总体竞争实力不强的背景下，通过引入高层次的境外服务企业是迅速提升国内服务业竞争力水平、促进服务贸易发展的可行之举。目前，我国在服务业的外资准入方面仍存在一定的限制，未来可以考虑通过放宽外资服务型企业的准入门槛，吸引境外高水平的服务型企业来弥补国内的产业短板，特别是对于我国第一、二产业具有较强扶持和带动作用且开放风险较小的部门，如物流、咨询、商务服务、餐饮住宿、批发零售以及生活服务业，可以全面放开对外资的准入限制；一些存在开放风险的领域，如金融、电信等可尝试在风险可控的状态下通过许可证及牌照制度对现有的市场准入标准进行一定的放宽；而对于文化、传媒以及基础性的教育和医疗等较为敏感或关系社会保障的部门，可以探索建立一定的外资准入标准并在对经营领域、持股比例等进行必要限制的情况下允许其有限地进入。

3. 推进服务业的市场化改革

与制造业相比，我国服务业的总体市场化程度仍处于相对偏低的地位，在很多领域仍然存在着针对民营部门的准入限制以及其在融资、审批等方面所面临的隐性壁垒。这也在一定程度上成为制约我国服务业竞争力提升、推动服务贸易发展的重要障碍。有鉴于此，在未来的改革与发展中，除了应当积极放宽外资准入，促进服务业的对外开放之外，还应当更多地推进服务业的市场化改革，逐步破除国内企业特别是民营企业在从事离岸金融、跨境商务服务、信息与数据服务以及设计和研发等活动时面临的体制性壁垒；打破横亘于地区之间的地方保护和部门之间存在的条块分割，构建统一性的全国市场；同时推进对服务业发展具有基础性作用的人力资本要素市场化改革，促进人才的有效流动，从总体上实现服务业的"对内开放"并以此培育有竞争力的服务业市场主体。

4. 建立统一的服务贸易统计体系

除了体制性因素之外，目前国内在服务贸易统计方面的严重缺失也是制约服务贸易发展的重要因素。服务贸易统计的不足使得社会各界难以对服务贸易发展的现状与问题形成完整准确的认识，无法为服务企业的市场决策提供有力的参考，同时在现行的政绩考评体制中也难以得到各地方政府部门的关注与重视。因此在未来，应当将建立统一的服务贸易统计体系纳入议事日程，实现服务贸易在产业分类、统计口径、计量标准等方面的对内统一和对外接轨，并将其纳入现行的国民经济统计系统和政府政绩考评与工作报告体系，以此提升全社会对服务贸易发展的认识和关注。

（二）加强CBD的软硬件环境建设

良好的投资与创业环境是开放型国际贸易与投资合作新机制的重要外在保证。因此在未来的改革发展过程中，需要秉承"硬环境"与"软环境"并重的原则，全面推进投资与创业环境建设。

1. 加强基础设施建设

进一步完善交通、通信等基础设施建设，在此基础上结合目前CBD金融服务、商务服务和科技创新服务中心的定位，加大与现代服务贸易发展活动相关的硬件设施特别是数字基础设施，如高速网络通信设备、数据云存储

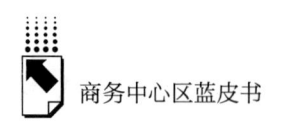

和云计算设备以及与科技创新有关的设备与资源的引进和建设力度，并在打破相关要素使用的体制性界限的基础上，推动相关基础设施和资源的共享，提高基础设施的利用效率。

2. 促进高端人才集聚

CBD 产业发展的核心是企业，而企业发展的核心是人才。目前，我国高层次的 CBD 大多集中在北京、上海等超大型城市，而这些城市目前在人口压力下普遍具有较严格的人口流动和落户限制措施，由此给企业的人才引进带来一定的障碍。为此，可考虑在制定相关高端人才引进政策的基础上，通过人口和户籍管理体制改革消除人员流动的体制壁垒，放宽外籍技术人员和管理人员入境和工作的签证时间和审批流程，以此鼓励和促进国内和国际的高层次人才集聚；同时打破高校以及科研院所的高层次人才兴办企业或在企业兼职的政策限制，最大化地发挥高端人才在推动科技创新方面的作用。

3. 规范的市场经济秩序

CBD 区域是企业经营活动集中的地区，因此对于市场规则与秩序的要求也更为强烈。作为 CBD 的规划与管理部门，应当努力维护规范的市场经济秩序，一方面减少不必要的行政审批审查，减轻行政部门对于企业经营活动的干预和干扰，另一方面也要加强必要的行政监管，在保护知识产权、打击假冒伪劣、消除垄断和恶性竞争、打破地区和部门的封锁等方面探索建立长效机制，建立以公平竞争和规范经营为核心的市场经济新秩序。

（三）优化 CBD 的企业层次与产业布局

对于推动 CBD 地区的服务贸易发展而言，除了进一步推进相关领域的改革，优化软硬件环境之外，完善 CBD 的规划、优化区域内的企业层次和产业布局也是其中的重要举措。

1. 优化 CBD 企业层次

从优化企业层次的角度来看，首先，应进一步强化 CBD 的总部经济建设力度,通过总部的引进带动包括金融、法律、咨询、会展以及研发等相关服务产业的总体发展。同时考虑到跨国公司在目前网络化产业链体系中的主导作用以及由此引发的巨大贸易带动效果,可以将跨国公司特别是在全球价值链领域居于领先地位、对于相关产业生态体系带动较为明显的大型跨国公司总部作为重点引进目标。其次,应当加大对优质服务型企业的引进幅度,鼓励国内的服务业龙头企业以及高层次的国际知名服务机构进驻,提升CBD服务产业的层次和竞争力,为服务贸易活动的开展奠定必要的基础。最后,可结合我国制造业发展程度较高的产业特点,立足于当前制造业服务化和产业链向服务延伸的趋势,推动大型制造企业在CBD区域设立服务中心或服务总部,以产业关联带动服务贸易发展。

2. 优化CBD产业布局

在产业布局方面,结合我国当前CBD建设存在的产业单一性和同质性问题,可着重从如下两个方面加以尝试。

首先,作为一种现代化的产业集群形式,成功的CBD大都不是规划的结果,更多是一种市场调配下的企业自主选择。而目前国内CBD布局的单一化与重复化在某种意义上正是行政规划所带来的扭曲。有鉴于此,在未来的CBD规划布局中应当考虑淡化产业概念,以打造商务服务综合体的概念引领CBD的发展,逐步实现CBD产业布局的基础由原来的硬性行政规划向软性的市场选择转变。

其次,即便在CBD的布局中需要涉及必要的产业引导,也应当在加强对本地区产业特征与禀赋结构深入研判的基础上,合理地选择适合本地区的服务业发展方向,如在临港城市的CBD中优先发展与物流、清关有关的外贸综合服务产业,在人力资本较为集中的地区扶持科技创新产业,在自然环境和人文环境突出的地区尝试在会展、文娱产业方面寻求突破等,甚至在金融这一国内众多CBD集中发展的领域,也可结合本地的金融活动特征,从结算、信贷、股票债券经济以及衍生品交易等不同的细分领域实现差异化的发展,进而形成具有城市特色、契合城市发展优势的产业布局。

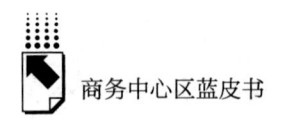

参考文献

世界银行：《2020年营商环境报告》，2019。

单菁菁、武占云：《打造国际一流营商环境，助推经济高质量发展》，《中国商务中心区发展报告 No.5（2019）》，社科文献出版社，2019。

《国务院关于同意深化服务贸易创新发展试点的批复》，2018。

B.4 CBD金融服务业开放的现状、问题与对策研究

王广凯 张卓群*

摘　要： 2020年政府工作报告进一步强调面对外部环境的变化，要推进更高水平对外开放，稳住外资外贸基本盘。作为中国扩大对外开放的重要环节，按照"宜快不宜慢、宜早不宜迟"的原则，近两年金融业对外开放蹄疾而步稳，开放的力度和效果显著。中央商务区（CBD）作为高端服务业的重要空间载体、金融服务发展的排头兵，在深入贯彻落实国家和地区金融开放政策、提升整体开放水平、促进金融业发展中发挥了重要作用。与此同时，CBD金融服务业的开放程度与实现自身经济金融发展需要相比仍存在较大差距，在开放深度、产品供给、人才培养方面仍有较大提升空间。下一步应坚持开放的节奏和力度，进一步优化营商环境、提升管理能力、促进交流合作，确保对外开放做到"引得进、留得住、管得好"，推动CBD金融服务业整体竞争力的提升，切实提高金融服务实体经济的水平和效率。

关键词： CBD　金融服务业　对外开放

---

* 王广凯，中证金融研究院助理研究员，经济学博士，研究方向为资本市场与宏观经济；张卓群，中国社会科学院生态文明研究所助理研究员，经济学博士，研究方向为数量经济与大数据科学，城市与环境经济学。

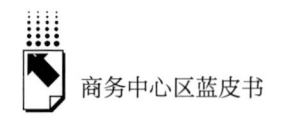

一 中国金融服务业对外开放状况与趋势

改革开放以来，中国金融开放水平不断上台阶，取得了举世瞩目的成就，金融服务业的效率和国际化水平不断提升，为中国经济的快速发展提供了有效的"加速器"。党的十九大报告指出："开放带来进步，封闭必然落后。中国开放的大门不会关闭，只会越开越大。"中央商务区（CBD）作为城市或区域的经济枢纽以及高端服务业的集聚区，理应作为服务业对外开放的排头兵，推动金融服务业对外开放政策的落地，有效发挥金融开放的溢出效应。

（一）金融开放是中国经济发展的必然选择和现实需要

改革开放40多年来，中国经济快速发展，1978~2019年GDP年均增速高达9.5%，2019年GDP达99万亿元，经济总量稳居世界第二位。在此期间，产业结构不断优化，服务业对经济增长的贡献率从1978年的28.4%提高到2019年59.4%。特别是金融业飞速发展，2019年金融业增加值达7.7万亿元，对经济增长的贡献率从1978年的1.9%提高到2019年的9.2%。

尽管中国金融业的规模较大，从占GDP的比重来看甚至超过一些发达国家，但中国金融业的竞争力较金融强国还有距离，金融服务实体经济的效率仍有待提高。从社会融资规模的产出弹性来看，2019年金融体系向实体经济支持1元可产生3.9元的GDP产出，大幅低于2002年的6.1元，货币刺激增长的效果有所下降。金融体系支持实体经济的效率下降，一方面是由于中国本身经济结构和动能的变化，但另一方面也有金融系统本身配置效率下降的原因，而金融业国际化水平较低在某种程度上制约了中国金融业的资源配置效率。当前金融业外资占比与中国金融业的发展规模不相匹配，主要金融市场（银行、保险、资本市场）的外资占比低，截至2017年底，国内外资银行总资产仅占整个银行业总资产的1.3%，外资保险公司的总资产和保费收入占比为6.7%和5.85%；截至2019年底，外资持有A股市值占比为3.5%。

此外，金融体系的效率不高部分是市场竞争、市场结构和市场制度的不完善导致的，这就需要大力推进金融对外开放，以开放促改革、以开放促竞争，不断提高金融业资源配置效率，提高金融服务实体经济的能力。中国外资金融机构不断增多，一方面有利于推动降低实体企业融资成本，提高全要素生产率，促进经济增长，另一方面，有利于加强金融业竞争，提高金融业的资源配置效率。金融开放有利于引进优秀金融企业先进的管理理念和产品研发能力，引领中国金融企业不断发展，发挥技术的溢出效应，提升中国金融业整体的金融供给能力，推动金融与实体的良性循环，增强中国企业的国际竞争力。同时，绿色资本、风险资本的进入有助于提高高科技产业的识别、定价和投融资能力，这也将为中国经济的高质量发展提供更好的支持。

（二）金融服务业对外开放的广度和深度不断拓展

金融服务业与金融市场对外开放相互促进。金融开放本质上包括金融服务业的开放和金融市场的开放。金融服务业开放的核心内容是金融机构对外开放，外资持股比例的放开；金融市场的开放核心是资本项目逐步放开，外资流入流出更加便利。

近年来，金融部门不断推出金融开放新举措，金融对外开放步伐明显加快、成效显著，从法律法规的完善，到具体落地实践，开放的广度和深度不断拓展。中国人民银行行长易纲在2020年两会期间介绍道，近年来，金融部门密集宣布了40余条扩大金融对外开放的具体举措，绝大多数按照时间计划已经落地，对外开放进展良好、反响强烈。目前，银行、证券、保险、期货等金融领域外资股比限制已完全取消，外资流入流出更加便利，中国金融市场对外资的吸引力逐渐增强。

银行业和保险业领域，据统计，截至2020年5月，2018年以来银保监会推出了34条扩大开放措施，银保监会共批准外资银行和保险公司来华设立80多家各类机构。涉及相关的法规制度如《中华人民共和国外资银行管理条例》《中华人民共和国外资保险公司管理条例》《中国银监会外资银行行政许可事项实施办法》等，修订工作已基本完成。证券期货领域，2018

年以来，开放步伐不断加快，证券、期货、公募基金、私募基金等细分领域的国际化水平不断提高。瑞银、野村、摩根大通、高盛和摩根士丹利等国际券商或是获得了其在华合资证券企业的多数股权，或是得到监管部门对其控股的许可。2020年4月1日，公募基金管理公司外资持股比例限制取消当天，两大外资资管巨头贝莱德、路博迈就向中国证监会提交了设立公募基金公司的申请。4月29日，摩根大通宣布申请扩大对摩根大通期货有限公司的股权扩大至100%，申请获准后将成为首家外资独资期货公司，中国衍生品市场的国际化程度进一步提高。5月7日，取消合格境外机构投资者（QFII）和人民币合格境外机构投资者（RQFII）境内证券投资额度管理要求、取消托管人数量限制等进一步便利境外投资者参与中国金融市场。基金市场的开放范围进一步拓宽，5月9日，中国证监会发布《证券投资基金托管业务管理办法（征求意见稿）》，符合条件的外国银行在申请获准后将获得基金托管资格。信用评级行业对外开放是中国金融对外开放的重要组成部分，对中国完善信用体系建设、吸引外资投资方面起到重要作用，国际四大评级机构已正式进驻中国市场，市场评级制度正日趋完善。随着中国债券市场国际化进程不断加快，对信用评级的标准、质量和要求越来越高，中国评级行业也亟须借鉴国际评级机构的宝贵经验，通过良性竞争促进评级质量改善。

表1 2018年博鳌论坛之后中国主要金融开放政策

发布时间	文件	主要内容
2018年4月	博鳌论坛公布11项金融开放措施	公布进一步金融开放举措，并给出落地时间表，主要包括放宽或取消银行等金融机构外资股比限制、扩大外资机构经营范围等
2018年4月	《关于放开外资保险经纪公司经营范围的通知》	放开外资保险经纪公司经营范围，与中资一致，经批准后可经营为投保人投保、索赔、风险管理咨询等业务
2018年4月	《关于进一步放宽外资银行市场准入相关事项的通知》	明确允许外资银行可以开展代理发行、代理兑付、承销政府债券业务，允许符合条件的外国银行在中国境内的管理行授权中国境内其他分行经营人民币业务和衍生产品交易业务，对外国银行在中国境内多家分行营运资金采取合并计算

续表

发布时间	文件	主要内容
2018年4月	《外商投资证券公司管理办法》	允许外资控股合资证券公司;逐步放开合资证券公司业务范围;统一外资持有上市和非上市两类证券公司股权的比例;完善境外股东条件;明确境内股东的实际控制人身份变更导致内资证券公司性质变更相关政策
2018年8月	《中国银保监会关于废止和修改部分规章的决定》	废止《境外金融机构投资入股中资金融机构管理办法》;取消相关办法对外资入股中资银行和金融资产管理公司的股比限制;按照中外资同等对待的原则对外资入股机构进行监管等
2019年7月	11条金融业对外开放措施(新11条)	包括信用评级、债券市场等诸多领域,涉及外资评级机构业务范围进一步扩大、允许外资银行开展A类主承销业务等
2019年8月	《外商投资期货公司管理办法》	有序引入优质境外金融机构投资期货公司,进一步明确适用范围;细化境外股东条件;规范间接持股;明确高级管理人员履职规定
2019年9月	修改《中华人民共和国外资银行管理条例》	落实细化银行业开放措施,包括扩大外国银行商业存在形式选择范围、取消来华设立机构的外国银行总资产要求、取消人民币业务审批
2019年9月	修改《中华人民共和国外资保险公司管理条例》	放宽了外资保险公司准入限制,对申请设立外资保险公司的外国保险公司,取消"经营保险业务30年以上"和"在中国境内已经设立代表机构2年以上"的条件,鼓励更多有经营特色和专长的保险机构进入中国市场
2020年5月	《境外机构投资者境内证券期货投资资金管理规定》	明确并简化境外机构投资者境内证券期货投资资金管理要求,进一步便利境外投资者参与中国金融市场,取消境外机构投资者额度限制等

资料来源:作者根据相关政策整理。

资本市场双向开放稳步推进,境内外金融市场互联互通成效显著,已取得实质性突破,沪港通、深港通、债券通等相继推出,会计、税收、交易、结算等配套制度也在不断完善。当前,以QFII、RQFII、沪深港通为主的投资渠道已较为成熟,境外投资者投资A股市场已较为便利,资本市场多渠道、多维度的开放格局已初步形成。随着开放渠道、配套制度等方面的完

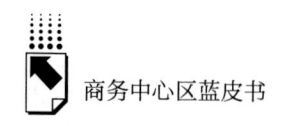

善，2018年以来国际主流投资指数公司MSCI、富时罗素等逐步纳入A股标的，标的范围和纳入比重不断提高，中国资本市场对境外资金的吸引力不断增强，随着A股国际化程度的提高，外资流入的规模将继续扩大。

二 中国CBD金融服务业对外开放的现状

国际经验表明，建设具有全球影响力的CBD对推动形成全球城市和世界级城市群至关重要，而强化金融服务业集聚溢出效应是建设具有全球影响力CBD的必备要素。为此，全国各大城市都对CBD建设和金融服务业发展非常重视。由于产业配套政策较完备、便捷的基础设施、良好的投资氛围以及政府的各项支持，CBD金融服务业的对外开放取得了良好成效，在中国金融业对外开放进程中扮演着重要角色。下面以上海陆家嘴金融城、北京CBD、广州天河CBD为例，简要介绍中国CBD如何紧抓扩大开放机遇，促进金融服务业开放政策加快落地，打造出区域开放新亮点。

（一）上海陆家嘴金融城：国际金融中心建设的核心功能区

作为上海国际金融中心建设的核心功能区和主体承载区，陆家嘴金融城坚持国际化的发展导向，依托区域内证券、黄金、期货、金融衍生品、大宗商品等要素市场较为齐全，以及金融、贸易、航运、咨询、信息服务等跨国公司区域总部相对集中的优势，大力发展流量经济，重点打造金融流量、贸易流量和信息流量，代表上海乃至中国参与全球城市网络体系构建和全球经贸投资规则制定，成为上海建设卓越的全球城市的战略支点。

上海市深入推进国际金融中心建设，2020年初《关于进一步加快推进上海国际金融中心建设和金融支持长三角一体化发展的意见》正式出台，对标国际标准提出30条具体措施。2020年第一季度，外资金融机构加速布局中国，摩根大通证券有限公司、大韩再保险公司、罗素投资管理有限公司等五家外资机构在华分公司先后在上海成立，在上海陆家嘴金融城举行了别具一格的线上开业仪式，落户上海陆家嘴金融城。此外，继野村东方国际证券之后，第二家外资控股券商摩根大通证券有限公司在上海设立，正式进入中国市场。前文提到的 2020 年 4 月 1 日向中国证监会申请设立公募基金管理公司的两家外资资管机构贝莱德和路博迈也是在上海注册。上海陆家嘴金融城依托较为成熟的产业结构，成为金融服务业对外开放政策落地开花的重要阵地。

（二）北京 CBD：首都国际金融机构主聚集区

作为首都国际金融机构主要的聚集区，金融业已成为北京朝阳区四大主导产业之一。近年来，北京朝阳区金融业保持快速发展，初步形成了北京 CBD 国际金融和奥运功能区国际金融组织、望京科技金融融合的一体两翼区域金融体系，共同支撑朝阳区金融发展与繁荣，促进金融集聚效应的发挥。

截至 2019 年，北京 CBD 聚集了北京市 7 成超甲级写字楼、9 成国际金融机构、5 成跨国地区总部，国际化水平不断提升。金融业对外开放亮点纷呈，CBD 逐渐成为外资金融机构入驻的集聚地。三大国际评级机构均落户北京 CBD，全球最大征信机构益博睿（北京）成为首家获得央行企业征信备案的外资独资征信企业。即便在疫情期间，北京 CBD 仍然能做到开放步伐不放慢，2020 年第一季度新增外商投资企业 60 家，特别是全球知名投资公司橡树资本全资子公司 Oaktree（北京）完成工商注册，成为新版《中华人民共和国外商投资法》正式实施后的第一家在京注册的外资私募机构。此外，合资保险资产管理公司中信保诚、合资投资公司首普投资控股等先后落户，北京 CBD 金融服务业开放发展的聚集效应不断增强。

（三）广州天河 CBD：粤港澳大湾区金融开放新坐标

广州天河中央商务区作为与北京商务中心区、上海陆家嘴金融城并列的三大国家级 CBD 之一、华南地区最大的 CBD、粤港澳服务贸易自由示范基地，2019 年实现地区生产总值 3328 亿元，地均生产总值 241 亿元每平方千米，均居全国首位。在经济高速发展的同时，发展质量不断提升，第三产业

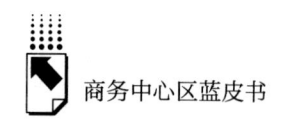

占GDP比重达90%,金融、科技服务、现代商贸等高端服务业的产业集聚也走在全国前列。

金融业是天河CBD的支柱产业之一。天河CBD作为广州市金融业双向开放的最重要阵地,着眼于辐射东南亚、服务"一带一路"的金融枢纽,将为广州未来金融发展和国际合作提供国际化视野。2018年广州市金融工作局印发了国内一线城市首个为金融领域出台的专项对外开放意见《关于广州扩大金融对外开放提高金融国际化水平的实施意见》(以下简称《实施意见》)。《实施意见》提出放宽外资准入限制、加强服务外资金融机构、支持外资金融机构深度参与广州经济社会发展等10项任务。2019年,广州市全市34家外资银行,有33家坐落在天河CBD,其中包括安联保险、渣打银行、花旗银行等国际巨头。未来广州天河CBD金融服务业的辐射深度和发展广度空间巨大,将成为粤港澳大湾区金融服务业走向国际化的桥头堡和新坐标。

(四)CBD成为引领金融服务业对外开放的排头兵

CBD作为高端服务业的集聚地,集科技、文化、资金、人才于一身,产业发展呈现明显的高资本、高智力、高效率等特征,是世界经济网络的重要枢纽或节点。作为金融业高度集中的地区,各地CBD纷纷抓住中国服务业扩大开放的机遇,深入贯彻落实国家和地区的金融开放政策,促进开放政策落地实施,不仅提高了中国金融服务业在国际或地区经济网络中的集聚辐射效应,提升了金融服务实体经济的水平和效率,也促进了中国服务业的整体开放水平,成为中国金融和服务业扩大开放的排头兵和主阵地。

三 CBD金融服务业对外开放存在的问题

尽管近几年中国新一轮对外开放提速前进,金融业开放举措密集推出,CBD金融服务业加快落实国家开放政策,取得突出成绩,但同时也要看到,对外开放深度仍需继续提升,以进一步提高CBD金融服务业的开放水平。

（一）开放深度仍需提升，外资金融产品供给相对不足

近年来，尽管金融开放的步伐加快，银行、保险、证券期货等金融行业呈全面开放态势，各大国际金融机构进入国内市场，入驻各大 CBD，但当前开放的深度仍然不足，开放对金融体系供给能力和服务效率的提高需进一步加强。CBD 金融服务业开放深度不够，主要表现在需要借助开放解决的问题仍未彻底解决。一是从居民资产配置来看，居民金融资产的占比、权益类产品的占比比较低。央行公布的 2019 年中国城镇居民家庭负债情况调查报告显示，城镇居民的资产主要以实物资产为主，占比近 80%，金融资产占比为 20%，较美国低 22 个百分点，而且股票和基金合计占金融资产的比例不到 10%，占总资产不到 2%，与发达国家相比存在不小差距。尽管居民资产结构的不平衡受多种因素影响，金融产品的供给不足是主要因素之一，有一些在国际市场非常成熟的产品，在国内还是新产品，产品开发能力、风控能力、售后管理能力都明显不足。二是从企业融资情况来看，中小企业融资难、融资贵问题依然突出。以信用债市场为例，承担高风险、追求高收益的资金不足，中小企业信用体系不健全都制约低信用等级企业融资，尽管国际知名评级机构已经在法律许可内进入中国市场，但评级业务参与度还不高，境外投资者对中国信用债评级认可度不高，进而制约信用债投资的参与度。例如，上清所托管的公司信用债类债券（短期融资券、超短期融资券和中期票据）中，截至 2019 年末共有存量债券 81715 亿元，而境外机构持有仅占 0.77%，参与度较低。

（二）CBD 金融服务业优秀高端人才的储备不足

随着国际知名金融机构不断入驻，对高端金融人才需求不断增加。尽管中国金融人才基数较大、毕业生人数较多，但大量缺乏与国际接轨的高端金融人才，以及具有国际视野的复合型、创新型人才，以满足金融服务业务开展的需要。目前国家级 CBD 和部分大区级 CBD 在人才引进、培养方面已形成较为完备的政策保障体系，例如北京 CBD 有《北京商务中心区建设国际

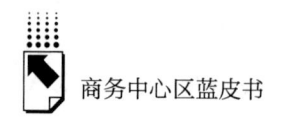

高端商务人才发展区的实施意见》《朝阳区鼓励海外高层次人才创业和工作暂行办法》《朝阳区优秀海外人才引进资助办法》等政策保障，旨在通过奖励人才培训机构、创造国际人才宜居区、优化人才发展环境来吸引海外高层次人才。上海陆家嘴金融城也一直探索和实践高端金融人才的引进和培训工作，以满足高端金融机构入驻所带来的高端人才需求，包括出台浦东人才发展"35条"的配套政策、打造"金才"系列服务、加强与国际金融城市的合作交流等落实中央和上海市相关人才计划、上海金融领军人才计划和浦东"百人计划"，推动高端金融人才集聚上海。但与高涨的需求相比，目前的人才引进和培养力度仍难以满足对高端人才的需求，未来CBD仍需加强完善高端金融人才的发展环境，提高对高端金融人才的吸引力，努力创造人才"愿意来、不愿走"的良性平台，同时在人才竞争加剧的背景下，让优秀的国际机构带动中资机构改良绩效考核和激励机制，优化存量国内人才队伍。

四 进一步促进CBD金融服务对外开放的对策和建议

在国际形势错综复杂、地缘政治加剧、去全球化思潮盛行的背景下，金融服务业开放面临的阻力依然严峻。随着开放政策的不断放宽，CBD应坚持稳妥有序、平等互利的原则开放金融服务业，从营商环境、管理能力、对外交流等全方位开展提升工作，力争做到"引得进、留得住、管得好"，推动中国CBD金融服务业整体竞争力和国际化水平的稳步提升。

（一）优化营商环境，提升外商投资吸引力

当前，为提升招商引资的吸引力，大力激发地区经济社会发展潜力，各地都在如火如荼开展营商环境建设。营商环境建设应致力于降低制度和交易成本、减少管制、释放市场创新创业活力、构建以信用为核心的秩序，在此基础上应努力做到以下三点。

一是对标国际标准，努力构建一流营商环境。强化梳理国际营商环境评

价指标,逐一对标,查短板、补不足,按照高标准、严要求,持续提高营商环境水平,提升对国际金融机构的吸引力。二是加强信用体系建设。强化各部门信息共享机制,加大信用公开力度,完善全市场信用体系建设和标准规范。三是做好外资金融机构沟通,稳定企业预期。提高CBD内外资金融机构的沟通服务水平和力度,抓住新一轮对外开放的时机,做到引得进、留得住,深化行政审批制度改革,梳理关键流程,科学设置审批环节,提升企业办事效率。

(二)补齐管理短板,提升管理能力和水平

金融市场开放不是开放越多越好,开放程度需与中国当前的监管能力相协调,而监管能力也要与时俱进,不断适应金融扩大开放后的监管对象和风险特征,做好风险应对能力和政策工具储备。

在金融开放程度不断加深,风险敞口不断加大的背景下,金融扩大开放重点要确保金融稳定、风险可控以及适应中国经济发展需要。金融开放的过程中必然会带来经营主体的多元化,在此过程中,重点提升CBD管理能力和水平,降低外资金融机构入驻的监管成本。一是提升服务意识,做好管理服务。随着金融扩大开放,当前外资前端准入门槛、政策限制上已大幅放宽,境外主体和资金不断进入,"引进来"已取得显著成效,但"留得住"仍需各方努力,完善相关配套举措,切实推动境外机构和投资者在境内业务的深入开展。CBD应做好各类金融机构的管理服务工作,有效发挥各类金融机构的特点优势,政策切勿一刀切,切实体现引进外资的态度,体现管理的弹性和温度。二是做好应对预案,切实做好突发事件的风险防范。确保金融稳定是开放的前提和重点,金融开放程度越深,境外机构和资金的角色愈发凸显,中国金融市场对外暴露的风险度越来越高,而短时间内监管对境外机构的经营业务和资金操作方面还比较陌生,应加强机构与投资者行为分析,防范境内外风险叠加强化,做好重点领域风险防范机制建设。持续做好风险应对预案,在开放中统筹推进监管完善、风险防范和支持经济社会发展。

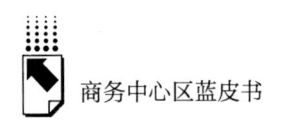

（三）加强交流合作，提升 CBD 金融业服务效率和水平

提高 CBD 金融服务业国际化程度，需要加强国内外金融机构之间的沟通交流，进一步学习先进的管理理念和产品设计，达到以"开放促竞争"的目的，更好地提升国内外金融机构服务中国实体经济的能力和效率。具体来看：一方面，需要加大境内外金融机构集聚力度。进一步争取国内外各类金融要素市场在 CBD 的集聚融合，支持互联网金融、科技金融等新兴金融的发展，推动金融服务业对内发展、对外开放各项政策落实、落地。另一方面，CBD 作为国内外金融机构的集聚地，需要发挥自身平台优势，建立境内外金融机构常态化合作交流机制。鼓励和加强中外金融机构在经营管理、产品设计、人才培养等方面的合作，不断提高国内金融机构的经营服务水平，真正达到以开放促改革的效果，有效提升金融服务实体经济的水平。

参考文献

陈雨露、罗煜：《金融开放与经济增长：一个述评》，《管理世界》2007 年第 4 期。

刘辉、申玉铭、邓秀丽：《北京金融服务业空间格局及模式研究》，《人文地理》2013 年第 28 期。

沈军、白钦先：《中国金融体系效率与金融规模》，《数量经济技术经济研究》2013 年第 8 期。

汪子旭：《更高水平金融开放蓄势待发》，《中国外资》2020 年第 5 期。

王燕青、杜倩倩、赵福军、杜悦英：《北京 CBD 发展之路回顾与解析》，《中国发展观察》2019 年第 5 期。

吴晓求、郭彪、方明浩、李诗瑶：《中国金融开放：模式、基础条件和市场效应评估》，《财贸经济》2020 年第 5 期。

杨继梅、马洁、吕婕：《金融开放背景下金融发展对跨境资本流动的影响研究》，《国际金融研究》2020 年第 4 期。

杨俊宴、吴明伟：《中国城市 CBD 适建度指标体系研究——中国 CBD 发展量化研究之一》,《城市规划》2006年第1期。

易虹、宋文雪:《陆家嘴CBD的发展趋势分析》,《上海房地》2019年第8期。

张建森:《金融开放:从我国金融体系特征出发》,《开放导报》2020年第3期。

B.5 CBD文化创意产业开放的现状、问题与对策研究

仇晓洁 王月*

摘　要： 受2008年全球金融危机冲击的影响，世界各国纷纷将文化创意产业作为经济可持续发展、产业多元化战略的着力点，其贸易发展在国际贸易中的地位不断提升。中央商务区（CBD）作为创新最为活跃、高端产业最为密集的区域，一个重要功能特征就是开放，CBD文化创意产业开放具有较强优势。本文首先分析CBD文化创意产业开放现状及面临的问题，然后从外部驱动、内在动力两个方面挖掘CBD文化创意产业开放的新动能，最后提出加快CBD文化创意产业开放路径。

关键词： 文化创意产业　CBD　新动能

2008年金融危机之后，全球经济结构出现深度调整，文化创意产业成为促进产业转型升级、创新的重要动力源，文化创意产业贸易竞争力成为衡量国家"软实力"的重要标准。党的十九大报告提出要"推动形成全面开放新格局"，为中国文化创意产业开放带来了新的机遇与挑战。

---

* 仇晓洁，河北经贸大学财政税务学院教授，硕士生导师，经济学博士，研究方向为财税理论与政策，社会保障，贸易服务；王月，河北经贸大学财政税务学院硕士研究生，研究方向为资产评估。

中央商务区（CBD）是现代服务业高地，是文化创意产业发展与开放的桥头堡。对CBD文化创意产业的开放状况开展研究，对推动CBD经济高质量发展具有重要意义。

一　CBD文化创意产业开放现状

文化创意产业开放，就是一国政府逐渐放开对文化创意产业的管制，利用市场机制进行文化创意产业资源的优化、配置，实现本国与国外文化创意产业生产要素市场及产品市场的融合与统一。具体表现为：其一，逐渐放开本国文化创意产业的市场准入限制、具体经营限制、出入境经营审批限制等，促进本国企业开拓国外市场以及外国企业进入本国市场；其二，文化创意产业的生产要素在本国与国外生产要素市场间自由、便利流动，例如，本国文化创意产业利用外资与文化创意产业对外直接投资、创新人才在国际间的自由流动；其三，文化创意产品与文化创意服务在本国与国外产品市场间的自由、便利流动。

中央商务区的文化创意产业是文化产业与互联网技术、大数据、移动互联网等新兴技术融合而涌现出的新兴业态。近年来，CBD文化创意产业发展得到政策的大力支持，特别是在贸易、利用外资和对外投资等方面表现出一系列新特点。

（一）文化创意产业开放的重要举措

2002年，党的十六大召开后，文化产业改革步伐加快，中国遵守WTO承诺逐步放开文化对外市场，文化产业由"相对封闭"向"逐步开放"转变。文化创意产业作为文化产业的新兴业态，其开放的起点就是放松文化产业国际间管制，制定促进产业开放的政策（见表1）。

在放松文化创意产业贸易限制的过程中，一方面要以"底线思维"设定文化创意产业扩大对外开放的底线；另一方面对文化创意产业开放设立负面清单，对清单上的企业实行限制措施，保障文化创意产业市场的有序全面

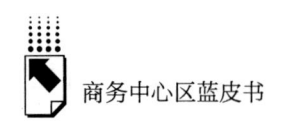

开放①。总体来说，是在确保文化安全的前提下，尽可能地加快文化创意产业的开放进程。

表1 中国文化创意产业开放的重要举措

时间	文件	发布方	政策措施
2004	《电影企业经营资格准入暂行规定》	国家广电总局、商务部	允许内外资企业合资、合作设立影视技术公司，外资股份占比上限为49%，其中国家批准的省市外资能够控股
2005	《关于文化领域引进外资的若干意见》	文化部、国家广电总局、新闻出版署、国家发改委、商务部	明确文化产业引进外资禁止与允许的范围、方式、股权比例。无具体规定的业务根据利用外资的有关规定执行
2006	《关于鼓励和支持文化产品和服务出口的若干政策》	财政部、商务部、文化部、人民银行、海关总署、税务总局、广电总局、新闻出版总署	鼓励文化企业开展出口业务，并明确出口退税、专项资金、技术创新等相关政策
2007	《外商投资产业指导目录(2007年修订)》	国家发改委、商务部	首次出现鼓励外资加入演出经纪机构(中方控股)，电视节目制作项目和电影制作项目(限于合作)首次出现在限制类的业务中
2009	《关于金融支持文化出口的指导意见》	商务部、文化部、广电总局、新闻出版总署、中国进出口银行	以"各部门组织推荐，进出口银行独立审贷"为原则，通过文化、金融合作平台,支持文化产业出口
2009	《文化产业振兴规划》	国务院	降低文化产业准入门槛、提供政府财政优惠与市场融资渠道,扩大文化产业规模,以重大项目和骨干企业为依托,建立现代文化市场体系,发展新兴文化业态,并且鼓励文化企业以各种形式进入国际市场,办好国家重点支持的文化交流活动

---

① 迟福林：《加快推进文化产业开放进程》，《经济参考报》2019年12月26日。

续表

时间	文件	发布方	政策措施
2014	《国务院关于加快发展对外文化贸易的意见》	国务院	通过明确支持重点、加大财税支持、强化金融服务、完善服务保障等政策措施扩大中国文化产业出口份额,显著提升文化产业竞争力
2014	《深化文化体制改革实施方案》	中共中央	开展多渠道、多形式、多层次、对外文化交流,创新对外宣传方式方法,实施文化走出去工程,开拓国际文化市场,构建人文交流机制,建立面向外国青年的文化交流机制
2017	《文化部"一带一路"文化发展行动计划(2016~2020年)》	文化部	健全"一带一路"文化交流合作机制、完善"一带一路"文化交流合作平台、打造"一带一路"文化交流品牌、推动"一带一路"文化产业繁荣发展、促进"一带一路"文化贸易合作,围绕13个重点领域建立健全文化交流平台与合作机制,扩展文化贸易合作
2017	《关于推动数字文化产业创新发展的指导意见》	文化部	积极拓展数字文化的海外市场,学习海外的先进管理经验,引导数字文化产业集聚发展

资料来源:作者根据国家政府网站整理。

(二)CBD文化创意产业贸易现状

文化创意产业贸易由文化创意产品贸易和文化创意服务贸易构成。自2005年起,中国文化产品出口居全球第一[①],文化创意产业贸易随之飞速发展。其中,文化创意产品贸易长期处于出口大于进口的状态,且出口额、进口额、贸易总额皆在持续扩大;与文化创意产品贸易不同,文化创意服务贸易则处于进口大于出口的状态,且文化创意产品贸易额要大于文化创

---

① 白远:《中国——文化创意产品的出口大国VS消费小国》,《财贸经济》2010年第10期。

意服务贸易额。其中，文化创意类产品的出口结构较为稳定，设计类商品和手工艺品的出口比重居于前列。与此同时，随着人们对知识产权重视程度的提高，从事文化创意服务的企业开始瞄准国际市场，文化创意服务贸易成为全球贸易蓬勃发展的重要领域。中国文化创意服务的国际占有率由2002年的0.3%上升到2018年的7.91%，文化创意服务的市场地位在不断提高。为提高文化创意产品与文化创意服务的国际竞争力，国内主要城市从品牌效应着手，加大品牌奖励。例如广州，对于原创作品获得国际国内权威级别的比赛、权威行业组织机构颁发的重大奖项的企业或机构，经认定，分别给予最高奖项100万元、次等奖项50万元的奖励；若同一作品荣获多个奖项，按差额补足方式最高奖励100万元。

（三）CBD文化创意产业利用外资现状

与中国引进外资规模持续扩大的趋势相比，文化创意产业利用外资规模小且不稳定。究其原因：政府对于文化创意产业开放持有的是包容、谨慎的态度，监管制度有待完善，政府、内外资企业间的合作仍然处于探索阶段；国际金融危机的爆发、持续的全球经济低迷对外商直接投资造成一定的负面影响。在此趋势下，国内部分CBD将文化创意产业作为配套产业来吸引外资。例如西安长安路CBD，以小雁塔、西安博物院作为历史文化品牌，充分发挥碑林优势，将其周边打造成CBD休闲娱乐功能区，聚集人气、商气，吸引外部资金。广州CBD则加强枢纽型、核心型总部文化企业的引进力度，重点引进世界500强、全国100强的文化企业地区总部及其研发基地、交易中心，吸引国内外知名文化企业入驻广州发展。通过优秀文化企业的先行带动、经验学习，为该地市场注入新鲜活力，以培育更多的优质文化创意企业。①

---

① 《广州市人民政府办公厅关于加快文化产业创新发展的实施意见》（穗府办规〔2018〕28号）。

（四）CBD 文化创意产业对外投资现状

2014年，《深化文化体制改革实施方案》与《关于推动特色文化产业发展的指导意见》的出台为 CBD 文化创意产业对外投资开放提供了顶层设计。CBD 文化对外直接投资呈现井喷式增长，投资额大幅提高。但受监管措施不到位、国际经济形势变化等多种因素影响，海外投资项目风险加大。2017年，乐视宣告文娱投资失败，融创因大举并购遭遇"股债双杀"，CBD 文化创意产业对外投资逐渐回归理性，进一步验证了内容创新驱动时代的来临，投资者必须要理性对待文化创意产业市场。

二 CBD 文化创意产业开放面临的问题

文化创意产业由于具有附加值高、融合性强、发展可持续的特征，引起各城市 CBD 的高度重视。发展文化创意产业成为 CBD 产业布局的重要亮点，其需要不断创造新的文化内容、不断提升文化创意产业开放度。尽管中国文化创意产业开放取得显著成绩，但是仍处于初步阶段，CBD 文化创意产业开放面临的问题亟待研究解决。

（一）CBD 文化创意产业贸易结构不均衡

文化创意产品贸易长期处于顺差状态，而且文化创意产品出口集中处于产业价值链低端的劳动密集型产品，附加值高、技术含量高的文化创意产品出口所占比重很小，体现内容创新、科技创新、附加值高的文化创意产品未成为 CBD 的主流出口产品。文化创意服务贸易长期处于逆差状态，出口竞争力较低，且缺乏活力。因此，迫切需要挖掘文化创意产业发展的新动力源泉以解决贸易结构不平衡发展的弊端。

（二）CBD 文化创意产业价值链亟待形成

文化创意产业属于技术密集型的产业集群，文化创意产业贸易的可持

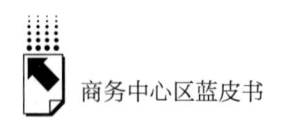

续发展，需要把价值创造的每一个环节、程序，即创作、生产、销售、服务，高质、有效地整合起来，从而形成能够充分发挥产业耦合效应的文化创意产业价值链。中国文化创意产业起步较晚，CBD 文化创意产业细分领域市场起步更晚，具有地域文化特征的文化创意产品不够丰富，文化创意产业各行业发展以及与其相关产业的协调性有待提高，连接文化创意产业贸易上下游相关产业的产业价值链亟待形成，无法实现产业链的集聚效应、规模效应，制约了 CBD 文化创意产业贸易实现高质量发展。其主要表现为：其一，部分 CBD 内文化创意企业入驻率低，无法形成文化创意行业氛围；其二，部分 CBD 文化创意产业集聚区域内的建设空间有限，局限了 CBD 文化创意产业规模扩大，阻碍了文化创意产业集聚效应的进一步提升；其三，CBD 文化创意产业对周边区域产业发展的辐射带动作用不明显，使得大部分文化创意产品生产依赖外地厂商，无法实现 CBD 文化创意产业上下游产业的无缝链接，影响了 CBD 文化创意产品的衍生产品的开发与营销能力的提高。

（三）CBD 文化创意贸易企业缺乏核心国际竞争力

文化创意贸易企业的核心国际竞争力是内容创新。CBD 文化创意企业主要呈现多元、分散、个性、小众的特点，行业影响力高、国际竞争力强的大型企业数量较少。中小企业资源有限，加之知识产权保护体系的不完善，大大限制了企业的原创动力，阻碍了企业创新能力的提升，原创文化的缺乏、产品同质化现象严重，使大量中小企业最终采取价格竞争策略，以致 CBD 文化创意企业竞争多集中于国内外的中低端市场，而国内外中高端市场竞争总体呈现向优势品牌企业集中的趋势。文化创意产业内部结构不尽合理，其产业支持、配套、衍生产业存在散、小、滥等问题，文化市场不成熟，文化产业规模小、实力弱，产业集约化程度低，且文化创意产业最急需的文化与经营复合型人才少之又少，导致核心国际竞争力缺乏。

三 挖掘 CBD 文化创意产业开放的新动能

中国经济已进入新旧动能转化时期，正在由高速经济增长转变为高质量发展。CBD 作为创新最为活跃的区域，要推动文化创意产业开放，必须进一步从外部驱动和内在动力两方面挖掘文化创意产业开放的新动能。

（一）强化外部驱动

1. 促进多元化的消费需求

CBD 的商务属性强，跨省市流动的人群规模大，区域内外籍人口占比高，且高端商务人士数量多。例如北京 50% 的常住外籍人口在北京 CBD 集聚。CBD 的消费需求呈现多元化、特征化的趋向，特色化、高品质的文化创意产品与文化创意服务具有更强的消费吸引力和市场竞争力。并且 CBD 区域内汇集了众多文化企事业机构，例如天河 CBD 集聚了广州大剧院、广东省博物馆、广州市图书馆等文化企事业机构，促使 CBD 区域内居民和从业人员由物质消费需求转向精神需求，吸引文化创意要素集聚。提供文化创意产品与文化创意服务的企业必需不断创新理念、创新内容、创新技术以提高产品与服务的质量，为消费者提供方便、快捷、高质量的消费体验，从而满足消费者多样化的文化需求。

2. 实施强有力的政策助推

政策因素是推动 CBD 文化创意产业发展的重要因素。除了文化创意产业方面的国家、地方法律法规以及各项优惠政策外，CBD 还以其独特地位和优势，率先尝试其他方面的各项制度改革，实施差别化政策，尤其是在优化营商环境和引进创新型人才两个方面，进而影响文化创意产业企业以及创新型人才的决策。各城市 CBD 在深化商事制度改革、推进投资贸易便利化、加强信用体系建设、营造创新创业环境等领域先行先试、率先突破，为文化创意产业开放提供了国际化程度更高、法制化程度更强、便利化水平更显著的优良营商环境、制度环境。另外，文化创意产业的灵魂是创新型人才。不同级别的CBD根据自身情况，结合CBD人才建设目标，出台了一系列针对性强的，能够成功吸引、培养、流动创新型人才的政策，并构建起涵盖教育、医疗、落户等多元化的基本服务体系。根据朝阳区调研数据，北京CBD的区域产业经济政策对于人才的吸引度已达75%。这说明CBD的人才政策有利于为文化创意产业开放储备更多的创新型人才。

3. 丰富国际化资源

CBD是外资企业最密集、国际化程度最高的特殊经济功能区，大量的国际化资源汇集于此，这不仅有利于文化创意产业生产要素的流动，还有利于其产品与服务的推广。2019年，广州天河CBD所拥有的世界500强项目数突破200个，外资银行33家，占全市的97%；2019年，北京CBD则集聚了北京50%的国际金融机构，80%的国际传媒机构，80%的国际组织、商会，CBD中心区入驻170家世界500强企业，功能区入驻238家世界500强企业，充分发挥CBD的总部经济效应，资源配置能力更趋于国际化。① 另外，北京CBD实际利用外资和进出口总额占全市的45%。国际高端要素在此汇集，充分彰显出CBD的总部经济优势以及国际化的资源配置能力。

4. 打造高端化国际化平台

国际性的高端论坛、商务活动、文化艺术交流活动以及国际对话等形式多样、层次多元的国际性活动的召开往往选址于CBD，尤其是一线城市的CBD。例如中外跨国公司CEO圆桌会议、中国特色世界城市论坛等在北京CBD举办，北京90%的国家级商务展览在CBD举行。2019年，上海虹桥CBD的国家会展中心举办展览、活动231场，人流量约760万人次，包括中国国际进口博览会、上海国际会展月、"一带一路"名品展、国际手工艺产

---

① "改革开放四十年的北京CBD发展之路"研究项目组：《北京CBD发展之路回顾与解析》，《中国发展观察》2019年第3期。

业博览会、长三角文化博览会等有影响的品牌展会活动,国际性展览占比95%,并引进通用国际广告展览公司等业内知名展览服务公司。文化创意产业对外开放借助于城市 CBD 的高端国际化平台提升其国际影响力,有效宣传本区域的文化创意产品与文化创意服务。

(二)提升内在动力

1. 强化技术创新

内容创新是文化创意产业的关键,技术创新则赋予文化创意产品与文化创意服务更多的传播方式和创作模式,让文化创意产品更加富有表现力,使文化创意产品与文化创意服务在表现力和创作手法方面实现质的飞跃,对文化创意产业发展产生颠覆性效应。5G、"互联网+"、大数据、云计算、智能技术等多方面的技术突破,为该产业的创新提供了有力的技术支持和多渠道的技术平台,同时要求文化创意产业的数字内容迭代跟进,增加其产品与服务的附加值。例如,嘉兴市引进多个大院所及名校共建创新载体,成功孵化转化了斯达半导体、博创科技等优质项目,为当地文化创意产业发展提供了技术支持。

2. 促进产业融合

CBD 的文化、商务、金融等传统产业与互联网技术相互融合,催生文化创意、跨境电子商务、互联网金融等新兴业态。这些新兴业态在再融合过程中,又催生出新兴文化业态和产品内容。文化创意产业贸易通过跨境电子商务平台,加强文化创意产业信息在地方、全国、世界的流通,以此加快文化创意产业开放的步伐。文化创意产业贸易通过互联网金融进行互联网支付、股权众筹融资、网络信贷等,有力降低文化创意产业的交易支付成本、融资成本。另外,CBD 作为一个地区的现代高端商务中心,具有优良的营商环境,着重吸引产业价值链中的高端产业,例如研发设计、品牌服务等。CBD 文化创意产业通过与其他新兴业态、高端产业的协同发展,实现文化创意产业的集群效应,并推动 CBD 文化创意产业向产业价值链高端转移,进而实现文化创意产业的产业升级。

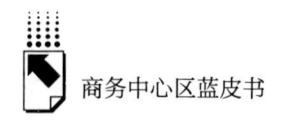

四 CBD文化创意产业开放的路径

加快CBD文化创意产业开放进程，关键在于最大程度发挥中国CBD的优势以及提升文化创新、传播能力。具体而言，需从以下四个方面发力。

（一）引领文化消费需求，优化供给结构

CBD是国际化程度最高、多元文化最为融汇的区域。文化创意企业通过现代信息技术了解CBD区域内消费者的精神需要，结合国际数据，分析研究国内外对文化创意产品与文化创意服务的精神需要，挖掘其潜在文化需求。借助CBD的国际化平台，例如北京国际电影节、广州的国际建筑装饰展览会、上海的国际动漫游戏博览会以及定期召开的国际性学术会议等，吸引国内外的民众参与，展示出最新研究成果。文化创意企业以此开发新的消费者或边缘消费者，创新文化产品，激发企业创新活力，促进文化创意产业结构调整与升级。以CBD为中心，拓宽文化消费空间、培养文化消费习惯，将其作为扩大文化创意产品与文化创意服务市场的重要资源，积极引导文化消费持续增长。

（二）挖掘优秀传统文化，打造特色文化品牌

中国上下五千年的历史文明为文化创意产业发展提供了丰富的文化资源，提供了创新的源泉和内生动力。CBD文化资源的地域性特征更为明显，不同的地方具有不同的特色文化，将文化传承与理念创新相融合、本土特色与国际优势相融合、国内外文化元素相融合，以5G、"互联网+"、大数据等创新科技，推动文化创意产品与文化创意服务的研发，发掘出更多传播主流价值、讴歌新时代的文化创意产品，增加附加值高、渗透性强、处于产业价值链中高端的文化创意产品与文化创意服务的供给，优化文化创意产业贸易结构。通过深入挖掘中国优秀传统文化和地方特色文化，打造本土特色文化品牌，加强文化品牌的宣传与建设，提升中国文化创意品牌的国际影响力，宣扬中国文化、弘扬中国精神。

（三）搭建国际交流、交易平台，增强国际影响力

CBD 是城市的名片，是国际化资源、创新人才最为汇集的地方，尤其是国家级 CBD，这一优势更为显著。在 CBD 内搭建文化创意产业及相关产业的国际交流平台，有效帮助文化创意企业了解全球创意市场的发展趋势，了解相关产业发展的前沿信息，加强国际合作，创造生产出更多种类的文化创意产品与文化创意服务，开发出新的文化创意业态，提高文化创意产品附加值。在 CBD 内搭建国际文化创意产业交易平台，积极发展跨境电子商务，为文化创意产业贸易的双向互动提供简便、快捷、高效的链条式服务，充分利用现有的国际化平台，展示国内外文化创意产品与文化创意服务。例如在上海 CBD 召开的中国国际进口博览会、杭州 CBD 定期召开的中国国际动漫节等国际化平台，通过主场外交平台，积极传播中国理念，将国际优质文化创意产品"引进来"，促进本国文化创意产业"走出去"，从而增强中国文化创意产业的国际影响力。

（四）完善政策规划，建立多方协同管理机制

CBD 已陆续出台了一系列利于文化创意产业贸易的财税支持、金融支持、人才引进、营商环境优化等政策，效果显著。但是推进文化创意产业开放进程，除了要落实现有的针对文化创意产业贸易的各项优惠政策外，还需要完善政策规划：明确空间布局规划，确立未来文化创意产业发展的目标，落实各项文化创意产业贸易促进政策并完善相关贸易政策，促进文化创意产业"走出去"；针对制度创新、产业创新、产学研体系创新、要素流动等设计出一揽子的政策规划，辅以制定适合文化创意企业特征的、文化创意企业确实可以享受到的财税、金融、土地等支持政策。另外，要建立起多方协同的管理机制。文化创意产业具有多样化业态的特征，会涉及多个归口管理部门，政府需从多部门管理转向有效的协同机制，充分发挥出政府、市场主体、社会组织的最大效用。

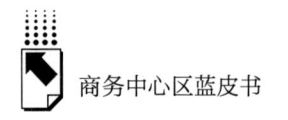

参考文献

胡慧源：《文化创意产业与相关产业融合路径研究》，《中国出版》2016年第7期。

马明：《新时代文创产业需要内涵式发展》，《中国文化报》2019年11月17日。

上海市人民政府发展研究中心：《推动高质量发展的营商环境研究》，上海人民出版社，2019。

B.6
CBD 科技服务业开放的现状、问题与对策

张卓群*

摘　要： 中央商务区（CBD）科技服务业是推动科技创新的关键配套产业。自改革开放以来，我国科技服务业的发展经过初见萌芽和有序起步两个阶段之后，已经进入快速发展阶段。CBD 科技服务业迎来黄金发展期，与国际一流 CBD 相比，发展水平差距进一步缩小，国际化程度进一步提高。同时，需要认识到我国 CBD 科技服务业发展与开放面临创新辐射能力有待提升、国际人才建设有待加强、城市环境品质有待提高等问题。需要统筹推进创新体制机制建设、国际人才队伍建设和城市环境品质建设，全面提升我国 CBD 科技服务业的全球辐射能力、影响活力和服务魅力。

关键词： CBD　科技服务业　对外开放

科技服务业是现代服务业的重要组成部分，是我国全面建成小康社会之后，服务业产业转型升级和一二三产业融合发展的重要抓手。对于中央商务区（CBD）来说，作为城市、区域乃至国家的现代服务业发展中枢，建立面向 21 世纪的科技服务体系，是提高开放水平、调整经济结构、实现高质量发展的前提和条件。

---

* 张卓群，中国社会科学院生态文明研究所助理研究员，经济学博士，研究方向为数量经济与大数据科学、城市与环境经济学。

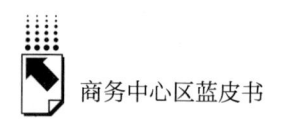

一 我国科技服务业发展和开放的阶段变化和政策演进

科技服务业是指运用现代科技知识、现代技术和分析研究方法,以及经验、信息等要素向社会提供智力服务的新兴产业。改革开放以后,我国逐步建立了社会主义市场经济制度,生产力得到极大发展,各项事业得到全面进步。特别是十八大以来,我国经济进入新时期,增长速度、产业结构、发展动能出现重大变化,科技服务业作为战略性新兴产业,迎来黄金发展期。总体来看,我国科技服务业发展可以分为初见萌芽、有序起步、快速发展几个重要阶段。

(一)伴随经济发展初见萌芽(1978~2001年)

改革开放初期,我国经济总体规模体量小、产业结构层次偏低,整体技术水平不高。在此时期,市场经济体制机制并不完善,科技服务业市场化程度不高,更多的是被视为与教育、医疗类似的公益性、事业性部门。1992年,国家对于科技服务业的发展思路出现转变,中共中央、国务院发布《关于加快发展第三产业的决定》,提出加快发展与科技进步相关的新兴行业,主要是咨询业(包括科技、法律、会计、审计等咨询业)、信息业和各类技术服务业等。以市场化为导向的科技服务业发展拉开序幕,标志着我国科技服务业发展初见萌芽。

在此期间,一批国外顶尖的咨询机构开始进入中国,以领先的专业水平和丰富的管理经验,逐步占据我国科技咨询领域的高端市场。如:1992年,毕马威成为首家获准在国内合资开业的国际会计师事务所;1993年,麦肯锡在上海设立代表处,开始进入中国内地市场。与此同时,受美国互联网浪潮影响,国内一批互联网和信息服务公司成立。如:1998年,马化腾等五位创始人在深圳成立腾讯;1999年,以马云为首的18人团队在杭州创立阿里巴巴;2000年,李彦宏等七人在北京创建百度,奠定中国互联网当今"三巨头"格局。

（二）支持扩大开放有序起步（2002~2011年）

2001年12月11日，中国正式加入WTO组织，为国内科技服务业的发展和开放创造新契机。2002年，党的十六大提出：完善科技服务体系，加速科技成果向现实生产力转化。2007年，国务院发布《关于加快发展服务业的若干意见》，提出：积极发展信息服务业，加快发展软件业，坚持以信息化带动工业化，完善信息基础设施，积极推进"三网"融合，发展增值和互联网业务，推进电子商务和电子政务……大力发展科技服务业，充分发挥科技对服务业发展的支撑和引领作用，鼓励发展专业化的科技研发、技术推广、工业设计和节能服务业；规范发展法律咨询、会计审计、工程咨询、认证认可、信用评估、广告会展等商务服务业。以上三大服务业的细分领域，均属于现阶段意义上科技服务业所覆盖的范畴。在国家政策的大力推动下，我国科技服务业的开放水平进一步提高，职能分工进一步细化，呈现有序起步发展态势。

在此期间，外资科技服务企业进入国内的数量增多，内资科技服务企业市场化程度提高。在咨询服务方面，国际四大会计师事务所在国内进一步深耕，国内会计师事务所的专业程度有所提高，税务师事务所、资产评估师事务所蓬勃发展，形成符合我国国情的财务咨询体系；中诚信、联合、大公等内资信用评级公司蓬勃发展。金融咨询服务初见规模。在信息传输服务方面，国内电信运营商完成整合，形成中国移动、中国电信、中国联通"三足鼎立"格局。在互联网服务方面，互联网企业数量和体量快速增长，形成以广告、网络游戏、搜索引擎和电子商务为核心的商业模式，互联网信息服务的内容、形式、受众人数都得到大幅度的丰富和提高。

（三）推动产业升级快速发展（2012年至今）

党的十八大之后，我国改革开放进入攻坚克难阶段，增长速度由高速向中高速换挡，经济结构由二元经济结构向现代经济结构转变，发展动能由要素拉动型向创新驱动型转化，科技服务业作为典型的现代化、高端化服务产

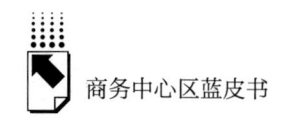

业,迎来前所未有的历史机遇。2014年,国务院出台《关于加快科技服务业发展的若干意见》,提出通过健全市场机制、强化基础支撑、加大财税支持、拓宽资金渠道、加强人才培养、深化开放合作、推动示范应用,到2020年基本形成覆盖科技创新全链条的科技服务体系。这项文件的出台,为科技服务业的发展提供顶层设计,旨在促进科技服务业专业化、网络化、规模化、国际化发展,为我国经济实现提质增效、打造增长新引擎提供制度支撑。2015年,国家统计局制定《国家科技服务业统计分类(2015)》,将科技服务业分为科学研究与试验发展服务,专业化技术服务,科技推广及相关服务,科技信息服务,科技金融服务,科技普及和宣传教育服务,综合科技服务七大类,为科学界定科技服务业的统计范围,建立科技服务业统计调查制度提供依据。2018年,国家统计局依据《国民经济行业分类》(GB/T 4754-2017),制定《国家科技服务业统计分类(2018)》,形成现阶段最权威的科技服务业统计口径。

在此期间,外资科技服务企业与我国经济发展融合程度加深,内资科技服务企业在各个细分领域百花齐放、快速发展。在咨询服务行业方面,国际上的四大会计师事务所、三大战略咨询公司、三大信用评级机构等国际顶尖咨询机构普遍将中国视为最重要的市场之一;国内八大会计师事务所、中国国际咨询工程公司、五大信用评级机构逐步成为行业标杆,与外资企业的专业水平差距进一步拉近。在科学研究与试验发展服务方面,一批市场化、专业化的农业、医学、工程等领域的科技服务企业崭露头角。在互联网服务方面,中国已经全面进入移动互联网时代,依托大数据、云计算、人工智能、物联网等新一代信息技术,互联网的应用场景极大丰富,云课堂、云办公、云会议、云医疗等新兴互联网信息服务蓬勃发展,与平台经济、共享经济、虚拟经济等一同形成信息服务新业态、新模式。

二 我国CBD科技服务业发展和开放状况

CBD是现代服务业发展的高地,也是科技服务业发展和对外开放的阵地。全球一流CBD均拥有专业化、国际化的科技服务业,且这些国际一流CBD科技服务业的发展代表国际科技服务业发展的方向，促进全球科技融合创新。在经济全球化的今天，国内CBD科技服务业发展迅速，国际化水平进一步提高，以北京CBD、上海陆家嘴金融城、广州天河CBD、郑州郑东新区CBD为代表，已经形成一批辐射区域创新、影响亚太发展的科技服务产业制高点。

（一）北京CBD：聚焦"高精尖"科技服务业

北京CBD汇集全球众多500强企业，是目前国内科技服务业发展程度最高、国际化开放水平最高的CBD之一。2015年，国务院出台《北京市服务业扩大开放综合试点总体方案》，北京CBD作为服务业扩大开放的"桥头堡"，充分利用政策红利，大力推动"高精尖"产业发展，科技服务业作为"高精尖"产业的重要组成部分，得到有力推动。仅2017年，北京CBD新增科技服务业企业超过6000家，占新注册企业的34%，经济贡献率由2013年的7%上升至12%，科技要素的聚集效应进一步凸显。此外，北京CBD贯彻落实上级政府精神，先后出台《北京商务中心区高精尖产业指导目录》（2019版）、《北京商务中心区招商引资目录》，大力发展专业咨询服务、金融信息服务、科技信息服务、互联网信息服务等新业态和新模式，促进以"高精尖"为导向的科技服务产业进一步向CBD聚集。至2019年底，北京CBD培育出优客工场、得到、宝宝树及便利蜂等12家独角兽企业，拥有国安龙巢、星库空间等国家级众创空间9家，占朝阳区50%以上。此外，北京CBD注重国际交流合作，通过每年举办"北京CBD论坛"（原北京CBD创新发展年会）、每年发布"商务中心区蓝皮书"、发起成立"北京国际CBD生态联盟"，进一步为科技服务业的发展打造国际化平台，稳步提升国际影响力和协同创新水平。2020年9月，国务院发布《中国（北京）自由贸易试验区总体方案》，北京CBD作为自贸区的国际服务片区，"高精尖"科技服务业将迎来重大发展机遇。

（二）上海陆家嘴金融城：打造金融特色科技服务业

上海陆家嘴金融城是全国唯一以金融贸易为功能特色的国家级开发区，

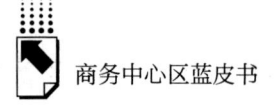

汇集国内外银行、证券、保险等传统金融服务业的巨头企业,新兴金融机构数量超过6000家,围绕金融特色构建起的专业服务机构超过3000家。2013年9月,国务院批复成立中国(上海)自由贸易试验区;2015年4月,上海自贸区扩区,陆家嘴金融片区被明确划入上海自贸区范围,成为上海自贸区金融改革创新的主战场,政策先行先试的优势愈加明显。通过推动商业银行等金融机构为科技企业提供自由贸易账户、境外本外币融资等金融创新服务,支持条件成熟的银行业金融机构探索开展投贷联动融资服务试点,推动股权投资企业开展境内外双向投资等具体措施,陆家嘴金融城致力于通过金融创新服务科技创新,打造全球科技金融中心。2018年5月,陆家嘴金融城组织召开"陆家嘴金融科技服务业发展大会",联合业界推出2.0版金融科技"陆九条",发布打造全球最优金融科技生态圈计划。至2019年底,陆家嘴金融城已有280余家金融科技企业,包括:建信金融科技、中银金融科技、兴业数金、银联国际、上海证券信息技术等银行、证券科技服务公司;银联国际、支付宝等第三方支付公司;万得、通联数据、冰鉴科技、德勤勤跃等知名金融信息服务公司。2020年,陆家嘴金融城全力筹备建设陆家嘴金融科技研究院和陆家嘴金融科技展示中心,通过汇集金融监管机构、金融基础设施、金融科技企业三方力量,不断推动金融科技服务创新。

(三)广州天河CBD:构建全面开放科技服务业

广州天河CBD是我国经济规模最大的CBD,2019年GDP达到3328亿元,在全国CBD之中排名第一,已经成为华南地区的总部中心、金融中心、创新中心和商务服务中心。2010年,广州市被确定为第一批国家中心城市,为天河商务服务发展奠定基础。2011年,天河中央商务区管委会挂牌成立,现代服务产业进入迅猛发展期。2016年,广州天河CBD荣获"全国中央商务区知名品牌创建示范区",高端服务业聚集效应进一步凸显。2018年,随着粤港澳大湾区建设的有序开展,广州天河CBD获批"粤港澳服务贸易自由化示范基地",对外开放能力进一步增强,服务产业国际化水平进一步提高。特别是在科技服务业方面，广州天河CBD呈现行业种类全、企业数量多、开放层次高的特点。金融及金融科技服务业方面，广州天河CBD拥有安联保险、渣打银行、花旗银行等国际巨头；咨询服务业方面，全球四大会计师事务所、五大国际地产行均在此落户；互联网信息服务业方面，UC优视、网易总部等龙头企业坐落于此地。在科技服务业招商引资、宣传推广、营商环境、对外开放方面，广州天河CBD开展一系列措施。如：2019年赴迪拜参展国际投资年会并举办主题为"把握新机遇"的天河CBD专场推介会；协调保障完成央视大型纪录片《航拍中国》，亮相法国戛纳电视节，提升国际影响力；研究制定《将天河中央商务区打造成为粤港澳大湾区服务贸易自由化示范区实施方案》，打造跨境科技并购中心；成功申报国家数字服务出口基地，着力提高科技服务国际化水平。通过以上措施，综合促进广州天河CBD不断提升科技服务业的全球影响力，构建辐射粤港澳大湾区、面向世界的科技服务高地。

（四）郑州郑东新区CBD：发展活力创新科技服务业

郑州郑东新区CBD是近年来我国中部新近崛起CBD的典型代表，2019年建成区面积7425亩，实现营业收入499.77亿元，入驻企业9169家，吸纳就业10.3万人。"十三五"时期，郑东新区CBD坚持国际引领、高端聚集、联动发展、智慧先导、协同创新、绿色和谐的发展原则，将科技服务与金融服务、高端商务、国际会展一起确立为重点发展的四大产业。在科技服务业方面，郑东新区提出科技创新服务引领工程，通过建设国家科技服务业集聚区、推进科技服务业创新发展、推进科技创新扶持转化、搭建科技创新创业服务平台，全面提升科技服务业水平。2016年，郑东新区CBD获评河南省唯一"六星级"服务业"两区"；2017年，获评"2017中国最具活力中央商务区"；2018年，GDP增速达40.34%，位居全国主要CBD之首。至2019年底，郑东新区CBD专业服务方面拥有世邦魏理仕、戴德梁行、雷格斯等一批中外知名机构；信息服务方面中原云数据中心、世导大数据中心等龙头企业先后落户；金融科技服务方面形成传统金融业、财务公司、要素市

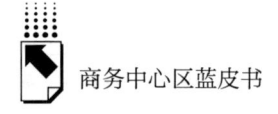

场、股权投资、互联网金融等10余种业态融合发展态势。面向未来，郑东新区CBD依托"一带一路"、国家中心城市、河南自贸区建设和郑州"东强"等国家、省市战略平台建设，重点培养产业集聚、富有活力、创新发展的科技服务业新业态、新模式。

三 我国CBD科技服务业发展和开放的主要问题

经过改革开放40年的发展，我国主要城市CBD建设取得辉煌成就。但同时需要注意到，与国际一流CBD相比，我国CBD科技服务业的发展在创新辐射能力、国际人才建设、城市环境品质等方面存在诸多问题与改进空间。

（一）创新辐射能力有待提升

科技服务业的一个核心功能就是以创新推动产业结构转型升级，特别是CBD作为一个地区现代服务业的中心，其科技服务业的主要功能不仅需要提升本地区的产业结构，同时需要辐射和服务于周边地区的创新发展。纵观国际一流CBD，其不仅在本地区、本国家具有强大的创新辐射影响力，同时也对全球输出科技服务。美国曼哈顿CBD在金融危机之后由金融业转向科技创新产业，打造基于新一代互联网的"硅巷"，吸进全球顶尖科创服务企业入驻，建设全球"创新之都"。英国伦敦金融城依托强大的传统金融产业，构建欧洲一流、辐射全球的金融科技服务业，2015年，核心区EC1V和EC2A街区每平方千米拥有科技公司的数量分别达到3288家和1580家。

我国CBD创新辐射能力不强，一方面，受到我国产业结构和发展动能的制约。国内大部分地区已经进入工业化后期，部分地区处于工业化中期，整体发展动能由资源拉动型向创新驱动型转变。在此阶段，我国的科技水平在一些领域已经达到世界领先，而在部分新领域如高端装备制造、生物医药等方面与国际一流水平仍有差距，处于全球价值链下游。科技服务业作为推动产业升级和动能转换的关键配套产业，国内专业水平和辐射能力在逐步提升的同时仍未占据国际主导地位。另一方面，创新体制机制不健全。我国的产学研用创新网络仍在发展之中，在部分行业存在研发与应用脱节、利益分配机制不健全等问题。科技服务业作为创新链条的服务产业，难以弥补整体链条中的体制机制缺陷，制约了对外辐射能力。

（二）国际人才建设有待加强

CBD 对国际高端人才的吸引力直接决定 CBD 的国际化程度，我国 CBD 除了北上广深港一线城市 CBD 人才国际化水平较高之外，其他主要城市 CBD 依然以国内人才为主。在安永会计师事务所和城市土地学会 2020 年联合发布的《全球商务区吸引力报告》之中，吸引和留住人才的能力评价方面，排名前七位的均为欧美 CBD，香港中环 CBD、北京 CBD、上海 CBD 排名分列第 8、15、18 位。特别是英国伦敦金融城排名第一，其有 68% 的就业人口属于高技能职业，约 41% 的就业人员非英国出生，其中 18% 来自欧盟国家，23% 来自世界其他各地，人均年产出达到 10.3 万英镑，年收入中位数达到 5.5 万英镑。

我国 CBD 人才国际化程度不高，一方面，是由于对外开放的时间并不长。从 1978 年改革开放算起，开放发展时间不足半个世纪。尤其是在改革开放的前 20 年，经济增长方式较为粗放，国际高端人才进入我国发展的基础不足。2001 年加入 WTO 之后，这种情况有所改善，但西方国家高端人才对中国的经济环境仍然存在刻板印象，来华发展并未成为优先选择。另一方面，是因为吸引人才的力度不够。除了我国一线城市 CBD 之外，其他城市对于国际高端人才的吸引能力不足。具体表现在：第一，公共配套不完善，教育、医疗等方面的国际高端服务资源稀缺；第二，国际与国内多数标准缺乏衔接，取得国际执业资格的高端人才在国内工作存在障碍；第三，国际文化氛围不浓厚，国际高端人才来国内 CBD 工作可能存在文化差异、水土不服等问题。

（三）城市环境品质有待提高

CBD 科技服务业的发展对城市品质提出更高要求，优美的城市环境、

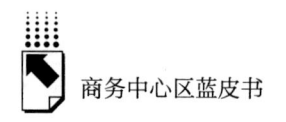

宽广的商业空间、便捷的公共交通为CBD科技服务业集聚发展提供了坚实的物质条件。在此方面，新加坡CBD和法国拉德芳斯CBD走在世界前列。新加坡CBD位于新加坡市中心，作为全球著名的花园城市，其商业空间达到61.8万平方米，城市风景优美，人文设施丰富，是全球多项重要会展和大型活动的举办地。法国拉德芳斯CBD按照"人车分离"原则，将RER城际列车、地铁、有轨电车、公交车和高速公路相互连接，构造高架交通、地面交通、地下交通相互衔接的立体化交通体系，形成欧洲最大的公共交通枢纽和换乘中心。

我国CBD城市环境品质与国际一流水准相比具有差距，一方面，是由于CBD城市规划未能跟上经济快速发展。在2000年以前，CBD这个概念在国内并不十分突出，各城市服务聚集区的建设各自为政。2000年之后，国内主要城市迎来CBD建设热潮，大量的资金、项目和人才向CBD聚集，CBD经济得到飞速发展。而早期的城市规划并未预期到这种爆发式增长，造成商业发展空间、交通承载能力一度超负荷运转。另一方面，是因为国内CBD刚刚进入第一轮城市更新期，欠缺城市环境品质提升经验。国际一流CBD的发展经验表明，CBD的城市面貌更新和商务楼宇升级通常以20~30年为一个周期，国际一流CBD经过几轮更新周期已经具有丰富经验，国内主要CBD则迎来第一个更新期，目前普遍处于探索阶段。此外，随着新一代信息技术快速发展，如何通过构建智慧城市、智慧楼宇、智慧交通、智慧办公提升城市环境品质也成为国内CBD面临的主要挑战。

四 推动CBD科技服务业发展和开放的政策建议

科学技术是第一生产力。随着我国供给侧结构性改革的稳步推进，科技水平的不断提升，CBD科技服务业迎来黄金发展期。下一步，重点需要在提高全球辐射影响力、建设国际化人才队伍、打造世界一流城市品质方面开展工作，全面提升我国CBD科技服务业的发展水平和对外开放水平。

（一）以创新体制机制建设加强CBD科技服务业全球辐射能力

第一，打造产学研用一体化创新网络。CBD科技服务业的发展，应该首先与CBD区域内的科创产业紧密结合。通过体制机制创新打通产学研用各环节之间的壁垒，促进CBD成为科创链条的"润滑剂"，协同提升科学研发和成果转化效率。其次，充分利用CBD之外周边的科创资源，形成较为广泛的科创网络和科创联盟。最后，需要持续输出CBD科技服务业的影响力，先期跟随、后期引领国际科技服务产业发展。

第二，理顺创新链条利益分配机制。完善科创产业链条，发挥CBD科技服务优势，另一关键因素在于如何平衡利益分配。这就需要一方面加强对知识产权的保护，形成顺畅的知识产权和科技成果交易机制；另一方面改善科研人员和科技服务人员的评价机制，在人才认定、职称评定等方面深化改革，让科创链条上的劳动者能够合理、合法分配利益，得到社会的广泛尊重与认同。

第三，重点发展新业态、新模式。通过科技服务业发展新业态、新模式具有两层含义：一方面，运用现代化的管理技术和专业服务促进传统产业转型升级，实现智慧制造、智能服务。另一方面，科技服务业本身就属于新业态、新模式，以科技服务业为抓手，与移动互联网、大数据、云计算等新一代信息技术深度融合，全面促进"高精尖"发展，构筑经济发展新动能。

（二）以国际人才队伍建设提升CBD科技服务业全球影响活力

第一，加大国际化人才吸引力度。重点吸引具有国际视野的高端人才、具备专业技能的骨干人才和具有扎实功底的基础人才。根据每一类人才的诉求，分门别类地出台多样化、分层次的人才引进政策，构建结构合理的国际化人才梯队。注重刚性引进与柔性引进相结合，对于前期不具备来CBD工作的高端人才和专业队伍，可以先采用弹性工作、云办公等形式开展柔性引进，并逐步发展为全职工作的刚性引进。建立国际化人才信息库，将人才引进作为一项常态工作，根据CBD科技服务产业发展需要，及时保持与高端

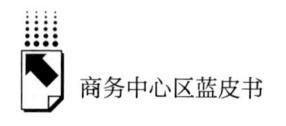

人才的交流与沟通。

第二，提升国际化公共服务水平。在教育方面，一方面需要根据不同层次人才的实际情况，持续提供主题丰富、内容翔实的国际化、高端化、实用化的职业培训服务；另一方面，需要重点解决人才的子女就学问题，以更灵活的政策免除人才后顾之忧。在医疗方面，倡导CBD区域内的医疗机构对接国际高端医疗资源，提升区域国际化高水平医疗和急救服务能力。在住房保障方面，通过政府政策性住房保障和社会化运营等多渠道对人才住房需求进行保障，进一步促进CBD职住平衡。

第三，打造国际化文化交流氛围。积极开展文化对外交流活动，一方面，通过培育国际化的文化氛围消除国际人才进驻CBD开展工作的文化隔阂；另一方面，通过积极的国际交流提升中国CBD在国际上的影响，讲好中国故事、发出中国声音。此外，通过打造开放式的国际文化，进一步促进国内CBD构造国际一流营商环境，降低人才流动壁垒，提升CBD各层次国际人才的集聚水平。

（三）以城市环境品质建设彰显CBD科技服务业全球服务魅力

第一，加强统筹规划，建设智慧城市。CBD城市建设首先需要强化顶层设计，通过制定科学的城市规划，形成协调发展、错落有致的功能区，平衡办公、商业、居住等不同类型的需求，形成空间、产业、环境、服务相互配套的产城融合发展格局。此外，在新一代信息技术的浪潮下，打造智慧居住、智慧楼宇、智慧交通、智慧公共服务等综合形成的智慧城市综合体，是未来CBD发展的主要方向。通过大力推动智慧城市建设，全面提升CBD现代化水平，一方面促进科技服务业的落地应用，另一方面提升CBD的国际竞争力。

第二，提升环境质量，构造花园城市。以人民对美好生态环境的需求为导向，首先，利用闲置土地，探索口袋公园和小微绿地建设，满足CBD人群在办公之外休闲、健身等方面的需求。其次，美化城市景观，将城市风貌与生态系统相融合、将城市建筑与自然环境相融合，由"森林建于城市中"

向"城市建于森林中"发展。最后，打造 CBD 人与自然和谐发展的生态文化，倡导绿色、低碳的生产和生活方式，促进生态文化自觉成为日常行动的一部分。

第三，推进更新改造，铸就品质城市。在借鉴国外 CBD 城市更新经验的基础上，结合我国各 CBD 的实际情况，开展城市更新升级工作。在楼宇更新方面，以人性化、智能化为目标，以市场化为导向，稳步开展商务楼宇品质提升工作。在旧城改造方面，充分考虑民意，优化职住功能，形成保障民生和更新城市双赢。在基础设施改造方面，将新型基础设施建设与传统基础设施建设相融合，一方面打造高效便捷的城市"硬件"基础设施，另一方面构建满足信息时代发展的城市"软件"基础网络，促进我国 CBD 科技服务业不断朝着现代化、国际化、高质量方向迈进。

参考文献

广州市天河区地方志编纂委员会：《天河年鉴》，南方出版传媒广东人民出版社，2019。

韩霞：《中国科技服务业 30 年：发展历程、经验总结与改革趋势》，载何德旭主编《中国服务业发展报告 No. 7》，社会科学文献出版社，2008。

乔森：《伦敦金融城的产业发展》，载郭亮、单菁菁主编《中国商务中心区发展报告 No. 4（2018）》，社会科学文献出版社，2018。

单菁菁、武占云、耿冰：《CBD：迈向高精尖的产业发展》，载郭亮、单菁菁主编《中国商务中心区发展报告 No. 4（2018）》，社会科学文献出版社，2018。

武占云、单菁菁、耿冰：《2018 年中国 CBD 发展评价》，载郭亮、单菁菁主编《中国商务中心区发展报告 No. 5（2019）》，社会科学文献出版社，2019。

张杰：《中央商务区高质量协调发展分析》，载蒋三庚主编《中央商务区产业发展报告 No. 1》，社会科学文献出版社，2018。

周小山：《巴黎拉德芳斯 CBD 交通规划、管理的特点及启示》，《城市公用事业》2012 年第 4 期。

创新发展篇

Innovation and Development Chapters

B.7
推动 CBD 数字贸易发展的思路与对策研究

周 济 李培序[*]

摘 要: 近年来,在世界范围内掀起的"数字革命"深刻影响了经济社会的方方面面。数字贸易是数字经济与对外开放深度绑定而催生的概念,是信息技术与贸易方式、交易产品紧密结合而出现的贸易新形态。随着全球数字贸易规模不断扩大、全球化向更高阶段发展,中央商务区(CBD)转型升级,实现高质量、高精尖发展迎来了新机遇。但是现阶段,CBD 数字贸易发展还面临着产业边界不明晰、管理主体不明确、其他城市功能区在数字贸易领域对 CBD 的竞争等问题,需要 CBD

---

[*] 周济,盘古智库执行秘书长、咨询服务部主任,研究方向为数字经济、公共政策;李培序,盘古智库咨询服务部副主任,研究方向为数字经济、公共政策。

主动适应数字化发展需求，进一步明确战略定位，规范产业界定，完善政策体系，优化基础设施，提升开放水平，更加广泛深入地释放数字化红利，全面提升CBD数字贸易的发展质量与发展水平。

关键词： CBD　数字贸易　对外开放

2019年11月，中共中央、国务院发布《关于推进贸易高质量发展的指导意见》，提出要加快数字贸易发展，提升贸易数字化水平，形成以数据驱动为核心、以平台为支撑、以商产融合为主线的数字化、网络化、智能化发展模式。数字贸易是数字经济与对外开放深度绑定而形成的经济形态，是产业数字赋能后全球化变现的重要表现形式。中央商务区（CBD）作为城市优质资源的聚集地和创新发展的前沿阵地，发展数字贸易能够激发传统产业数字化升级的内生动力，是完成数字化、智能化改造，实现高质量、高精尖发展的产业选择。

一　数字贸易的定义、内涵及发展特点

随着新一代信息技术的高速发展和其应用场景的逐步丰富，传统的贸易在形式和内容上都出现了较大变化。数字贸易正是在这一背景下被提出的新概念，它已经与当前的社会经济活动深度结合，并从根本上改变了贸易的形式和内涵，进而影响了整个社会的经济运转模式。

（一）数字贸易的定义

数字贸易是传统商贸活动伴随着信息技术发展而逐步产生的一个新兴概念，其具体的定义一直在不断地发展与完善，也尚未形成明确的统计口径。从历史沿革来看，数字贸易是继电子商务、跨境电子商务之后，随着信息技

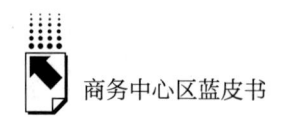

术与贸易方式、交易产品结合得更紧密而出现的贸易新形态。相较于电子商务强调信息技术对交易方式的改变，数字贸易不但强调了交易产品的形态（也就是数字化的产品和服务），更体现了现今处于数字技术引领的新贸易阶段的发展特征。

关于数字贸易的定义，中国电子商务中心提出：数字贸易是依托有线或无线数字网络，通过数字交换技术，提供的一种基于数字化电子信息为贸易标准的创新商业模式；美国国会研究服务中心2017年发布的《数字贸易与美国贸易政策》中提出：数字贸易不仅包括电影和视频游戏这样的终端产品，还包括提高经济生产力和综合竞争力的手段。类似的定义很多，各个国家和机构基于自身研究基础对"数字贸易"进行了定义，目前国际上并没有一个统一的标准，各个贸易协定对数字贸易谈判的议题也并不一致，本文不再一一赘述。

本文所指的数字贸易是一个相对宽泛的概念，包含依托于信息技术进步的传统贸易的贸易方式数字化过程，包含贸易对象的数字化过程，也包含贸易与数字经济深度融合的全新商业模式创造过程。从逻辑上看这三个过程是不断扩展的概念；但是现实中，这三个过程都在同步发生，所以这三个过程并列构成了数字贸易的完整概念。

（二）数字贸易的内涵

虽然不同国家和机构对数字贸易的定义不尽相同，但是综合来看，数字贸易的概念是随着信息技术的发展而不断演进的，反映出了数字贸易从贸易方式的数字化，到贸易对象的数字化，再到依托信息技术与社会经济发展的深度融合、全面以数字经济的形式赋能传统贸易和产业一体化发展的趋势。本文认为可以通过以下三点来比较全面地把握数字贸易的内涵。

第一，数字贸易表示贸易方式、贸易过程的数字化。数字贸易的前身是跨境电子商务，而传统的跨境电子商务是境内电子商务的延伸，主要依靠信息技术进行线上信息聚合，完成商品的展示和询价，在交易过程中仍有多个环节存在大量的人力劳动。贸易过程的数字化意味着可以通过数字手段对交易流程进行更全面深入的革新。供应链管理、贸易监管、跨境物流等关键环节的数字化赋能，将显著提高贸易的效率。

第二，数字贸易意味着贸易对象的数字化。贸易对象的数字化大大扩充了贸易商品的范围和内涵，将以数据形态存在的商品和服务尽数涵盖，包括数据本身（数据已成为数字经济时代的关键生产要素，本身有价值的数据成为交易对象），数字产品（发挥数据价值以服务终端的产品，如企业数据决策支持系统、大数据客户画像工具），数字服务（通过网络进行远程交付的服务，如在线咨询、在线教育、在线医疗）等。

第三，数字贸易意味着数字经济对传统贸易和产业发展的全面赋能和升级改造。数字经济包括数字产业化与产业数字化两大方向。数字产业化指信息制造业、信息通信业、软件服务业等信息产业，以及基于互联网平台的信息技术服务业等新业态、新模式。产业数字化主要指传统产业数字化升级，即数字产业对传统产业的再赋能。未来的经济活动将深刻依赖于数字技术。随着全球化分工水平提升，数字产业化与产业数字化都将以数字贸易的形式展开，数字贸易将成为一个更广泛、更普及的概念。

（三）数字贸易的发展特点

数字贸易是信息技术在贸易领域不断深化的产物，它体现出了数字经济发展的趋势以及一般贸易发展的特点，综合其近年来的发展趋势和状态，体现出涵盖领域不断丰富、政府协同逐步加深、中心向全球快速扩散、贸易金额持续增长等几个显著特点。

第一，数字贸易涵盖的领域不断丰富。跨境电子商务时代，线上活动主要承担简单的商品展示、询价功能，是作为贸易沟通过程的补充而存在的。经历了数字技术的重塑之后，线上功能延伸到供应链管理、市场营销、金融支持、监管等多个方向，有效协调了贸易主体与海关、税务部门、物流、仓储公司之间的关系，贸易效率大幅提升。数字贸易进化为涵盖贸易全阶段、全流程的经济形态。现在，数字化的生产方式和产业模式，已经与产业链重组、商业模式创新相融合，深度影响了经济运行方式。可以说，数字贸易已

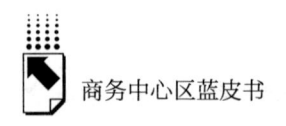

经成为正在到来的数字经济时代的基本价值交换模式，全面引领着数字经济时代的交易模式升级，并且其影响力能够从交易端向产品端，进而向生产端和研发端不断传导，促进经济活动的深刻变革。

第二，数字贸易从市场主导逐渐转向政府协同发展。一方面，政府部门和权威机构纷纷发布指导意见，积极推动数字经济、数字贸易的发展，如2019年中共中央、国务院发布的《关于推进贸易高质量发展的指导意见》，G20峰会多国签署的《大阪数字经济宣言》等。另一方面，贸易相关的监管部门也在积极推动数字化改革，助力数字贸易的发展。我国海关部门开展了加强电子口岸建设、加强口岸信息共享平台建设、完善信息共享机制、打造中国电子检验检疫（E-CIQ）主干系统、推动检验检疫大通关信息化等多重行动。国家税务总局启动了"互联网+税务"行动，实现受理、申报、退税、申领线上化操作。国家外汇管理局也在积极推进数据整合共享，构建数据统一采集平台，完成数据仓库建设。贸易主体、贸易客体、监管机构的数字化贯通逐渐实现，数字贸易与政府协同发展的进程显著推进。

第三，数字贸易由以发达国家为中心向发展中国家持续扩散。在过去一段时间内，数字贸易主要的发展中心在发达国家和中国。全球电商巨头除中国公司外，如 Amazon、Shopify、Ebay、乐天等均位于发达国家。但是随着信息技术的普及，发展中国家展现出巨大潜力。根据 STATISTA 的测算，最近几年电子商务发展最快的国家将是印度、印度尼西亚、南非等发展中国家。同时全球电商巨头也在积极布局发展中国家，阿里巴巴分别投资了东南亚最大的电商平台 Lazada，印度零售电商 Bigbasket 和 Snapdeal，中东地区规模最大、增长最快的移动电商平台 Trendyol 等一系列当地电商平台，并在全球布局超 200 个数字中心。通信基础设施的广泛覆盖及信息通信技术的推广应用将进一步助推全球数字贸易的均衡发展。

第四，数字贸易的交易额依旧在持续快速增长。以网络零售额为例，2018年全球零售电商销售额为2.84万亿美元，同比增长23.4%，电商销售额在全球零售总额的占比达11.9%。2018年包括B2B、B2C、C2C和O2O等模式在内的中国进口跨境电商交易规模达19000亿元人民币，同比增长26.7%。预计到2021年，全球网络零售将达到4.878万亿美元，占全球零售总额比重将达17.5%，其中，亚太地区是发展先行区，2021年占全球网络零售额的比重将接近70%。全球数字贸易增长迅猛，中国潜力巨大（见图1）。

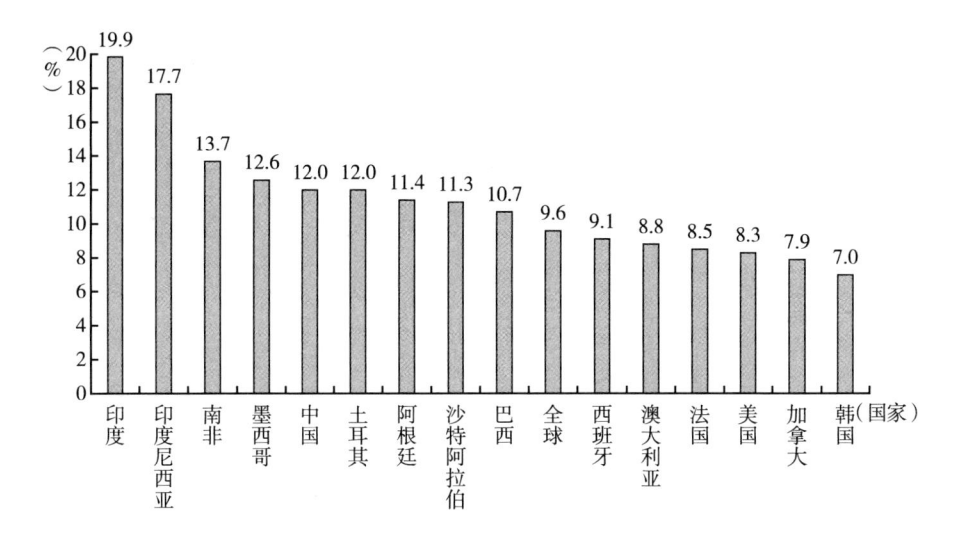

图1 2018~2022年电子商务复合增长率预测

资料来源：STATISTA。

各国数据（%）：印度 19.9、印度尼西亚 17.7、南非 13.7、墨西哥 12.6、中国 12.0、土耳其 12.0、阿根廷 11.4、沙特阿拉伯 11.3、巴西 10.7、全球 9.6、西班牙 9.1、澳大利亚 8.8、法国 8.5、美国 8.3、加拿大 7.9、韩国 7.0。

二 CBD数字贸易发展状况

数字经济是一种融合型经济，有利于解放旧的生产力、创造新的生产力。通过与传统产业的融合，数字经济将催生一大批新产业、新业务、新模式。数字贸易是数字经济与对外开放深度绑定的一种经济形态，是产业数字赋能后全球化变现的一种表现，能够激发传统产业数字化改造升级的内生动力。CBD多数情况下代表着城市最先进的生产和管理模式，但其在安全防范、高效管理和协同共享等方面仍存在着问题。在这一背景下，数字贸易及其背后的现代信息技术为CBD高质量发展，进一步建设智慧CBD、数字CBD提供了契机，将促进CBD在智慧城市建设中发挥更突出的作用。目前，

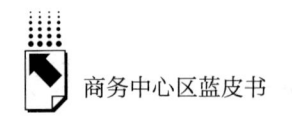

国内CBD数字贸易发展迅速，综合实力不断提高，以广州天河中央商务区、上海虹桥商务区为代表，已经形成一批在数字经济和数字贸易方面有亮点的综合性CBD。

（一）广州天河中央商务区：建设首批国家数字服务出口基地

广州天河中央商务区是广州市建设国际商贸中心的核心承载区，广东省粤港澳服务贸易自由化示范基地和广州市服务贸易示范区，在2019年4月入选商务部会同中央网信办、工业和信息化部联合认定的首批国家数字服务出口基地名单。其依托粤港澳大湾区的优势条件，不断加强国际交流合作，扩大数字服务出口，加快服务出口数字化进程，推动数字技术与服务贸易的深度融合，已经形成了以数字服务、金融服务、现代商贸、商务服务、总部经济为主导的现代服务业体系。天河中央商务区集聚了广州市108家总部企业，拥有数字服务类企业近2万家，其中高新技术企业超过700家，数字服务领域上市企业8家，规模以上软件企业294家，软件业务收入达450亿元，数字服务出口企业近400家，电信、计算机和信息服务出口额达63亿元。此外，天河商务区在天河区整体发展带动下，实现数字基础设施快速发展。2019年出台《天河区5G网络建设和产业发展行动计划（2019~2020年）》，加快推进5G网络建设，已开通438个5G基站，其中移动298个、联通55个、电信85个，保证了天河商务区5G全覆盖。同时，天河区家庭宽带覆盖274046户，商企宽带覆盖144102户，专线宽带18475条，保证了天河商务区网络全覆盖。天河区与中国移动、中国联通、中国电信签订战略合作协议，与华为等5G技术龙头企业合作，推动5G应用加速向各行各业渗透，促进智能楼宇、物联网、虚拟现实等新兴产业的发展，建设机房195个，其中移动11个、联通10个、电信174个，交通、教育、医疗、楼宇、警务、商场等场景已实现5G+应用，5G+智慧楼宇在广州地标建筑周大福金融中心应用，实现AI客流分析、AI人面寻车、LBS地磁导航、3D建模应用、智慧门店、智能充电插座等功能，为天河商务区向智慧CBD转型提供了有力支撑。

（二）上海虹桥商务区：打造国际化数字贸易中心

上海虹桥商务区是服务长三角、面向全国和全球的一流中央商务区，其着力建设国际开放枢纽，打造国际化的中央商务区和国际贸易中心承载区，聚焦大交通、大会展、大商务，不断提升贸易规模、贸易能级和贸易辐射能力，创新贸易方式，关注数字贸易的发展和落地。2019 年底，上海虹桥商务区新增内资企业法人 4160 家，法人累计注册量达 6.7 万余家。其中，国内外总部类企业及上市公司 289 家，大型跨国公司地区总部 24 家。其核心区重点集聚总部经济、平台经济、数字经济、创新经济，已完成 3 批次 34 个特色园区（楼宇）授牌，涵盖总部经济、智慧办公、电子商务、进口贸易等多个重点支持领域。上海虹桥商务区加快建设进口商品集散地，围绕保税展示准入突破、跨境电商、进博会政策延伸等进行政策探索。其依托虹桥进口商品展示交易中心，累计引入近百个国家和地区 239 家企业（近 13000 种商品）入驻，并着力加强服务贸易、技术贸易、国际人才服务等功能；依托虹桥海外贸易中心，打造海外主要经济体贸易及投资服务机构、组织集聚地，建立服务海外贸易机构的一站式商办展览的综合服务平台。目前已有约 40 个国家和地区的贸易机构入驻或即将入驻。此外，上海虹桥商务区关注科技前沿，聚焦前沿产业，引进龙头企业，聚焦云计算与大数据，依托阿里上海产业中心，引进菜鸟、阿里影业、阿里云、阿里 B2B 等上海业务总部，推动新一代信息技术发展；聚焦互联网＋新消费，集聚阿里巴巴、唯品会等知名电商企业，深入开展体验消费、展览展示、智慧新零售等创新业态，以新消费模式实现线上、线下融合发展。上海虹桥商务区在建设"全球数字贸易港"方面进行了积极探索，召集虹桥品汇、长三角电商中心、绿地贸易港、虹桥阿里中心、中国电子商会跨境电商专委会、谷歌出海等单位展开研究，并出台专门指导意见。

三 CBD 数字贸易发展的机遇与挑战

CBD 是区域内的经济发展中枢，高度集中了城市的经济、科技和文化

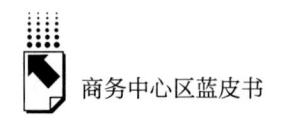

力量。作为生产要素的富集区、城市形象的标志区、创新发展的示范区、优质产业的聚集区，CBD具有发展数字产业得天独厚的优势，能够更加高效地完成数字化转型升级，协调重构供应链、产业链、技术链、资金链，促进数字产品和服务融入全球价值链体系。但不可否认的是，CBD发展数字贸易还面临着产业边界不明晰、管理主体不明确、其他城市功能区在数字贸易领域对CBD的竞争等问题。

（一）CBD数字贸易发展的机遇

第一，CBD是优质生产要素的富集区。CBD是城市商务功能的核心地区，是城市人流、资金流、信息流的交汇点，不仅人才密度、资本密度、信息密度达到最优状态，而且能够高度聚合城市中最优质的商务资源与商业资源，是城市多样化、高水平的产业聚集区。知识信息、高端人才、金融资本这些优质生产要素的聚集，以及便利的交通和完备的基础设施，为数字贸易发展提供了良好的基础。

第二，CBD是贸易与开放的天然名片。区域名片的作用和意义体现在它最能展示区域特色、最能反映城市精神风貌，有利于提升区域形象品位，提高区域知名度，扩大区域影响力。CBD通常是城市具有标志性的形象代表，拥有良好的城市景观，在凝聚城市特点、展示自身魅力、形成新的竞争力方面，发挥着不可估量的作用。CBD的名片属性，对开放互通和数字贸易的发展有天然的支持作用。

第三，CBD是创新发展的示范区。CBD通常是一个城市创新的先驱，聚集了城市最优质的产业和信息流以及最顶尖的服务生态。物理空间的聚集使得CBD内部产生频繁的信息交流与合作，知识、技能在CBD区域内聚集、更新，形成CBD自我迭代的创新机制，使得CBD的创造力不断增强。同时，企业集群造成的竞争压力也不断促进企业突破式发展，激发企业创新的内生动力。CBD基因中的创新因子，让CBD成为数字技术和数字贸易发展良好的试验场。

第四，CBD具有优质的产业基础。近年来，我国经济进入结构调整、增速转换的新时期，区域之间、企业之间发展的不均衡性愈加凸显，未来将进入一个分化的时代。优势地区和优势企业通过"滚雪球"将越来越占有优势；发展滞后的地区、企业，将面临越来越大的发展危机。CBD本身是城市最核心的优势区域，区域内集中了相关领域的头部企业。这些企业在"分化时代"会体现出更强的竞争力和更好的发展状态。这将促使CBD越来越集中区域内的优质资源及最迫切的转型升级需求。在"数字革命"促进经济活动深刻变革的大潮中，CBD对头部资源的聚集为其数字化转型提供了良好的产业基础。

（二）CBD数字贸易发展面临的挑战

第一，CBD对"数字贸易"产业范围定义不明确造成了低效和混乱。国际上对"数字贸易"尚未形成统一的定义，各国学者对相关概念还在研究之中，"数字贸易"的定义在逐渐进化，所对应的产业范围也在逐步扩大。现行的行业分类标准很难满足CBD引导数字贸易发展的需要。所以在CBD数字贸易发展实践中，"数字贸易"企业定义、准入、统计都有一定难度，这使得CBD在招商、评估、考核、政策落实过程中面临困难，无法有效地发挥其引导作用，也无法做出统一的规划和明确的判断。

第二，CBD管理主体不明确，功能发挥受限。出于CBD的形成本身就是对城市多重功能的聚合，及地理上跨越行政区的现实情况，CBD的管理难度普遍较大。再加上长期以来我国CBD普遍采取属地管理和部门管理相结合的方式，存在着政府管理重叠或混乱、区域合作不能协调一致等问题。这为区域内高效率政策的出台和下沉造成了一定的困难。如很多园区可以在财政，税收，人才引进住房补贴、户口等方面有切实可行、高效易落地的政策组合，但是对于CBD来说，部门分割、地区分割导致了复杂的协调过程，很难及时有效地解决问题。

第三，其他城市功能区对CBD的分散效应。同上，数字经济的线上聚集特性使得数字企业在城市中心和郊区进行生产经营的差距越来越小，企业在地理位置的选择上有了更高的自由度。出于对地价和区位之间的

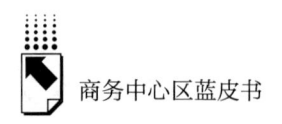

平衡，许多城市的科技中心逐渐从 CBD 转出，一些优惠政策也随之发生了偏移。数字贸易企业转移到其他城市功能区，包括高新技术产业园区、软件园区、人工智能试验区、电商产业园区、综合保税区等，通常可以享有更低的运营成本和更大的政策收益，这使得 CBD 面临强劲的竞争和分散。

四 促进 CBD 数字贸易发展的对策建议

随着数字技术对经济社会影响的不断深化，数字经济将成为世界经济增长的新引擎，数字贸易将迎来黄金发展期。未来，CBD 应当主动适应数字化发展需求，转变经济发展方式，提高经济发展质量。就发展数字贸易而言，应当进一步明确战略定位，面向全球化贸易网络，完成 CBD 数字化赋能；规范产业界定，研究数字贸易内涵，制定产业目录；完善政策体系，围绕战略定位与产业目录，制定配套政策；优化基础设施，加强聚集效应，激发创新活力；建设数字贸易生态圈，关注数字龙头生态型企业发展；提升开放水平，强化 CBD 国际联络与对接功能，更加广泛深入地释放数字化红利，全面提升 CBD 数字贸易的发展质量与发展水平。

（一）明确战略定位：面向全球化贸易网络，完成 CBD 数字化赋能

明确战略定位是重中之重。战略方向的制定有利于在 CBD 建设中突出特色，扬长避短，错位竞争，避免同质化带来资源配置的浪费，是打造 CBD 品牌形象、明确发展路径的必然要求。CBD 若要以数字贸易为突破点，寻求转型升级和换道超车的机遇，应当明确提出打造数字 CBD 的概念，并从自身的角度对数字贸易进行定义，制定产业目录，从多个方面将数字 CBD 具象化。在产业目录的指导下：一方面，以数字技术为现有产业赋能，深入分析发展现状，结合区域内具有传统优势的楼宇经济、总部经济和金融商务的发展情况，走数字化发展道路；另一方面，主动引入数字贸易领域龙

头企业、跨国集团，围绕 CBD 特色化、专业化、规模化构建数字经济、数字贸易生态。从而不断强化 CBD 的线上、线下聚合力和辐射力，最终实现数字贸易高端产业的有形聚集和虚拟集聚，形成面向全球的实体 CBD 和虚拟 CBD 双核发展的数字 CBD 模式。

（二）制定产业目录：研究数字贸易内涵，界定数字贸易产业范围

随着数字技术的不断发展，政府、企业、科研机构等主体围绕数字经济、数字贸易展开的研究不断深入，分别从自身发展阶段、商业模式、研究领域出发，不断对数字贸易的定义和内涵做出深入且具有创新性的解读。但是，目前并没有形成统一的、广泛认可的定义。针对定义不明带来的低效与混乱，建议 CBD 在发展数字贸易过程中，能够基于自身的发展实践和产业优势，制定 CBD 数字贸易产业目录，从而以更加精准和成熟的模式高效率完成 CBD 数字贸易生态架构设计，及具体的招商、管理、统计、考核等工作，更好地服务企业走出去，促进 CBD 数字贸易良性发展。

（三）完善政策体系：围绕战略定位与产业目录，制定配套政策

在我国，由于涉及空间规划、资源调配、城市生态等多方面的统筹协调，CBD 的建设多由政府引导。政府在土地使用、财政税收、人才引进、基础设施、制度创新、营商环境改善方面都有很大的作用空间。围绕明确的战略定位与具象化的产业目录来制定配套政策，可以有效引导数字贸易产业在 CBD 的聚集，推动城市 CBD 的转型升级。具体建议如下。

第一，明确政府角色定位。CBD 作为以政府为主导、以社区为主体、按照市场化原则打造而成的利益相关者共同治理的组织网络，在建设方面需要地方政府加强引导和规范，不断提升治理能力和治理水平，发挥好政府在战略规划、市场监管和公共服务方面的优势，做好相应的服务保障。

第二，健全财税支持机制。成立专项基金，用于推动、盘活、提升 CBD，鼓励企业数字化升级，优先支持 CBD 数字贸易产业发展，引导开发

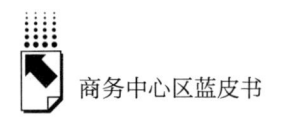

商打造数字特色楼宇；制定税收返还政策，对于首次落户的数字企业给予一定的税收返还奖励；完善补助政策，在贷款贴息、拓展市场、项目申报等配套服务方面对数字贸易企业给予补助。

第三，完善数字贸易法律法规，加大对相关主体的支持力度。数字贸易的持续健康发展必须建立在数据安全的基础上，这不仅仅是产业内部正反馈的基础，更涉及公民的信息安全甚至是国家安全。而贸易本身就涉及多国利益和法规，纠纷冲突层出不穷，再加上数字贸易作为新兴行业并不规范，对数字、信息相关法律的需求迫切。因此，要尽快加强信息监管，规范信息交易，保障信息安全；在CBD内部加大对法律服务主体，如律所和法律咨询机构的支持力度，引入相关仲裁中心。

第四，改善区域营商环境。在CBD发展数字贸易的过程中，建设公平、透明、便利的营商环境需要关注三个方面：第一，利用数字技术提升治理能力。减少审批程序，推行电子政务，提高行政透明度，提升企业便利化体验。第二，综合优化提升市场环境。加强智能化监管，完善监管体系，加快政府职能转变，推进建设竞争高效的市场环境。第三，全面提升开放环境。利用好数字企业基于网络实现高效互连互通的特性，加强国际合作，完善境外投资体系，吸引国际化企业入驻。

第五，完善人力资源保障。人才是CBD转型升级、扩大开放的基础资源和保障，是CBD数字贸易发展的核心竞争力。以CBD为主体，实施人才支持政策。一方面，对数字产业、数字贸易人才制定详细引入政策并给予人才补助，涉及科研经费、生活补助、购房补助、办公用房等全方面，同时对做出重大贡献的人才和团队给予财政奖励。另一方面，设置CBD人才绿卡，保障CBD内主要企业骨干业务人员在人才奖励、落户、购房、子女入学等方面的权益。

（四）加强聚集效应：加快新型基础设施建设，搭建技术模式试验平台

数字企业线上聚集的特性使得其对CBD的依赖性很容易降低，且其他

城市功能区在政策和地价上会对数字贸易企业展现出较强的吸引力而对CBD产生分散效应。CBD可以从以下三个方面入手，增强自身的不可替代性，加强聚集优势。

第一，加快新型基础设施建设。加快建设5G网络基础设施。加快新建5G基站，推进重点区域深度覆盖，形成有规模效应的深度应用。加快建设人工智能基础设施。围绕"算力、数据、算法"研发与应用统筹规划建设大型、超大型通用数据中心和行业性数据中心，加强区块链技术研发，推进供应链金融、跨境贸易等行业区块链基础设施建设和应用推广。加快建设工业互联网及物联网基础设施。

第二，鼓励技术和模式创新。一方面，CBD拥有雄厚的资金实力和城市中最优质的产业基础，另一方面，CBD通常是区域内创新的先锋，新技术的试验场。因此，CBD要为数字贸易提供优质的技术创新、模式创新平台，使数字贸易企业及相关产业生态，能够在CBD获得持续不断的创新机会与创新动力，逐步实现数字转型、智能升级、融合创新。

第三，搭建平台服务CBD内企业智能化、智慧化改造。数字化、信息化、网络化、智慧化是经济社会发展的必然趋势。随着移动互联网时代的全面普及和物联网应用的逐步推广，CBD正在向个性化、人性化、智慧化方向迈进。CBD的转型升级，离不开服务平台的支撑。应着力打造线上、线下结合的智慧型政务、商务服务平台，包括中心设备控制平台、系统集成平台、物业管理平台、社区服务平台等，嵌入多项服务功能，全面提升楼宇的智能化、信息化、精细化管理服务水平。

（五）建设数字贸易生态圈：关注数字龙头生态型企业发展

由龙头企业带动的经济形态是全球化进程中企业价值链和区域资源禀赋实现空间耦合的高端经济形态。作为价值链网络结构中的高附加值环节，龙头企业往往能够通过供应商网络治理对全球资源进行整合，发挥出重要的带动作用。以龙头企业为核心，辅之以金融、投资、保险、法律、会计、信息、文化创意、广告中介等现代服务业，能够形成集聚全球价值链顶端的经

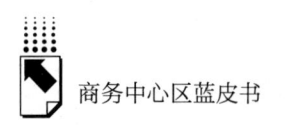

济生态圈。龙头企业的集聚可以大大提高该地区在区域乃至全球体系中的经济领导力与控制力、发展能级与国际地位。

在推进CBD数字贸易发展的过程中，抓住数字龙头生态型企业就是抓住了使本地区企业嵌入全球价值链高端、促进区域经济转型的战略支点。龙头企业奠定CBD在城市和在国内外经济发展中的地位，并带动人、财、物的聚集，形成产业链的交叉协同，加速数字贸易产业的聚集，吸引更多相关公司和集团安家落户。建议CBD重点引入生态型数字龙头企业。一方面，有助于吸引知识信息、人才资源、金融资源的汇集，而生产要素的聚集反过来也会吸引更多优质企业入驻。另一方面，大型龙头企业需要大量的金融、法律、咨询、设计、营销等高端服务业，在引入龙头企业的同时，围绕数字贸易产业需要，加快专业化生产性服务业集群发展。例如：有利于企业战略决策的信息服务业集群，有利于运营活动的法律、会计、中介等商务服务业集群，有利于融资活动的银行、证券、风投等金融服务集群，有利于高端生产要素供给的教育、培训、文化服务业集群。

（六）提升国际交往能力：强化CBD国际联络与对接功能

从英国脱欧，到美国白宫国家经济委员会主任拉里·库德洛公开呼吁美国企业撤离中国，关于反全球化的讨论越来越成为一个不可回避的话题。在反全球化浪潮短期内无法逆转的情况下，CBD有机会承担更多对外开放的责任和使命，建立点对点的友好关系，成为反全球化浪潮中实现城市间互信互通的"窗口"。建议CBD主动出击：实行精准"靶向外交"，学习国际"友好城市"模式，增加"友好CBD"数量；建立国际CBD联盟、协会，以地理联结和互信机制畅通贸易渠道。具体而言：一是制定有针对性的发展政策，积极搭建与国外城市的沟通和互动桥梁；二是把地方发展需求和国外城市、CBD的诉求有效对接，增进沟通、了解与合作；三是注重发挥国际机构的作用，推动国际机构在地方落户，强化国际机构对友好关系建立方面的带动效应，从而全面加强CBD辐射功能，建立反全球化浪潮下的"靶向外交"。

参考文献

钞小静、薛志欣、孙艺鸣：《新型数字基础设施如何影响对外贸易升级——来自中国地级及以上城市的经验证据》，《经济科学》2020年第3期。

李永红、黄瑞：《我国数字产业化与产业数字化模式的研究》，《科技管理研究》2019第16期。

马述忠、房超、梁银锋：《数字贸易及其时代价值与研究展望》，《国际贸易问题》2018年第10期。

单菁菁、武占云、耿冰：《CBD：迈向高精尖的产业发展》，载郭亮、单菁菁主编《中国商务中心区发展报告No.4（2018）》，社会科学文献出版社，2018。

孙杰：《从数字经济到数字贸易：内涵、特征、规则与影响》，《国际经贸探索》2020年第5期。

赵书博、胡江云：《北京CBD产业转型升级路径研究》，《中国发展观察》2018年第1期。

艾媒咨询：《2019全球跨境电商市场与发展趋势研究报告》，https：//report.iimedia.cn/repo1-0/36358.html，http：//www.199it.com/archives/987277.html，2020年6月3日。

网经社电子商务研究中心：《2018年度中国进口跨境电商发展报告》，http：//www.100ec.cn/zt/2018jkkjbg/，2020年6月3日。

中国电子商务中心：《数字贸易与结构创新》，http：//www.mofcom.gov.cn/article/shangwubangzhu/201901/20190102823717.shtml?from=groupmessage，2020年6月2日。

中国信息通信研究院：《2019年数字贸易发展与影响白皮书》，http：//www.199it.com/archives/987277.html，2020年5月30日。

B.8
中央商务区跨境电商商业模式创新研究*

黄景贤**

摘　要： 随着中央商务区跨境电商商业模式的不断创新和发展，跨境电商生态圈逐渐成为创新发展的趋势。中央商务区跨境电商生态圈是一种企业能力开发型商业模式创新，其中国际物流供应链是中央商务区跨境电商生态圈的主要痛点。可以借鉴国际快递企业供应链解决方案商业模式创新的成功经验，通过简政放权推动我国优秀物流企业参与到国际市场竞争中，使中央商务区跨境电商生态圈服务体系在全球范围内良好互动，发展更高层次开放型经济。

关键词： 中央商务区　跨境电商生态圈　跨境快递物流　供应链解决方案

中央商务区跨境电商是一种新兴业态，有三种创新模式，即跨境电商线下直营店、跨境电商产业园/跨境电商物流园、跨境电商生态圈。中央商务区跨境电商商业模式创新的痛点之一是国际快递物流供应链，需要做重点探讨。我国跨境电商的发展经历了从以市场为主导，到以政府利好政策的释放为中心，再到各地区各产业技术创新和模式创新与跨境电商相结合的新业态三个阶段。中央商务区跨境电商商业模式是中央商务区技术创新和模式创新

---

* 本文受贵州省科技厅软科学项目"跨境电子商务创新发展研究"（项目编号为黔科合基础〔2017〕1515-6）资助。
** 黄景贤，贵州民族大学外国语学院副教授，东京经济大学工商管理学博士，研究方向为日本企业管理，跨境电商，供应链管理。

下涌现出的新业态。

我国跨境电商发展的第一阶段，主要是以市场为主导的发展时期。1999年3月，阿里巴巴网站诞生。2001年底，eBay交易平台在30多个国家开展电子商务业务，并在2002年底通过收购易趣网进入中国市场，但很快被阿里巴巴淘宝网打败。亚马逊2004年收购卓越网之后，专注于美国市场以及加拿大、中国、日本、英国、德国和法国市场，2010年以后展开了全球化市场的布局。从2004年开始，敦煌、DX、兰亭集势、wish、阿里巴巴的速卖通等跨境电商企业迅速成长起来并于2011年开始进入爆发式增长。

我国跨境电商发展的第二阶段，主要是以政府利好政策的释放为中心展开。2011年，我国政府开始针对跨境电商制定利好政策，针对跨境电商物流存在的问题，由海关总署组织开展服务试点城市建设。主要政策文件和核心内容如表1所示。随着我国政府利好政策的不断释放，国务院指定的跨境电商试点城市范围不断扩大，截至2020年5月，我国共计105个城市作为跨境电商综合试验区试点城市。跨境电商综合试验区旨在通过制度创新、管理创新、服务创新和协同发展，破解跨境电商发展中的深层次矛盾和体制性难题，打造完整的跨境电商产业链和生态链。试点城市如表2所示。

表1 我国跨境电商相关政策主要文件和内容

发布机构	日期	政策文件	主要内容
商务部	2011.10	《商务部"十二五"电子商务发展指导意见》	鼓励中小企业应用跨境电商平台拓展海外市场
国务院	2013.8	《国务院办公厅关于促进进出口稳增长调结构的若干意见》	完善以跨境电商方式出口所遇到的海关监管、退税、检验、外汇收支、统计等相关政策，抓紧试点
海关总署	2014.3	《海关总署关于跨境贸易电子商务服务试点网购保税进口模式有关问题的通知》	明确保税进口的海关操作细节、负面清单、企业备案、行邮税、购买限额限量及海关统计等内容
国务院	2015.7	《国务院关于加快培育外贸竞争新优势的若干意见》	培育一批跨境电商平台和外贸综合服务企业，鼓励"海外仓"等模式，融入境外零售体系

续表

发布机构	日期	政策文件	主要内容
商务部	2015.5	《"互联网+流通"行动计划》	推动建设100个电子商务海外仓,促进跨境电商发展
海关总署	2015.5	《海关总署关于调整跨境贸易电子商务监管海关作业时间和通关时限要求有关事宜的通知》	对跨境电商365天24小时保持服务在线,为跨境电商办结海关手续,并在周六日仍然照常审核发货
国务院	2015.6	《国务院办公厅关于促进跨境电商健康快速发展的指导意见》	协同推进通关、商检、结汇、退税等环节"单一窗口"综合服务体系建设,扩大跨境综合试点

资料来源:作者根据相关资料整理。

表2　我国跨境电商综合试验区试点城市

指定日期	跨境电商综合试验区试点城市
2015.3.7	杭州
2016.1.6	天津、上海、重庆、合肥、郑州、广州、成都、大连、宁波、青岛、深圳、苏州
2018.7.24	北京、呼和浩特、沈阳、长春、哈尔滨、南京、南昌、武汉、长沙、南宁、海口、贵阳、昆明、西安、兰州、厦门、唐山、无锡、威海、珠海、东莞、义乌
2019.12.24	石家庄、太原、赤峰、抚顺、珲春、绥芬河、徐州、南通、温州、绍兴、芜湖、福州、泉州、赣州、济南、烟台、洛阳、黄石、岳阳、汕头、佛山、泸州、海东、银川
2020.5.6	雄安新区、大同、满洲里、营口、盘锦、吉林、黑河、常州、连云港、淮安、盐城、宿迁、湖州、嘉兴、衢州、台州、丽水、安庆、漳州、莆田、龙岩、九江、东营、潍坊、临沂、南阳、宜昌、湘潭、郴州、梅州、惠州、中山、江门、湛江、茂名、肇庆市、崇左、三亚、德阳、绵阳、遵义、德宏傣族景颇族自治州、延安、天水、西宁、乌鲁木齐

资料来源:作者根据相关资料整理。

我国跨境电商发展的第三阶段,主要表现为各地区、各部门营商环境持续优化,技术创新和模式创新不断发展,进而推动跨境电商的商业模式创新。例如自由贸易区与跨境电商综合试验区政策利好的结合,保税区与跨境电商综合试验区政策利好的结合,内陆开放型经济试验区与跨境电商综合试验区政策利好的结合等等。其中:中央商务区作为服务业集聚区,服务业不断扩大开放,营商环境不断优化,促进了跨境电商产业的快速发展。一方面大城市中央商务区市场容量大，大型企业总部一般设立在大城市中央商务区内，另一方面大城市中央商务区凭借其良好的基础设施可以捕获更多高端服务需求。因此，中央商务区服务业扩大对外开放为跨境电商提供了更高的平台和更多的机遇，推动了中央商务区跨境电商商业模式的创新和发展。

一 中央商务区跨境电商商业模式创新发展现状

阿兰·奥佛尔[①]把商业模式创新类型分为市场定位型创新、革命型创新、企业能力开发型创新和普通型创新四种。其中：市场定位型商业模式创新使已有的商品竞争优势减少程度高，但是对已有的企业能力陈腐化程度低；革命型商业模式创新使已有的商品竞争优势减少程度高，但是对已有的企业能力陈腐化程度高；企业能力开发型商业模式创新使已有的商品竞争优势减少程度低，但是对已有的企业能力陈腐化程度高；普通型商业模式创新使已有的商品竞争优势减少程度低，但是对已有的企业能力陈腐化程度低。

中央商务区的建设是革命型的商业模式创新。大城市中央商务区集聚了跨国公司总部和高能级功能性机构，是国际化程度最高的特殊经济功能区。中央商务区深度参与全球服务业价值链重构，给跨境贸易企业带来了巨大的机遇。中央商务区跨境电商商业模式的发展是市场经济发展的必然趋势。我国中央商务区跨境电商商业模式主要可以归纳为三种类型：跨境电商线下直营店、跨境电商产业园/跨境电商物流园、跨境电商生态圈。如图1所示，跨境电商产业园/物流园属于市场定位型商业模式创新，跨境电商生态圈属于企业能力开发型商业模式创新，跨境电商线下直营店模式属于普通型商业模式创新。

（一）跨境电商线下直营店模式

跨境电商线下直营店通过"线上+线下"的模式更加贴近消费者，消

---

① Afuah Allan："Business Model Innovation: Concepts, Analysis and Cases," *Routledge*, 2014.

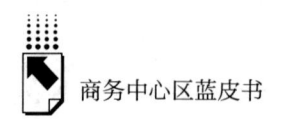

	Ⅰ 市场定位建设型 中央商务区跨境电商 产业园/物流园	Ⅱ 革命型 中央商务区的建设
	Ⅳ 普通型 中央商务区跨境电商 线下直营店模式	Ⅲ 企业能力开发建设型 中央商务区跨境 电商生态圈

（纵轴：商业模式创新使已有商品竞争优势减少程度，高/低；横轴：商业模式创新使已有企业能力陈腐化程度，低/高）

图1　中央商务区跨境电商商业模式创新的类型

费者可以在现场直接选购进口跨境商品，解决了消费者"看不见摸不着""不了解海外商品""线下不能直接提货"等诸多痛点，增加了消费者对跨境电商企业的信赖关系和忠诚度。跨境电商线下直营店运营的核心问题在于解决消费者与商品卖场的匹配关系。相对于传统跨境电商线下体验店存在因受限于运营成本大多不在中央商务区，以及难以聚集高水平销售人员等问题，中央商务区跨境电商线下直营店可以很好地解决这些问题，大幅缩短商品和消费者的距离，并集聚品质消费升级用户，吸引高水平服务人员。

　　网易考拉海购在杭州钱江新城中央商务区来福士广场开设首家跨境电商线下直营店，为消费者提供全品类的进口跨境商品。除了跨境商品，消费者还能在这家线下直营店购买到网易考拉·全球工厂店的优质商品。另外还有多家网易考拉跨境电商线下直营店在各大城市中央商务区相继展开。北京启动北京CBD等7个商圈的改造升级，大力发展跨境电商体验店。广州珠江新城保税体验店的商品是直接从广州的各个保税区发货到线下直营店。这些都属于跨境电商线下直营店模式。

（二）跨境电商产业园/物流园模式

跨境电商产业园/物流园模式，主要是围绕着进出口跨境电商和外贸业务，将电商、物流、金融、零售、培训等相关产业聚集在一起，在政府规划、产业政策和资金支持的指引下，整合上下游企业，打造完整的跨境电商生态链和产业链，对利用跨境电商开展外向型贸易的企业提供全方面的支持。跨境电商产业园/物流园是对跨境电商产业链上各节点企业的整合，具有规模效应，节约了成本，提高了效率。同时，入驻企业可以享受政策优惠、物流以及结售汇等配套服务。

2015 年 3 月杭州被指定为全国首个跨境电商综合试验区。杭州市积极开展并实现了跨境电商中央商务区的战略布局，打造了一座 4.9 平方千米的"跨贸"小镇。该跨境电商中央商务区同时开展进口和出口跨境电商业务，这在国内也比较少见。浙江电子口岸公司整体落户园区，全美第二大零售商 Costco 等国际电商巨头通过园区清关，阿里、邮政、顺丰等国内龙头企业纷纷与园区建立合作关系。天猫国际有 90% 的业务通过跨境电商中央商务区这一产业园平台实现。产业园区已经形成了融合跨境电商产业链及配套服务的产业生态系统。

（三）跨境电商生态圈模式

跨境电商生态圈商业模式创新是典型的企业能力开发型商业模式创新。这种商业模式创新不会影响现有产品的竞争优势，但是会促进企业改善其现有的经营资源和经营能力。企业能力开发型商业模式也可以理解为提供解决方案的商业模式。解决方案，即服务创新。关于服务创新，2004 年美国发布的 *Innovate America* 报告指出以产品创新牵引经济发展的时代即将向以服务为中心创新的经济系统转换。

天津市滨海新区跨境电商生态圈已经形成。根据 2017 年 7 月《中国（天津）跨境电商综合试验区实施方案》，天津市认定了中央商务区于家堡环球购、东疆保税港区、天津港保税区、空港航空物流区等 7 个跨境电商创新试验区，打造跨境电商的发展格局。滨海新区中央商务区打造了"1 +

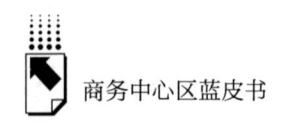

1+1"跨境电商产业生态体系,即搭建一个跨境电商公共服务平台,提供一系列综合跨境业务服务,组建一个京津冀跨境电商产业联盟。

跨境电商公共服务平台,即天津跨境电商信息化综合服务平台,于2016年3月在滨海新区中央商务区上线运行。该平台涵盖了海关通关管理、检验检疫监管和综合服务3个子平台,各平台通过专线互联互通,实现了信息传输和共享。电商企业、支付企业、物流企业、仓储系统支持企业通过对接综合服务平台,实现"一次申报""一次查验""一次放行"。中央商务区综合跨境业务服务的核心是具有集物流通关、公共信息服务、金融增值服务三位于一体的服务体系,整合跨境电商进口试点城市和综合试验区的产业资源,通过大力引进跨境电商龙头和平台企业落户发展,进一步引领行业信息、人才、服务、资金等产业要素在中央商务区聚集。京津冀跨境电商产业联盟,于家堡中央商务区成立,涵盖了电商平台、企业自营、服务商、国际物流和第三方支付等产业链多个环节,通过整合产业资源、建立合作机制等多项举措,有效促进了京津冀跨境产业资源的共享。

跨境电商快递物流是跨境电商生态圈的主要痛点之一,跨境电商物流供应链解决方案商业模式的研究对促进跨境电商生态圈商业模式的创新和发展具有非常重要的意义。

二 跨境快递物流供应链对跨境贸易的触媒影响

跨境快递物流是在两个或两个以上国家之间进行的物流服务,顺应跨境电商的发展而发展,旨在满足小规模、多批量、高速度的跨境交易需求。信息网络全球化带来了跨境电商的飞速发展,跨境电商快递物流的发展随之也成为国际贸易的核心问题。为了促进跨境贸易的发展,必须构筑可信赖的高效率的物流供应链网络。

(一)跨境快递物流模式现状

目前我国的跨境快递物流模式主要有国际邮政小包、国际商业快递、国际物流专线、边境仓、集货物流、第三方物流、第四方物流、海外仓及保税区物流等,其优缺点可以总结如表3所示。

表3 我国跨境快递物流方式及优缺点

跨境快递物流模式	优缺点	代表性企业
国际邮政小包	价格实惠;邮寄方便;安全、掉包率低;速度优势,可全程追踪	中国邮政、香港邮政、比利时邮政、德国邮政
国际商业快递	时效性高、丢包率低;但价格高,偏远地区的附加费更高,特殊类商品无法速递	UPS、FedEx、DHL、TNT、顺丰
国际物流专线	物流时效较国际邮政小包快,物流成本较国际快递低,且保证清关;具有区域局限性	郑欧班列、中俄专线、顺丰深圳—台北全货机航线等
边境仓	比较靠近边境,物流比较快;风险可控,清关是白色,对于邻国的跨境出口,比较推荐	中俄贸易在哈尔滨或中俄边境的中方城市设立仓库
集货物流	利用规模优势或优势互补的理念,达到降低跨境物流费用的目的	海外直邮、集货直邮、保税
第三方物流	由于跨境物流的复杂性和各种物流障碍,大多数跨境电商选择第三方物流模式	与 UPS、FedEx、DHL、TNT、顺丰等合作
第四方物流	通过整合供应链,在解决企业物流的基础上,整合各类社会资源,实现物流信息共享	集货物流+保税区物流、国际邮政+国际快递+国际物流专线+海外仓
海外仓	缩短配送时间,也降低了清关障碍;货物批量运输,降低了运输成本;客户收到货物后能轻松实现退换货,也改善了购物体验	菜鸟认证仓

(二)跨境快递物流模式发展

快递商业模式的成功是信息化技术革命带来的成果,同时快递商业模式也推动了信息化技术革命的进程。FedEx、UPS等国际快递企业和各国政府海关联手为发货方和到货方提供事前风险回避、货物追踪、运输设备、电子信息网络等服务,使跨境商品顺利进入世界市场,使国际贸易风险最小化。由于跨境贸易存在通关等管制问题,快递物流企业在追求效率、降低成本的同时,促进了各个国家海关能力的发展。从图2国际快递物流供应链对跨境贸易的触媒影响可以看出,在进行国际快递的时候,首先必须整体考虑各个

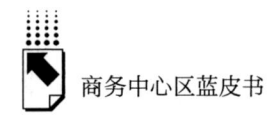

国家和地区的跨境贸易政策，特别要考虑海关的能力和国际贸易政策的关系。另外，各国政府通过简政放权，利用国际快递物流企业的信息技术系统可以有效促进国际贸易的有效发展。

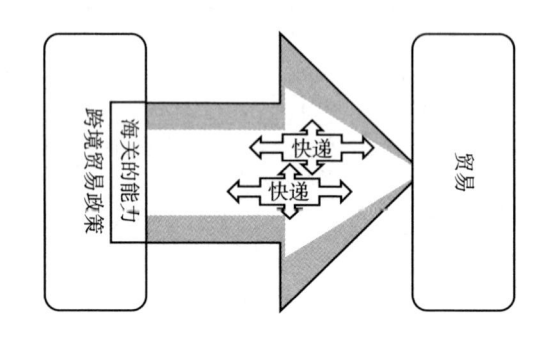

图 2　国际快递物流供应链对跨境贸易的触媒影响

1. 信息技术推动快递企业商业模式创新。快递企业信息技术的发展促进了海关的通关效率。信息技术对供应链管理赋予了很大的推动作用，物流信息系统预测精度的提升带来了在库的缩减、无纸化、货物及时追踪、调度时间的缩减等效果。具体来说，配车系统、求车求货系统、货物追踪系统、数字包装、GPS 系统、物流 EDI 等系统都成为供应链解决方案商业模式构筑的重要因素和资源。利用国际快递企业的信息系统，可以实时地监控车辆、人、路线、天气等。国际快递企业向顾客配备了带有打印机的专用终端，把顾客和公司的信息系统连接起来，再通过运货司机的手持终端，真正实现了实时追踪货物轨迹的效果，同时通过 EDI 链接，使委托配送货物的企业也可以利用该系统。许多国际快递企业通过信息技术系统，将国内和国外的网络实现了无缝连接。

2. 政府通过简政放权，利用国际快递企业使跨境商品顺利进入世界市场。在海外通关遇到问题的时候，美国政府会与国际快递企业联手解决通关问题。1997 年美国 Cargo Reform Act 成立，美国国内航空货物运输事业进入自由竞争时代。之后，国际快递也追随自由化的脚步，卡车速递运输公司开始购入飞机，进入国际快递市场，UPS 就是其中的代表性企业。另外，航空货代公司也开始进入国际快递领域，例如 DHL 和 TNT。FedEx 和 UPS 是美国的一体化综合货物运输企业（Integrator）。一体化综合货物运输企业（Integrator）采用的是 Hub&Spork 一体化运输系统，并且在全球范围内展开业务。FedEx 和 UPS 都是利用了美国的 Open Sky 政策，在全球范围内构筑了 Hub&Spork 运输网络。如图 3 跨境电商国际快递货物的流程所示，国际一体化综合货物运输企业集国际商业快递、第三方物流、第四方物流以及航空公司的各项职能于一身，对各国海关能力提出了更高的要求，促进了各国海关能力的发展。

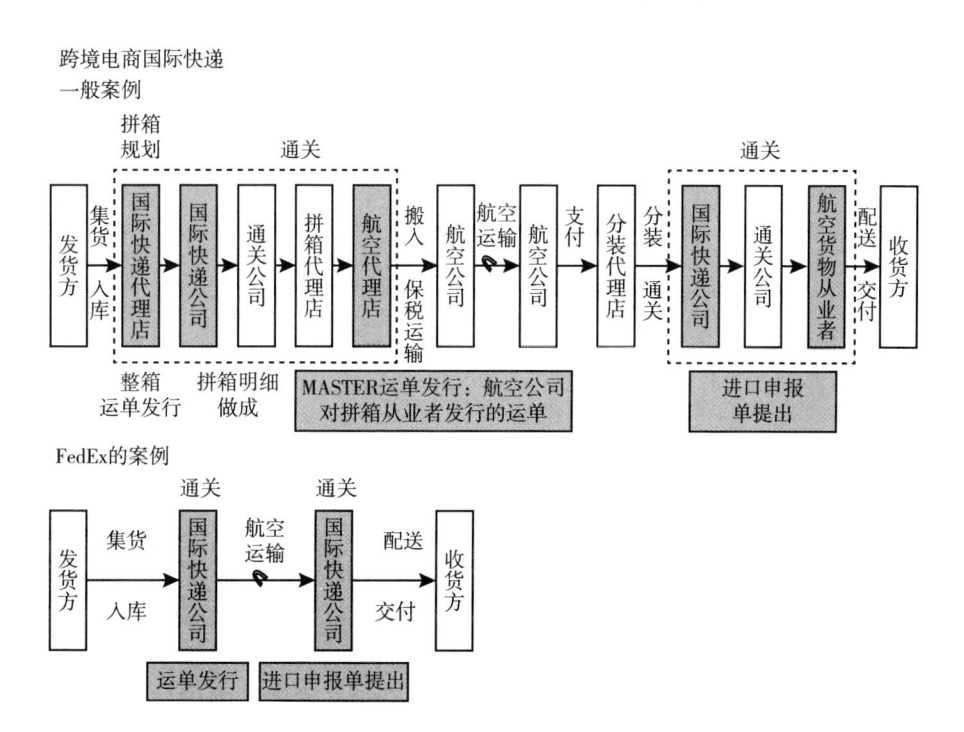

图 3 跨境电商国际快递货物的流程

资料来源：作者根据相关资料绘制。

三 国际物流供应链企业的创新与发展

目前国际快递市场呈现如下发展趋势：快递配送业务对速度越来越重视；物流业务的外包倾向；国际快递企业的兼并重组；各国政府对邮递业务

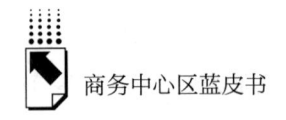

的简政放权；国际邮政市场自由化倾向；跨境网络零售业务的发展；自动识别技术的应用；物流追踪系统的开发；航空运输市场的自由化；物流综合服务提供者、邮政事业体系和物流货代业之间的区别和境界线越来越模糊，物流领域的竞争越来越激烈；多国籍企业的全球化展开以及零库存物流管理的发展。这些发展趋势都促使国际快递物流企业进入了供应链解决方案领域。

（一）一体化综合快递业务

一体化综合快递业务和邮政业务重叠的部分越来越多。一体化综合快递服务，提供门到门服务，因其速度高在国际航空货物市场备受青睐。美国所有的邮局都设置了FedEx的快递箱。FedEx面向全球的电子商务顾客提供供应链解决方案，具有丰富的经验。利用FedEx的服务，顾客可以进行在库的追踪和不必要在库的削减，享受便利的门到门的无缝复合快递服务，以及外包物流服务等等。此外，FedEx还提供全球飞机场的仓库保管服务，人才、计算机系统等等各个领域的支持，帮助客户拓展全球业务。

（二）国际供应链解决方案

日本雅玛多运输也积极展开国际供应链解决方案网络。雅玛多运输的供应链解决方案商业模式创新主要包括四个模块，即亚洲的快递网络、羽田分拣中心（负责亚洲和日本链接起来的综合物流处理中心）、各地分拣中心（负责日本国内主要都市间的当日配送）、冲绳国际物流集聚地（亚洲次日配送）。雅玛多的第三次商业模式创新，主要针对企业提供新的市场轴，旨在满足电子商务物流、一元化采购、海外物流三方面需要。

（三）开拓国际快递市场

顺丰速递已经建立起自己的航空公司并且加速开拓国际快递市场。顺丰一边巩固B2B快递领域的领先地位，一边强势攻取电子商务领域的快递。在此次疫情期间，顺丰速递发挥了其强大的物流网络优势。根据顺丰速递2019年3月快递服务业务经营简报，营业收入（含供应链业务）为126.28

亿元，同比增长47.18%，业务件量为6.79亿件，同比增长93.45%。目前，顺丰速运面向国内及国际加速铺设，以其枢纽模式为主的全货机网络，服务于国家产业转型升级。未来中国的顺丰速运将真正成为与世界级企业比肩的中国物流企业。

四 促进中央商务区跨境电商商业模式创新与发展的对策建议

（一）跨境电商生态圈的必要性

中央商务区肩负着国家发展更高层次开放型经济的战略任务。跨境电商构建了开放高效便利的对外贸易模式，有利于加快实施"一带一路"倡议。中央商务区跨境电商商业模式集两种商业模式的优势于一身，必将在我国未来经济的发展中发挥越来越重要的角色。

天津滨海新区中央商务区不断拓展企业能力和企业资源打造了一个跨境电商生态圈。首先，公共服务平台的投入使用打造了国际一流政府服务环境，实现了阳光通关。其次，跨境电商产业联盟的成立实现了跨境电商产业链相关主题的多渠道融合拓展、供应商合作共赢、全渠道品类规划等优势。中央商务区自身的优势会吸引全球最优秀的跨境电商企业入驻、吸引高端消费者的集聚、雇佣精英销售人员与客户形成良好互动、快速引进新产品、进行全渠道品类的规划等。最后，综合跨境业务服务方面的企业能力拓展和创新，包括物流通关、公共信息服务、金融增值服务。

跨境电商商品具有多频次、小批量、品类多、体积重量差别大等特点，不同品类的商品所需要的物流解决方案不同，如何有效平衡时间与成本，提升供应链效率，做到供应链可视化，实现门到门服务以及国际国内物流的无缝链接，跨境快递物流面临着巨大的挑战。优质的供应链解决方案能够为跨境电商生态圈商业模式提供巨大价值，海外供应链是所有跨境电商的共有难题。谁能够把握住海外供应链，谁就能够在激烈的市场竞争中胜出。

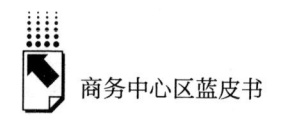

（二）跨境电商生态圈的原则

跨境电商生态圈建设的原则是政府不一定要面面俱到，事事包办，政府应该借力专业的跨境电商物流供应链运营公司，不单单给予中央商务区资金和政策的支持，还需要引进专家和跨境电商物流供应链龙头企业，以市场为导向，吸引跨境电商物流供应链企业落户中央商务区。以民间企业力量为主导的美国跨境电商物流供应链行业的管理和发展同以政府为主导力量的中国跨境电商物流供应链行业的管理和发展形成了鲜明的对比。在进入跨境电商物流供应链国际市场的时候我国应该借鉴美国的经验，由我国的优秀国际物流供应链企业，比如说顺丰速运起主导作用，政府简政放权并且起推动作用，促进供应链解决方案商业模式的创新，进而形成国内国际跨境电商物流供应链系统良好互动的局面，共同助力中央商务区跨境电商生态圈服务体系的不断创新和发展。

（三）跨境电商生态圈的服务拓展

大型跨境电商企业的自建物流和供应链服务是非常有意义的，在很长一段时间会与第三方物流供应链企业共同存在。中央商务区跨境电商生态圈商业模式有必要从以下几个方面拓展其综合跨境业务服务方面的企业能力。

1. 定期召开跨境电商生态峰会。通过采用跨境电商线下直营店模式与国内外知名跨境电商企业建立合作关系，增进世界各国企业之间的互信合作和共同发展。针对跨国企业在国际供应链管理过程中出现的问题，建立配套的管理制度和标准规范，健全跨境电商物流供应链国际合作机制。

阿里巴巴、京东、网易考拉等本土跨境电商企业都在供应链、物流及保税仓储方面拥有自己的体系，需要助力其拓展市场，吸引资本的投入。eBay、亚马逊等国际跨境电商企业已经拥有全球采购的供应链优势，需要助力其打造中国国内的跨境电商产业链和生态圈。

2. 携手顺丰等商业快递企业打造中央商务区跨境电商供应链解决方案服务平台，推进跨境电商物流便利化。具体而言，主要包括以下几点。

第一,吸引跨境物流供应链综合服务企业入驻中央商务区,鼓励第三方物流公司、第四方物流公司等物流供应链综合服务企业为跨境电商提供通关、仓储、融资等服务,引导企业规范经营。

第二,没有海外网络,我国商业快递企业一直无法独立承担全程物流。目前,顺丰的国际网络铺设得最为广泛。作为跨境电商物流解决方案的提供者,需要与时俱进,积极开发顺应中央商务区跨境电商发展趋势的解决方案,在与跨境电商的紧密协作中共同发展,才能在未来的市场站稳脚跟。国际快递企业应结合当前市场发展情况树立全球化的营销意识,结合不同国家和地区情况做到具体问题具体落实,制定有效的跨境电商物流供应链营销战略。

第三,商业快递企业与邮政网络相比存在诸多差距,通达范围有限,短时间内无法与万国邮联框架下的多边协议抗衡。中央商务区应该助力解决国内商业快递物流企业跨境电商贸易纠纷。

3. 为了吸引跨境电商中小企业入驻中央商务区,需要在一定程度上介入物流和售后服务,为中小企业提供跨国物流解决方案,帮助入驻中央商务区跨境电商平台的中小卖家选择合适的物流方式。

参考文献

龙永图、李国红等:《中国商务中心区发展报告 No.5(2019)》,社会科学文献出版社,2019。
吴喜龄等:《跨境电商实务》,清华大学出版社,2018。
孙韬:《跨境电商与国际物流:机遇、模式与运作》,电子工业出版社,2019。
吴晓波:《珠三角 VS 长三角:跨境电商两大模式之争》,《中国外资》2015 年第 2 期。
王艳红、孟广文:《天津自贸区中央商务区产业集群考察》,《开放导报》2017 年第 1 期。
粤旺:《三角圈的跨境电商零售新模式》,《质量与市场》2015 年第 3 期。
高少华:《跨境电商竞相布局线下店平台有效转型至关重要》,《经济参考报》2018 年 3 月 1 日。

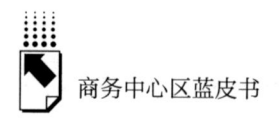

袁诚：《天津打造跨境电商生态圈》，《新金融观察报》2018年3月18日。

单毅：《京东等知名电商集中落户天津港保税区 跨境电商生态圈初成》，《滨海时报》2016年12月15日。

李子晨：《政企携手打造北方跨境电商生态圈》，中国商务新闻网，http://www.comnews.cn/article/ibdnews/201909/20190900017252.shtml，2019年9月10日。

Council on Competitiveness：" Innovate America：Thriving in a Word of Challenge and Change," *The National Innovation initiative Final Report*，2004.

Frontier Economics：" Express Delivery and Trade Facilitation：Impacts on the Global Economy," *Global Express Association*，January 2015，p. 26.

B.9
促进CBD知识产权服务业对外开放的路径与对策研究

袁金星*

摘　要： 服务业对外开放是新时代我国推动形成全面开放新格局的重点内容。中央商务区（CBD）是我国高端服务业发展的重要载体，知识产权服务业是引领服务业融入全球化的重要切入点，因此，加快CBD知识产权服务业对外开放意义重大。与此同时，必须正视CBD知识产权服务业"走出去"存在的人才、平台、服务层次、产业链条等方面的不足，重点围绕服务链条的国际接轨、服务平台的对外开放、资本运营的内外合作等，完善人才体系、平台体系、政策体系、服务体系等，加快CBD知识产权服务业对外开放上水平、上台阶。

关键词： CBD　知识产权服务业　对外开放

中央商务区（CBD）作为城市经济的发展中枢，是高端服务业发展的集聚地，也是城市经济软实力和开放程度的重要象征。知识产权服务业作为高技术服务业的重要组成部分，具有知识密集性、新兴性、高附加值性、网络性、国际化等典型特征，其发展壮大对于加快经济新旧动能转换、促进城市经济高质量发展尤其是提高国际竞争力有重要作用。因此，必须深刻认识

---

* 袁金星，河南省社会科学院经济研究所副研究员，博士，主要研究方向为科技经济、区域经济。

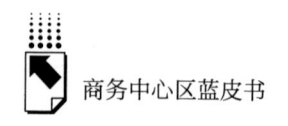

新时期加快CBD知识产权服务业对外开放的重要意义，剖析存在的短板与不足，厘清CBD知识产权服务业对外开放的基本思路、基本原则、基本方向，多措并举，加快开放步伐，助力CBD更大程度地融入全球化发展。

一 加快CBD知识产权服务业对外开放的重要意义

进入新时代，面对经济全球化的新趋势、新态势，知识产权服务业已经成为引领服务业开放的重点行业。CBD作为城市高端服务业最主要的平台、载体，要继续发挥好改革开放领跑者的作用，就必须把加快知识产权服务业对外开放摆在更加突出的位置，这既是CBD彰显责任和担当的基本要求，更是顺应发展大势、应对发展挑战的必由之路。

（一）CBD自身建设发展的重点任务

伴随着国际国内经济形势深刻变化，尤其是国际产业分工体系的重新调整，服务业特别是高技术服务业越来越成为一个地区提升发展竞争力的核心，其中，知识产权服务业更是由于一头连着创新、一头连着市场，成为高技术服务业发展的关键领域。而CBD作为伴随改革开放成长起来的"经济模式"，自建设之初，就肩负着城市对外开放的使命责任。国际上CBD概念最早产生于1923年的美国，而我国的发展实践起始于20世纪90年代上海浦东和陆家嘴建设，较世界发达国家和国际先进城市而言，我国CBD成长时间相对较短，加之我国服务业特别是知识产权服务业对外开放相对滞后，对各个城市CBD发展形成了一定制约。面对这种现实情况，只有把知识产权服务业对外开放作为CBD建设发展的重要任务，才能进一步发挥CBD服务业载体平台的作用，实现CBD自身发展空间、辐射空间扩展的同时，带动我国服务业加快对外开放步伐。因此，进入新时代，面对新形势、新要求，CBD建设必须对标国际一流知识产权服务业发展标准，加快对外开放步伐，努力实现CBD建设与知识产权服务业对外开放的深度融合、同频共振，方能促进CBD更好发展。

（二）CBD 加快开放发展的有力抓手

以开放促改革、促发展是我国发展不断取得新成就的重要法宝，建设好发展好 CBD 正是我国城市特别是一线城市推进新一轮高水平对外开放的突破口、切入点。当前国际、国内以及区域间、城市间的竞争日益激烈，CBD 作为服务业集聚的载体正在成为竞争的核心，由之，加快 CBD 开放发展就成为应有之意。作为服务业的重要组成部分，知识产权服务业是国家科技资源转化成国际竞争力的重要支撑，是新形势下促进经济对外开放的重要内容[1]。而 CBD 正是新时代引领服务业对外开放的高地，拥有完善的商务条件、基础设施及发展要素，在国际贸易摩擦日益频繁和日趋激烈的形势下，CBD 要更大程度地推进对开放力度，更高水平地提升对外开放质量，加快知识产权服务业对外开放就至关重要。这就要求 CBD 在加快对外开放过程中推动知识产权服务业率先发展，在构建开放动力机制、优化开放发展环境等方面"大胆试"当好先行先试的开拓者，"大胆闯"勇当逢山开路的先行者，带动 CBD 更深层次更高水平参与国际竞争，形成服务业开放发展新优势，为我国扩大服务业对外开放提供有力支持。

（三）CBD 增强竞争优势的客观要求

当前，世界正处于百年未有之大变局中，多边主义和自由贸易体制受到冲击，不稳定不确定因素大幅增加，发展面临的外部挑战明显增多。就国内看，新一轮城市竞争已经全面起势，北京、上海、广州、深圳等城市 CBD 面临的竞争形势逼人；就国际看，纽约曼哈顿 CBD、巴黎拉德芳斯 CBD、东京新宿 CBD 等集聚高端服务业发展要素的能力在持续提升。国际金融危机后，各国对科技创新愈加重视，知识产权服务业作为科技成果权利化、商用化、产业化的新兴服务业蓬勃发展，成为国内外服务业竞争的重点领域。

---

[1] 张瑞：《郑州市建设国家知识产权强市的挑战与路径》，《河南科技》2017 年第 16 期，第 10~13 页。

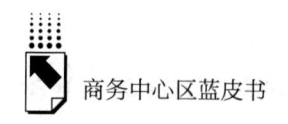

CBD是城市乃至区域现代服务业发展的"引力场""引领极",更应该把知识产权服务业发展放在更大坐标系中考量,对标世界顶级CBD,定目标、定措施,用系统化理念推进知识产权服务业开放发展,着力提升CBD科技创新转化能力、外在辐射能力及内在吸引力,吸引更多资金、技术和人才等高端及创新要素资源的流向与集聚,进一步壮大CBD知识产权服务业规模,进而带动CBD服务业加快转型升级步伐,增强CBD核心竞争力。

(四)CBD实现高质量发展的有效举措

我国经济已由高速增长阶段转向高质量发展阶段,吸引各类高端资源要素集聚和配置,加快新旧动能转换成为推动高质量发展的必然选择。与此同时,随着全球化、信息化和网络化的深度发展,发展要素和跨国资源流动愈加活跃。在这种情况下,CBD作为城市承接服务业领域高端要素的平台、载体,推动高质量发展显得尤为迫切。知识产权服务立足于产权关系,能够促进生产要素的有效配置及推动要素配置的高效产出,提高现行经济体系的运行效率,是加快新旧动能转换的重要抓手。而知识产权服务业区别于一般服务业的一个明显特征就是国际化属性,经济全球化已经把知识产权的各种制度、经贸规则、商业模式等竞争手段,系统地引入了国际贸易、全球价值链整合与重构等过程中。这就要求CBD在推动知识产权服务业发展过程中,高度重视与国际的接轨,加大对外开放力度,吸引更多的国际高端人才、技术、机构、企业等创新要素在CBD集聚,带动CBD涌现出更多新企业、形成更多新模式、催生更多新产业,为服务业发展注入新动力、增添新活力、扩展新空间,助力CBD高质量发展迈上新台阶。

二 中国以及CBD知识产权服务业对外开放的现状

近年来,伴随着我国以及CBD服务业对外开放步伐的加快,知识产权服务业双向开放力度进一步扩大,在全球知识产权贸易服务领域中,我国的参与程度快速提升,为未来更好推动CBD知识产权服务业"走出去"奠定了良好基础。

(一)知识产权服务进出口规模快速壮大

随着我国产业结构的持续优化升级,服务业呈快速增长势头。2015年,我国服务业增加值占GDP的比重突破50%,成为中国经济发展的重要分水岭。与之相伴的是,近几年,我国服务进口在全球居第2位、出口居第3位,中国在世界服务贸易中的角色越来越重要。知识产权服务作为服务贸易的重要领域之一,进出口规模明显加大。2017年,我国知识产权使用费进出口总额超过2000亿元,增幅达32.6%;2018年继续保持大幅增长态势,进出口总额达2723.2亿元,其中,知识产权使用费进口额2355.2亿元,增长22%,出口额368亿元,增长14.4%。这一现象也反映出,进入新时代,我国对高端生产性服务需求仍然旺盛,同时高端生产性服务出口竞争力也在提升,为CBD加快知识产权服务业对外开放营造了大势。

(二)知识产权使用费出口保持较快增长

在我国大力实施创新驱动发展战略的背景下,各级政府以及各类市场主体对知识产权创造、运用、保护、管理更加重视,涌现出一批诸如华为、小米、三一重工、腾讯等知识产权优势企业。通过这些企业的"走出去",大量的中国企业开始依靠知识产权赢得市场优势,并且按照经贸规则、市场规则向国外相关企业收取专利使用费,企业知识产权服务能力得到不断提升,同时也实现了知识产权的市场价值。国家外汇管理局相关数据显示,2017年,我国知识产权使用费出口额为47.86亿美元,同比增长311.5%,增速居国内服务贸易第1位。这一数据的背后,反映的是我国企业创新能力的大幅提升,也更好地诠释了创新对企业发展的重要意义,只有拥有核心知识产权,才能推动企业竞争能力的增强,才能在国际市场

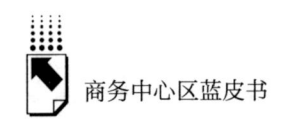

占据优势位置。这一发展趋势,为 CBD 加快知识产权服务业对外开放提供了重要机遇。

(三)知识产权服务贸易逆差仍然在持续

经济全球化的发展带动我国知识产权服务贸易活动越来越活跃,近几年相关数据也反映了这一点,我国知识产权使用费进出口总额增速在持续加快,特别是知识产权使用费出口额的增长率多次占据我国服务类出口额分类的第 1 位。但是我国知识产权服务贸易逆差问题仍然较为突出,并且这一现象在短期内很难有大的改观。近几年,我国知识产权使用费进口额占服务类进口额的比重在 5%~7% 左右,但是出口额占服务类出口额的比重在 2% 左右。以 2018 年为例,全国知识产权使用费出口额为 368 亿元,而进口额为 2355.2 亿元,出口额不足进口额的 1/6,贸易赤字接近 2000 亿元,其中美国、日本、德国为我国知识产权使用费贸易逆差的主要产生国家,占全部逆差额的近 60%。这一服务贸易中的突出短板或问题,为 CBD 加快知识产权服务业对外开放指明了努力方向。

(四)知识产权服务业"走出去"环境在改善

党的十八大以来,中央高度重视知识产权工作,对知识产权服务业发展及其对外开放也进行了系统部署。国家层面,先后出台了《关于加快培育和发展知识产权服务业的指导意见》(国知发规字〔2012〕110 号)、《关于深化"蓝天"行动 促进知识产权服务业健康发展的通知》(国知办发运字〔2020〕17 号)、《关于推广服务贸易创新发展试点经验的通知》(商服贸函〔2018〕376 号)等政策文件,对知识产权服务贸易政策法规体系、促进知识产权服务贸易要素积累等给予了有力支持。地方层面,比如陕西出台了《陕西省关于推广服务贸易创新发展试点经验的实施意见》、北京市制定了《北京市促进知识产权服务贸易工作方案》等等,支持知识产权服务贸易发展。可以说,从中央到地方形成了共同支持知识产权服务贸易的共识,推动我国成为知识产权国际规则的坚定维护者、重要的参与者、积极的建设者,为中国企业依靠知识产权进军国际市场打造了良好的政策环境，也为CBD加快知识产权服务业对外开放创造了有利条件。

三 CBD知识产权服务业对外开放的短板及制约因素

众所周知，CBD一般都位于城市中心地带，是服务业尤其是高端服务业发展的"引擎"，也是推动服务业对外开放的"龙头"。一般而言，CBD也是知识产权服务业集中、集聚的地方。但是在推动CBD知识产权服务业对外开放方面，步伐较慢，国内CBD还存在诸多短板及制约因素，甚至尚不能满足区域企业创新和经济社会发展的需求。主要表现在以下方面。

（一）高端人才缺乏，开放发展的能力不足

知识产权服务业相比一般的服务业而言，专业性强、复杂性强、综合性强，对人才的要求比较高。知识产权服务业涵盖了六个领域，除了目前开展比较多的知识产权代理服务、知识产权法律服务、知识产权信息服务、知识产权培训服务外，还有知识产权商用化服务、知识产权咨询服务[①]，要求从业人员不但要有专利、商标和版权方面的法律背景，还要有信息检索、数据加工、质押、评估、投融资等专业技术知识，既能够深刻把握行业发展进程、方向及趋势，又能熟练掌握智力成果权利化、资本化、产业化的运作方法。在这一领域，我国复合型人才明显缺乏，尤其是与国际接轨的知识产权服务业人才更是稀少，从而导致CBD知识产权服务业发展主要仍以初级服务为主，提供知识产权战略分析、风险评估和预警等高端信息服务的能力和水平明显不够，造成CBD知识产权服务业相关企业、机构走出去底气不足。

---

① 吴桐、刘菊芳、马斌、邵源渊、柴爱军：《我国知识产权服务业发展现状与对策研究》，《中国发明与专利》2012年第6期，第63~67页。

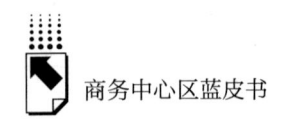

（二）发展规模不大，服务类别发展不均衡

知识产权服务作为产业在我国发展时间还比较短。2010年5月，国家发改委才开始引入知识产权服务业的概念，随后从中央到地方才开始发布、出台一系列促进知识产权发展的文件、政策措施。因此，CBD作为服务业集聚的载体，真正开始发展知识产权服务业也就是10年时间，较其他服务业而言，发展规模明显偏小。与此同时，从各地CBD知识产权服务业发展实践来看，服务领域主要集中在专利、商标、版权代理及信息检索等传统服务领域，对于企业知识产权咨询顾问、战略制定、预警分析、质押评估等高端服务开展较少，差异化经营措施缺乏①。这就造成在合作过程中，往往处于劣势地位，同样在知识产权国际公约、条约、协议等法律法规制约下，能够调动的知识、技术、信息等要素资源不足，整体竞争力不强。

（三）公共平台较少，支撑保障能力不够

知识产权服务具有无形性，不必通过物理性的集聚来创造和运用其价值，它能够通过知识运用功能的"无形"集聚来实现知识价值的创造、运用、保护、管理等功能。而"无形"的知识产权服务可以通过各种载体而有形化，这就需要借助相应的服务平台。在这方面，CBD明显发展不够。一方面，自CBD建设之初，绝大部分没有把知识产权服务业作为主导产业，相应的政府设立的公共服务机构在CBD的并不多，造成CBD在整合专利、商标、版权等信息资源方面并没有明显优势，难以形成有效的集成和共享机制，知识产权服务体系不健全。另一方面，大多数知识产权服务中介组织、知识产权服务机构，包括公共信息网络服务平台的设立、知识产权服务业集聚区的设立等很多都放在了高新技术开发区、经济技术开发区等园区，一定程度上对CBD提升知识产权服务质量、效率等形成了挤压。在这种现实情

---

① 袁金星：《国家知识产权创意产业试点园区知识产权服务业发展研究》，《黄河科技学院学报》2019年第4期，第67~72页。

况下，CBD推动知识产权服务跨区域、跨国界进行交流互动以及价值创造活动缺乏有力平台支撑。

（四）产业链不完整，集聚发展水平较低

在知识产权服务业发展体系中，政府、企业、市场和知识产权人才是主体因素，其中政府是引导者，也是对知识产权服务业的认识率先做出突破式改变的先行者。从2010年我国首次引入知识产权服务业概念至今，中央、省、市等各级政府出台了一系列支持知识产权服务业发展的政策措施，但是，知识产权服务业繁荣发展的态势还没有真正形成。就CBD而言，部分地方对知识产权服务业理解仍然不够到位，重事业属性、轻产业属性。从CBD知识产权服务业发展现实情况看，专利申请、商标注册等低端服务比重较大，而知识产权商用化、知识产权咨询服务和知识产权培训服务相对薄弱，可以说现阶段在城市CBD区域尚未形成完整的"知识产权资本化－知识产权商用化－知识产权市场化"梯度发展的产业链条。与此同时，相比其他产业园区、高新区等，CBD知识产权服务业发展相对要滞后一点，相关服务机构之间主要围绕专利申请、商标注册等传统领域开展竞争，尚未延伸出评估、交易、质押、投融资、运营、托管等梯度服务模式，整体上在CBD的集聚意识、集聚程度不高，更谈不上为知识产权权利人与利益方提供符合国际市场交易规则的技术服务、商业运作、运营管理和法律保护等。

四 加快CBD知识产权服务业对外开放的思路与对策

我国CBD尤其是北京、上海、广州、深圳等一线城市CBD，经过20年发展，已经进入存量空间结构优化的转型升级期，加快开放步伐，引导CBD产业向全球价值链、产业链、创新链高端发展成为重要路径之一。伴随着知识产权在国际化竞争中发挥的作用越来越大，知识产权服务业作为知识产权价值实现的载体，已经成为服务业对外开放的重要切入点。因此，

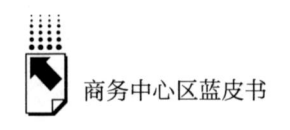

CBD作为我国服务业发展的重要平台，必须加快知识产权服务业对外开放，这既是形势所迫，也是大势所趋。

（一）加快CBD知识产权服务业对外开放的思路

1. 基本思路

要牢牢把握全球新一轮科技革命和产业变革的历史性机遇，根据知识产权强国战略、知识产权强省战略以及知识产权强市战略的总体部署，围绕加快CBD知识产权服务业对外开放步伐这一主线，引导和鼓励知识产权服务业集聚发展，创新知识产权服务模式，强化知识产权服务提档升级，加大与国际接轨的知识产权服务人才引育力度，扶持发展一批符合国际规范的知识产权服务机构、行业组织和产业公共服务平台，推动CBD知识产权服务业在国际合作与竞争中发展壮大，引领CBD成为新时代我国服务业开放发展的先行者、排头兵。

2. 基本原则

坚持政府引导与市场主导相结合。围绕CBD知识产权服务业对外开放，要积极发挥政府引导作用、市场配置资源的主导作用。CBD所在地政府要高度重视知识产权服务业对外开放工作，公共职能要向战略引导、平台搭建、环境营造转变，将具体事务放松管制留给市场调节转型①。同时注重国际化的产业生态体系建设，发挥市场机制作用，推动国内知识产权服务需求与国际知识产权服务资源对接，形成发展合力，打通CBD知识产权服务业对外开放通道。

坚持统筹协调与重点突破相结合。围绕CBD知识产权服务业对外开放，要坚持点线面结合，整体谋划、超前布局、有序推进。要持续加大资金投入，在北京、上海、广州、深圳等重点城市CBD实施一批重点项目、建设一批重点工程、搭建一批重点平台，以此为突破口，加快引进培育一批国际

---

① 凌海翔：《我国城市复合型中央商务区的建设——以重庆江北城规划为例分析》，《现代商贸工业》2018年第16期，第39~40页。

知名知识产权服务机构，引领带动各类知识产权服务优质资源向CBD集聚，进一步扩大辐射力、带动力，全面提升CBD知识产权服务业国际化发展能力。

坚持创新驱动与示范引领相结合。围绕CBD知识产权服务业对外开放，要进一步强化知识产权服务业的基础性地位，推动创新发展，促进政府、机构、平台、人才协同合作，提升CBD知识产权服务体系整体效能。在此基础上，积极推动知识产权服务业集聚区在CBD落地，培育壮大知识产权商用化服务、知识产权培训服务等高端业态，打造国际知识产权服务品牌，同时发挥CBD的要素优势、资源优势、区位优势等，加快知识产权服务业对外开放步伐，引领带动区域知识产权服务业开放发展。

坚持改革开放与合作共赢相结合。围绕CBD知识产权服务业对外开放，要改革完善现行知识产权服务业发展体制机制，构建支持CBD知识产权服务业"走出去、引进来"的政策框架体系。同时，鼓励地方政府整合区域内"大院、大所、大校、大企"知识产权服务资源向CBD集聚，促进现有资源在CBD合理配置，加快形成面向全球开放合作的格局，提高CBD知识产权服务业国际化水平。

3. 基本方向

加快与其他相关产业开放政策融合。抓住我国服务业扩大开放的历史机遇，推动CBD全面实施知识产权战略，深化知识产权特别是专利运用与相关产业开放政策的融合，强化从专利信息利用到专利运营相关政策与文化旅游业、装备制造业、工业设计等产业开放政策的衔接，促进知识产权转化运用由单一效应向综合效益转变，推动CBD知识产权服务业在对外开放中实现商业化、产业化和市场化发展。

加快知识产权服务链条与国际接轨。各地CBD要牢牢把握知识产权服务业发展的规律，尤其是重视知识产权服务的国际化属性特征，知识产权服务伴随产权化的知识、信息和商品的全球化流动而参与国际市场的竞争与合作，以构建国际化知识产权服务链为抓手，以重点企业、重点机构开放发展为核心，向产业链上下游延伸，围绕产业链提升价值链、部署创新链、完善

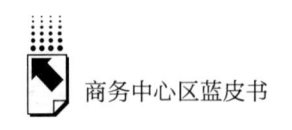

资金链，加快构建国际国内需求对接、业务关联、市场融合、经营协同为特征的营商环境，推动CBD形成知识产权服务业开放发展高地。

加快知识产权服务平台的对外开放。知识产权服务平台是集聚要素资源、链接全球网络的重要渠道，CBD要积极打造国际化的知识产权服务平台，为世界各国有需求的创新主体和专业机构搭建集资源对接、信息获取、平台交流、人才培养等功能为一体的载体。通过服务平台的整合，链接全球数据资源尤其是行业数据资源，运用现代网络技术，开展"互联网+知识产权"相关探索，重点围绕知识产权服务贸易出口领域的知识产权投融资、商业化等领域开展服务创新，弥补企业知识产权国际布局"短板"，拓展CBD开展知识产权服务贸易的渠道。

加快知识产权资本运营的内外合作。充分发挥CBD涉外资源丰富以及国际金融、高端商务等产业优势和服务优势，抓住各地自贸区开放发展机遇，深化与港澳台、"一带一路"沿线国家和地区的交流合作，重点围绕知识产权评估、价值分析、交易、转化、质押、投融资、运营、托管等业务，开展多种形式、多种渠道的资本对接，引进更多国外产业资本和金融资本参与CBD知识产权服务业发展，为新时期CBD知识产权服务业对外开放提供更多资金支持。

（二）加快CBD知识产权服务业对外开放的对策

1. 加快引育知识产权服务业国际化人才

一是壮大CBD知识产权服务人才队伍。要加快扩大CBD知识产权服务人才队伍规模，发展知识产权管理、咨询、运营、评估、保险和信息分析人才队伍。鼓励CBD知识产权服务机构多形式多渠道引进高端人才，特别是引进高学历人才和海外留学人才，引进能够胜任知识产权战略研究、诉讼服务和涉外服务的高层次人才。二是加大CBD知识产权服务国际人才引进力度。要推动CBD知识产权服务业开放发展与国家、省、市相关人才战略相结合，实施CBD知识产权服务国际人才专项工程，加强CBD知识产权服务国际化人才工作的顶层设计和整体布局，研究制定CBD知识产权国际化人才的评价标准和认定办法，着力吸引更多有国际发展背景的"高精尖缺"人才到 CBD 创办知识产权服务机构。三是强化 CBD 知识产权服务业对外开放职业培训。构建紧密契合 CBD 所在城市产业发展的知识产权服务业国际化人才培育体系，在完善本土创新型知识产权服务人才培育制度的基础上，深入开展知识产权服务业开放发展的教育培训，支持各类知识产权服务机构围绕"走出去"开展行业培训，尤其是鼓励引进国际师资，对 CBD 知识产权服务从业人员开展职业培训，推动 CBD 知识产权服务高端务实人才国际化。

2. 大力推动知识产权服务机构打造国际品牌

一是实施 CBD 知识产权服务国际品牌机构培育计划。在 CBD 范围内遴选基础条件好、资信度高、辐射范围广、业务能力强、具有示范带头效应的知识产权服务机构，开展国际品牌机构培育工作，引导 CBD 知识产权服务机构不断完善国际服务功能。二是引导 CBD 知识产权服务机构与全球创新主体对接。鼓励 CBD 知识产权服务机构为国内外创新型企业提供点对点知识产权专业服务，建议通过建立重点企业产权联络员制度，为企业提供优质高效的知识产权服务，尤其是服务于国内企业的知识产权海外布局以及外国企业在中国的布局，来加快走出去步伐，提升 CBD 知识产权服务机构在全球的品牌价值和市场竞争力。三是推动 CBD 知识产权服务机构加快海外布局。要积极开展相关国际论坛、会展、推介等活动，加强与国外先进 CBD 在知识产权服务业管理、知识产权服务贸易、知识产权专业化运营等领域的交流沟通，推动相关服务机构服务能力及服务水平走向国际一流；支持国际知名服务机构在国内 CBD 设立分支机构，鼓励海外留学人才回国创办知识产权中介服务机构。

3. 积极构建知识产权服务业走出去的服务机制

一是开展 CBD 知识产权服务对外合作与交流。鼓励各地 CBD 制定知识产权服务对外合作与发展计划，支持知识产权服务机构不断拓展涉外知识产权服务，参与国际合作与竞争；争取与更多国家和地区的知识产权服务机构及相关行业组织建立友好协作关系，扩大 CBD 知识产权服务业在知识产国际事务中的影响力①。二是完善"一带一路"知识产权服务市场的信息共享机制。建立CBD知识产权服务业市场研究体系，加强推广应用"一带一路"沿线重点国家知识产权保护环境研究成果；探索设立CBD知识产权海外预警专项，引导服务机构为知识产权外向型企业提供"一带一路"海外专利预警服务，为企业参加国际交流、申请海外专利和推广技术标准等提供专业化的服务②。三是构建国际化的CBD知识产权保护服务体系。推动CBD建立政府部门、司法机关、知识产权法律服务机构、知识产权研究会等协同发展的知识产权保护服务机制，提升国际知识产权纠纷处理能力；建立海外快速维权机制，构建知识产权纠纷多元调解机制，建成国际化的CBD知识产权保护服务体系。

4. 打造知识产权服务业对外开放的平台支撑体系

一是建立健全CBD知识产权公共信息对外开放服务平台。加快CBD知识产权公共信息服务平台的建设，整合各类信息资源，包括知识产权中介服务机构、法律服务、小语种翻译、金融服务等领域的优质资源，实现面向社会公众以及部分海外地区的专利基础信息的检索查询、在线统计分析服务，为"走出去"甚至是"引进来"企业提供一整套的知识产权信息服务。二是建立健全CBD知识产权保护公共服务平台。强化CBD知识产权保护公共服务平台建设，建立健全知识产权快速维权中心，推进专利快速审查及快速确权；依托CBD丰富的法务资源，面向国内外企业开展知识产权法律咨询、维权、保护专业化服务工作。三是建立健全知识产权商用化国际化服务平台。推动CBD打造一批国际化的知识产权运营中心，促进知识产权在全球范围内转化，并提高专利交易的可信度和公信力；加快在CBD构建集商标展示、咨询、融资、交易和闲置商标转让为一体的商标服务平台；构建集版权交易、评估、投融资和信息交流为一体的版权服务平台，实现版权产业

---

① 王昌林、赵栩：《加快营造国际一流的营商环境——关于当前深化"放管服"改革、优化营商环境的一些思考》，《中国行政管理》2019年第7期，第19~20页。
② 韩文秀：《建设更高水平开放型经济新体制》，《宏观经济管理》2019年第12期，第5~7、第11页。

化、市场化、国际化运作。

5.完善知识产权服务业对外开放的政策支持体系

一是争取推动CBD在知识产权服务贸易税收支持方面有所突破。针对国内CBD服务业对外开放，推动CBD知识产权服务贸易出口增值税零税率制度，针对制造业、农业等不同行业实行免税或者免抵退税制度，鼓励更多创新型企业在CBD开展知识产权服务出口业务。二是推动设立CBD知识产权服务贸易发展引导基金。鼓励CBD所在地政府加大对知识产权服务贸易特别是出口贸易的财政支持，成立引导基金，帮助CBD更多企业开展知识产权"走出去"活动。三是强化CBD知识产权服务贸易相关便利化改革。要建立各地CBD与相应的通关口岸及海关的长效沟通机制，形成改革合力，打造有利于CBD知识产权服务出口贸易的口岸通关模式及海关监管模式，建设专门的CBD知识产权服务贸易"电子口岸"。四是加快CBD知识产权服务贸易金融支持。加强金融监管部门协调，拓宽CBD知识产权服务贸易企业的融资渠道，重点争取在扩大人民币计价和结算方面有所突破；鼓励保险公司加大产品研发力度，针对CBD相关企业开展知识产权服务贸易可能产生的风险设计保险产品，提高CBD知识产权服务贸易企业出口信用保险覆盖面、为企业"走出去"提供更多可靠保障。

体制机制篇

System and Mechanism Chapters

B.10
CBD服务业扩大开放中的知识产权保护对策研究

牛　强*

摘　要： 知识产权保护是国际贸易规则谈判中的焦点问题，也是我国扩大开放进程中的热点问题。在中央商务区（CBD）服务业扩大开放新形势下，知识产权保护具有了新的特点，我国也应具有新的应对。一方面，严格知识产权保护、追求更高层次的知识产权保护水平，不仅是我国经济发展的必然要求，更是我国服务业扩大开放并参与新服务贸易规则制定的现实需要；另一方面，CBD能够聚集知识产权行政执法、行业服务、融资保险等资源，为服务业扩大开放提供助力，为国内

---

* 牛强，浙江工商大学法学院副教授，法学博士，知识产权研究所副所长，主要研究方向为知识产权基础理论、著作权法及科技法。

服务业参与国际竞争保驾护航。

关键词： 知识产权保护　CBD服务业扩大开放　新服务贸易规则　知识产权服务业

　　服务业扩大开放是中国改革开放政策的重要组成部分，也是中国经济发展到高阶段的必由之路。一般而言，中央商务区（Central Business District，以下简称CBD）高度集中了城市的经济、科技和文化力量，为服务业扩大开放提供了重要的硬件和软件保证。在CBD引领服务业扩大开放进程中，知识产权保护具有了新的特点与新的内容。一方面，知识产权保护是服务贸易国际规则演变的重要推动力，更是我国服务业扩大开放中需要面临和解决的一个重要问题；另一方面，CBD的聚集功能引领企业在知识产权创造、保护、管理、运用等方面发挥更大作用，为服务业扩大开放提供有力支持。

一　服务贸易国际规则演变中的知识产权问题及应对

　　自19世纪下半叶以来，知识产权国际规则从探索、成型到发展变革，先后经历3个阶段：巴黎联盟及伯尔尼联盟时期、世贸组织时期、后《知识产权协定》时期。

　　1883年《保护工业产权巴黎公约》（以下简称《巴黎公约》）以及1886年《保护文学艺术作品伯尔尼公约》（以下简称《伯尔尼公约》）的签订与实施代表着知识产权国际规则初步形成。其中，《巴黎公约》主要规范工业与商业领域内的专利、实用新型、外观设计、服务标记、原产地名称以及不正当竞争等内容。该公约设立了服务贸易中的国民待遇原则、专利申请优先权原则等基本原则，为国际服务贸易中的知识产权保护问题提供了基本的制

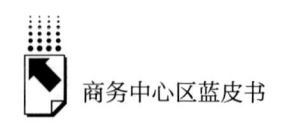

度范式。随着《巴黎公约》和《伯尔尼公约》的制定，知识产权传统的地域性原则被突破，为知识产权跨国境保护并形成相对一致的全球知识产权制度提供了重要基础。巴黎联盟及伯尔尼联盟时期的知识产权制度确定了知识产权的客体以及相关条约的保护范围。其中缔结的条约属于知识产权专门国际公约，其与贸易相联系但并未直接挂钩。

世界贸易组织的法律架构由《建立世界贸易组织的马拉喀什协定》以及三个附件组成。其中附件1是世贸组织法律架构的核心，包含《有关货物贸易的多边协议》、《服务贸易总协定》、《与贸易有关的知识产权协定》（以下简称为《知识产权协定》）。《服务贸易总协定》是经关贸总协定乌拉圭回合多边贸易谈判达成的、历史上第一部管理全球服务贸易的、具有法律约束力的多边协议。《知识产权协定》虽同样属于知识产权专门公约，但其序言中明确规定，其制定目的是为了减少国际贸易的扭曲与障碍，促进国际经贸发展。不同于巴黎联盟及伯尔尼联盟时期的知识产权公约，《知识产权协定》与贸易挂钩。①

后《知识产权协定》时期，知识产权国际规则的特点是高标准、碎片化、全覆盖。高标准是指后《知识产权协定》时期的各项知识产权协议规则对知识产权的保护标准普遍高于《知识产权协定》。② 区别于《知识产权协定》所确立的全球统一的知识产权标准，后《知识产权协定》时期的相关协议，呈现地域性与碎片化的特点，在表现形式上以单边措施和双边协定以及区域性协定为主。另外，《知识产权协定》虽然与贸易挂钩，但其仍不失为一个独立的知识产权专门协定。而后《知识产权协定》时期

---

① 《知识产权协定》与贸易挂钩，能够吸引广大发展中国家加入其中，并能够促进相对统一的高标准国际知识产权保护体系的形成。在该协定的制定过程中，为了分化和瓦解发展中国家阵营，美国采取了单边主义与多边主义相结合的策略，对相关国家启动了90余次301调查特别程序。

② 由于后知识产权协定时期的知识产权国际规则保护标准高于知识产权协定，学界把这些协议称之为"TRIPSPLUS"或"TRIPS＋"。See Laurence R. Helfer："Regime Shifting: The TRIPs Agreement and New Dynamics of International Intellectual Property Law making", from *Yale Journal of International Law*, Volume 2004, Issue 29, p. 32.

的各项协议内容不仅包含关税、资本准入等基本贸易措施，还包含知识产权保护、环境保护、劳工保护等内容，呈现了全覆盖的特点。金融危机以来，为了刺激经济复苏，美欧等发达国家有意绕开 WTO 框架，探索制定新的贸易规则。其中包括《服务贸易协定》（TISA）、《跨太平洋伙伴关系协定》（TPP）、《跨大西洋贸易投资伙伴关系协定》（TTIP）、《全面与进步跨太平洋伙伴关系协定》（CPTPP）、《美国－墨西哥－加拿大协定》（MSMCA）、日本与欧盟《经济伙伴关系协定》（EPA）等。值得一提的是，美国经常以保护知识产权为由，采取单边制裁措施。2019 年美国国务卿彭佩奥称中国政府长期支持国内企业窃取美国知识产权并强制美国企业进行技术转让。美国还以违反相关法律为由，出具实体清单，对中国多家企业和机构进行制裁。

总体而言，知识产权与国际贸易规则的关系经历了一个从独立到融合再到前置的过程。《巴黎公约》时期，知识产权是一项独立的国际规则；世贸组织时期知识产权与贸易挂钩，签订了与贸易有关的《知识产权协定》；后《知识产权协定》时期，知识产权规则成为相关贸易协定的重要组成部分或前置程序。对于国际贸易规则与知识产权规则的重构，我们可以做如下认识。

首先，双边与区域性协议具有两面性，其一方面肇始于贸易保护主义，另一方面又为创建更加公平合理的国际贸易秩序提供了机遇。由发达国家主导的后《知识产权协定》时期的新国际贸易规则，强调法律、环境保护、劳工权利、知识产权保护等非经济因素，发展中国家和广大不发达国家在此问题上处于劣势。发达国家技术优势明显，新贸易规则有利于其利用技术优势继续延续规则制定与解释的主导地位，进而获得更大的利益空间。在发达国家主导的新贸易规则中，我们能看到众多的非关税贸易保护主义的身影。例如：《全面与进步跨太平洋伙伴关系协定》（CPTPP）与《美国－墨西哥－加拿大协定》（USMCA）设定了严格的原产地保护规则，CPTPP 规定非原产纤维和纱线的重量不得超过使用该原料部件的 10%，而非其他一般贸易协定中规定的货物总重量的 10%；USMCA 则要求 75% 的汽车零部件需要在北美生产,而原《北美自由贸易协定》中规定的数值为62.5%。① 同时我们应当看到,相比于世贸组织贸易国际规则的"含蓄",新贸易规则显得更加"直接"。从世贸规则的制定过程我们可以看到,《知识产权协定》等高标准的知识产权国际公约的实施背后有发达国家政治、经济力量的推动。发达国家掌握知识产权国际保护规则的制定权,导致了南北双方在利益分配上的严重失衡。② 依照新的贸易规则,不同区域间可以选择不同的知识产权保护标准以及贸易政策,各国也可以依据本国发展程度而签署相关贸易协定。这为国际贸易规则从形式正义走向实质公平提供了新的诠释。在自贸区建设方面,截至2019年,我国已经与近30个国家和地区签署并实施了自贸协定,其中涉及"一带一路"沿线国家的众多,包括"中国与东盟自贸协定""中国和巴基斯坦自贸协定""中国和新加坡自贸协定"等等。我国参与的众多贸易协定,为经济全球化深入发展贡献了新的模式,为创建公平合理的国际贸易规则提供了范式。

其次,我国应为积极加入欧美等发达国家参与的贸易协定做好准备,并参与规则制定。我们应当看到,欧美国家主导的贸易协定贸易体量高、规模大。我国长期游离于其外,既不利于我国企业参与国际竞争,更不利于更加公平合理的国际贸易秩序的形成。其中,《服务贸易协定》(TISA)成员国贸易额占全球总量的70%,《跨太平洋伙伴关系协定》(TPP)成员国贸易额占全球1/3,区域GDP占世界GDP的40%,而《跨大西洋贸易投资伙伴关系协定》(TTIP)不仅成员国贸易额占全球1/3,其对外直接投资占全球50%以上。尽管相关协定或谈判停止,或门庭变换,中国仍应为积极加入协议做好准备。就知识产权保护而言,近年来我国成就明显。世界知识产权组织有关报告及数据显示:中国在2019年全球创新指数中稳居中等收入经济

---

① 赵硕刚:《国际经贸规则变化趋势对我国的影响及对策》,《海外投资与出口信贷》2019年第3期。
② 牛强:《"后TRIPS时代"知识产权国际保护的中国路径》,《西南政法大学学报》2009年第6期。

体首位；2019 年中国 PCT 专利申请世界第一，马德里商标注册全球第三。①另外，国家知识产权局向社会公开发布的《2019 年中国专利调查报告》显示，受调查专利权人中认为现今知识产权保护水平比较适当的占比，较上年增加 10.2%②，严格保护效果获专利权人进一步认可，我国知识产权保护在提高侵权违法成本、优化保护环境等方面取得新的成效，企业在强化知识产权源头保护等方面需求旺盛。值得注意的是，我国自 2008 年颁布实施《国家知识产权战略纲要》（以下简称《纲要》）以来，10 年之内我国知识产权事业成就巨大。《纲要》到 2020 年"把我国建设成为知识产权创造、运用、保护和管理水平较高的国家"这一目标已基本实现。目前，我国正在抓紧制定面向 2035 年的"知识产权强国战略纲要"，以形成与《纲要》接续推进、压茬进行的战略布局。总之，在知识产权领域我国已经为加入新国际贸易规则，参与更高级别贸易竞争做好准备。

二 严格知识产权保护，营造服务业对外开放有利营商环境

我国已步入工业化后期，服务业扩大对外开放不仅是我国履行加入 WTO 承诺的需要，更是我国经济自身发展的必然。服务业对外开放，必须要打造一个有利于外商进入投资并能够公平参与竞争的市场环境。其中知识产权保护是一个重点问题。加入世贸组织以后，依照《与贸易有关的知识产权协定》的要求，我国知识产权保护标准已不低于国际标准。2008 年《国家知识产权战略纲要》以"积极营造良好的知识产权法治环境、市场环境、文化环境，大幅度提升我国知识产权创造、运用、保护和管理能力"

---

① 申长雨：《知识产权在推进国家治理体系现代化中的作用凸显》，http://www.scio.gov.cn/xwfbh/xwbfbh/wqfbh/42311/42920/zy42924/Document/1677805/1677805.htm，最后检索时间：2020 年 5 月 23 日。
② 国家知识产权局：《2019 年中国专利调查报告》，http://www.sipo.gov.cn/zscqgz/1146807.htm，最后检索时间：2020 年 5 月 23 日。

作为重要的指导思想，企业的知识产权创造运用管理能力大幅度提升。但我们仍应当认识到，服务业扩大开放必然要面临更高级别的国际竞争，严格知识产权保护并依据国内服务业发展状况采取适当的知识产权保护标准，既有利于营造服务业扩大开放有利的营商环境，更是国内产业升级并参与国际竞争的必要要求。

（一）规范知识产权转让并扫清市场准入障碍

近年来中美贸易冲突频发，美方在世贸组织的一项重要申诉为中国企业在"以市场换技术"过程中技术合作措施不当，违反了中国在"入世议定书第7条"中的承诺，即"不以技术转让要求为前提批准外资准入"。同时美方启动"301报告"，指责中方在规范性文件中存在技术转让的强制性条款。2019年我国修改了《中华人民共和国技术进出口管理条例》，删除了"技术进出口合同的受让方按照合同约定使用让与人提供的技术，侵害他人合法权益的，由让与人承担责任"这一条文，同时删除"技术改进成果归改进方所有"的用语。

《中华人民共和国外商投资法》（以下简称《外商投资法》）于2020年1月1日正式生效。① 该法第22条规定，外国投资者和外商投资企业享有的知识产权在我国应依法受到保护，对相关知识产权侵权行为亦应依法追究法律责任。该条第2款还强调，外商在我国投资过程中，中外技术合作应遵循公平与自愿原则，各级政府及其工作人员不得强制干预相关技术转让。尽管《外商投资法》法律位阶较高，所有与该条相抵触的其他法规、规章均属无效；但《外商投资法》第24条仍要求各级人民政府及有关部门制定的涉及外商投资的规范性文件，均应当有法律、行政法规的依据，同时还要求相关规范性文件符合"三不得"要求，即"不得减损外商投资企业的合法权益或增加其义务，不得设置市场准入和退出条件，不得干预外商投资企业的正

---

① 有关其制定背景参见孔庆江等著《〈中华人民共和国外商投资法〉解读》，法律出版社，2019，第1~22页。

常生产经营活动"。《外商投资法》的出台彰显了我国营造有利于外商投资营商环境的决心，为我国服务业扩大对外开放提供了重要的法制保障。

（二）促进知识产权领域公平竞争

知识产权本身属于垄断性权利，该权利受法律认可与保护。滥用知识产权的行为无疑会限制市场竞争，应该受到严格限制。因此，《中华人民共和国反垄断法》第55条规定，知识产权法的行使行为不适用反垄断法，但滥用行为适用该法。

近年来我国知识产权滥用行为日益引起社会的关注。2019年"某公司黑洞照片维权案"引起了社会广泛讨论。企业不享有知识产权，但仍向使用者或竞争对手滥发律师函，甚至以提起诉讼相威胁以攫取报酬的行为并不鲜见。市场上存在所谓投机型"非专利实施主体"（Non - Practicing Entities），其本身并不实施专利技术，即不将技术转化为用于生产流通的产品，反而通过勒索方式向竞争对手攫取报酬，国外称他们为"Patent Troll"，即"专利流氓"。但是对于此种知识产权滥用行为的规制目前还缺少必要的法律依据。① 另外知识产权领域内的"必要标准专利"以及"非必要标准专利"问题也是反垄断中的难点和重点。② 专利权具有垄断性，而标准更是企业在生产经营过程中必须遵守的一种规范。标准与专利相结合就会对竞争者或下游市场产生极其重大的影响，一旦发生知识产权滥用行为，限制竞争不可避免。因此进入标准的专利必须为必要的专利，否则即是严重的知识产权滥用行为。即便是必要标准专利，在发生市场集中行为时，商务部主管部门仍需进行严格审查，以规避知识产权滥用行为。在"商务部对诺基亚收购

---

① 2020年5月国家版权局发布《关于规范摄影作品版权秩序的通知》（国版发〔2020〕1号），要求图库经营单位"不得以投机性牟利为目的实施不正当维权行为""各级著作权行政管理部门要加强日常监管，加大惩处力度，依法严厉打击摄影作品侵权盗版行为，严肃查处虚构摄影作品版权、进行虚假授权的行为"。该通知为版权领域知识产权滥用的行政执法提供了依据。

② "非必要标准专利"即权利人把非必要的专利打包进入标准之中，以获取市场垄断地位。

阿尔卡特朗讯股权案反垄断审查"[①]中，诺基亚及阿尔卡特朗讯均为通信标准专利持有人，一旦收购成功难免会增加通信必要标准专利的集中度。商务部认为应对此项收购设置一定的限制条件，因为该项交易将增强诺基亚相关专利许可的谈判实力。"中国市场上大部分无线通信网络设备和移动终端制造企业在专利数量和质量上不具备与诺基亚交叉许可的基础，在与诺基亚的专利许可谈判中缺乏有效的抗衡能力"。

原国家工商行政管理总局 2015 年颁布了《关于禁止滥用知识产权排除、限制竞争行为的规定》。其第三条把"滥用知识产权排除、限制竞争行为"界定为"经营者违反《反垄断法》的规定行使知识产权，实施垄断协议、滥用市场支配地位等垄断行为（价格垄断行为除外）"。该规定对必要标准专利的限制竞争行为、拒绝知识产权许可产生的限制竞争行为、专利联营、知识产权与市场支配地位的关系等均做了明确规定。2017 年 3 月 23 日，国务院反垄断委员会发布《关于滥用知识产权的反垄断指南（征求意见稿）》（以下简称《指南》）。《指南》明确指出，知识产权制度以保护和激励创新作为直接目标。但是，知识产权行使行为有可能背离知识产权制度的初衷，排除、限制竞争，阻碍创新。《指南》不仅设定了对滥用知识产权行为的规制原则，还对实践中产生的很多疑难和细节问题进行了系统规定。

（三）健全体制机制，营造知识产权同等保护的优越环境

2019 年底，中共中央办公厅与国务院办公厅联合印发《关于强化知识产权保护的意见》。其强调知识产权应该"严格保护""同等保护"，并提出了到 2025 年实现"尊重知识价值的营商环境更加优化"的整体目标。在服务业对外开放过程中，"同等保护"同样重要，为此要做好两方面的机制建设。

---

① 参见《商务部关于附加限制性条件批准诺基亚收购阿尔卡特朗讯股权案经营者集中反垄断审查决定的公告》，商务部公告 2015 年第 44 号。

首先是沟通机制的创建。一方面，在个案中或重大知识产权事件中应健全与国内外权利人及其授权许可人的沟通渠道，积极、及时、准确地发布案情通报会及重要涉知识产权新闻发布会，及时向公众及权利人通报并反馈相关信息、增信释疑。国家知识产权局在《2019年深入实施国家知识产权战略加快建设知识产权强国推进计划》中要求"加强对重大敏感、涉民族品牌、涉外侵犯知识产权案件批捕、起诉工作指导，对严重侵犯科技创新和知识产权的犯罪案件予以挂牌督办"。由于此类案件社会关注度较高，办案机关应及时向社会公布案情进展，以增加中国知识产权执法透明度，增强国际社会对中国知识产权保护的信心。另一方面，要完善并坚持与重要经贸伙伴知识产权沟通机制。充分利用各类多双边对话合作机制，加强知识产权保护交流合作与磋商谈判。我国于2013年正式启动"中美知识产权学者对话"机制，每年度分别在中、美两地举行会议，现已成为中美知识产权交流与合作的重要渠道。同时，知识产权议题是历次中美高级别经贸磋商的重要内容。在第13轮磋商中，中美已经达成了一揽子协议，在增加双方互信、解决中美双方知识产权保护问题方面成效显著。

其次是知识产权保护长效机制的打造。一方面，建设知识产权诚信体系有助于营造尊重创造、侵权可耻的知识产权文化与社会环境。依照《社会信用体系建设规划纲要（2014~2020年）》，社会信用体系建设是营商环境有效改善的基本条件，并为商业活动的开展提供了基本的制度保障。其明确提出了"开展知识产权服务机构信用建设，探索建立各类知识产权服务标准化体系和诚信评价制度"的愿景。2016年国家知识产权局印发《关于开展知识产权系统社会信用体系建设工作若干事项的通知》，针对知识产权领域内的失信行为建立了信息采集与报送制度。2018年各部门联合建立《关于对知识产权（专利）领域严重失信主体开展联合惩戒的合作备忘录》，对于重复侵权、非正常专利申请等行为采取38种联合惩戒措施。[①]

---

① 国务院各部委：《关于对知识产权（专利）领域严重失信主体开展联合惩戒的合作备忘录》，发改财金〔2018〕1702号。

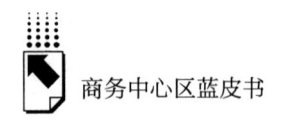

至此，知识产权诚信体系建设是我国社会信用体系建设的重要组成部分，必将为服务业对外开放提供重要的制度保障。目前我国不少省市建立了地方的社会征信体系，而知识产权信用建设并未被纳入其中。各CBD建设的主管部门以及地方政府，也应将知识产权信用建设纳入地方征信体系，以为服务业对外开放保驾护航。另一方面，构建知识产权侵权惩罚性赔偿机制，提高侵权违法成本。长期以来知识产权侵权多发的原因在于，知识产权侵权依照民事侵权"损害填补"的原则，知识产权违法成本较低，侵权人往往会铤而走险。2020年颁布实施的《中华人民共和国民法典》第1185条明确规定"故意侵害他人知识产权，情节严重的，被侵权人有权请求相应的惩罚性赔偿"。下一步我们需要制定详细细则，明确知识产权惩罚性赔偿法律适用及执法标准，既保护创新，又惩罚违法，营造服务业对外开放有利的营商环境。

三 发挥CBD聚集作用，运用知识产权为服务业开放保驾护航

在政府统筹以及政策支持下，CBD能够聚集金融、商业、贸易、信息及中介服务机构等众多资源，这为利用知识产权手段为服务业扩大开放提供了契机。

（一）加强组织领导，设立CBD区域知识产权保护中心

CBD区域是服务业聚集区，更是知识产权侵权多发区以及知识产权服务需求旺盛区。围绕新兴服务业发展和传统服务业产业转型升级需求，建立查处知识产权侵权行为快速反应机制与知识产权申请集中快速受理通道，有利于服务业的创新发展。2017年，国家知识产权局与上海浦东新区合作建立中国（浦东）知识产权保护中心。该中心建立的专利快速审查"绿色通道"，极大地缩短了相关领域专利授权周期。其投诉快速反应机制、多元化纠纷解决机制、优势产业线上维权机制，能够实现快

速维权，取得了良好成效。① 北京CBD服务业扩大开放试点建设中，亦建立了知识产权快速维权机制。另外，由于知识产权维权、执法、服务、交易等主管部门众多，CBD可以设立行政区域内的知识产权领导小组加强对知识产权工作的领导和统筹协调，或建立知识产权联席办公会议制度，明确市场监管、新闻出版、发展改革、公安、财政、税务等有关部门的职责，与司法机关通力协作，形成合力，齐抓共管。在有关知识产权审批、执法主管部门以及管辖权限上，知识产权领导小组或知识产权联席办公会议可以做好统筹协调，可以委托一个部门集中主管，或委托CBD区域主管机关集中管辖。这样可以提高CBD服务业对外开放知识产权事务办事效率。2014年上海市出台《关于浦东新区知识产权工作有关事项的决定》，对专利侵权纠纷行政处理、违反著作权方面法规与规章、违反商标及特殊标志及官方标志方面规定的违法行为的行政处罚权由浦东CBD所在浦东新区知识产权行政管理部门相对集中行使，该项举措同样取得了很好的成效。②

（二）大力发展知识产权服务业

知识产权服务包括专利代理、商标申请、版权登记、成果转化等众多内容。发展知识产权服务业能够有力促进区域内产业升级，提高企业竞争力，近年来日益受到各地重视。2019年3月，商务部、国家发展改革委、财政部、生态环境部、国家知识产权局5部委联合发布《鼓励进口服务目录》（2019年第14号），将知识产权服务纳入《鼓励进口服务目录》。同时，国家发展改革委、商务部《鼓励外商投资产业目录（2019年版）》纳入知识产权服务内容。2019年10月，国家发展改革委、国家市场监督管理总局发

---

① 中国（浦东）知识产权保护中心运行以来全面开展快速审查、快速确权、快速维权等工作，全年共受理专利预审案件454件，结案进审213件，通过快速审查成功授权高价值专利154件；实现了发明专利授权周期从3年缩短至3个月，实用新型专利授权周期从1年缩短至20天，外观设计专利授权周期从半年缩短至1周。参见《2018年浦东新区知识产权白皮书》。

② 2018年，上海市浦东新区知识产权局接待各类知识产权举报投诉666件，立案数同比增长15%，结案数同比增长9.3%。参见《2018年浦东新区知识产权白皮书》。

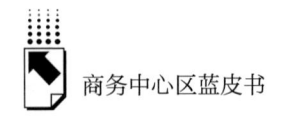

布《关于新时代服务业高质量发展的指导意见》，要求"建设国家知识产权服务业集聚发展区""引导各地服务业集聚区升级发展，丰富服务功能，提升产业能级"。[①] CBD 既是产业的聚集区，更应该成为知识产权服务业的聚集发展区。CBD 更要培育发展知识产权专业化运营机构，支持市场化、多元化知识产权交易平台发展，促进知识产权成果转化与产业化，推进科技成果转移转化。这样能够盘活市场存量知识产权，知识产权资产也能够获得市场化配置与交易。

（三）开展知识产权质押融资创新，为服务产业融资提供助力

知识产权质押属于无形财产质押，能够盘活企业存量资产，帮助其融资解困。目前知识产权质押已获各大 CBD 服务业扩大开放的政策支持。如《上海市新一轮服务业扩大开放若干措施》即规定，"支持扩大知识产权质押融资，探索推动著作权、专利权、商标权等无形资产融资租赁业务，扶持科技企业尤其是广大中小微企业发展壮大"。《国务院关于全面推进北京市服务业扩大开放综合试点工作方案的批复》[②] 中亦规定"积极推动知识产权、股权及相关实体资产组合式质押贷款新模式"。在实践中，也形成了众多模式，如北京"银行＋企业知识产权质押"的直接质押融资模式、浦东"银行＋政府基金担保＋专利权反担保"的间接质押模式、武汉"银行＋科技担保公司＋专利权反担保"的混合模式等。之所以存在模式上的差异，根源于知识产权质押固有的两大风险：价值评估难及处置变现难。由于知识产权权利价值始终处于不稳定状态，有些核心竞争专利潜力无穷而有些垃圾专利可能随时会被无效掉。商业银行为了规避风险，只能要求提供担保，无形中增加了融资成本。解决这一问题还需要进行必要的制度创新。一方面，在发展知识产权服务业时要重点推动知识产权资产评估机构的建设，并完善知识产权评估体系；另一方面，地方政府可以建立知识产权融资押品动态数

---

① 发改产业〔2019〕1602 号。
② 国函〔2019〕16 号。

据库，对知识产权期限、转让、异议或无效程序等进行动态监控，同时要求金融部门做好商业银行风险管理工作。银行监督管理部门可以与知识产权管理部门、版权管理部门建立知识产权金融协同工作机制，加强信息数据共享。

（四）支持服务企业知识产权海外布局

支持服务企业知识产权海外布局，帮助其了解、应对海外知识产权风险。支持企业知识产权海外申请专利和注册商标，这项工作已经获得各级地方政府的支持，并被《北京市服务业扩大开放综合试点总体方案》予以落实。值得注意的是，随着新服务贸易国际规则的推进以及国际政治、经济形势的变化，贸易保护主义抬头，服务业扩大开放中的海外侵权风险不断增加。为此，CBD地方政府应针对本区域服务业特点建立风险预警系统，对于特定区域及重点国家的知识产权最新政策、新行业标准及必要标准专利、重点行业的知识产权布局及专利地图等予以公布，并对企业海外知识产权维权实行援助制度。同时还可以探索推进知识产权海外侵权责任保险制度，保险公司的保险责任可以涵盖区域内服务业企业因侵犯第三方知识产权而直接引起的经济赔偿责任，以及案件相关的诉讼或仲裁费用等法律费用。2020年5月，广州开发区知识产权局与中国人保财险广州市分公司、中国贸促会知识产权服务中心广东分中心签订了知识产权海外侵权责任保险战略合作协议，并现场签发了全国首单知识产权海外侵权责任保险。[①] 知识产权海外侵权责任保险制度可以合理分散企业知识产权侵权风险，必将为服务业扩大开放提供助力。

四 结语

知识产权既是国家的一项重要战略，又是企业参与竞争的一项重要工

---

① 《全国首单知识产权海外侵权责任保险在粤落地》，国家知识产权局网站，http://www.sipo.gov.cn/zscqgz/1148767.htm，最后检索时间：2020年6月15日。

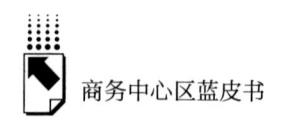

具。在服务贸易国际规则演变进程中，知识产权一直扮演重要角色。合理处置好我国服务业扩大开放中的知识产权问题，是我国合理应对新服务贸易规则的一个重要考验。服务业参与国际竞争，离不开严格的知识产权保护以及有利于服务业发展的营商环境的打造。在此过程中，CBD的聚集与引领作用同知识产权制度的工具作用三者相结合，有利于传统服务业的转型升级以及特色优势服务业的海外布局，可为其积极参与国际贸易竞争保驾护航。

参考文献

赵硕刚：《国际经贸规则变化趋势对我国的影响及对策》，《海外投资与出口信贷》2019年第3期。

牛强：《"后TRIPS时代"知识产权国际保护的中国路径》，《西南政法大学学报》2009年第6期。

申长雨：《知识产权在推进国家治理体系现代化中的作用凸显》，http://www.scio.gov.cn/xwfbh/xwbfbh/wqfbh/42311/42920/zy42924/Document/1677805/1677805.htm。

国家知识产权局：《2019年中国专利调查报告》，http://www.sipo.gov.cn/zscqgz/1146807.htm，最后检索时间：2020年5月23日。

孔庆江等：《〈中华人民共和国外商投资法〉解读》，法律出版社，2019。

B.11
CBD服务业扩大开放中的风险防范研究

赵家章 刘煊 苏雅*

摘　要：中央商务区（CDB）作为企业总部的集聚之地，引领着商务服务、金融、商贸等高端服务业的发展方向，其对于促进服务业结构优化升级、扩大服务业对外开放具有重要意义。目前，我国正在积极推进服务业对外开放，事实表明，一系列开放政策显著提升了我国CBD服务业对外开放度，并且取得了积极成效。本文尝试总结我国CBD服务业扩大开放的重要举措及其成效，指出我国CBD服务业开放过程中存在贸易安全、市场开放和金融监管等风险。针对这些风险，政府应当继续加强风险防范保障机制建设，企业应当不断完善风险管控措施，积极推进我国CBD服务业的开放进程。

关键词：CBD 服务业 扩大开放 风险防范

一　引言及文献综述

中央商务区（CDB）作为一个国家或地区众多企业总部和高端服务业的聚集之地，是高端服务业的最主要载体和平台，引领着一个国家或地区的

---

* 赵家章，首都经济贸易大学经济学院教授，研究方向为国际贸易与区域经济；刘煊，首都经济贸易大学经济学院，硕士研究生，研究方向为国际贸易；苏雅，首都经济贸易大学经济学院，硕士研究生，研究方向为国际贸易。

产业发展方向，反映一个国家或地区高端服务业的竞争力。纵观世界级CBD的发展历程，其都是在开放的环境中逐步发展起来的，因此，开放的环境是CBD发展的重要条件。从全球价值链的视角来看，服务业依附其高端环节，但是目前我国的服务业对外开放程度低于制造业，阻碍了我国服务业向全球价值链高端环节攀升的步伐。因此，为了促进我国CBD高端服务业的发展，应进一步扩大服务业对外开放。在扩大服务业开放的进程中，我国CBD服务业发展取得了积极成效，但同时又面临相当的风险，如何防范CBD服务业开放中的风险，是对政府和高端服务业企业的双重考验。鉴于此，本文通过分析我国CBD服务业对外开放的措施及成效，探究开放过程中面临的风险，并提出针对性的风险防范对策，进一步推动我国CBD服务业的高质量发展。

研究CBD服务业的开放，首先应当明确我国服务业的开放机制。总体来看，我国服务业扩大开放可通过服务贸易、服务业吸引外资和服务业对外投资几个路径实现[1]。具体而言：一方面，可优化服务结构，找准重点进行突破[2]；另一方面，可推进外资自由化政策[3]，鼓励外资参股[4]。具体到CBD服务业的开放，可从CBD的发展路径与趋势上进行分析。从发展起源来看，国内外CBD形成路径各异，但大多都会设置在交通便利、具有商业优势的地段[5]。从发展特征来看，CBD的发展整体侧重于高端服务业，以规划指导为主，市场形成为辅[6]。从发展趋势来看，我国CBD的服务业规模不

---

[1] 姜长云、邱灵：《扩大和深化我国服务业对外开放的新思路》，《经济纵横》2014年第10期，第20~25页。
[2] 李连友、魏宇方舟：《全面开放新格局下提升服务业开放及竞争力的路径研究》，《理论探讨》2019年第4期，第91~96页。
[3] 周霄雪：《服务业外资自由化与中国制造业企业出口绩效——基于上下游投入产出关系的分析》，《产业经济研究》2017年第6期，第52~64页。
[4] 孙浦阳、侯欣裕、盛斌：《服务业开放、管理效率与企业出口》，《经济研究》2018年第7期，第136~151页。
[5] 张杰：《中央商务区现代服务业发展阶段特征与新趋势》，《商业时代》2010年第21期，第20、30页。
[6] 蒋三庚、张杰：《中国主要CBD现代服务业发展特点》，《首都经济贸易大学学报》2009年第6期，第15~20页。

断扩张，层次逐步提升，未来势必具备强劲的竞争力①。

CBD 服务业扩大开放，可提升产业的竞争力，为企业赢得发展机会，但同时也会带来一定风险。针对 CBD 扩大开放的风险，目前的研究还鲜有涉及，更多的研究是针对我国服务业开放风险的整体进行论述。从发展现状层面，我国服务业扩大开放的风险首先表现为政策扶持力度的欠缺。例如，我国服务业准入自由化程度较低，部分行业外资股比限制较高，服务业经营模式和业务范围的扩张受到较大制约②。此外，我国服务业生产率相对较低，结构有待完善，即使像金融业、信息服务业等占比较高的行业，也存在企业生产率和市场化程度低下现象，这都在一定程度上限制了我国服务业的开放步伐③。由于服务业开放面临的风险与限制，我国 CBD 在集聚与外延的过程中，也会面临如市场准入限制、地域流动与人才限制的问题④，缺乏核心的品牌优势、贸易成本增加、服务业集聚与扩张受阻的问题⑤以及缺乏金融创新与规划等问题⑥。

关于 CBD 扩大开放面临的风险，学者们从不同角度建言献策。针对市场限制的问题：一方面，可加强政府支持力度，根据 CBD 发展现状制定相应对策，科学引导企业发展⑦；另一方面，可通过内外结合，充分发挥市场调节机制作用，避免行政过度垄断及地方市场格局⑧。在产业结构与品牌优势层面，需进一步完善法律制度，利用外资优化国内服务业市场结构，加快

---

① 张杰：《探索中央商务区现代服务业发展路径》，《经济日报》2012 年 5 月 31 日。
② 叶辅靖：《我国服务业扩大开放的主攻方向》，《国际贸易》2018 年第 12 期，第 44~47 页。
③ 戴慧：《对服务业高质量发展研究——基于北京市服务业发展问题的思考与建议》，《价格理论与实践》2019 年第 12 期，第 36~38 页。
④ 干慧芳：《CBD 现代服务业集聚研究》，首都经济贸易大学硕士学位论文，2010。
⑤ 王江、徐婷：《北京 CBD 功能区发展高端服务业的创新思考》，《商业时代》2013 年第 27 期，第 139~140 页。
⑥ 王曼怡、刘同山：《我国中央商务区金融集聚问题研究——以天津滨海新区为例》，《经济纵横》2010 年第 10 期，第 58~60 页。
⑦ 武占云、王业强：《CBD 现代服务业集聚机制与发展对策》，《国民经济管理》2016 年第 4 期，第 133~138 页。
⑧ 谭洪波、夏杰长等：《服务业扩大开放给我国城市 CBD 带来的机遇与挑战》，《全球化》2020 年第 1 期，第 7~24 页。

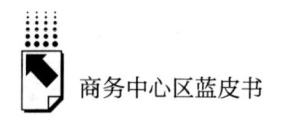

服务业转型升级，促进CBD服务业产业集群的形成①，同时需注重CBD定位与产业集群的匹配度，最大限度发挥其优势②。针对金融风险，可建立金融风险预警系统，同时完善金融监管体系，以切实抵御金融风险③。

总体而言，关于CBD的研究，仍主要集中在其积极意义上，对于CBD服务业扩大开放的风险以及风险防范的研究还有所欠缺。本文从贸易安全、市场开放和金融监管三个层面分析我国CBD扩大开放过程中面临的风险，并提出针对性对策建议，以CBD为切入点积极促进服务业扩大开放。

二 我国CBD服务业扩大开放举措及其成效

CBD作为高度集中经济、科技和文化力量的城市核心，凭借众多城市功能以及完善的市政交通与通信条件产生集聚效应，成为服务业最主要的载体和平台。目前，我国正在大力推进扩大服务业对外开放，事实表明，现已施行的放宽市场准入和一系列开放政策显著提升了我国服务业的对外开放度和营商环境水平。

（一）我国服务业扩大对外开放的重要举措

党的十八大以来，我国通过制定和调整众多扩大服务业对外开放的法规和政策，逐渐加大服务业对外开放力度。其中颁布的法规政策包括《外商投资准入特别管理措施（负面清单）》（2018年版、2019年版、2020年版）和《关于进一步扩大金融业对外开放的有关举措》等。这些法规政策在金融业、文体和娱乐业、租赁和商务服务业等高端领域明显放宽了外资市场准入和经营限制，允许外资进入我国部分高端服务业，通过与外资企业的合作经营进一步促进了我国服务业的对外开放步伐。

---

① 赵琳：《服务业FDI独资化倾向研究》，《山东社会科学》2015年第2期，第95~99页。
② 杨莲芬：《中心城市CBD系统中现代服务业集群效应评价》，《统计与决策》2009年第1期，第62~65页。
③ 杨帆：《探讨金融风险的预防措施》，《全国商情·理论研究》2013年第31期，第37~38页。

(二) 我国服务业对外开放取得成效

一系列扩大服务业对外开放政策显著提升了我国服务业的对外开放度和营商环境水平。首先，我国服务业的外商直接投资限制指数显著下降。根据OECD相关数据，1997~2018年我国服务业整体外商直接投资限制指数显著下降，从1997年的0.716下降至2018年的0.316。从细分行业来看，通信业、保险业、金融业、零售业、批发业、银行业、会计审计业等下降最快。其次，我国服务业利用外资在三次产业中比例上升，其增速快于世界平均水平。2008~2018年，我国服务业实际利用外资占比从41.07%增加至68.14%。再次，我国服务业进口额在世界服务业进口额中的占比显著提升。2018年我国服务业进口额占世界服务业进口额的比重是9.34%，位居世界第二。这说明，我国扩大服务业开放的一系列举措取得了显著的效果。最后，服务业的外商直接投资快速流向我国大城市并在CBD内集聚。这主要得益于CBD营商环境的优化。

(三) 我国CBD服务业对外开放成效

近年来，我国十分重视服务业的对外开放，各地纷纷响应号召，优化开放结构，扩大开放领域，建立新自贸区，提升服务业对外开放水平。而CBD作为企业总部的集聚之地，一直引领着商务服务、金融、商贸等高端服务业的发展。我国也十分重视CBD的建设，试图借助CBD拉动自贸试验区的开放水平，促进服务业扩大开放，众多CBD被纳入自贸试验区的范畴。如郑东新区CBD位于郑州自贸区、重庆江北嘴CBD位于重庆自贸区、天津滨海CBD位于天津自贸区、深圳十字门CBD位于深圳自贸区等等。无论是凭借何种方式兴起，CBD内服务业的集聚与发展，都在一定程度上提升了当地服务业的质量，推动CBD服务业在开放层次、开放结构与开放领域层面的全面提升。

1. CBD服务业开放的层次多样

由于各地服务业发展水平不同，CBD的发展阶段各异，CBD区域内也划分成了多个层级。具体而言，主要包含世界级、国家级、大区级、区域级和地区级五大类①，不同层级的CBD所行使的职能以及相对应的服务范围也存在差异。就目前发展现状而言，中国香港中环CBD属于世界级，其是香港金融、保险、投资、财务、地产、法律、咨询等高端服务业和外企总部的集聚地，经济职能也超越国界，对整个中国、东南亚乃至全球的服务业都有着极大的影响力。国家级CBD包括北京CBD、上海陆家嘴CBD及广州天河CBD。北京CBD充分发挥自身的资源聚集能力，截至2018年，北京CBD总部企业数量达到428家，聚集了北京市约50%的总部企业，成为中国大陆范围内商务服务、金融、文化等高端服务业和跨国企业总部最集聚的地区，引领国内CBD及服务业的发展。上海陆家嘴CBD是中国唯一以"金融贸易"命名的国家级开发区。截至2018年底，陆家嘴金融城新设30家外资资产管理机构，集聚了17家外资法人银行。广州天河CBD企业总量超过7万家，142家世界500强企业在此设立201个项目机构。此外，CBD还包含大区级、区域级和地区级三个层级，分别助推中国大区、跨省区域及省内区域服务业的扩大开放。其中大区级包含的深圳福田CBD集聚了31万家法人企业，其中世界500强总部3家，中国500强企业总部13家，上市公司81家，总部413家。中国地区级CBD包括天津河西CBD、上海虹桥CBD、武汉江汉CBD、重庆江北嘴CBD等，目前已初具规模，在一定地区范围内有一定的影响力和经济带动作用。地区级CBD主要设立在各省省会及省内主要城市，借助CBD发展带动当地服务业扩大开放。

2. CBD服务业结构多元化

近年来，随着城市化进程不断演进，中国北京、上海、广州、深圳等各大城市CBD将发展总部经济作为经济发展的重要任务，以提升服务业的结构和水平。从发展结构来看，CBD的发展整体定位于金融、会计、审计、法律咨询等技术含量高、附加值高的高端服务业的发展，如

---

① 蒋三庚、宋毅成：《我国特大城市中央商务区差异化发展研究》，《北京工商大学学报》2014年第9期，第36~43页。

上海陆家嘴CBD的金融产业、深圳福田CBD的信息技术产业、上海静安CBD的文化创意产业等，这也迎合了我国当前服务业发展的方针战略。同时，各地CBD在发展过程中，也都蕴含了独特的地域特色，形成了多元化的发展结构。如北京CBD内形成了"以高端商务为主导、文化传媒产业聚集"的服务业发展定位。其CBD金融区内集聚了部分国际金融机构，如世界银行、国际货币基金组织和亚洲开发银行，传媒创意产业园内聚集了众多文化创意和文化传媒企业。广州天河CBD以及深圳福田CBD投资初期，也在一定程度上倚靠香港CBD的辐射作用和外商投资兴建起来。此外，各地CBD的政府干预力度也有所不同，例如西安CBD、重庆CBD由政府主导形成，而宁波、武汉等CBD则与当地优势产业协同并进，借助优势产业不断壮大。凭借CBD服务业结构的多元化发展，目前，我国CBD服务业增加值占比已超过90%，部分城市的CBD借助其交通条件、营商环境、产业基础上的综合优势，成为城市发展服务业的主要高地。

3. CBD服务业领域广泛

随着我国服务业吸收外资水平大幅上升，外商直接投资也逐步由传统产业转向现代服务业，服务业开放领域日益扩张。据中国欧盟商会统计，截至2020年6月，已有65%的企业将中国作为最重要或投资选择TOP3的目的地，近半成企业对在华收入呈良好预期。此外，根据香港特别行政区政府统计处资料，2019年在香港设立地区总部的跨国公司有1541家，其中，母国在美国的278家，日本232家，中国内地216家，英国141家，德国97家。2019年香港集聚的跨国公司地区总部主要分布于服务业领域，其中进出口贸易、批发及零售业占比高达51.34%，是驻港跨国公司地区总部最主要的业务范围；其次，金融及银行业占比17.05%，专业、商用及服务业占比15%，运输、仓库及快递业占比6.89%，资讯科技服务业占比5.70%。大量的服务业跨国公司地区总部集聚促进了香港CBD的发展。目前北京CBD和广州天河CBD入驻企业和世界500强企业数量位居全国前列。其中，广州天河CBD集聚了超过100家总部企业。东部沿海地区城市CBD的集聚效

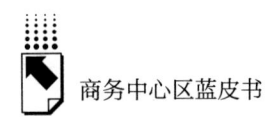

应更强,借助其完善的基础设施吸引了大量的跨国公司总部,总部企业和全球500强企业辐射 CBD 内部整个产业链的发展,从而推动 CBD 经济的持续发展。我国服务业无论是在体量还是质量上都有了显著提升,服务业的进一步开放可在一定程度上反作用于 CBD,扩大 CBD 服务业的开放领域,促进当地 CBD 服务业的发展。而 CBD 的进一步发展也势必提升投资水平,形成服务机构,推动高端服务业、信息科技产业、贸易服务业、文化传媒产业等各类服务业的进一步扩张与开放,形成良性循环。

三 我国 CBD 服务业扩大开放存在的风险

我国 CBD 服务业扩大对外开放中不可避免会遇到不同风险,主要表现为贸易安全风险、市场风险和金融风险三大类。

(一)贸易安全风险

1. 独资化倾向,压缩国内服务业发展空间

服务业扩大开放后,大量跨国服务企业进入中国市场后呈现愈加明显的独资化倾向[①],而服务业高度集聚是 CBD 发展的核心,独资化倾向会降低 CBD 技术溢出效应,提高逆向技术扩散,加重国内服务业的竞争压力。在这种冲击下,国内服务企业可能被迫退出市场,压缩 CBD 国内服务企业的发展空间。此外,服务业扩大开放可能继续加大我国服务贸易逆差,给贸易安全带来威胁。

2. 监管力度不足,蕴藏潜在风险

由于我国至今没有一部专门针对服务贸易的法律法规,因此,法律与监管体系能否接轨高标准是服务业扩大开放后给贸易安全带来的一大挑战。服务业缺乏实体的特征决定了服务业比传统制造业更依赖良好的法治和监管体系。CBD 集聚各类跨国服务企业,各国标准不尽相同,可能存在内部化交

---

① 赵琳:《服务业 FDI 独资化倾向研究》,《山东社会科学》2015 年第 2 期,第 95~99 页。

易的行为将加大监督和管理难度,尤其针对金融等高端服务业,监管力度不足将给国内金融机构带来不同程度的经营风险。

3. 行业信息不对称,造成资源浪费

行业信息的不对称可能会引起各地政府在政策选择、产业结构、招商引资等方面产生产业趋同,而产业趋同现象将扰乱市场秩序,造成资源的浪费。目前,我国不同地区CBD也存在产业趋同现象。在这种背景下,服务业进一步扩大开放将加剧不同地区CBD的产业趋同,难以实现区域性分工与协作,使各地区CBD无法充分结合自身在资源和地域等方面的优势形成核心产业和新的经济增长点。

(二)市场风险

1. 市场化程度不足,阻碍服务业长远发展

相比于发达国家,我国服务业市场化程度不高,服务业改革步伐相对缓慢。尤其是现代服务业进入门槛较高,存在行业垄断,导致市场主体缺乏竞争压力,难以激发活力与潜在创新力,阻碍服务业长远发展。此外,市场化程度与开放度的不匹配可能会引发供不应求的问题,其弊端会随着CBD进一步扩大开放愈加显现,虽然短期不会直接影响企业的运营状况,但长期会影响企业的经营效率,制约服务业特别是现代服务业的发展动力和扩张能力。

2. 消费水平偏低,阻碍CBD服务业转型升级

现阶段,我国投资处于高位,消费率走低,根据投资消费占比,我国消费对经济增长的贡献率远低于发达国家水平,难以发挥消费对经济的拉动作用,而消费升级的最终结果将是拉动产业升级,助推高端服务业发展。消费水平偏低,一方面体现在内需市场动力不足,CBD服务业开放与扩张受到制约。另一方面则体现在外需市场需求疲软,服务业FDI对CBD经济的协同推动作用放缓,引发开放风险。内需与外需疲软的双重压力,将严重阻碍CBD服务业的转型升级。

3. 服务业开放程度低,限制CBD服务业发展空间

我国服务业开放程度较低,一方面体现在对内开放程度较低,民营资

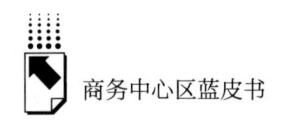

本存在差别待遇政策，难以激发服务业增长活力，形成良性竞争机制，不利于推动市场化进程，另一方面体现在对外开放程度较低，我国相较于发达国家，对外开放水平仍有很大差距，不具国际竞争优势。尤其是现代服务业发展滞后，与CBD城市功能定位和发展的规划目标相比，仍有较大发展空间。

（三）金融风险

1. 金融监管不足，易引发安全风险

严格的金融监管能够给企业带来安全的金融环境，是企业发展和金融集聚的必要条件，但目前我国CBD金融监管存在着一定的漏洞。首先，由于各国在制度和认知上的差异，在交易中极有可能出现信息偏差从而引发金融安全风险。这种安全风险既涵盖制度、契约等理论层面的风险，也包含技术、知识、交易工具等实践层面的风险。其次，由于监管力度不足，对于金融诈骗与篡改财务信息的处罚力度不够，金融诈骗案频频发生，这对以发展高端服务业为目标的CBD而言，存在巨大的金融安全风险。

2. 金融创新不足，难以激发企业活力

CBD作为城市商务活动最发达的区域，创新金融理念与金融活动能够为CBD服务业增效，是企业发展需要考虑的重要因素之一。目前，我国对于CBD内企业的经营理念缺乏先行认知，尤其缺乏针对CBD内企业现行发展的指导方针，发展目标与方向依然沿用国际惯例，不利于CBD内企业发挥应有的活力。此外，企业在创新力度上，较部分发达国家而言存在较大差距：服务业开放便利化程度不高，交易易受较大限制；金融产品和金融服务创新力不足，不能完全满足顾客的个性化需求。这对于CBD内企业的资金运作与制度创新极其不利。

四 我国CBD服务业扩大开放风险防范策略

基于我国CBD服务业扩大开放取得的成效和存在的风险，考虑全球范围服务业的发展趋势,提出以下CBD服务业开放的风险防范策略,以期更好地推动我国CBD服务业高水平对外开放。

(一)针对贸易安全风险的防范措施

1. 健全风险预警监测机制,积极应对服务业开放风险

为及时规避风险,服务业扩大开放过程中应建立起风险预警系统。首先,探索建立服务业重点领域产业安全预警机制。通过数据分析,收集企业主体各类风险信息。其次,根据风险预兆变化,预测和判断风险大小以及风险对企业造成的损失程度。再次,根据风险的监测结果,明晰风险来源与级别,对症下药,制定应对措施规避开放风险。最后,对已采取措施的风险信息进行跟踪监控,监控风险管理策略的实施效果。

2. 搭建服务业信息平台,强化区域间沟通交流

搭建地区CBD服务业信息共享平台,充分发挥协调机制,引导不同CBD形成以自身优势产业为主导的服务业生态体系。为各地方政府在政策选择、产业结构、招商引资等方面搭建沟通平台,避免产业市场信息不完全导致行业选择模仿和跟随的行为。同时,不同区域CBD之间应加强沟通交流,研究资源共享模式,包括信息共享和税源共享,最终实现双向辐射,提高资源的配置效率,达到优势互补、共同发展的目的。

3. 强化CBD创新引领作用,提升辐射和沟通能力

加强CBD与科研院所的合作,推动省、市、区三级科技创新资源在CBD的整合,搭建成果转化、技术转移等科技服务体系,建设一批国家、省级重点实验室及科技成果转化中心,为CBD发展培育新动能。随着具有国际化经营能力的跨国公司在各地区CBD集聚,区位优势驱使服务业公司向粤港澳大湾区、长三角、环渤海经济圈的核心城市集聚。因此,应当提升CBD的辐射和沟通能力。在充分发挥北京、上海、广州等核心城市作用的同时扩大经济辐射范围覆盖的城市及周边区域,提升区域影响力。

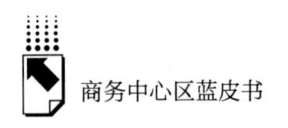

（二）针对市场风险的防范措施

1. 科学把握CBD开放节奏，促进服务业高质量发展

要继续推进简政放权和市场化改革，科学规划CBD产业结构与开放节奏。对CBD的产业导向做出长远安排。注重服务业整体化发展，统筹规划市场化发展步伐，高点定位发展节奏，结合市场化程度与未来发展导向，以形成现代服务业集聚区为目标，采取政府引导和市场化运作相结合的方式，避免一些供不应求行业的出现。同时，加快市场化体制机制创新，促进新型现代服务业发展。

2. 积极推进CBD服务业创新，对接多元化消费需求

在新形势下，积极引入CBD高端服务业和新兴服务业，满足消费需求多样化，推进服务业跨境投资流动，提升全球资源高效配置。一方面，在弥补我国CBD服务业短板的同时，优化服务业结构，发挥特大城市和先进CBD的示范效应，提升CBD服务业整体质量。另一方面，积极推进服务创新政策，有效对接多元化市场需求。通过培育消费市场，实现从需求端拉动经济增长，形成消费增长与服务业创新升级的良性互动。

3. 扩大服务业开放程度，发挥CBD经济增长引擎作用

一是妥善推进服务业对内开放，优化政府职能，破除垄断机制弊端，营造有利于民营资本服务业发展的政策环境，有的放矢制定相关政策，释放市场增长潜力。二是积极推进服务业对外开放，进一步缩减负面清单，放宽服务业外商投资限制，增强对外资的吸引力，推动高层次服务业对外开放维度，发挥CBD服务业区域支柱性作用，在纵深方向进一步拓宽服务业发展空间，提升服务业国际竞争力。

（三）针对金融风险的防范措施

1. 进一步加强金融监管，改善金融服务环境

政府可联合金融机构共同防范金融风险。搭建金融风险防控平台，对金融风险进行分类汇总与等级划分，依照类别和等级制定契合的应对措施，确保风险来临时，企业能够第一时间进行应对。此外，政府应当联合金融机构，设置针对金融安全的法律条款和监测机构，对交易资金进行严格监测，风险来临时，金融机构应当立即告知企业，同时可依据法律条款进行相应制裁，保障企业的金融安全。

2. 强化企业安全意识，提升金融服务质量

安全意识的强化，更多针对企业层面。首先，企业内部可以定期举办讲座等活动，加强员工的安全意识，提防潜在的金融风险。其次，企业应当加强同金融机构的合作，建立完善金融信息平台。定期将不涉及公司机密的金融信息共享，平台内也可添加咨询服务、人才招聘等板块，为企业和金融人才"牵线搭桥"。同时，企业间可以互信互利，通过制定契约，明晰各方所要履行的义务，按照契约要求提升服务质量。最后，企业还应积极响应政府号召，参与到CBD服务业的建设当中，为CBD服务业的扩大开放建言献策。

3. 创新金融服务，提升服务聚集度

创新金融服务，可从以下几个层面入手。首先，改进CBD内现有的金融管理模式，从政府主导转向政府引导。建立服务业商务活动测算体系，根据不同高端服务业的发展动态，明确未来高端服务业的发展趋势。其次，建立金融产业基金，吸引相似功能的企业集聚，提升产业结构。最后，相关管理部门应在CBD内建立产业链，为分工不同、具有合作意愿的上下游企业提供配套服务，以实现产业集聚，利用企业间的优势，进一步扩大CBD服务业的开放。

参考文献

蒋三庚：《CBD与现代服务业企业集群研究》，《首都经济贸易大学学报》2006年第5期。

沈小平、蔡晓娜：《基于CBD的现代服务业集聚动因及其作用机制探讨》，《商业经济研究》2015年第20期。

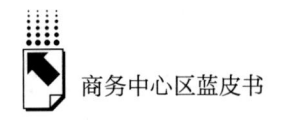

蒋三庚、付铭：《CBD 现代服务业集聚发展的演变规律》，《北京工商大学学报》（社会科学版）2009 年第 9 期。

丁成日、谢欣梅：《城市中央商务区（CBD）发展的国际比较》，《城市发展研究》2010 年第 10 期。

B.12
服务业扩大开放需求下CBD国际人才体系构建研究
——基于双因素理论的分析

邬晓霞 黄艳*

摘 要： 作为国际化特征明显、国际影响力较高的城市区域，CBD构建国际人才体系对促进其服务业扩大开放意义重大。在明确界定CBD国际人才体系内涵与特征的基础上，本文分析CBD国际人才体系的发展现状，基于"激励-保健"双因素理论提出CBD国际人才体系的分析框架，在促进服务业扩大开放的背景下，从保健因素和激励因素两个方面提出CBD国际人才体系构建的对策建议。

关键词： 中央商务区 开放 双因素理论 国际人才体系

纽约、伦敦等世界城市的发展经验表明，服务业呈现向CBD集聚的空间特征。改革开放以来，国内CBD逐渐进入现代服务业集聚发展阶段。产业发展与人才集聚相互影响，逐渐形成联动发展态势[1]。同时，与制造业

---

* 邬晓霞，经济学博士，首都经济贸易大学城市经济与公共管理学院副教授、硕士生导师，研究方向为区域政策、城市与区域发展；黄艳，首都经济贸易大学硕士研究生，研究方向为城市与区域发展。

[1] 张杰、蒋三庚：《中央商务区（CBD）人才聚集因素分析：产业发展与对策建议》，《首都经济贸易大学学报》2009年第2期。

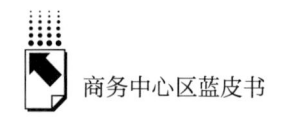

相比，我国服务业对外开放明显滞后，作为紧密参与全球价值链的城市区域CBD，其高端服务业的发展长期受服务业开放不足的影响[1]。在此背景下，党的十九大报告提出要"发展更高层次的开放型经济""大幅度放宽市场准入，扩大服务业对外开放"，为新时期CBD服务业发展指明了方向。

国际人才体系建设是服务业扩大开放的重要支撑。CBD作为国际化特征明显、国际影响力较高的城市区域，构建有利于国际化人才发展的人才体系对促进其服务业扩大开放意义重大。因此，本文在明确界定CBD国际人才体系内涵与特征的基础上，分析CBD国际人才体系的发展现状，基于双因素理论提出CBD国际人才体系的分析框架，并在促进服务业扩大开放的背景下，给出构建CBD国际人才体系的相关政策建议。

一 文献综述

现有研究主要集中在国际化人才培养体系、国际化人才引进、国际化人才激励和人才资源开发等方面。在国际化人才培养体系方面，[2] 聚焦国内工程类企业，提出符合中国工程类公司国际化人才培养需要的人才体系和实施策略。[3] 基于国际化大都市背景，认为国际化人才培养应在培养理念、管理机制、课程群、实践体系等方面有所突破，培养出具有民族特色的国际化人才。[4] 从构建国际化人才培训体系的原则入手，提出夯实基础、商务引领、整合资源、校企合作等具体建议。[5] 在"一带一路"国家倡议背景下探讨国

---

[1] 谭洪波、夏杰长、陈琳琳：《服务业扩大开放给我国城市CBD带来的机遇与挑战》，《全球化》2020年第1期。
[2] 刘冬文：《国际化人才发展与培养体系构建及实施策略》，《全国流通经济》2019年第30期。
[3] 张化新、梁瑜霞、高萍：《国际化大都市背景下的国际化人才培养》，《西北大学学报》（哲学社会科学版）2012年第6期。
[4] 周灵、若海：《浅谈构建国际化人才培训体系》，《国际工程与劳务》2019年第12期。
[5] 尤乐嫣：《"一带一路"背景下国际化人才培养路径研究》，《科技资讯》2017年第35期。

际化人才培养的路径问题。在国际化人才引进方面,① 基于中美竞争新格局认为,我国需要加快转型海外人才战略,尽快形成大数据筛选、市场化配置、中心城市重点吸引的应对方略,营造具有国际竞争力和中国特色的人才制度优势。② 通过梳理美国、英国、加拿大等国家在国际人才引进中的做法,总结得出市场导向、保持动态政策、物质激励、国际人才交流合作等政策建议。③ 认为深圳在国际化人才引进中存在体制机制不完善、渠道单一等问题,提出健全人才分类评审制度、开发国际化人才引进新途径等政策建议。在国际化人才激励方面,④ 通过构建人才国际流动激励模型认为,吸引海外人才不能无休止地扩大资助和优惠待遇,而应将营造适宜中青年发展的成长环境放在激励政策的突出位置。⑤ 根据公平理论对国际人才的"比较心理"进行分析,构建了适合滨海新区发展实际且满足国际人才"比较心理"的激励模式。在人才资源开发方面,⑥ 针对我国加入 WTO 面临的问题,从创造良好环境吸引人才、搞好人才规划、调整人才结构、进一步扩大和规范人才市场、加强继续教育等方面提出人才资源开发的对策意见。

综上所述,一是现有文献对国际化人才的研究大多局限于单一方面,对于国际化人才综合体系的探索略显薄弱。二是研究多聚焦于地区、省域和微观企业,尚未有针对 CBD 国际人才体系的研究。三是基于促进服务业扩大开放需求的国际人才体系建设研究,目前尚为空白。因此,本文将在促进服务业扩大开放的背景下,深入开展 CBD 国际人才体系构建研究。

---

① 高子平:《中美竞争新格局下的我国海外人才战略转型研究》,《华东师范大学学报》(哲学社会科学版) 2019 年第 3 期。
② 肖鹏燕:《一些国家和地区引进国际人才的做法》,《中国人力资源开发》2012 年第 5 期。
③ 赵玲玲:《深圳国际化人才引进政策的现状、问题及对策》,《特区实践与理论》2019 年第 2 期。
④ 吴帅:《人才国际流动的激励模型及政策优化研究——基于我国 10 个地区的实证分析》,《中国青年研究》2013 年第 1 期。
⑤ 杜静、李丽君:《滨海新区国际人才激励模式探究——基于"比较心理"的视角》,《开发研究》2012 年第 4 期。
⑥ 任远明、刘振祥:《加入 WTO 与我国人才资源开发》,《经济问题》2002 年第 3 期。

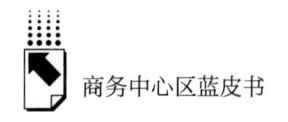

二 CBD国际人才体系的内涵与特征

（一）CBD国际人才的内涵

国际化人才是指具有国际化意识、国际胸怀以及国际一流知识结构，视野和能力达到国际化水准，在全球化竞争中善于把握机遇和争取主动的高层次人才[1]。国际化人才的主要特征包括具有国际视野、具备涉外工作能力以及能够在全球化发展中做出突出贡献[2]。在对外开放背景下，CBD作为兼具金融、商贸、服务、展销、咨询功能的城市高端服务业核心区，是国际化人才的首要聚集区。基于CBD的主要特征和产业需求，CBD的国际化人才主要包括三类：一是服务于金融、财务、咨询、研发等高端生产性服务业的国际化人才；二是服务于物流贸易、文化传媒和国际组织等对外交流的国际化人才；三是为CBD提供高效管理的国际化人才。上述三类人才对促进CBD服务业扩大开放均具有重要意义。

（二）CBD国际人才体系的内涵

人才体系最早源于人力资源部门，是指为实现一定的价值、服务于某一群体或组织，将不同类型的人才及人才的引进、培养、成长过程相整合的一个有机整体。结合已有概念，本文所指CBD国际人才体系，是指CBD为达到促进服务业扩大开放的目的，采取多种措施吸引、培育、留住国际人才，建立与经济全球化需要相适应的国际人才队伍的有机体系，主要包括国际人力资源开发、人才竞争、人才培养、人才激励与人才保障等内容。

---

[1] 张华英：《人才国际化与国际化人才的培养》，《福建农林大学学报》（哲学社会科学版）2003年第4期。

[2] 魏华颖、孟续铎：《北京市国际人才吸引政策研究》，《领导科学》2011年第32期；丁进、陈锡安、蔡爱华等：《"国际化人才"探析》，《中国人力资源开发》2005年第12期。

(三)CBD国际人才体系的特征

CBD国际人才体系具有人才环境高度国际化、人才结构服务导向化和人才服务需求多元化等特征。

一是人才环境高度国际化。CBD具有国际化、高端化的发展特征,是城市中国际人才的首要聚集区和主要功能枢纽。为满足国际化人才的需求,需要构建"类海外"环境集中区,包括提供国际视野的人才培训、对接国际需求的人才交流平台、公平择优的制度环境、开放自由的国际化工作生活环境以及高品位的景观生态环境等。

二是人才结构服务导向化。由于规模经济、集聚效应和良好营商环境的吸引,CBD往往是高端服务业集聚的首选之地①。高端服务业属于人力资本密集型行业,CBD中的国际人才主要由金融、财务、法律、研发、咨询、文化传媒等第三产业从业人员构成。同时,国际化服务业人才受外部环境和知识溢出的吸引,更加倾向于选择具有良好营商环境和高端人才集聚的CBD,从而有助于CBD服务业人才集聚。

三是人才服务需求多元化。人才服务需求多元化是CBD国际人才多元化集聚的结果。国外人才与本土国际人才、长期居住人才和短期流动人才、不同种族和文化传统的人才并存,要求CBD能够提供灵活多元的人才服务体系,满足多种类型的居住、出行、工作和生活需要。

三 CBD国际人才体系的发展现状

以国内主要国际化城市为代表,CBD国际人才体系建设已进入开创性发展的新阶段。在服务业加速开放的影响下,北京、上海、广州、深圳等较成熟的城市中央商务区均采取多样化的方式与政策,构建了基本合理的国际

---

① 谭洪波、夏杰长、陈琳琳:《服务业扩大开放给我国城市CBD带来的机遇与挑战》,《全球化》2020年第1期。

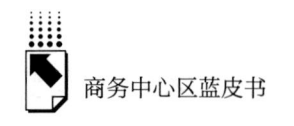

人才引进、培育和激励体系，但仍面临国际人才存量不足、对本土国际人才重视不足、国际人才激励单一化以及人才保障缺乏针对性等问题。

（一）发展现状

1. 搭建平台吸引和服务国际人才

从北京CBD来看，作为首都建设国际化大都市的重要引领平台和对外窗口，北京CBD具有丰富的国际人才资源，具备较强的国际人才吸引能力，构建了较为完整和多元化的国际人才体系。紧扣"国际一流和谐宜居之都"目标，依托"海聚工程"、北京朝阳海外学人中心，北京CBD在海外人才吸引、培养、开发和服务方面全面推进，推出了包括海外高层次人才认定、居留就业许可绿色通道、海外高层次人才创业大会、优秀海外人才引进资助、海外学人俱乐部在内的多项平台和措施。

上海陆家嘴CBD依托浦东国际人才港搭建国际人才活动交流平台，多部门协同联动设立了外国人来华工作许可、居留许可、体检预约"单一窗口"，定期举办外籍毕业生专场招聘会，根据2018年浦东新区人才紧缺指数报告，目前浦东新区海外留学归国人员已占到总外籍人员的65%。

2. 出台国际人才激励政策

在激励方面，北京CBD充分考虑到CBD国际人才多元化的特征，推出9种类型海外高层次人才资助项目，涉及就业与创业人才、长期居住与短期流动人才、领军人才与青年人才、留学人才与海外人才等多种国际人才。

上海陆家嘴CBD以金融服务业为核心优势产业，汇集大批国际金融人才，形成灵活便捷的国际人才服务体系。2009年，国务院发布《关于推进上海加快发展现代服务业和先进制造业建设国际金融中心和国际航运中心的意见》，明确将上海定位为国际金融中心。为推动国际金融人才体系建设，上海市先后出台"万名海外留学人才集聚工程""聚英计划"等一系列海外人才项目，充分考虑海外人才的流动性，将兼职人才纳入工作居留许可范围，每隔两年对"为浦东开发建设做出积极贡献的外籍和港澳台专家"进行评选。

3. 为国际人才提供适宜的文化和生活环境

为满足海外人才的文化需求，北京CBD组织开展多种类型的文化活动，通过发行双语刊物等形式传播多元文化，规划引导周边形成充满活力和特色的街区和景点。根据2017年世界商务区联盟发布的《全球商务区吸引力报告》，北京CBD人才吸引力排名全球第九，截至2018年，朝阳区港澳台居民和外籍人员占到北京市外籍人口的57.7%，CBD区域从业人员国际人才所占比例总体达到5%（北京CBD人才服务体系研究终期报告，2019）。

广州天河CBD国际人才集聚能力较强，国际人才引进、培养和激励政策散见在广州市综合性人才政策中，对于国际人才的服务保障集中于构建适宜的生活环境。一方面，广州天河CBD对外国人居住超过一定数目的街镇建立涉外综合服务站，招募外籍翻译志愿者在相关社区和服务站服务；另一方面，组织多种类型的中国文化、风俗宣传活动，为不同国籍的国际人才提供交流平台。根据广州市公安局报告，截至2018年6月，广州市实有在住外国人82101人，其中常住外国人51416人，持广州市签发签证、居留许可外国人46512名，留学人员9500多人，外籍教师和专家2400多人，此外还有持非广州签发签证居住半年以上常住外国人4904名。根据外汇天眼统计数据，广州天河区外籍人口约为2万人，是广州外籍人员最集中的区域。

4. 出台综合措施满足国际人才需求

2019年，《关于全面推进北京市服务业扩大开放综合试点工作方案》正式批复，北京在科技、互联网、金融、教育、文化旅游、医疗、养老等8个服务业领域开放改革，出台了包括放宽外籍人才职业资质、完善外籍人才考评体系、开展国际化医疗试点、加大国际教育资源供给、开放文旅领域准入等多种措施，进一步满足国际人才的全方位需要。

2019年，紧跟北京服务业扩大开放步伐，上海市出台《新一轮服务业扩大开放若干措施》，完善外国医师来华短期行医管理流程，出台放宽持有港澳台职业资格证的人才提供专业服务的条件、允许外籍人才参与国内职业资格考试、建立外籍人员子女学校等举措，充分打通国际人才的发展渠道。

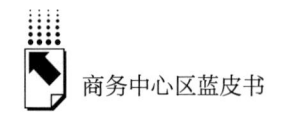

（二）存在的问题

1. 国际人才存量不足

尽管我国 CBD 国际人才体系建设取得显著成效，但国际人才的供需矛盾仍然较为突出。首先，与国外成熟的中央商务区相比，国内 CBD 的吸引力还存在一定差距，尤其是对于高端国际人才和高级国际专业技术人才吸引力较弱。相比于外籍人才，留学归国人才是国内 CBD 国际人才的主要组成部分。其次，引进国际人才主要基于人才资本投入理论，片面强调资金、资源上的倾斜，较易出现边际效用递减的倾向。最后，人才引进平台较为单一、市场化不足，猎头公司发展水平参差不齐，均对 CBD 高端国际人才引进带来不便。

2. 本土国际人才重视不足

一方面，本土国际人才培养机制不完善，过度重视海外人才、留学归国人才引进，忽视了本土化国际人才的培育。北京、上海等地推出的 CBD 人才政策较少为本土国际人才提供支撑，缺乏培训也促使本土国际人才队伍难以获得较大发展。另一方面，与海外人才引进政策相比，本土国际人才的认定尚属空白，使得本土国际人才难以享受与海外引进人才均等的发展机会，本土国际人才的认证和晋升较为困难。

3. 国际人才激励单一化

目前，CBD 针对国际人才的激励政策仍集中于补贴和奖励方面，在产权激励、股权激励等方面做出的探索较少。以资金奖补以及衍生福利为主的激励模式存在边际效应递减趋势，同时也增加了 CBD 的财政负担，容易引起"补贴战"，不利于 CBD 整体发展。根据相关研究，对于海外高层次人才，成果转移和产权激励将对个人的技术创新起到持续的激励作用（吴帅，2013）。

4. 国际人才环境建设缺乏针对性

相比于其他类型的高端人才，国际人才的需求更加多元化。一方面，国际化社区建设不足。国际人才要求具有更高国际接轨程度的社区建设，需要配套国际化的教育、医疗和生活环境。然而目前我国多数CBD尚不具备配套能力，无法针对性地解决国际人才的生活环境、子女教育、医疗保障等问题。另一方面，国际化软环境构建不足。国际化的民主、法制环境有待进一步改善，自由充分的国际人才交流平台尚未搭建，国际人才的精神需要尚未得到充分考虑。

四 CBD国际人才体系促进服务业扩大开放的实现路径

进入新时期以来，人才对产业发展的支撑引领作用日益突出，人才集聚和产业集聚呈现互动发展态势。从服务业扩大开放角度看，人才的国际化程度越高，越能提升CBD服务业参与国际交往和竞争的能力，服务业对外开放水平就会越强。同时，国际人才往往与国际服务、国际项目、国际资本和国际视野相关联，因而也是服务业对外开放的重要引领资源。因此，CBD国际人才体系主要从提供基础资源和引领开放两个方面促进服务业扩大开放。一是国际人才作为CBD对外开放的基础资源，为服务业提供对接国际标准的知识、技能和沟通手段，促进服务业技术创新和知识溢出，提高服务业的国际竞争力。二是国际人才作为引领CBD服务业开放发展的动力源，能够带动服务业参与全球分工合作，引领国际资源，开拓国际视野，克服对外开放中的非正式壁垒，降低服务业对外沟通成本。

为实现CBD国际人才体系促进服务业扩大开放，需要满足国际人才"引得进""留得住""融得进""用得好"等四个方面的前提条件。一是满足国际人才"引得进"，CBD需要具备充足的国际人才吸引力，确保国际人才引进数量。二是满足国际人才"留得住"，要为国际人才提供适宜的生活和工作环境，确保国际人才稳定居留，形成国际人力资源基础。三是满足国际人才"融得进"，为国际人才"松绑"，确保国际人才融入CBD发展，保障国际人才充分发挥国际交往能力。四是满足国际人才"用得好"，CBD需要为国际人才提供更广阔的平台，为其发挥作用提供更多机会，充分发挥国际人才的作用。

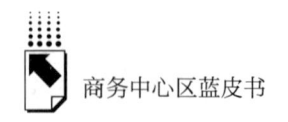

五 双因素理论下 CBD 国际人才体系的分析框架

根据 CBD 国际人才体系促进服务业扩大开放的实施路径，以双因素理论为基础，构建促进服务业扩大开放的 CBD 国际人才体系分析框架。

双因素理论，又称"激励-保健理论"（hygiene-motivational factors），该理论认为引起人们工作动机的因素可以划分为保健因素和激励因素两个方面（吴云，1996；姜金栋，2014）。保健因素包括工资报酬、管理制度、工作条件、人际关系等工作以外的因素，当该类需求无法得到满足时，人们将产生强烈不满，但是获得保健因素却并不一定会让人感到满意，也不会产生激励作用。激励因素涉及对工作的情感以及工作本身的内容，包括工作成就感、工作责任感、自我发展、福利奖赏、晋升途径等使人感到满意的因素，可以有效地调动积极性、提高劳动力的生产效率。双因素理论强调保健因素和激励因素的双重作用，要求在确保保健因素得到满足的同时，尽可能提供激励因素，使人获得更高程度的满足感。

根据双因素理论，构建 CBD 国际人才体系的分析框架也可以分为两个方面：一是国际人才的保健因素，二是国际人才的激励因素。国际人才的保健因素是国际人才激励因素的基础，解决的是"引得进""留得住"的问题，保健因素没有得到满足，就会造成国际人才的流失；激励因素是国际人才体系建设的关键，解决的是"融得进""用得好"的问题，如果激励因素没有得到满足，CBD 国际人才就不能充分发挥应有的作用，从而造成 CBD 国际竞争力不断下降。两类因素具体体现在激励政策、机制、创业服务平台、发展机会、融投资等多方面[①]。

国际人才的激励因素和保健因素相互影响、相互转化。多元化、多层次的国际人才体系要求将保健因素与激励因素相结合，以国际人才的基本需要

---

① 任怡莲、黄莹：《基于双因素理论视角的宁夏海外高层次人才引进机制研究》，《宁夏农林科技》2018 年第 10 期。

为基础，不断提供多元化、差异化的激励因素，以此确保 CBD 国际人才作用能够得到充分发挥。在健全的国际人才机制下，CBD 人才结构持续向国际化、高端化迈进，有助于促进 CBD 服务业扩大开放，并促使 CBD 在全球产业链竞争中争取更多话语权。对外开放和具有国际竞争力的服务业将有利于进一步夯实 CBD 的产业基础，从而形成"服务业发展带动国际人才集聚—国际人才集聚推动服务业开放发展"的良性循环（见图1）。

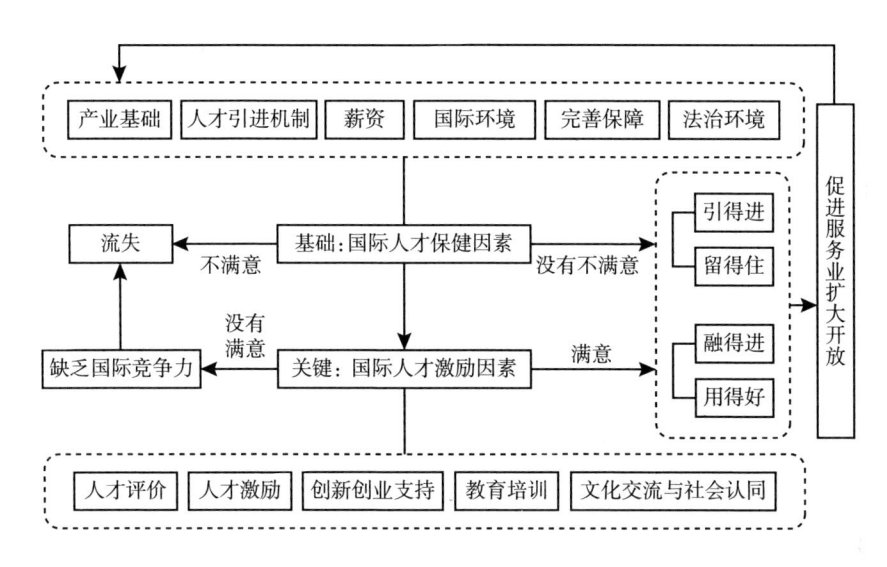

图 1　CBD 国际人才体系分析框架

（一）国际人才保健因素

基于双因素理论，不满意的对立面并不是满意，而是没有不满意。建设国际人才体系首先要确保保健因素没有引起不满意，使得国际人才"引得进""留得住"，从而为 CBD 服务业扩大开放提供充足的国际人才资源。按照双因素理论的定义，保健因素是指与工作本身无关的、但如果不满足就会引起强烈不满意的因素。因此 CBD 国际人才体系的保健因素包含良好的产业发展基础、健全的人才引进机制、合理的薪资水平与结构、国际化的社会生活环境、完善的保障服务、公正平等的法治环境

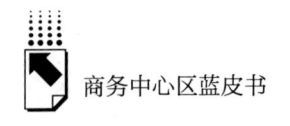

等六个方面。

一是良好的产业发展基础。CBD产业发展与CBD人才集聚相互促进、共同发展。我国CBD已进入服务业集聚发展时期,产业发展高端化、国际化特征是国际人才集聚的基础,开放包容的服务业是国际人才发展的根本需要。

二是健全的人才引进机制。一方面,需要拆除国际人才引进过程中的"障碍",确保多种类型、多种需要的国际人才自由流动;另一方面,需要建设更加健全的引才平台,保障国际化人才充分了解政策,获得政策待遇,与用人单位实现良好对接。

三是合理的薪资水平与结构。保健因素中的薪资主要是指基础报酬和税务负担。基础报酬与国际普遍工资水平严重脱轨、税务负担过重都会引起国际人才的流失。相关研究表明,薪资是保健因素中最为有效的、促进满意的因素[1]。

四是国际化的社会生活环境。国际化的社会生活环境是指为打造国际化生活品质而进行的软件建设和硬件建设。一方面,国际人才引进和留存下需要打造国际标准的"硬环境",涉及安居、教育、医疗、身体健康和饮食娱乐等多个方面;另一方面,需要打造国际化的社会生活"软环境",形成国际化的人文素质、人文精神和人文品位,营造民主、自由、开放、和谐的工作生活环境。

五是完善的保障服务。一是完善的人才保障政策,确保国际化人才在居住、保险、养老等方面获得灵活平等的制度安排。二是健全的人才服务平台,需要打造国际人才服务工作驿站、国际人才社区、国际人才创新创业平台等硬件平台,也需要打造国际人才大数据信息化平台、国际交流和学习平台等软件平台,作为国际人才保障服务的重要支撑。

六是公正平等的法治环境。法治环境是国际人才体系健康发展的基础,

---

[1] 刘敏、曹丽、舒一晗等:《基于双因素理论的国有企业激励机制研究》,《现代商贸工业》2020年第12期。

对于国际化人才来说，既要建立平安和谐的社会治理环境，保障国际人才的人身财产安全和知识产权，也要保证发展机会的公正平等，确保国际人才在晋升、获得荣誉、创新创业和项目申请时具有平等机会。

（二）国际人才激励因素

激励因素是国际人才体系建设的关键。根据双因素理论，满意的对立面是没有满意，因此 CBD 需要构建国际人才激励要素，使国际人才在发展中感到满意，从而更好地发挥自身价值，促使国际人才"融得进""用得好"。"激励因素"主要体现在个人发展、事业成就的制约与心理落差等方面[①]。因此，国际人才体系的激励因素包括合理的人才评价体系、多样化的人才激励机制、持续的教育培训机会、完善的创新创业支持、文化交流与社会认同等五个方面内容。

一是合理的人才评价体系。人才评价是国际人才管理的关键环节，是引进海外高层次人才的重要基础。在人才评价过程中，首先要明确国际人才的定义，采取开放、灵活的方式解决国际人才认证问题。同时要对国际人才的贡献做出合理评价，通过奖励、授予荣誉等方式给予认可，充分体现社会认同。

二是多样化的人才激励机制。人才激励机制是实现激励因素的最直接方式。但片面强调资助和优惠待遇面临激励效用递减等问题，因此，需要创新理念，采取多样化的人才激励方式，形成持续有效的正向激励。

三是持续的教育培训机会。持续的教育培训是国际人才长期发展的需要。教育培训为国际人才提供了实现自我价值的机会，有利于国际人才巩固一流的知识结构、获得更广阔的国际视野、提升与国际水平接轨的能力，从而满足国际人才自我发展需要。

四是完善的创新创业支持。为更好地发挥国际人才的作用，需要搭建完

---

① 任怡莲、黄莹：《基于双因素理论视角的宁夏海外高层次人才引进机制研究》，《宁夏农林科技》2018 年第 10 期。

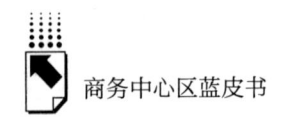

善的创新创业平台,针对个人事业发展、创新团队建设、需求对接、本地政策了解等问题提供创新创业支持。

五是文化交流与社会认同。文化交流与社会认同属于保健因素的一种,但对于国际人才而言,更加开放自由的文化环境和充满人文关怀的社会认同同样会带来满足感。引导国际人才建立归属感和责任感,帮助其克服可能产生的文化冲突和人际关系冲突,有助于吸引和留住国际人才。

六 构建CBD国际人才体系的对策

为更好地促进CBD服务业扩大开放,本文结合CBD国际人才促进服务业扩大开放的实现路径以及CBD国际人才体系构建中面临的问题,基于双因素理论,提出CBD国际人才体系构建的原则和对策建议。CBD国际人才体系构建的原则,即CBD国际人才体系建设应以提升城市全球竞争力为目标,以促进服务业扩大开放为导向,以提供充分的保健因素为基础,充分发挥市场主导作用,着力提升激励因素,统筹国际人才吸收、培养、激励和保障工作,充分发挥国际人才功能,打造国际人才集聚软口岸。具体而言,从保健因素和激励因素两个方面提出CBD国际人才体系构建的对策建议。

(一)基于保健因素的CBD国际人才体系构建对策

一是巩固集聚国际人才的产业基础。加快服务业开放步伐,减少不必要的行业准入门槛,引导高端服务业向CBD集聚。改善开放型经济营商环境,在投资、获得优惠等方面给予CBD服务业特殊便利,促使开放型产业聚集与国际人才集聚形成良性循环。

二是加大服务业领域人才开放力度。一方面,允许符合条件的外籍人士担任会计、法律企业合伙人。放宽外籍人才职业资质,探索服务业职业资格互认机制,畅通外籍人才参与国内执业资格评定的通道。另一方面,促进本土国际人才"走出去",支持境内企业人员开拓国际服务业务、提供对外服务。

三是重视引才平台搭建。针对人才引进平台，新加坡由政府主导专门成立国家型猎头公司"联系新加坡"组织，并以市场需求为导向引进人才，取得良好效果。借鉴新加坡在国际人才引进平台中的做法，我国CBD应设置专门的国际人才引进平台，秉持开放包容的原则，由政府和市场组织共同运营，允许建设中外合资人才中介平台，以市场信号为导向指导人才引进，为国际人才提供最新的就业机会和发展信息。

四是建设国际人才信息库。充分发挥大数据等信息技术作用，精准识才，精准引才。美国、英国等发达国家积极出台"大数据研究和发展倡议"等战略整合国际人才资源。为更好促进CBD服务业扩大开放，我国宜借鉴国际经验，根据CBD国际人才需求，有针对性地建立人才信息库，整合国际人才的求学就业经历、科研成果、项目建设等，全面掌握国际人才队伍的发展现状，指导国际人才引进。国际人才信息库也可与社会公众共享，使其成为外界了解CBD、吸引人才的窗口。

五是依托国际社区打造"类海外"社会生活环境。"类海外"社会生活环境主要指为国际人才在中国工作和生活而打造类似发达国家的工作、生活环境，提高国际人才在中国工作和生活的满意度[①]。CBD可依托"聚团分布"的国际化社区，打造"类海外"环境集中区，配套对接国际标准的教育学校、医疗、养老、文化娱乐与生活服务，逐步放开教育、医疗、养老领域的中外合资（合作）办医和办学条件，打造城市国际"微环境"，形成生活服务多元发展格局，促使不同文化背景国际人才融合共生。

六是提供多元化的国际人才保障服务。充分考虑不同类型国际人才的需求，成立专业的海外人才服务保障平台，为海外人才提供精细化、订单式的保障服务，提升社区、医院的对外服务能力。同时，在居住、医疗、养老方面提供海外人才本土化待遇支持，健全短期人才公寓、人才租房制度，建设覆盖境外人员的住房公积金制度、海外人才健康医疗保障服务和海外人才养

---

① 北京商务中心区管理委员会等：《北京CBD人才服务体系研究终期报告》，北京商务中心区管理委员会，2019。

老保障金制度。

七是塑造公正平等的法治环境。以严格的规章制度和法律法规为基础，打造良好的人才竞争环境，在人才的选拔使用过程中坚持公开平等，竞争择优，同时保证发展机会的均等性，破除针对国际人才的各种政策障碍。此外，建设以信用监管为核心的市场监管机制，完善社会信用体系，完善知识产权保护制度，努力营造公平高效的市场法治环境。

（二）基于激励因素的CBD国际人才体系构建对策

一是构建合理的人才评价体系。完善国际人才认定机制，通过项目规划统领国际人才认定工作。同时，充分体现市场导向，完善分类评价体系。制定详细的人才评价细则，探索适合服务业的国际人才评定机制，放宽学历职称、专利成果、国籍和年龄限制，注重以市场和全球化贡献评价国际人才。

二是探索多样化的人才激励模式。美国硅谷通过设立奖金项目、利润分成、收益分成等多种方式激励国际人才，通过期权制度将个人发展与企业发展紧密相连，有效促进人才和企业共同发展。借鉴美国经验，我国应及时创新CBD国际人才激励理念，推进企业人力资源管理制度变革，坚持物质激励与精神激励相结合、个人目标与组织区域目标相统一、短期激励与长期激励相结合的原则，鼓励企业为外籍高层次人才建立企业年金，引导国际人才与企业共同发展。

三是提供充足的教育培训机会。设置多种类型的培训项目，有针对性地为不同群体、不同层次的国际人才提供可持续的教育培训机会。对于本土国际人才，要尽可能提供获得国际视野的机会，设立留学交流基金，鼓励与海外高校、企业对接合作，吸引创办多种学术组织、国际论坛，促进本土国际人才与海外人才加强交流合作。针对海外引进人才，要在语言、人文、习俗、法律等方面提供相应培训，畅通海外人才获得国内高等教育、技能培训的渠道。

四是健全海外人才创新创业支持。政府要做好海外人才创新创业的先行支持，在获得资金的组织团队中尽可能提供政策便利。同时，要健全市场化的创新创业支持体系，大力发展创新创业载体平台，在孵化平台、风险投资、实验室、专业咨询、中介组织和金融服务等方面提供协同服务。

五是搭建高水平的人才交流平台。探索设立CBD"国际人才俱乐部"等非官方人才交流平台，依托第三方机构最大限度地汇集国际人才资源，强化CBD国际人才交流和互动，通过政策、机制的建立完善，引导海外人才以俱乐部形式参与区域各类活动，促进国际人才了解区域政策、获得地区认同，切实营造更加开放、更有效率、充满活力的国际人才发展环境。

六是建设公共服务满意度反馈机制。20世纪80年代以来，西方发达国家行政体制由注重经济、效率转向注重质量和公众满意，美国建立了政府满意度指数模型，有助于提高行政质量[①]。因此，我国CBD应探索建立国际人才公共服务满意度评价标准和制度，定期针对国际人才开展服务满意度评估，及时发现问题，动态化调整政策措施，不断完善国际化人才的公共服务。

参考文献

姜金栋：《双因素理论视角下的企业人才集聚机制研究》，《成都师范学院学报》2014年第9期。

吴云：《西方激励理论的历史演进及其启示》，《学习与探索》1996年第6期。

张化新、梁瑜霞、高萍：《国际化大都市背景下的国际化人才培养》，《西北大学学报》（哲学社会科学版）2012年第6期。

---

① 吴建南、张萌、黄加伟：《基于ACSI的公众满意度测评模型与指标体系研究》，《广州大学学报》（社会科学版）2007年第1期。

国内案例篇

Chinese Experience Chapters

B.13 开放创新：北京CBD发展实践路径评析

张 杰*

摘 要： 近百年来CBD的发展实践表明，CBD的发展历程就是转型创新和开放发展的历程。本文综述了CBD转型发展的基础、支柱、环境、视野等主题线索构成的FPEV发展路径，并针对北京CBD分析了产业转型建设高端商务区、经济提升建设国际服务区、低碳友好建设智慧生态区、开放创新建设创新活力区等方面的开放发展和创新实践。

关键词： 北京CBD 开放发展 FPEV 创新活力

---

* 张杰，首都经济贸易大学教授，博士生导师，城市经济与公共管理学院副院长；研究方向为CBD发展、城市经济与战略管理。

作为城市商贸流通、商业沟通和商务交流的中心地区，CBD 是城市经济发展到一定阶段后，以功能区形态所形成并呈现的城市职能单元区块。近百年来 CBD 的发展实践表明，CBD 的发展历程就是转型创新和开放发展的历程。目前，全球 CBD 都面临着不同的发展阶段，也依据各自的资源禀赋和地理区位形成了不同的发展特点。2020 年，COVID-19 等公共卫生事件的发生、全球经济发展格局的变化、中国城市发展阶段的演进等因素，使得北京 CBD 的开放发展路径呈现鲜明特色。本文以全球 CBD 开放发展的一般 FPEV 路径为基础，具体分析近年来北京 CBD 面向世界的开放发展实践。

一 FPEV：CBD 开放发展路径分析

通过近百年来尤其是近十年来 CBD 的发展实践，并总结分析多位学者的文献研究成果，可以发现：对应基础（Foundation）、支柱（Pillar）、环境（Environment）、视野（Vision）等连续性的发展主题，CBD 逐步呈现较为明显的发展阶段和发展路径。

事实上，在全球 600 多家 CBD 的发展过程中，尽管各有特色，但如图 1 所示，FPEV 式发展路径却是所有 CBD 的共同之处：在 CBD 发展过程中，均会经历产业转型—经济提升—低碳友好—开放创新等四个较为明显的发展阶段，而每一个阶段都有一个主题词，即当前阶段发展的关键诉求和发展的着力点。

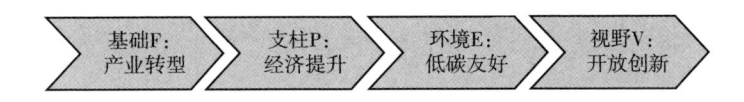

基础F：产业转型 → 支柱P：经济提升 → 环境E：低碳友好 → 视野V：开放创新

图 1　CBD 开放发展 FPEV 路径线索示意

（一）基础（Foundation）：CBD 以产业发展为基础，以产业转型求发展

CBD 本质上是产业区，其高端产业主要集中于商务办公和高端咨询。

伴随着产业发展的不同阶段，CBD 从最初的商贸交换地逐步发展为商业集中地；最终随着规模经济的聚集效应、价格的挤出效应和品牌的外溢效应，演变成为商务中心区。但是，随着科技变革、消费变化、经济嬗变，新的产业类型层出不穷。CBD 以产业为基础、以流通为生命，必然以转型求发展引领城市经济制高点。

目前全球 CBD 的产业结构正在发生深刻变革。美国曼哈顿 CBD、英国伦敦金融城、新加坡 CBD 等分别向科技创新、金融科技和金融服务转型。[1]随产业发展而进行高端服务转型，成为 CBD 产业发展的重要基础。

（二）支柱（Pillar）：CBD 以经济发展为支柱，以经济增长求提升

CBD 之所以区别于其他城市功能区，乃在于其最为显著的特征：商务。商务即意味着经营办公，意味着产业信息的交换和流通，意味着产业资源的配置和统筹，即经济发展。

放眼全球，目前发展态势良好的 CBD，均地处发展良好的城市区域。纽约曼哈顿、伦敦金融城、东京丸之内、德国法兰克福、我国香港地区、北京、上海、深圳，莫不如此。换言之，CBD 的经济发展既是地方经济发展的表现，也是城市经济发展的增长极。同时，受到经济发展周期的影响、技术革命演变的影响、全球资源配置变化的影响，各地 CBD 又无一不面临着经济提升的现实局面。据 2017 年 11 月世界商务区联盟发布的《全球商务区吸引力报告》[2]，伦敦金融城、纽约曼哈顿 CBD、东京丸之内商务区名列前三。该报告指出，人才吸引力、环境质量、接近市场和客户以及合作伙伴的程度、商务区位置的国际影响力、提供优质办公区环境的能力等都是影响 CBD 经济增长的重要因素。

---

[1] 徐惠喜：《中央商务区引领产业转型升级》，《经济日报》2018 年 10 月 12 日。
[2] 《世界商务区联盟发布商务区吸引力报告——北京 CBD 排名全球第九、中国第一》，https://www.sohu.com/a/207452121_100015392，2017 年 11 月 30 日。

（三）环境（Environment）：CBD以环境质量为支撑，以低碳友好求引力

CBD本身是各种流量的汇聚地。人车川流不息，高楼鳞次栉比。高端商务氛围、众多国际企业、金领企业员工，一派繁忙繁华景象。但其实，支撑CBD发展的主要因素中，环境质量是一项关键因素。

从商务办公的角度看，伴随城市更新，办公消费水平不断升级，CBD区域企业的选址需求也日益多元化，软硬件与服务质量都需要考虑。优质的CBD商圈办公环境，既需要周边商业环境带来的便利，又需要闹中取静，将区位优势和全周期办公服务模式无缝对接。CBD以环境质量为支撑，是因为作为高密度的商务中心区，其内在商务价值和商务品牌的含金量，需要通过优良的环境质量加以体现。反过来，好的环境质量又进一步提升了CBD的品牌效应和商务价值。目前，低碳友好型的CBD，已经成为全球CBD发展的共识。早在2009年，北京CBD东扩时就提出要打造全球首个"低碳商务区"①。该建设方案包括绿色能源供应、高效能源输配、低碳工作和生活方式、绿化系统、建筑建设的低碳标准五个方面。

（四）视野（Vision）：CBD以创新发展为实力，以开放合作求动力

CBD的空间格局，其实也一直在发生变化。主要表现在两个方面。

一是CBD划定地理区域的扩展。CBD内本身商业发达、高楼林立，土地价值不断升高，寸土寸金乃至寸金难买寸土。随着周边区域的写字楼不断耸立、商务范围逐步扩大，许多城市逐步扩展CBD的发展区域。例如2009年北京CBD从核心区的3.99平方公里规划东扩到6.99平方公里。二是CBD区域辐射效应的扩大。随着CBD产业逐步升级和经济影响不断扩大，

---

① 《北京CBD东扩目标：打造全球首个"低碳商务区"》，人民日报海外版，中央政府门户网站，http：//www.gov.cn，2009年11月9日。

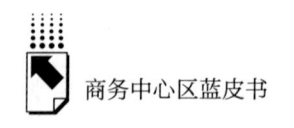

CBD的人流、物流、资金流、知识流、信息流逐步扩大流动范围，从一区到一城，从城市群到都市圈，从国际化到全球化，CBD的商务办公格局也逐渐从国内视野拓展到国际层次和全球空间。

在CBD空间拓展的过程中，必然伴随着经济开放和发展创新。新的空间带来了新的经济增量，也改变了CBD核心区的发展能级；更大量的、不断涌入的生产要素和新鲜力量，促使CBD的市场模式、经济发展模式和区域管理模式不断调整，从而推进CBD发展创新。因此，每一个地区的CBD都是以创新发展作为自己的根本性实力，而以开放合作发展带来源源不竭的发展动力。

事实上，在CBD发展的不同阶段，虽然都各有侧重主题，但也都有FPEV的四个要素不同程度参与发展。在基础发展阶段，每一个CBD都在探索自己的发展道路和特色。西方CBD大多依赖地理区位和城市资源而形成发展路径和主要产业，如美国纽约曼哈顿依托港口而起，澳大利亚凯恩斯CBD依托旅游而兴，东京新宿CBD则趁东京都市计划和大东京都市圈的发展之机找到自己的研发创新路径。

中国CBD则大多依规划而建。通常是在市中心的市场区或商场区，由政府牵头组织规划建设、土地划拨、资源调配，逐步发展壮大。1993年国务院批准的《北京城市总体规划》明确提出，在朝阳门至建国门、东二环至东三环一带，"开辟具有金融、保险、信息、咨询、商业、文化和商务办公等多种服务功能的商务中心区"①。如同城市发展的周期性规律一样，CBD也有其上升和发展的周期性规律。伴随着先后发展阶段的不同，FPEV各要素依次叠加，共同组成发展的合力，从而促进CBD的可持续循环发展。基础要素一直发挥基础作用，商务办公以更高端的方式调配着商业交易和商贸流通；支柱要素则不断强化路径依赖，从更先进的平台更新产业发展的内涵和外延；质量要素注入人文发展的考量，把钢筋水泥的产业发展和灵性创

---

① 百度百科，https：//baike.baidu.com/item/%E5%8C%97%E4%BA%AC%E5%95%86%E5%8A%A1%E4%B8%AD%E5%BF%83%E5%8C%BA/7842258?fr=aladdin，北京商务中心区，2020年3月20日。

新的人文生存更好地结合在一起;开放要素则打开更多的市场和视野,从而使基础、支柱、质量等各要素在更大的范围内适配、融合、提升。

二 开放创新:北京 CBD 开放发展路径实践①

近年来,北京 CBD 的开放发展实践,在上述 FPEV 发展路径的基础上,面向世界推进放管服改革,既遵循了 FPEV 的一般发展路径,又叠加发力、立体推进,进一步体现出国际性对外开放的显著特色。

1993 年由国务院批复的《北京城市总体规划》提出,在东二环至东三环之间"开辟具有金融、保险、信息、咨询、商业、文化和商务办公等多种服务功能的商务中心区"。1999 年《北京市区中心地区控制性详细规划》确定 CBD 四至范围:东起西大望路,西至东大桥路,南临通惠河,北接朝阳路-朝阳北路,面积为 3.99 平方公里。2009 年 5 月,北京市政府同意 CBD 东扩,CBD 沿朝阳北路、通惠河向东扩至东四环路,区域面积增至 7.04 平方公里。

"十一五"期间,北京 CBD 产业发展成效显著,但同时面临着发展空间不足的现实问题。经过深入调研和反复论证,2009 年初北京 CBD 开始酝酿东扩计划并呈报上级部门。2009 年 5 月 11 日,北京市政府专题会正式同意批准 CBD 东扩方案实施。按照东扩方案,北京 CBD 沿朝阳北路和通惠河向东扩至东四环,新增面积 3.05 平方公里。通过规划调整,北京 CBD 的产业发展空间得以大大拓展,从 3.99 平方公里拓宽到 7.04 平方公里,为国际金融、国际传媒和高端服务等现代服务业的有序集聚布局和合理辐射发展提供了发展载体。如今,北京 CBD 已经成为北京发展的亮丽名片,不只作为首都的重要功能区,也是北京对外开放的前沿窗口。据北京日报报道②,北京 CBD 是中国改革开放的缩影。从"铁十字"到"金十字",从工业区到

---

① 下文中资料均来自北京 CBD 管理委员会提供。
② 《北京 CBD 升级"含金量"托起"开放梦"》,《北京日报》2019 年 10 月 29 日。

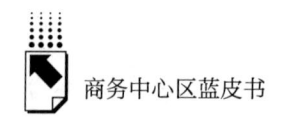

商务中心区，北京 CBD 始终是经济发展的风向标、对外开放的排头兵。

北京 CBD 开放发展的实践路径，可以用图 2 表示。

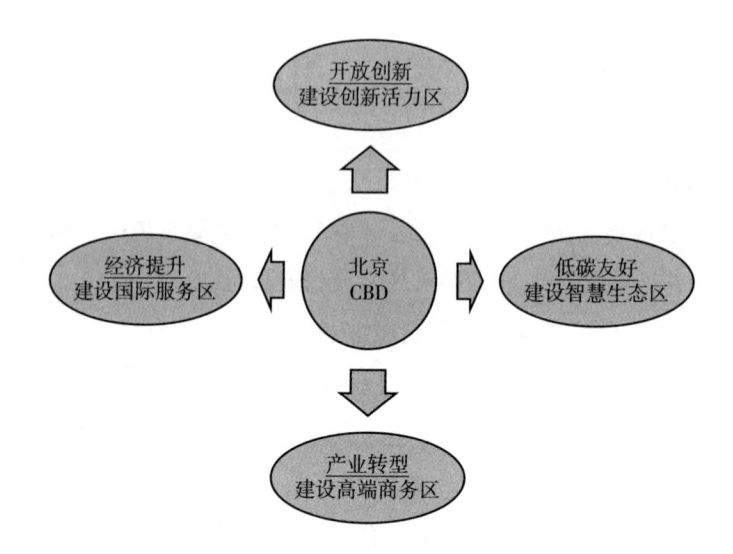

图 2　北京 CBD 开放发展实践路径示意

下文分别从产业转型、经济提升、低碳友好、开放创新四个方面分析北京 CBD 发展实践。

（一）产业转型：着眼国际化，建设高端商务区

北京 CBD 作为世界级城市的核心，建设目标即是成为首都对外开放的重要窗口和率先与国际接轨的商务中心，成为跨国公司地区总部和国际性金融机构聚集地。

在发展过程中，北京 CBD 持续优化营商环境，坚持构建开放型、多业态的国际化人文环境，创新形式提升服务效果。目前，北京 CBD 基本形成了以国际金融为龙头、高端商务为主导、文化传媒聚集发展的产业格局。截至 2019 年，CBD 中心区聚集了超过 4000 家外资企业，汇集了 170 家世界 500 强企业，其中跨国公司地区总部 55 家。

2019 年，北京 CBD 以编制《北京 CBD 国际化提升三年行动计划》为

抓手，以研究《北京 CBD 发展提升规划》为引领，以修订《加快北京商务中心区建设暂行办法》为保障，以市级北京商务中心区发展联席会议制度为支撑，全力推进 CBD 国际化发展，打造北京对外开放高地。

2019 年，北京 CBD 功能区实现 GDP3380 亿元，税收总额达到 1071 亿元；中心区 GDP 达到 1780 亿元，实现税收总额 358 亿元，实现地均产出 901 亿元/平方公里，劳均产出 177.9 万元/人，产出效率不断提升，经济高质量发展趋势日益显著。

四大支柱产业成熟稳定。2019 年，北京 CBD 功能区四大支柱产业区级收入达到 193.62 亿元，其中，金融业蓬勃发展，保持快速增长，房地产业、租赁和商务服务业趋于成熟稳定，批发和零售业受国内汽车行业整体不景气影响有所下滑。

楼宇经济高质量发展。截至 2019 年，北京 CBD 功能区楼宇数量达到 584 座，税收过亿楼宇达 110 座，过亿楼宇占比 18.84%，纳税总额 864.16 亿元，对 CBD 的纳税贡献率达 80.69%；税收过 10 亿楼宇达 16 座，税收过 50 亿楼宇 4 座；中心区楼宇 138 座，税收过亿楼宇达到 46 座，过亿楼宇占比 33.33%，纳税总额 337.61 亿元，对 CBD 的纳税贡献率达 87.92%。此外，北京 CBD 推出《CBD 楼宇品质分级评价标准》，有力推动了 CBD 楼宇品质和管理水平的提升。

总部经济特色鲜明。截至 2019 年，北京 CBD 中心区总部企业数量达到 428 家，拥有世界 500 强企业 170 家；聚集了跨国公司地区总部 70 余家，占北京市的 70% 左右，是全国世界 500 强企业和跨国公司地区总部集中度最高的区域之一。

此外，北京 CBD 还精准对接促进招商引资。制定《北京商务中心区高精尖产业指导目录》（2019 版）和《高精尖招商引资目录》，指导写字楼招商，吸引了佳能、德勤、丰田金融等 70 余家企业落户。筹建市场化招商公司，推动核心区项目快速入市，其中国寿项目出租率约 28%，正大项目出租率约 30%。预计北区全面入市后将产生 241 亿元税收，其中，由区外引入净增税收 73.14 亿元。同时，引导克诺尔集团、爱特思集团、拉法基豪

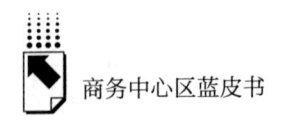

瑞、沃尔沃、丸红商贸等企业设立跨国公司总部，其中克诺尔集团成立轨道车辆系统板块中国区总部，拉法基豪瑞正在选址。与中日、中韩等8家国际商会建立联系，拓宽招商渠道。

北京CBD创新机制推进楼宇经济升级。2019年，北京CBD已经建立CBD功能区产业转型升级及楼宇经济管理系统和信用监管综合平台，实现区域经济发展的动态分析和楼宇管理，精准服务企业。北京CBD依托楼宇联盟，邀请美国绿色建筑委员会等国际写字楼行业组织负责人加入，强化专家队伍，着力打造专业化写字楼行业协会；编制完成《CBD楼宇品质分级评价标准2.0》，与美国绿色建筑委员会就该标准2.0与LEED标准相互借鉴与合作达成共识，首批认定国贸中心、银泰中心等8个超甲级楼宇和10个甲级楼宇，高品质楼宇数占到全市的44%；组织第二届北京CBD楼宇金牌管理员培训班，百余座楼宇、十余家重点企业及行业协会管理人员参加，持续提升区域商务楼宇服务品质，推动营商环境不断优化。

目前已完成2019年楼宇品质评价，包括上海、深圳等城市及北京金融街、望京等楼宇参评；共完成认证13座超甲级楼宇，17座甲级楼宇，积极打造中国高端商务楼宇标准和品牌。并为96座楼宇申报楼宇政策奖励，其中29座楼宇获得奖励。96座楼宇及10余家重点企业参加楼宇金牌管理员培训，目前已覆盖300余座楼宇、580余人。

（二）经济提升：立足京津冀，建设国际服务区

按照国家提出的京津冀协同发展战略以及北京市委市政府关于加强与通州副中心产业联动的相关要求，北京CBD积极发挥连接首都功能核心区与通州城市副中心的廊道作用，以联动发展带动京津冀协同发展。2019年，北京CBD功能区迁往通州企业共1301家，占全区比重49.8%。其中，CBD中心区迁往通州企业共208家，占全区比重8%。CBD辐射带动区域经济、联动通州副中心产业协同发展的作用持续增强。

在2020年5月发布的《2020年全球商务区吸引力报告》中，北京CBD的排名由2017年的第9位跃升至第7位，并稳居中国榜首。据悉，2020

上半年北京CBD功能区税收实现超过600亿元，实现朝阳区级收入140亿元，占全区比重超过50%；其中第三产业收入占全区的60%，实现利润占全区比重超过70%，经济实现了高质量发展。

北京CBD的经济提升支撑，根据2019年1月发布的《北京城市副中心控制性详细规划（街区层面）（2016~2035年）》，还应在北京市自贸区建设和服务业进一步国际开放的基础上，充分考虑京津冀协同发展的腹地支撑作用，通过京津双城和京津、京保石、京唐秦三个产业发展带和城镇聚集轴的引领带动作用，把京津冀建设成为以首都为核心的世界级城市群、区域整体协同发展改革引领区、全国创新驱动经济增长新引擎、生态修复环境改善示范区，从而为北京CBD全面提升国际交往中心功能提供强大动力和发展路径。

按照规划布局，北京CBD扩大开放，应向西南联动河北雄安新区，打造服务贸易发展轴；向东南联通天津滨海新区CBD和河西CBD，打造制造业商务服务轴；向东连接北京城市副中心，和通州CBD互动，打造新的CBD消费轴。同时，充分利用北京大兴国际机场和首都国际机场的辐射空间，依托京津冀，形成国际性商务中心区。

（三）低碳友好：区域国际化，建设智慧生态区

多年来，北京CBD不断提升国际交往水平，稳步推进发展提升规划编制工作，对标伦敦金融城等国际一流CBD的产业结构、城市治理等方面，通过调研分析等方式，明确北京CBD发展的核心动能和主要方向；以发展提升规划为基础制定《北京CBD国际化提升三年行动计划》。

在CBD区域内营造国际化氛围，有序推进双语标识改造工作，CBD第一批7座商务楼宇双语标识改造完毕，为优化提升国际化营商环境打下坚实基础。北京CBD注重"引进来和走出去"，将国际优质教育资源引入CBD，依托耶鲁北京中心和宾大沃顿中心等高端教育咨询机构，为区域人才提供职业规划、经济热点、科技前沿等多领域的讲座、沙龙活动；丰富国际交往活动，依托CBD跨国公司俱乐部，与中美商会、中国国际商会等国际商会或

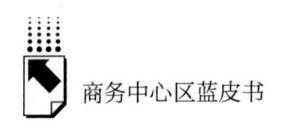

机构深化合作,策划开展丰富多样的国际交往活动,服务跨国公司与国际人才;促进中国商务区联盟发展,2019年上半年就联盟成员共同关心的营商环境方面的先进做法与经验组织考察与交流,通过联盟平台,各成员单位学各家所长、补自家短板,有力促进了联盟及成员单位对标国际发展。

2019年北京CBD论坛与全球知名跨国公司德勤合作,提升论坛规格与影响力,将论坛打造成为北京市建设全球中心城市的国际性高层次对话平台,服务区域企业发展,助力北京国际交往中心建设。2019年打造西北区智慧交通体系。完成CBD西北区交通优化示范工程,通过大数据分析自动平衡整体交通,打造了"精细化+智能化"的智慧交通体系和慢行优先、车路协同的智慧交通环境,治理经验在全市推广。打通景华南街西段断头路实现功能性通车,完成光华路东段道路修缮,提升道路通行环境。同时,推进5G部署,在核心区及周边部署开通5G基站57个,北京CBD成为移动5G商用示范首选地。

北京CBD建成CBD首个城市森林公园,打造城市景观新名片。公园位于CBD西南区,占地约2.25万平方米,满足周边人群休闲、健身、交流的需求。以金桐西路为试点实施景观美化提升,设置多功能特色花钵259个,美化街区环境,改善共享单车停放秩序。参照伦敦标准规范公共区域51条道路路牌、指示牌及国贸等11个楼宇公共空间的双语标识。运行25年的中服大厦升级改造后获LEED–EB(v4)铂金级认证。

北京CBD核心区地下公共空间市政交通基础设施项目是核心区总体建设的奠基石,以50余万平方米的规模,为核心区内每一幢建筑提供方便快捷的城市交通联系、完善的市政配套设施和应急防灾避难空间,该工程不仅是一个地下工程,更是集公共景观、市政交通、建筑空间于一体的高品质新型城市综合体。

北京CBD稳步推进轨道交通、慢行系统建设,优化公交线网,配合推进国贸桥地区交通综合整治,交通状况明显改善;打通断头路,景华南街西段实现功能性通车;配合推进CBD西北区开展交通优化示范工程,光华路、金桐东路等7条街道共约4.9公里实现了智慧化与景观化提升。在城市交通优化上,北京CBD还将加大协调力度推动轨道交通17号线、28号线建设;积极推动地下空间综合利用,紧密结合轨道站点建设完善地下慢行交通体系,推动东三环沿线重点项目地下空间互联互通,构建地下步行系统;总结西北区交通优化示范工程经验,向CBD全区域推广以精细化管理为目标导向的智慧交通新模式;加大共享单车和寄递车辆管控力度,在重点区域实行分类、分区、分时管理措施,完善相关法律法规,打造良好交通环境;推动停车诱导系统改造提升,实现地下停车资源数据动态更新,并试点推行共享、错时停车,协调解决停车难问题。

成立北京国际CBD生态联盟。由政、产、融、学、服五个领域组成生态联盟,搭建企业间资源共享和跨界交流合作的平台,打造CBD生态圈,推动区域经济发展。同时发布了《商务中心区生态圈构建和发展》白皮书。

(四)开放创新:流程科学化,建设创新活力区

北京CBD在公共服务、城市治理、营商环境、国际交往等方面不断完善管理流程,不断推进创新,打造世界级活力商务中心区。

1. 提升公共服务功能

(1)多种形式服务人才安居。开展东坝、管庄共有产权房面向园区非京籍人士优先配售,120名人才完成选房,是满足区域人才住房需求的一次成功尝试。正在开展第三轮人才公租房配租;对接集租房等社会化项目,创新职住对接机制,促进职住平衡。

(2)多措并举落实人才政策。深入实施凤凰计划、国际高端商务人才等人才认定专项,其中2018年为23家企业申报近100名人才引进需求;在人才服务保障上,首次实施园区非京籍人才优先申购共有产权房等政策,认定百余家企业近300名非京籍人才共有产权房优先申购资格,提供人才公租房、商务班车等普惠性人才服务,提高人才在北京CBD工作与生活的便利性,给人才以归属感、认同感。

(3)开展国际高端商务培训,提升人文氛围。依托耶鲁北京中心、宾大沃顿中心、港大SPACE中国商学院、康奈尔中国中心等高端教育咨询机

构,开展涉及经济热点问题、企业投融资等50余场讲座;同时制作发放《2019年CBD艺术地图》,丰富人才艺术生活。

此外,北京CBD还形成了以SKP为代表的时尚购物社区,以新城国际为代表的国际化社区,以今日美术馆为代表的国际化艺术空间,引入了耶鲁大学北京中心、宾大沃顿中心等国际教育机构,打造更优的职住环境。

2. 提升城市治理水平

(1) 全方位提升服务能力。建成国贸桥综合执法站;启动停车诱导系统升级改造;协调优化区域公交场站与线路,推进Z14项目代建场站移交,优化9条过境线路;制定CBD地下空间连通实施工作方案及2019~2023年实施计划方案;开展末端物流体系、交通组织优化等交通专项研究。

(2) 部门联动改善秩序。集中整治CBD西北区车辆无序停放,清理优化交通护栏4000余米;试行CBD西北区共享单车和寄递业车辆分类、分区、分时的新模式管理;试点推进财富中心共享停车和错时停车;联合属地街道、职能部门和楼宇,共同建立楼宇应急、消防及城市管理的长效机制,推进区域楼宇物业共管共治机制。

3. 持续优化营商环境

(1) 多途径强化服务机制。开展千家企业"大走访、大调研、大服务",建立常态化走访机制,累计联系走访企业超800家,切实了解企业需求和意见建议。发放量身定制的"服务包",提供"一事一议""绿色通道"等管家式服务。依托北京CBD跨国公司俱乐部、楼宇联盟等平台,组织企业参加北京市"9+N政策宣讲会"、《外商投资法》解读会及人才评选、人才引进、奖励政策讲解会。

(2) 设立北京商务中心区招商服务大厅。集中开展CBD核心区高精尖企业招商引资及企业登记备案、税务报到、统计登记等"最后一公里"服务。目前华康商业、太平洋油气、中信光华置业、中石化燃料油、德勤管理咨询等重点企业已入驻。

(3) 加强信用监管,执行"归巢行动"。完成CBD信用监管体系建设,建立企业优选和楼宇风险信用模型,打造"守信激励、失信惩戒"的CBD

诚信生态圈。此项工作作为典型案例在国家发展改革委副主任连维良专题调研北京信用体系工作时进行专题汇报。依托"归巢行动",以楼宇政策为抓手,精准推动企业回迁。现北京电通、国寿投资等 31 家企业回迁,面积近 6 万平方米,税收近 1.8 亿元,预计回迁企业年纳税在 11.6 亿元左右。

4. 提升国际化交往水平

(1) 创新举办北京 CBD 论坛。发挥北京 CBD 国际要素聚集的优势,深入推动产业链、资金链、创新链、服务链有效对接,进一步深入探索首都建设现代化经济体系。

(2) 与驻华使馆、国际商协会建立交流机制,面向全球宣传推介。以"营造 CBD 国际一流营商环境"为主题,总结中国 CBD 营商环境优化的进展、成效和问题,提出促进 CBD 营商环境优化的总体思路、重点任务及对策建议。召开中国商务区联盟 2019 年闭门会议,新增 5 家成员单位,目前达 25 家。

三 全球开放:北京 CBD 发展实践评析

纵览北京 CBD 发展历程,自从 1993 年国务院批复规划建设以来,基本遵循 FPEV 发展路径,先后经历了市场形成、产业转型、经济提升、环境提质和面向全球开放的不同阶段。

作为北京市着力打造的国际化现代商务中心区,立足于高度国际化的功能优势,27 年历练成长,如今的北京 CBD 产业形态、空间形态凸显规模,在内涵发展上逐步进入拓展空间、规范管理、提升品质的发展阶段,初步形成了以国际金融为龙头、高端商务为主导,国际传媒和科技信息服务业聚集发展的产业格局,CBD 已经成为首都城市国际化和全面开放的显著标志,并在首都建设世界城市的过程中发挥着重要支撑作用。

如今,正值中国经济新发展格局形成时期,北京城市副中心建设、大兴国际机场运行、雄安新区建设以及北京自由贸易试验区批复设立等高水平开放平台不断涌现,进一步加深延展了北京 CBD 的发展内涵和创新内容。特

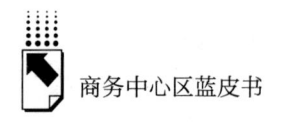

别是，服务业深化开放和高精尖产业、数字经济、生态经济的开放发展正当其时，面向全球开放发展的北京CBD，正迎来跻身全球CBD一线阵列、构建国际化发展格局的大好时机。

参考文献

徐惠喜：《CBD引领产业转型升级》，《经济日报》2018年10月12日。

《世界商务区联盟发布商务区吸引力报告，北京CBD排名全球第九、中国第一》，https：//www.sohu.com/a/207452121_100015392，2017年11月30日。

《北京CBD东扩目标：打造全球首个"低碳商务区"》，《人民日报》（海外版）2009年11月9日。

《北京CBD升级"含金量"托起"开放梦"》，《北京日报》2019年10月29日。

北京商务中心区管理委员会：《北京商务中心区（CBD）概述》，http：//bjcbd.bjchy.gov.cn/content/4/，2018年4月25日。

北京市朝阳区政府官网，http：//www.bjchy.gov.cn/business/zhdchy/xdfwy/。

B.14
上海服务业开放的现状、问题及未来发展方向研究

张鹏飞*

摘　要： 上海陆家嘴金融城和上海虹桥商务区已经成为上海服务业增长的重要两极，在金融科技、总部经济、会展经济、融资租赁等方面成效显著，得益于上海依托自贸试验区、进博会等进行的制度创新。目前上海在自贸试验区改革等方面走在全国前列，并率先实施对外开放100条，连续成功举办两届进博会，使得上海服务业营商环境不断优化和提升。此次新冠肺炎疫情对上海服务业影响明显，但是同时也刺激了上海在线新经济快速发展。未来上海需要以陆家嘴和虹桥商务中心为核心区域，强化与"五个中心"建设联动、与长三角一体化发展联动，对标国际，在扩大服务业对外开放上，形成一批标杆性制度创新举措。

关键词： 上海陆家嘴　虹桥商务区　现代服务业　对外开放

近年来，上海服务业发展迅速，2019年其增加值占GDP比重已经超过70%。尤其是随着人工智能、大数据、区块链等新兴技术的快速发展，高端知识密集型服务业和生产性服务业成为上海经济高质量发展的重要引擎。上

---

* 张鹏飞，上海社会科学院世界经济研究所助理研究员，研究方向为数字贸易和新兴服务贸易。

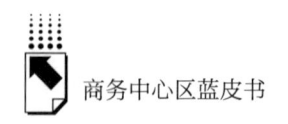

海围绕"五个中心""四大功能"建设,依托自贸试验区及新片区的制度创新优势,不断扩大服务业对外开放。目前,上海围绕陆家嘴和虹桥商务区培育了一批本地跨国服务业企业和知名服务品牌。2020年,新冠肺炎疫情全球蔓延,强化了上海作为"双循环"的战略连接功能,以线上线下融合发展为特征的新经济快速发展,上海需要对标国际加快制度创新,在区域联动的基础上,进一步扩大服务业开放,提高上海服务业能级,增强上海全球资源配置功能,助力上海现代化国际大都市建设。

一 上海陆家嘴和虹桥商务区的现代服务业快速发展

2019年,上海服务业增加值占GDP比重为72.7%,其中金融服务业和信息服务业增长最为迅速,分别保持11.6%和15%的同比增速,陆家嘴和虹桥商务区构成了上海服务业发展的重要两极。

(一)上海陆家嘴金融服务业领跑全国

在总部经济方面,2019年陆家嘴新增13家跨国公司地区总部,其中3家为亚太区总部,目前总数已达112家。在引进全球资管方面,截至2019年,全球58家国际知名资管机构在陆家嘴设立了80家各类外资资管机构,其中全球资管规模前十的有9家,包括贝莱德、先锋领航、富达等知名品牌;全国22家已获得私募管理人资格的外资独资资管公司中有20家设立在陆家嘴。全国6家获批投资咨询业务资格的外资资管机构,有5家位于陆家嘴。此外,陆家嘴还联合金融业界发起成立陆家嘴金融城全球资产管理机构联合会,进一步强化机构集聚效应,推动金融业界交流,协助外资资管机构在华开展业务。在金融科技生态圈建设方面,截至2019年,陆家嘴已有280多家金融科技企业,包括建信金融科技、中银金融科技、兴业数金等;全国5大国有商业银行设立的3个金融科技公司,其中建信和中银落户陆家嘴。全国最重要的第三方支付公司银联国际、支付宝,知名的金融科技公司万得、通联数据等也都在陆家嘴设立分支机构。在融资租赁产业方面,截至

2019年，陆家嘴共有融资租赁企业210家，融资租赁资产总额已经接近1万亿元。国内排名前十大（根据注册资本排名）融资租赁公司中，其中远东租赁、平安租赁、中航租赁、芯鑫融资租赁都在陆家嘴设点办公。融资租赁资产规模超过1000亿元的融资租赁企业有5家，分别是远东租赁、平安租赁、交银租赁、招银租赁、中航国际租赁。上海市共有7家金融租赁公司，其中4家落户在陆家嘴。此外，2019年陆家嘴完成上海市融资租赁行业监管调整后首批内资试点企业审批注册，推动7个新项目落户，并成功引进6家商业保理公司，上海商业保理同业公会迁入。

（二）上海虹桥商务区服务业已形成良好的发展态势

上海虹桥商务区依托虹桥机场等交通枢纽和国家会展中心两大功能体，聚焦大交通、大会展、大商务，不断提升贸易能级、创新贸易模式，服务业已经形成良好的发展态势。在进口商品展示交易方面，虹桥商务区依托虹桥进口商品展示交易中心和绿地贸易港等平台在商业形态和功能上已初具框架。2019年，两大平台累计引入近百个国家和地区239家企业，近13000种商品入驻。其中虹桥进口商品展示交易中心按照"保税展示+跨境电商+一般贸易"模式，目前已累计引进70多个国家和地区的800多个品牌共10000多种商品（70%为进博会商品），并围绕服务贸易、技术贸易、国际人才服务等主动拓展功能，引进CDP集团、建设银行、上港等贸易服务机构。绿地全球商品贸易港引进了澳大利亚、叙利亚、以色列等国家的多款进博会网红商品，还在打造高端消费品采买地上下功夫，通过主办采购对接、产品发布、专项展会等商贸交流活动，帮助上下游企业达成采购合作，助推进口商品走向国内市场。在总部经济方面，截至2019年底，虹桥商务区已吸引国内外总部类企业及上市公司289家（内资总部类、长三角总部及上市公司209家，外资总部类企业79家），包括罗氏、壳牌、蒂森克虏伯等在内的世界500强企业以及24家跨国公司地区总部投资入驻，并设立管理、销售、结算、研发等功能板块，总部经济初步显现。在会展经济方面，2019年1~12月，国家会展中心举办展览与活动共计231场，其中国际性展览占比95%，

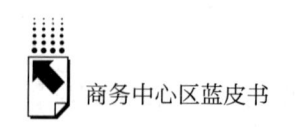

包括中国国际进口博览会、中国国际工业博览会等品牌展会及专业性展会，涉及汽车、医疗、贸易、健康、文创、科技、体育、人工智能等领域。

二 上海在服务业开放方面的战略性举措

近年来，上海围绕"五个中心"和"四大功能"建设，依托自贸试验区及新片区的制度创新优势，先行先试，不断拓展现代服务业开放的深度和广度，部分举措已向全国复制推广。

（一）上海自贸试验区服务业开放领跑全国

上海自贸试验区自2013年挂牌以来，以制度创新为核心，不断提升以金融业和现代服务业为重点的对外开放水平。一是率先落实新版市场准入负面清单制度，将负面清单由最初的190项，缩减为48项，不断加大上海自贸试验区核心领域的开放力度。在此之后，全国第一家再保险经纪公司（江泰再保险经纪有限公司）、全国第一家航运财产保险公司（中远海运财产保险自保有限公司）、全球最大的国际船管公司（威仕）以及穆迪（中国）等一批外资服务机构先后落户上海。二是发布全国首份跨境服务贸易负面清单，进一步明确跨境服务贸易定义、管理与开放的基本原则等，并建立负面清单管理模式，共列出159项特别管理措施，涉及金融、科学研究和技术服务业、租赁和商贸服务、软件与信息等13个门类和31个行业大类。三是商品期货市场进入"50"时代后快速发展，其中上海原油期货自2018年3月在上海国际能源交易中心上市以来，成交量和持仓量均稳步提升，截至2019年9月，日均成交量超过14万手、日均成交金额超过691亿元，成为全球第三大原油期货市场。此外，上海纸浆期货也在2018年在上海期交所上市，发展十分迅速。

（二）连续成功举办两届中国国际进口博览会

上海自2018年以来，已经成功举办两届进口博览会，对上海服务业进一步开放具有很强的溢出带动效应。中国进口博览会展览面积达30多万平方米，吸引了国际上170多个国家、地区和国际组织代表参会，200多家世界500强和行业龙头企业参展，超过40万名境内外采购商到会洽谈采购，专设服务贸易展区，具体包括文化服务、教育服务、金融服务、物流服务、旅游服务和综合服务等。其次，进博会还在便利化通关措施上进行突破，在国家相关部门支持下，制定对展品参照国际惯例给予一次性税收优惠、支持汽车展品国内留购等20多项突破性政策措施，并将延长ATA单证册时限、展品结转至特殊监管区这两项措施复制推广至其他展会，落实"6天+365天"保税展示交易常态化模式，还与上海市商务委、国税局上海分局共同推动在虹桥商务区开办"市内免税店""离境购物即买即退场所"等，全方位打造保税、免税、普贸相结合的进口商品贸易中心。此外，进博会还依托天猫国际、京东全球购、小红书等跨境电商龙头企业建立跨境服务贸易专区，将形成6天展会与"双十一"购物节等线上线下联动发展模式。

（三）"扩大开放100条"率先在上海落地，国内外反响强烈

为深入贯彻国家扩大开放重大举措，上海率先出台了"扩大开放100条"，主要聚焦金融服务业开放、建设知识产权保护高地、打造进口促进新平台、创造一流环境等五个方面，对国家统一实施的开放政策争取率先落地，对国家还在研究的开放举措争取率先试验。目前90%的举措已在2018年内落地或具备落地条件，尤其是在金融开放方面最为突出。一是支持在沪外资银行参与银行间债券市场承销业务，尤其是在A类主承销业务上，不断获得实质性进展，2019年外资银行可参与A类主承销业务市场的市场评价工作，并明确了详细的打分标准。二是中国外汇交易中心已陆续上线利率、汇率、信用3大类20多个交易品种。[①] 三是一批知识密集型高附加值的现代服务业试点业务正在加快推进，如保税研发、保税维修等料件通关便

---

① 李锋、陆丽萍：《努力打造新一轮高水平对外开放的标杆——2019年上海开放新思路》，《科学发展》2019年第3期，第37~45页。

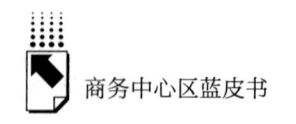

利化程度不断提升。四是人民币跨境支付系统（二期）全面投产，该系统是符合国际标准的一项重要金融基础设施，一批金融企业如中国人寿、建信金融科技有限责任公司等将总部、功能性机构放在上海。五是金融风险防控力度进一步加大。上海目前已经建立金融综合监管联席会议，还将在沪金融监管部门与腾讯、阿里等第三方平台开展合作，探索新型类金融监测平台，目前可以监测近20万家类金融企业。

（四）营商环境持续优化，世界排名大幅提升

近年来，上海对照世行营商环境报告，推出一系列营商环境改革专项行动，取得显著成效。根据世行最新发布的《2020年营商环境报告》，中国总体排名第31位，比上年上升15位，列亚太地区第7位，仅次于日本，其中上海所占权重为55%，可见上海在其中发挥了重大作用。一是提升政务效率，推进企业开办流程再造。上海通过组建大数据中心，实现申请人一表填写，各部门数据实时共享，基本做到统一身份认证、统一物流快递和统一公共支付平台等。上海还推进审批服务事项全程、全市、全网通办，将1274个事项接入在线服务平台，99%的民生事项已经实现全市通办。此外，上海还加快电子证照和电子印章的应用，已实现行政审批时限减少一半、提交材料减少一半等。二是纳税服务实现提速增效。上海在全国首创归口集中处理企业跨区迁移申请，目前318项实现"最多跑一次"，96.7%的纳税事项已经实现网上办理。上海还在全国首创电子退税无纸化，节省了差不多一半的退税办理时间。

三 对标国际城市，上海服务业能级需要进一步提升

新加坡和香港作为东亚地区经济开放程度、经济发达程度最高的两个城市，是上海全球城市建设需要对标的两个重要目标城市。其在产业结构、政策法规和战略规划等方面也为上海提供了很好的经验借鉴。

上海服务业占比与新加坡和香港的差距不是很明显，甚至在2019年超

过新加坡，但是上海服务业对外开放依然存在一些制度性问题。一是自贸试验区风险压力测试不足，尤其是相关边境内措施的新一代经贸规则如数字贸易领域等创新对标不够，与市场主体预期尚存在一定差距，也很难为国家层面开放提供有利的经验借鉴。二是一些核心服务业领域外资准入壁垒依然高起，OECD的最新数据显示，上海的FDI总体限制指数为0.3以上，远远高于新加坡和香港，尤其是电信、教育、医疗等领域限制最为明显。三是上海作为全球要素配置的枢纽功能还需进一步提升，主要是在高端人才引进、跨境数据流动等方面需要加大政策创新力度，来适应以在线新经济为核心的新业态的发展需要。

表1 2012~2019年新加坡、中国香港和上海的服务业占比

单位：%

地区	2012年	2013年	2014年	2015年	2016年	2017年	2018年	2019年
上海	60.10	62.80	64.40	67.30	69.80	69.20	69.90	72.70
香港	91.92	91.11	90.48	89.84	89.53	88.64	88.63	—
新加坡	69.21	70.76	70.34	69.95	70.65	70.51	69.45	70.38

资料来源：世界银行数据库、上海统计年鉴。

上海在整个金融生态构建上与新加坡、中国香港相比亟待进一步完善。在英国智库Z/Yen集团与中国（深圳）综合开发研究院发布的《全球金融中心指数报告2019》中，新加坡、中国香港和上海排名分别为第4、第3和第5。相比新加坡和香港，上海在国际贸易中心建设上的差距主要表现在：一是在开放力度上，新加坡和香港不断降低外资进入其银行、证券和保险业门槛，比如新加坡取消外资证券交易最低额限制等。二是在业务模式上，新加坡和香港具有发达的离岸市场，新加坡和香港的离岸市场都是全球著名的离岸中心，香港更是对离岸收入进行免税。三是在外汇管制上，新加坡和香港早在20世纪就已经取消外汇管制，允许本币和外币自由兑换。四是在金融监管上，新加坡和香港建立了"重引导、少干预"的监管体制，其中香港实行"央行+金融发展"的分业管理制度，新加坡实行"央行+金融发

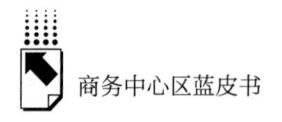

展"的混业管理制度①。

上海总部能级较低,需要进一步强化其全球知识经济资源配置功能。在总部经济层面,上海在数量和能级上都远远落后于新加坡和香港。在企业层面,新兴服务业很多都是企业总部全球化的部分职能,因此总部经济的发达程度也是新兴服务业发达程度的一个重要反映。在总部数量上,2019年上海累计引进跨国公司地区总部700家,而香港超过1400家、新加坡超过4200家。在总部能级上,上海跨国公司地区业务多以制造业为主,且大多为中国本土国有企业总部;而香港和新加坡的跨国公司总部多以服务业为核心业务,如咨询、金融、研发等,且大部分是亚太区总部乃至全球总部,业务范围广泛。

上海需要进一步降低税负,提高市场开放度和政府服务水平。在税负水平上,香港和新加坡税制简单,税负水平较低,其中香港仅征利得税、薪俸税和物业税,没有增值税和营业税。在公司所得税方面,上海该项税率为25%,而新加坡为17%、香港为16.5%,远低于上海。在市场开放度上,新加坡和香港本身就是开放度很高的全球自由贸易港,金融开放程度比较高,在外汇等方面基本没有管制,而上海目前在外汇自由兑换上管制较多。在政府服务上,新加坡和香港在政府服务、市场秩序、规章制度等方面获得全球广泛认可,被评为亚洲最受投资者赞誉的城市,如根据世界银行最新发布的《营商环境报告2020》,新加坡和香港开办企业仅需要1.5天就能完成整个业务流程,而上海尽管在近年来已经大幅度提升服务水平,但是与前两者差距还是很明显。

四 新冠肺炎疫情对上海服务业开放的影响

目前新冠肺炎疫情已经在全球蔓延,先后在欧洲、北美等地暴发,现在

---

① 朱江:《构建中国特色自由贸易港金融制度体系探讨》,《海南日报》2020年2月13日,第A1版。

印度等亚洲国家成为高危地区。新冠肺炎疫情防控已经严重影响全球经济发展：短期内，由于全球100多个国家先后采取贸易限制性措施，国际航班停飞、旅游停滞等将直接影响运输和旅游等传统服务业；在长期，也将直接影响新兴服务业领域。上海作为我国经济开放程度最高的城市之一，与全球经济发展密切相关，据此判断上海新兴服务贸易未来发展具有如下特征。

（一）短期上海线上服务业呈现井喷式增长

在新冠肺炎疫情期间，全球经济活动减弱，根据世界银行预测，发达国家GDP会下降7%，新兴市场国家和发展中国家GDP将下降2.5%[1]，服务业包括新兴服务业整体上都会受到影响。但是，新兴服务业的主要行业如电信、科学技术、金融服务等多为长期订单，并且相关服务可以部分采取线上提供，因此，短期内较为稳定。并且由于疫情期间，消费者闲暇时间较多，在线服务需求大，如电子零售、网络游戏、在线影视、远程教育和远程医疗等服务呈现井喷式增长。根据Ethan Cramer-Flood预测，全球电子商务零售额在2020年将保持16.5%的强劲增长，中国在电子商务零售领域处于主导地位，意味着全球62.6%的电子零售业务将在亚太地区进行[2]。

（二）中期上海与货物贸易相关服务业受影响较为明显

截至2020年6月，全球已经有100多个国家调整了与贸易相关的政策，涉及出口、进口、边境管理和物流等四个政策领域。同时根据上海海关数据，2020年5月，尽管上海关区进出口总额为5009.2亿元，同比增长5.69%，但是同比增长率下降趋势明显。同时结合新出口订单指数等反映出口贸易变动的先行性指标，2020年5月，新出口订单指数出现小幅回升，

---

[1] World Bank, Global Economic Prospects, June 2020, https://openknowledge.worldbank.org/handle/10986/33748.

[2] Ethan Cramer-Flood, Global Ecommerce 2020: Ecommerce Decelerates amid Global Retail Contraction but Remains a Bright Spot, June 22, 2020, https://www.emarketer.com/content/global-ecommerce-2020.

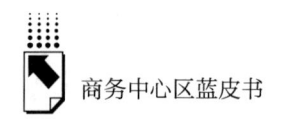

上涨1.8个百分点,但上涨幅度小于3月(上升17.7个百分点),说明出口形势将持续严峻。

表2 世界银行对新冠肺炎疫情下全球经济增速的预测

单位:%

	2020年	2021年
全球经济	-5.2	4.2
发达经济体	-7	3.9
美国	-6.1	4
欧盟	-9.1	4.5
日本	-6.1	2.5
新兴市场与发展中经济体	-2.5	4.6
中国	1	6.9
印度	-3.2	3.1
俄罗斯	-6	2.7

资料来源:World Bank, Global Economic Prospects, June 2020. https://openknowledge.worldbank.org/handle/10986/33748。

随着对外贸易形势的日益严峻,很多与货物贸易相关的服务业如保险服务、金融服务等受到的影响较为明显。

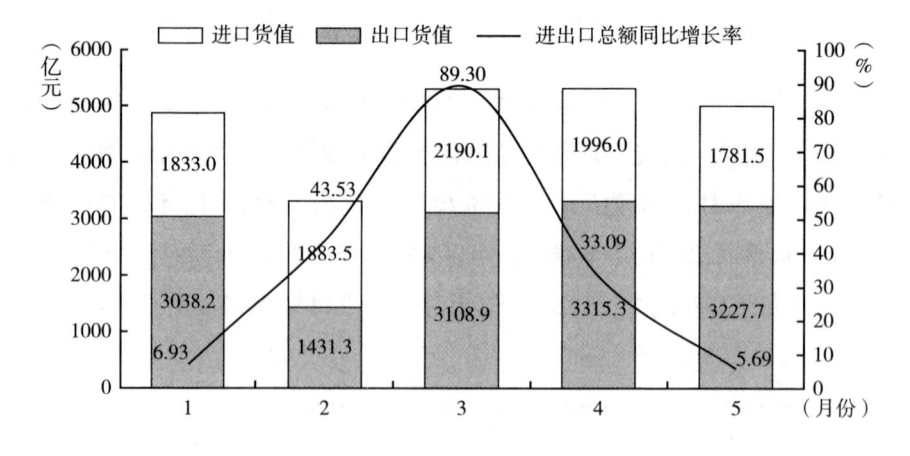

图1 上海关区贸易进出口情况

资料来源:上海海关官网。

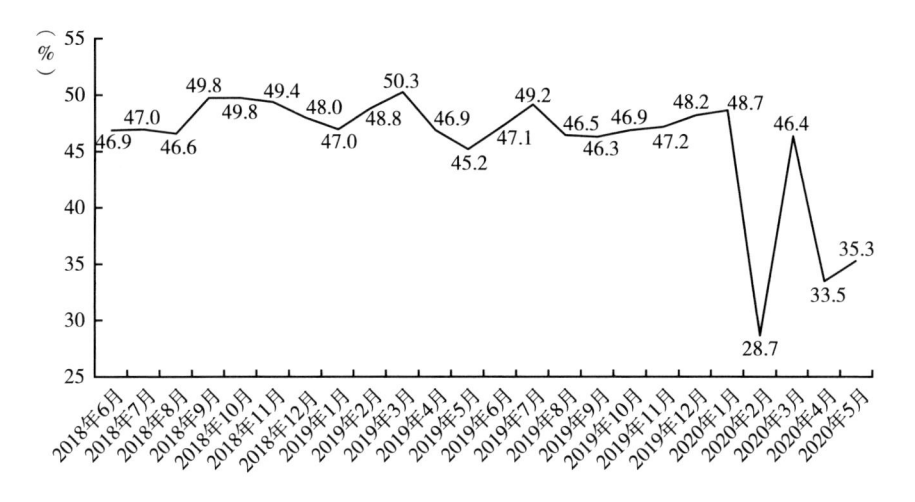

图 2　中国 2018 年 10 月至 2020 年 5 月的新出口订单指数

资料来源：国家统计局。

（三）长期对外直接投资下降会直接影响上海新兴服务业

大多数新兴服务业是伴随着对外直接投资产生的，比如专业服务、金融服务、技术服务等，尤其是占比很高的专业服务领域，与对外直接投资关系最为紧密。联合国贸易和发展会议对新冠肺炎疫情对全球外商投资的影响评估显示，基于新冠肺炎疫情的蔓延将持续到 2020 年底的预期，负面需求冲击和供应链中断将直接影响各国投资前景，预计全球 FDI 将从 54 万亿美元下降到 1.5 万亿美元。此外，作为"一带一路"沿线核心区域的亚洲地区是受新冠肺炎疫情影响最为严重的地区，FDI 预计将下降 30% ~ 45%。加上最近印度等地的新冠肺炎疫情相继暴发，直接影响我国企业"走出去"，弱化上海自贸试验区的"桥头堡"功能，引致上海新兴服务业规模减小。

五　上海服务业未来的开放策略

面对百年未有之大变局和我国"双循环"新格局向对外开放提出的新

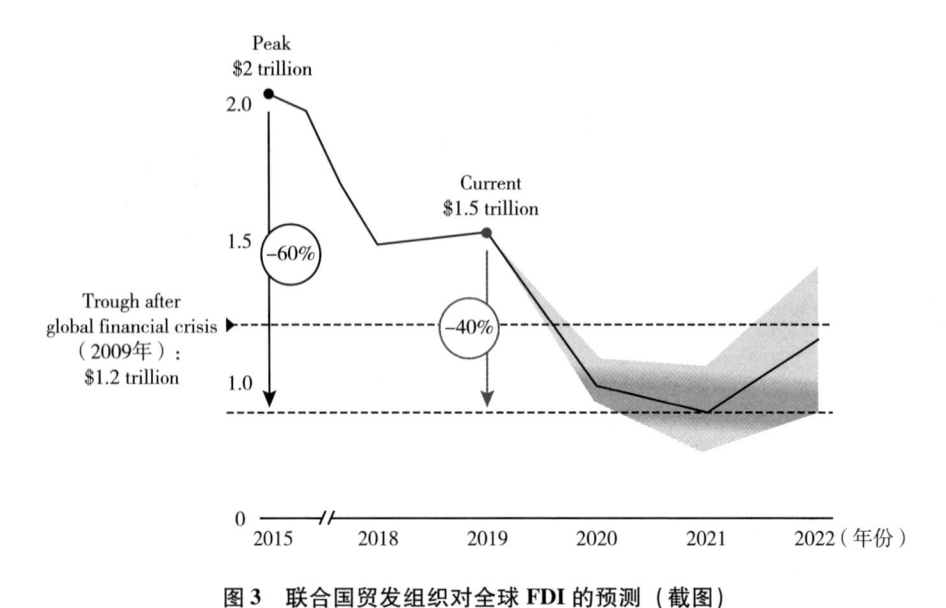

图3　联合国贸发组织对全球FDI的预测（截图）

资料来源：UNCTAD，*World Investment Report 2020：International Production Beyond the Pandemic*，https：//unctad.org/en/PublicationsLibrary/wir2020_en.pdf。

要求，进一步加大服务业开放力度，不断提升服务业质量水平对我国经济高质量发展至关重要。2020年上海应该在全力落实好"三大任务"和"四大功能"的同时，围绕"五个中心"建设，以陆家嘴和虹桥商务区为核心区域，对标国际，在更深层次、更宽领域、以更大力度推进服务业全方位高水平对外开放，力争推出一批标杆性开放举措，形成一批高水平的现代服务业，不断提升上海的城市能级。但是同时仍需密切防范服务业尤其是金融业可能面临来自外部的不利冲击，在风险可控前提下充分发挥开放对上海服务业高质量发展的竞争带动效应。

进一步推进服务业领域的创新性举措，在全国形成示范带动效应。尤其是面临中美贸易摩擦的不利冲击和新技术带来国际经贸规则重构，都需要上海进一步加大服务业开放力度。一是以自贸试验区新片区为契机，搭建各类要素自由流动的服务平台，优化监管制度，进一步加大专业服务业、数字服务业等知识密集型服务业开放力度，吸纳一批国际知名的先进服务业落户新片区，不断提升上海的服务能级和服务品牌。二是进一步深化"上海扩大开放100条"实施,尤其是要加快金融服务业开放,完善FT账户的功能,在资金跨境流动等方面提供便利,促进离岸金融等新业态快速发展,提升上海的全球配置资源功能。三是提升"一带一路"桥头堡功能,需要发挥上海产业优势,在金融服务和专业服务等领域,打造针对"一带一路"沿线的服务平台,提升上海在贸易投资等方面的枢纽功能,提升上海在国家战略中的显示度。

对标CPTPP等国际规则,先行先试,减少服务业对外开放的壁垒。上海作为改革开放的排头兵和创新发展的先行者,应当主动对标国际,在服务业重要领域先行先试、加快制度创新,服务国家大局。一是对标CPTPP,进一步加大竞争中性、数字贸易、知识产权保护、个人隐私保护等核心议题试验力度。二是对标"零关税、零贸易壁垒、零政府补贴"的国际公平贸易新标准,建立国际化的营商环境,提升上海服务企业的国际竞争力。三是需要对各种改革试验进行动态评估与总结分析,找到差距和短板,并在改革内容、实施路径等方面及时改进和完善,形成积极审慎的开放策略,为我国参与国际经贸谈判、进一步深化改革开放提供经验和依据。

将服务业对外开放与"五个中心"建设联动,培育服务业的新动能。上海"五个中心"建设的核心是要提升上海在全球资源配置中的枢纽功能,其实也就是强化上海服务全球市场的能力,有助于上海培育服务业的新业态、新模式。一是加强重点服务产业与自贸试验区的联动,依托自贸试验区的制度创新,大力发展数字经济、创新经济等,使自贸试验区成为服务产业创新发展的高地,促使上海深度融入全球价值链,并提升上海在全球价值链中的地位和能级。二是强化金融业与国际金融中心建设的联动,进一步加快金融市场开放,促进离岸业务发展,集聚一批全球功能性机构总部,增强上海服务全球的能力。三是强化与国际贸易中心的联动,积极发展跨境电商、数字贸易等新型贸易业态,强化上海在全球投资贸易网络中的枢纽作用。四是强化与国际航运中心的联动,进一步加大航运服务业的开放力度,集聚航运服务高端要素,不断提升全球航空枢纽港地位。五是强化与国际科技创新中心的联动,促进产学研合作模式市场化运作,强化知识产权保护,吸引全

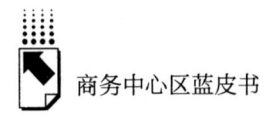

球高端创新要素集聚，尤其是需要构建全球人才合作网络，不断提升上海的创新能力和创新水平。

加强服务业开放与长三角一体化的联动，加快打造服务业全方位一体化开放高地。长三角高质量一体化发展已经上升为国家战略，为上海依托长三角构建服务业核心腹地提供了前所未有的宝贵契机。一是把服务业开放与长三角一体化国家战略紧密结合，将上海服务业优势与长三角地区的产业优势相结合，强化上海在金融服务、专业服务等领域的辐射服务功能。与此同时，还需要加快推动长三角口岸互联互通，打造以上海为核心的服务长三角企业"走出去"的综合服务平台。二是依托长三角一体化示范区，推动长三角高端优质服务要素向上海集聚，形成规模带动效应，推动上海服务产业创新发展。三是抓住进口博览会契机打造浦西服务业开放新高地，需要探索长三角地区联合举办进博会的合作新机制，将进博会与浦西服务业开放相结合，尤其是在会展、创意和相关配套产业发展方面进一步加强合作、扩大开放，进一步形成东西联动的开放格局。

需要防范和化解外部环境变化对服务业开放可能造成的不利影响。在此次新冠肺炎疫情的影响下，世界经济下降明显和国际金融市场波动风险较大，中美贸易摩擦不确定性加剧。因此，上海服务业需要做好应对挑战的准备。一是要密切关注这些外部因素可能给上海服务业对外开放和服务产业升级所造成的不利影响，积极稳妥加以应对。二是要加强对外部经济冲击的监测预警，尤其是金融市场波动、外资企业最新动向，都需要紧密跟踪、评估，形成动态监测评估机制，帮助政府及时修正和完善政策措施，提升政府的服务水平和服务能力。三是要密切防范新冠肺炎疫情、贸易摩擦对上海服务贸易进出口、利用外资和金融市场的不利影响，需要进一步增强线上经济的政策支持力度，促进线上线下融合发展，及时释放企业积压的消费存量，不断扩大内需市场、增强企业信心，强化上海在国内国际循环中的链接功能。

参考文献

李锋、陆丽萍、陈畅、张鹏飞:《创新监管制度提升上海高端保税服务能级》,《科学发展》2020年第4期。

李锋、陆丽萍、樊星:《聚焦重点产业加快推进自贸试验区新片区重大制度创新举措落地》,《科学发展》2019年第9期。

李锋、陆丽萍:《进一步放大进博会溢出带动效应》,《科学发展》2019年第8期。

李锋、陆丽萍:《新形势下上海应进一步吸引跨国公司地区总部集聚和提升能级》,《科学发展》2019年第6期。

李锋、陆丽萍:《努力打造新一轮高水平对外开放的标杆——2019年上海开放新思路》,《科学发展》2019年第3期。

李锋、陆丽萍:《上海自贸试验区五年来突出进展与新一轮改革开放思路及突破口》,《科学发展》2019年第1期。

李锋、陆丽萍、邱鸣华、陈畅:《上海打造服务"一带一路"桥头堡进展及其重大抓手》,《科学发展》2018年第8期。

B.15
陆家嘴金融城国际品牌体系建设研究

陈歆磊　周海东　等*

摘　要： 全球化时代，塑造具有竞争力和影响力的区域品牌已成为一个国家和地区提升全球竞争力的重要路径。本文在对比分析国际重要金融中心品牌建设经验的基础上，定量评价上海陆家嘴金融城品牌体系建设的优势和劣势，并提出提升陆家嘴国际金融城品牌建设的相关策略。

关键词： 金融中心　陆家嘴金融城　国际品牌体系

上海陆家嘴金融贸易区（陆家嘴金融城），是1990年国务院批准设立的国家级开发区，总面积31.78平方公里。其中，上海自贸试验区陆家嘴金融片区面积24.33平方公里，陆家嘴金融贸易区中心区（俗称"小陆家嘴"）面积1.7平方公里。近年来，按照加快建设国际一流金融城、世界级中央活动区的目标，陆家嘴从原先以开发建设为主转向公共管理服务为主，

---

* 陈歆磊，上海交通大学上海高级金融学院（SAIF）市场营销学教授，研究方向为定价、品牌、营销渠道及广告促销；周海东，陆家嘴管理局品牌处处长，研究方向为区域治理、品牌等；朱宇晨，上海交通大学上海高级金融学院（SAIF），全日制工商管理硕士在读，研究方向为企业战略与投资；刘香濛，上海交通大学上海高级金融学院（SAIF），全日制工商管理硕士在读，研究方向为资产管理；高继贤，上海交通大学上海高级金融学院（SAIF），非全日制工商管理硕士在读，研究方向为综合金融；徐思敏，上海交通大学上海高级金融学院（SAIF），非全日制工商管理硕士在读，研究方向为资本市场；袁野，上海交通大学上海高级金融学院（SAIF），非全日制工商管理硕士在读，研究方向为财富管理；申嘉乐，陆家嘴管理局品牌处科员，上海交通大学国际与公共关系学院（SIPA），非全日制公共管理硕士在读，研究方向为区域治理、品牌等。

从注重经济发展转向经济发展与功能提升并重,大力引进具有总部功能的机构和具有创新潜力的企业,积极构建法治化、国际化、便利化营商环境,不断强化聚合力和辐射力、持续提升国际影响力和竞争力。

城市品牌体系作为有形资产和无形资产的结合体,凝聚着城市文化与城市精神,在集聚资本、发展产业、提升功能等方面发挥着重要的作用。推进陆家嘴金融城国际品牌体系建设也是优化营商环境、提升影响力和竞争力的一个重要方面。为此,本文在对比分析国际重要金融中心品牌建设经验的基础上,定量评价上海陆家嘴金融城品牌体系建设的优势和劣势,并提出提升陆家嘴国际金融城品牌建设的相关策略。

一 全球金融中心国际品牌建设的经验比较

2019年9月,英国智库Z/Yen集团与中国(深圳)综合开发研究院联合发布了《第26期全球金融中心指数报告(GFCI 26)》。该指数从营商环境、人力资源、基础设施、发展水平、国际声誉等方面对全球主要金融中心进行评价和排名。评价结果显示纽约、伦敦、香港、新加坡、上海、东京等位居前列。本文重点分析主要金融中心的品牌建设经验,为上海提供经验借鉴。

(一)纽约华尔街

1.受众人群

纽约华尔街是国际化程度高、覆盖范围广的世界金融中心。主要体现在两个方面。一是人才的国际化程度高。纽约市汇集了来自世界各地的人才。二是金融机构、从业者及业务国际化程度高。曼哈顿金融从业人员比例高达10%,纽约金融品种丰富及金融衍生品种类多、市场化程度高。纽约华尔街被称为世界重要的金融中心,一方面由于其较为宽松的金融制度。例如,早在1838年,纽约就创设了"自由银行制",规定任何个人和团体,只要达到10万美元的资本,都可以开设银行,避免了行政审批阻碍银行的发展。

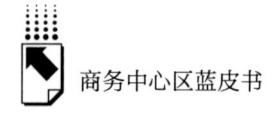

另一方面，由于美国的强大国际影响力，特别是以美元为中心的国际货币制度。

2. 品牌定位

纽约是美国第一大都市、第一大商港、最大的经济和金融中心，拥有纽约证券交易所。世界500强企业中有56家的总部位于纽约，包括花旗银行、摩根士丹利、高盛、摩根大通、美国国际集团等公司，纽约在全球金融和商业方面发挥着巨大的影响力。纽约华尔街将其自身塑造成依靠贸易、资本主义和创新，而非殖民主义和掠夺成长的国家和经济系统的象征，注重对精英主义、自由、包容和梦想理念的倡导。

3. 产品设计

华尔街所在的曼哈顿地区是美国的经济和文化中心，是纽约市中央商务区所在地，汇集了世界500强中绝大部分公司的总部，也是联合国总部的所在地。曼哈顿地区耸立着超过5500栋高楼，其中35栋超过了200米，是世界上最大的摩天大楼集中区。有世界知名的建筑、景点以及哥伦比亚大学、纽约大学、洛克菲勒大学等学校。

纽约曼哈顿的发展模式是以现代金融服务业带动现代服务业的发展，重视产业、人口、文化娱乐的集成度，以聚集顶尖的金融机构、人才和资金、信息为宗旨发展全球总部经济；同时注重金融服务区功能的多样性，集金融、商贸、会展、文化、娱乐、旅游于一体。华尔街以投行闻名于世界，对金融市场有重要的影响。另外华尔街还有各大交易所，如纽约证券交易所、纳斯达克交易所、美国证券交易所、纽约期货交易所等。

4. 治理模式

在美国有很多专业的行业协会，通过行业自治形成行业标准和规则，政府发挥的作用有限。随着美国政府干预经济社会的权力逐渐加强，协会组织的功能日益倾向于向政府游说，以维护和巩固所代表之利益团体的利益。在全球贸易一体化的压力下，协会组织开始将其游说和信息服务功能扩展到为跨国公司在异国构建良好的商业和政策环境。协会的从业人员专业性较强，除少数从政府和企业分离出来的人可能充当协会领导外，大量的高级和中低级职员都从社会招聘，且知识结构比较完善，年龄结构适中。

5. 营销方案

纽约以自由女神像为象征，塑造普通人有机会在纽约创造奇迹的美国梦。华尔街的品牌也更多是由故事构建的，多是体现平等和关怀。纽约华尔街的品牌形象也通过文学作品、音乐剧、电影等文化载体传播到世界各地。

（二）伦敦金融城

伦敦国际金融中心是国际上最为重要的金融中心之一，一般包括位于伦敦圣保罗大教堂东侧、面积2.6平方公里的伦敦金融城（老金融城，Square Mile）以及伦敦金融城东侧金丝雀码头（新金融城，Canary Wharf）。

1. 受众人群

伦敦80%的业务都是国际性的，其受众人群是全世界的金融家们。金丝雀码头集聚了众多跨国金融机构、专业服务机构和全球性媒体集团的世界或欧洲总部，包括巴克莱银行、花旗集团、安永、汇丰银行、摩根大通、标准普尔、汤森路透、经济学人集团、德意志银行、欧洲药品管理局和欧洲银行管理局等，还有两家欧盟机构。其中55%为金融机构，45%为非金融机构。

2. 品牌定位

伦敦金融城是欧洲乃至世界的金融中心，享有"全球力量中心"和"全球动力之都"的美誉。伦敦金融城成功的原因有很多，包括完善的税收制度、悠久的历史沉淀、合理的市场规模和流动性、各行业专业人士的支持、优越的基础建设、理想的地理环境和时区优势有效地融合了东方和西方的文化等。

3. 产品设计

有形载体方面。（1）完善的基础设施。伦敦金融城拥有便捷的交通、丰富的信息、即时的通信、优质的办公设施及良好的金融和商务运营环境，以其优越的硬件设备可以确保整个金融城实现二十四小时不间断交易。金丝雀码头则采用TOD为导向的设计，形成功能混合的、高效紧凑的立体化土地利用。（2）完善的产业集群。超过1/3的世界五百强公司把欧洲总部设在金融城，国际银行和金融机构基本上在这里设有办事处或分支机构。它是世界上最大的外汇交易市场，有世界上2/3的顶级律师事务所，每年有上千家创业公司在这里诞生。（3）综合功能的城市中心区。伦敦金融城具备满足公众生产、学习、生活、娱乐等全方位需求的功能，能够促进产业发展、人才集聚等战略落地。优越的居住环境和便利的商业中心，吸引了大量的商务人士和络绎不绝的游客穿梭其中，构建起具有活力、生命力和功能齐全完善的城区环境。（4）以人为本的公共空间。比如，在金丝雀码头的总体规划中，包含了各种规模和特征的重要公共开放空间，有助于在重要的城市密集区域内创造令人难忘、舒适且人性化的公共空间。（5）享誉全球的地标建筑。这些地标建筑凸显城市的文化品位、艺术特色、生态标准等。

无形载体方面。（1）完善的法律体系和政府的合理引导。金融城实行高度自治，伦敦政府对伦敦金融城赋予了很多特权，很多政策不需要政府批准，金融城直接拥有决定权。（2）高度国际化。伦敦金融城1/3的财产由外国人所拥有，在伦敦股票交易所上市的外国公司的数量超过世界上任何其他的交易所，伦敦的开放性吸引了全球的财富资金。（3）营商环境。根据世界银行发布的《2018年营商环境报告》，英国在全球经济体中排名第7；英国在发达国家中征收的企业所得税最低，较低的企业税费负担使得英国在国际竞争中保持着较高的吸引力。（4）签证政策。英国推出了"首席代表签证"等制度，方便国际人才办理签证和申请永久居留，有利于吸引国际高端人才。

4. 治理模式

伦敦金融城紧密联系市政部门和行业协会，推动市场主体发挥主导作用，发挥行业协会在日常管理和城市治理中的积极作用。通过政府引导、支持和参与搭建业界平台和行业组织，引领产业创新、推动企业集聚、规范行业发展。

5. 营销方案

伦敦金融城以官网为主，同时会有一些宣传活动。此外，伦敦金融城分别在北京和上海成立了代表处，旨在通过推广英国一流的金融服务和产品，来加强中英两国贸易和投资的联系，促进伦敦金融城与中国金融服务业长期交流，包括参与安排伦敦金融城市长的定期访华以及中国政府高层官员和企业访问伦敦金融城。

（三）新加坡

1. 受众人群

新加坡对外资的吸收主要集中在投资控股和批发零售等领域。2015年，新加坡外资流入占比最高的行业是投资控股公司，约为45.53%，这是跨国公司将新加坡作为亚太地区中心的地位决定的。其次是批发贸易，占比为18.18%，新加坡在东南亚具有重要的战略地位，被认为是东西半球贸易的连接，在全球进出口中扮演着重要角色。此外，新加坡的专业科技服务等领域利用外资也保持着积极发展的势头，该领域占比达8.5%，这与其近年来增加科技创新领域的投入有关。

2. 品牌定位

新加坡国际金融中心由国际性资产管理中心、国际性债券中心、证券及衍生产品交易中心、外汇交易中心、保险业中心和远距离金融服务中心这六大支柱撑起。其中，新加坡政府把资产管理市场和债券市场作为建设世界级金融中心的两大主要突破口。新加坡还被定义为东西半球贸易的连接点以及国际航运中心。

3. 产品设计

在有形载体方面，新加坡注重加强硬件环境建设，尤其是交通和信息方面。比如，注重加大对道路、桥梁、机场等交通基础设施建设，将国内15%的土地面积用于建设道路，将交通发展规划与城市总体规划有机结合起来，实施城市道路建设与土地开发一体化推进，构筑了由普通公路、城市快速路、地铁系统和轻轨系统组成的四级交通体系，并通过在城区建立电子道路收费制度，合理利用现有的交通基础设施。新加坡还投入巨大资金用于信息通信设施建设。

在无形载体方面，新加坡具有优越的地理位置，地处太平洋与印度洋航运要道马六甲海峡的出入口，交通便利，辐射范围较广。在时差方面，新加坡既能及时衔接北美和欧洲市场的交易，又能填补其他亚洲市场交易清淡的时间。新加坡具有丰富的人才储备，根据2019年1月欧洲工商管理学院与德科集团和塔塔通信联合发布的2019年"全球人才竞争力指数"报告，新加坡在人才竞争力方面继续排名全球第二，亚洲第一。新加坡还是亚洲国家进行仲裁的首选国家，在全球则排名第三。新加坡政治稳定，出台很多亲商政策，实施了极具竞争力的税率和税法，对外资准入政策宽松，股票交易市场稳定。

4. 治理模式

新加坡是一个城市国家，国家和政府的正面形象，对新加坡吸引外商投资产生正向积极的影响，这是形成国际金融中心的一个基础条件。

5. 营销方案

新加坡依靠国家形象的宣传，如良好的营商环境、最宜居的国家、最低程度的限制性政策等，对外商投资产生正面影响。新加坡还举办具有世界影响力的活动，如与彭博合作的创新经济论坛、区块链经济论坛等，提升新加坡的知名度和影响力。

（四）东京

1. 受众人群

东京国际金融中心是国际金融中心之一，由资金市场、外汇市场和证券市场组成。东京聚集了日本30%以上的银行总部与一半以上的大企业总部，是总部经济与东京都市圈联动发展的典范。近年来，外国在日本发行的日元债券渐多，东京债券市场逐渐成为一个主要的国际性债券市场。

2. 品牌定位

东京将伦敦作为对标的对象，致力于建设国际金融中心、一个无国籍的资本市场。当前，东京的国际化氛围越来越浓，居住环境、城市景观、交通、餐饮以及多语言对应等城市功能也得到极大改善。

3. 产品设计

有形载体主要是24小时的餐厅、健身中心、五星级酒店等以及完善的社会保障机制。比如，东京的社会保障水平在亚洲首屈一指，其基本养老及医疗覆盖率均达到100%。东京还积极开展环境治理，通过各种措施建设污染排放设施，积极推进楼顶绿化等，以及通过发展公共交通，来提高交通出行的便利度。

无形载体主要进行如下建设。（1）改善金融系统。2013年7月，日本两大证券交易所——东京证券交易所和大阪证券交易所的股票现货交易合并。合并之后东证的上市公司数量增至约3400家，跻身世界前三。仅次于印度孟买证券交易所和加拿大TMX集团，超过伦敦证券交易所。（2）完善金融政策。1996年，日本政府宣布以自由、公平、全球化为原则，提出《金融体系的改革面向2001年东京市场的新生》，对金融体系实施根本改革；2000年之后，继续扩充离岸市场的功能，推动金融改革。特别是2007年12月，日本金融厅公布了《强化金融资本市场竞争力计划》，大幅放宽对证券交易所、基金和金融机构的监管，以提高日本资本市场在亚洲的竞争力。（3）发展债券市场和金融衍生品市场。东京债券市场的活跃与日本政府对债券市场的改革是密不可分的。其主要措施还是放松管制，通过一系列市场化改革措施，促进了东京债券市场的快速发展。（4）时区优势。伦敦处于纽约和东京时区之间，东京接近香港和新加坡时区，可以形成一体化的24小时全球交易体系。（5）人才优势。东京有许多著名的高等学府，庞大的人口集群效应，使得东京很容易获得高级人才，成为人才高地。东京都政府还积极推动对拥有专门知识的高级金融人才的家人放宽签证条件等，吸引国际人才。

4. 治理模式

东京早在两三年前，就以政府牵头，从如何提供支持的角度来关注经济和社会发展，围绕奥运但不止于奥运，旨在促进城市运行效率、舒适性、安全性、开放程度等的综合提升，同时借助奥运契机宣传民族文化和城市文化。

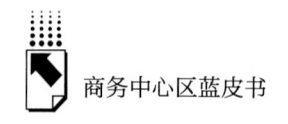

5. 营销方案

东京以打造游客心目中"一定要去一次""去了还想再去"的全球知名旅游城市为目标,并分解成五个小目标,包括提升东京作为游客旅游目的地的认知度;突出与全球主要竞争城市的差异化;提升东京的国际影响力;让外国游客有机会体验东京的热情;以东京为枢纽,将游客导向日本各地,使旅游经济惠及全国。东京还提出构建领先世界的全球化大都市的城市发展战略,并制定了一系列的相关政策,包括创造优质国际商务环境,汇聚全球资本、人才、信息;从全球视角出发,创造富有魅力的商务环境;重新成为与纽约、伦敦比肩的国际金融中心;构建全球生命科学商务中心;通过鼓励创业,增强中小企业活力,使东京成为不断诞生世界领先技术、产品、服务的创新城市,活跃经济;创设东京孵化、改变世界的高新企业;创立东京首创、改变世界的高科技中小企业;多层次培育,多形式创业;战略性地培育高成长性产业,推动中小企业积极参与;进一步促进企业海外拓展;培养能够支撑东京乃至日本发展的人才等。

(五)香港

香港是在20世纪70年代崛起的全球金融中心,是重要的人民币离岸金融中心,也是粤港澳大湾区和"一带一路"节点的国际金融中心。

1. 受众人群

香港的金融区主要集中在港岛的中环地区,经历了银行近现代资本市场的发展。香港作为亚太区国际金融中心的崛起,约始于20世纪70年代,在20世纪中后期成为亚洲金融中心,并且成为世界金融中心之一。

香港由于实行高度市场化的经济体制和采用高度市场化的金融体系及监管,金融市场高度发达,证券市场覆盖范围逐步扩大,银行、保险起到重要的作用。作为连接中国内地和世界的重要金融窗口,香港成为人民币离岸中心。香港的金融市场更加国际化。

2. 品牌定位

香港是东亚的金融中心,也是高度市场化的国际金融中心之一。新的发展阶段下香港金融中心的品牌定位主要在于成为扎根亚洲、首屈一指的国际金融中心。在战略定位方面,香港致力于发展成为国际金融中心。香港在银行、证券、保险等领域高度发达,要素丰富度高,成为自由和市场化的金融中心。

3. 产品设计

香港区位优势明显,香港与纽约、伦敦在全球金融界三分天下,在时区上相互衔接,使全球金融业保持 24 小时运作。香港背靠中国内地广阔的腹地,与珠三角和粤港澳大湾区深度融合。香港还是全球最自由的经济体,拥有完善有效的司法体制及金融监管制度等。香港的金融中心是中西交汇、高度市场化和开放的国际金融市场之一,是在软硬件、区位方面具有优势的金融中心,也是世界金融中心之一。

4. 治理模式

作为金融中心,香港侧重于现有基础、全球声誉、法治环境、规范运行和变局中的稳定。

5. 营销方案

香港主要在市场声誉、政府指引、服务质量、中环底蕴、金融要素、中西合璧、法规秩序等方面进行城市营销,使香港这颗"东方之珠"熠熠闪光。

二 陆家嘴金融城国际品牌建设的基础与优势

(一)评价指标与依据

根据文献调研和访谈信息,本文提取出对评估金融中心最重要的 13 项指标,开展了全球主要金融中心的评价。

评分依据主要来源于权威机构评分、文献资料、访谈纪要、网络信息等。部分指标包含了主观经验,主要包括对纽约华尔街的税收和发展潜力评价;伦敦金融城的税收和潜力评价;新加坡的经济自由度和创新评价。

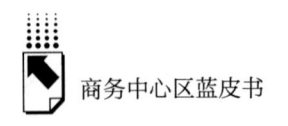

（二）评价结果

根据评价结果，世界主要金融中心的各项指标得分如表1所示。

表1 世界主要金融中心各项指标得分

单位：分

指标	纽约	伦敦	新加坡	东京	香港	上海
营商环境	9	8	9	7	8	7
税收	7	7	9	7	9	7
发展潜力	3	4	5	6	4	9
国际化	10	9	7	6	8	4
人才储备	10	9	8	8	5	8
经济自由度	10	9	7	7	9	7
市场监管水平	9	8	8	6	7	4
全球金融市场影响力	10	10	8	8	9	8
创新	9	8	8	9	8	8
基础设施	7	8	9	9	8	8
总部集聚程度	10	9	7	8	8	7
宜居程度	7	7	9	8	4	9
文化历史	9	9	7	7	7	7

说明：各项指标满分为10分。

通过评价可以看出上海陆家嘴在发展潜力、宜居程度上具有比较优势，排名靠前。在发展潜力方面，上海陆家嘴金融城区位条件优越、基础设施完善，已有一定的金融要素聚集和优秀的金融人才聚集，在中国经济发展良好局面的支撑下，发展潜力巨大，发展前景良好。同时，陆家嘴区域具有一定住宅区域，周边居住功能配套完善，交通便利，文化底蕴深厚，人居环境良好，宜居程度较高。

在营商环境、税收、国际化、市场监管水平等方面排名靠后，这些方面是影响陆家嘴金融城发展的重要短板。其中营商环境是评估金融中心最重要的指标之一，上海陆家嘴金融城该指标排名居后，但与先进城市相差不大；

在税收方面与纽约、伦敦相差不大，但与新加坡和香港有较大的差距；在国际化方面上海与其他主要金融中心还有较大差距，对国际化人才引进聚集不够，国际化金融机构入驻量不足，没有完全形成国际化的体制机制，国际化程度低于其他金融中心；在市场监管水平上，上海与其他主要金融中心也有较大差距，需要进一步提升。

在人才储备、经济自由度、全球金融市场影响力和基础设施方面上海排名处于中游或上游水平，也需要进一步提升。

三 陆家嘴金融城国际品牌定位与策略

通过对比分析，从中国经济的风向标，对外经济交流的窗口，政府、企业与个人共生共荣的平台，以及人文环境与金融的有机融合等方面进行陆家嘴金融城国际品牌的定位，提炼出风向标、窗口、共生共荣、融合四个关键词，并提出相应的实现策略。

（一）风向标

市场管理水平、营商环境和创新是中国经济风向标的重要表征。

1. 市场管理水平

一是实现高水平的市场监管。（1）加强对内幕交易、财务造假等违规行为的监管和惩治，目前情况是举报难、发声难、惩处轻，需要对症下药，解决问题。（2）加强对上市公司的审核，保质保量。2019年，共计退市21家企业，创历史新高，A股累计总退市118家公司。（3）培养投资者拥有成熟、理性、长期的投资观念，逐渐形成稳定、波动性较小的市场。

二是实现上下通达的治理模式。（1）建立稳定的官方宣传渠道，包括提升官方公众号的渗透率，提高关注人数占陆家嘴金融城工作人员比例；提升官网影响力度，通过活动导流、线下宣传等方式，让区域内从业人员了解陆家嘴金融城官网的作用；及时发布政府的政策信息与其他活动信息。（2）打造切实满足需求的核心内容。主要针对金融城内人的共同需求，定期举办政策解读讲座，如税收政策解读；关注不同层次企业需求，进行需求对接，由管理委员会带领组织活动。（3）促进更多层次的企业参与到业界共治当中，包括根据不同企业层级和类型，设立多层次的管理委员会，如大中小企业、内外资企业等；对于不同层级委员会，设立相应的表彰制度和奖励。

三是构建宽松的政策环境。（1）逐渐减少政府对经济的参与。比如对外资准入政策的调整，确保相关政策能够落地实施。（2）提升政策灵活性。对创新和模式探索的企业行为适当放宽限制，积极推进负面清单制度。

2. 营商环境

一是实现高速发展且多元化的市场。实现方式主要包括推动金融市场产品的多元化，逐步探索和发展与国际化接轨的其他金融领域产品。

二是降低开办企业的难度。放松金融业外资准入的限制，确保政策落实。借助企业"一窗通"平台，提升业务办理流程的快捷程度。

三是制定实施支持性的营商政策。逐步减少限制性条款，建立自由、支持性的政府形象。

3. 创新

一是成为金融前沿领域的先行探索者。（1）积极推动在已有优势的前沿领域树立业内标杆，主要是金融科技和绿色金融领域。（2）积极关注金融行业发展趋势，及时推进前沿领域探索。加强与高校合作，进行金融前沿领域的科学研究。通过与业内头部企业定期举办趋势交流活动等形式，打造系列品牌。（3）积极储备金融人才。一方面，由政府引导，使行业前沿需求与高校培养相结合，储备前沿领域人才；另一方面，注重引进和留住人才。给予具有较强竞争力的人才政策，吸引海内外的金融精英进入陆家嘴金融城。

二是成为政策和制度革新的探索者。（1）积极推动政策和治理模式创新。尝试新兴领域的多种支持和开放模式，如自由贸易区、对外开放、绿色金融等先行先试区域。提出业界共治+法定机构的治理模式，推动前沿领域的行业规范和自律组织建立，如绿色金融委员会。（2）建立全球性的非官方金融信息媒体中心。与知名财经媒体合作，给予资源和政策支持，鼓励财经媒体自我突破，增强内容竞争力和全球影响力。合作机构包括 Wind、第一财经、华尔街见闻等。与高校或者企业合作，成立相关委员会，打造全新的自主财经品牌，为商界发声。

（二）窗口

通过提升全球金融市场影响力、总部聚集程度和市场发展潜力，树立上海陆家嘴金融城的"窗口"品牌。

1. 全球金融市场影响力

一是成为中国的国际金融中心。目前，陆家嘴金融城在金融要素、基础设施、金融产品交易和国际化方面已有了一定基础，已成为我国建设国际金融中心的重要载体。未来需要立足建设中国国际金融中心的要求，对标目前已建成的全球金融中心，包括纽约华尔街、伦敦金融城等。在建设和提升金融要素、丰富金融产品、金融定价权、人民币跨境交易等方面与境外国际金融中心互联互通、加强合作。

二是增强金融产品定价权。借鉴和参考纽约华尔街和伦敦金融城的产品定价体系和模式，研究金融产品定价的建设路径，分阶段建设金融产品的区域和全球定价权。

三是建设人民币交易中心。积极发展人民币与外币的互换业务，在上海逐步建设有影响力的人民币离岸金融中心。

2. 总部聚集程度

一是增强境内金融企业总部聚集。（1）加强境内金融企业的总部聚集程度，在目前基础上，进一步促进境内金融企业总部在陆家嘴金融城的集中。（2）聚集更多的银行总部，在交通银行、上海银行总部驻扎在陆家嘴金融城的基础上，引导更多的大型商业银行把总部设置在陆家嘴；加强对四大国有银行在陆家嘴金融城的上海分行提质提量及业务互动。（3）加强在陆家嘴金融城的券商机构总部聚集和建设，提升陆家嘴金融城的资本市场服务能力。（4）加强在陆家嘴金融城的资管高地建设，聚集资管机构总部；

加强基金、信托和保险公司总部在陆家嘴金融城的建设。（5）加强国内主要的金融监管机构和服务机构如上交所、中债登、上期所的建设。

二是增强境外知名金融机构聚集。加强吸引外资金融机构在陆家嘴金融城设立总部或地区总部。吸引境外知名金融机构在陆家嘴金融城设立分支机构或亚洲区域总部、中国内地区域总部。

三是增强非金融类著名企业总部聚集。吸引与金融企业和机构的服务产业链形成配套的高端非金融企业的总部聚集设立在陆家嘴金融城。加强吸引具有世界影响力的高端非金融类机构，如科技公司中的华为、苹果、百度等的总部或亚太区总部落户在陆家嘴金融城。加强吸引世界知名的媒体机构在陆家嘴金融城设立中国区办公总部；加强成立和发展在陆家嘴的国内知名媒体机构。

3. 市场发展潜力

一是丰富金融交易产品。（1）设计和发展更多的金融交易产品。加大力度扶持科创板的上市公司，加强注册制的科技公司的上市数量发展和交易服务。发展多种原生金融产品、衍生品和结构性金融产品。（2）设计和发展更多的金融产品类型。发展在陆家嘴金融城的金融衍生品交易；进一步发展在陆家嘴的金融衍生品交易品种；发展在陆家嘴的金融衍生品的交易数量和地区覆盖。发展金融衍生品的跨区域和跨境交易。（3）创新产品交易模式。创新在陆家嘴金融城的金融产品交易模式，发展科技金融、多品种金融的即期和远期交易模式。

二是发展大规模交易的金融产品市场。目前在陆家嘴的金融产品交易量还有提升的空间，需要通过开展多种金融产品的即期和远期交易，提升交易的体量和频率，增大在陆家嘴的金融市场交易量。

三是实现便捷的跨境交易和互联互通。主要是通过开展在陆家嘴的金融机构的跨境交易，推进沪港通、沪伦通的发展和交易品种、交易量的扩大，促进陆家嘴金融城的国际化发展。通过在陆家嘴金融城发展与境外的全球金融中心、区域金融中心的互联互通和跨境合作业务，提升陆家嘴金融城的市场发展潜力。

（三）共生共荣

通过做好营商环境、税收和人才教育，实现"共生共荣"。

1. 营商环境

一是建立成熟全面的"业界共治"治理模式。目前，虽然陆家嘴金融城理事会和下设的绿色金融、楼宇发展、品牌推广、金融风险管理专业委员会已经成立，但影响力和覆盖面还需进一步完善和扩大。需要根据陆家嘴金融城建设和发展的实际需求，建立政府、委员会和实体企业之间的有效沟通渠道，充分吸纳市场和社会多元主体参与，提供更有针对性的资源对接和跨界合作。

二是实现有效的政府参与和引导。加强与各行业组织和中介机构的联系，建立更加专业、灵活、开放的用人机制，为企业提供全生命周期的专业服务和配套保障，更好地服务机构在陆家嘴落地等。针对中小企业对相关政策法规缺少了解渠道，开展相关解读答疑活动。将陆家嘴的文化和活动及企业补贴，下沉到普通员工，提高满意度。推动各企业相互提供资源，实现资源共享。

三是健全和完善行业协会。借鉴伦敦金融城等经验，在政府的主导下，成立多行业的商业协会组织。提高行业协会在行业良性发展和城市治理中的作用。

2. 税收

一是制定有竞争力的税收政策。金融行业收入高，流动性强，地域限制作用不大。因此，税收对吸引和留住金融企业和人才十分重要。需要借鉴和关注其他国际金融城的税收政策，制定有利于吸引国际人才的税收政策。

二是进行及时的政策解读。目前陆家嘴金融城内中小企业对税收政策的了解渠道需要拓展，应当通过线上、线下等各种方式让金融城内企业及时了解政策方针。

3. 人才教育

一是建立紧密的"人"与"城"的情感纽带。建立"人"在陆家嘴金融城工作的归属感。比如,给工作满五年、十年的城内企业员工,颁发一些个性化、品牌感知的纪念品;注重对弱势群体的关爱等。建立"人"在陆家嘴金融城工作的成就感,通过评选表彰活动,提高区域内从业人员的荣誉感。举办陆家嘴金融城历史、文艺、公益、金融类活动,让大众了解陆家嘴金融城对中国金融行业发展的意义和影响,打造有温度、有情怀的陆家嘴金融城的品牌内涵。

二是推动人才多元化、背景多元化。改善外籍人才居住、招聘等政策,提升外籍人才引入数量和质量。提高外籍人才在陆家嘴金融城居住、就业便利程度,增加人才吸引力。注重对海外留学的人才引进和宣传,制定和完善优秀人才引进、招聘、培养政策。

三是推进企业、高校、政府强强合作。加强企业与高校的深度合作关系,包括与上海本地高校以及沪外、国外知名院校的合作关系。积极完善陆家嘴金融城内人才交流、流动的渠道,如通过组织线上、线下行业交流活动,盘活陆家嘴金融城人才资源,实现互帮互助、信息交流。

(四)融合

通过提升宜居程度、优化人文环境和建设温暖金融城,实现"融合"。

1. 提升宜居程度

一是提升工作餐饮等便利化服务。比如,通过发展共享食堂等,切实改善午餐用餐质量和方式。

二是提高交通便利性。重点是通过增加金融城巴士运量、建立园区慢行系统等,解决"最后一公里"的交通难题。

2. 优化人文环境

一是加强核心价值观和文化的输出。深度挖掘陆家嘴金融城的故事,进行文化塑造,丰富陆家嘴金融城"城就梦想"的文化内涵。

二是培养较强的归属感。通过设计高频使用的环保袋、办公文具等以及制作纪念奖品等形式提高认同感。扩大陆家嘴金融城文化节、马拉松比赛、咖啡节等固定系列活动的影响力,提高陆家嘴金融城人的归属感。

三是减少隔阂和壁垒。丰富宝库艺术中心、东方艺术中心等艺术资源，充分利用艺术交流打造更开放包容的文化，推动跨界合作。

3.建设温暖金融城

一是建设有温度的区域发展命运共同体。选择利用"陆家嘴金融城"官方网站和微信公众号，通过投稿或访谈等方式，发布一些真实、励志、生动的故事，传递温暖正能量，拉近人与城之间的距离。

二是建设金融公益城。积极推进金融城的公益活动和公益建设。比如，增加与低碳环保相关的公益活动等，通过举办关于低碳生活的绿色环保活动，加强低碳文化的宣传推广，发动楼宇发展委员会开展能效达标管理和相关奖励活动等。

四 结语

品牌体系是国际金融中心的重要体系。与纽约、伦敦以及亚洲的香港、东京、新加坡相比，上海陆家嘴金融城仍有一定的差距，未来需要重点在优化营商环境、提高国际化程度、提高监管水平等方面补齐短板，并积极出台实施有助于吸引国内外高端人才的政策措施，提升对高端人才的吸引力，聚集人才；并通过人才聚集，进一步提升区域的金融管理水平和创新能力，整体提升上海陆家嘴金融城的国际影响力和总体竞争力。

参考文献

英国智库 Z/Yen 集团：《第 26 期全球金融中心指数报告（GFCI 26）》，2019。

任凯锋、周海东等：《陆家嘴金融城关于创新"业界共治"模式优化营商环境实务研究》，载郭亮、单菁菁主编《中国商务中心区发展报告 No.5（2019）》，社会科学文献出版社，2019。

B.16
广州天河中央商务区服务业开放的实践探索与战略选择

武占云 张双悦 于冰蕾*

摘 要： 在国家对外开放战略深入实施和粤港澳大湾区建设加快推进背景下，广州天河中央商务区作为广州乃至珠三角外向型经济发展的先导地区，经过30多年的发展建设，已经成为华南地区总部中心和高端服务中心，服务业开放走在全国CBD前列。本文结合国家及广州对外开放历程，重点分析天河中央商务区服务业对外开放的实践探索，以及未来的发展方向和战略选择。

关键词： 天河中央商务区 服务业开放 粤港澳大湾区

一 引言

改革开放初期，中国对外开放方式是通过发展"两头在外"的加工贸易，依靠劳动力优势融入由发达国家控制的全球价值链，这使中国对外贸易快速扩张，促进了制造业的崛起，实现了经济的高速增长。然而当前，中国经济已经由高速增长阶段进入高质量发展阶段，制造业发展的人口红利正逐

---

* 武占云，中国社会科学院生态文明研究所副研究员、博士，主要研究方向为城市与区域经济、国土空间开发与治理等；张双悦，首都经济贸易大学城市与公共管理学院博士研究生，研究方向为城市与区域经济学；于冰蕾，华南理工大学经济与金融学院本科生，主要研究方向为城市与区域经济。

步消失，劳动力成本优势也在不断减弱，国际贸易环境更是十分严峻。因此，扩大服务业对外开放，通过服务贸易实现高级服务要素的出口，倒逼制造业升级，不仅是"十四五"时期的重要任务，也是"十四五"时期提升中国国际竞争力的重要途径。

从创建经济特区"先走一步"到全方位对外开放格局的形成，广东先后经过了开拓改革开放实验田（1978~1992年）、迈向改革开放深水区（1992~2012年）和走上全面改革新征程（2012年迄今）的发展历程，其服务贸易与服务业利用外资水平走在全国前列。天河中央商务区（以下简称天河CBD）与广东的改革开放进程、经济社会变迁紧密联系在一起，见证了广州由千年商都向全球城市的转型发展。天河CBD作为广州市建设国际商贸中心的核心承载区，是广东省粤港澳服务贸易自由化示范基地和广州市服务贸易示范区，在引领广东、珠三角和粤港澳大湾区对外开放中发挥着重大作用。

2020年4月17日，广州天河CBD成为首批国家数字服务出口基地，目前正积极推动数字技术与服务贸易的深度融合，初步形成了以数字服务、金融服务、现代商贸、商务服务、总部经济为主导的现代服务业体系。随着国家新一轮改革开放战略的深入实施和粤港澳大湾区建设的加速推进，广州天河CBD将进一步融入改革开放的大潮中，加大开放型经济探索力度，积极打造高水平的对外开放门户枢纽。

二 发展基础与面临的形势

（一）对外开放的基础与历程

广州开放历史源远流长，广州是我国海上丝绸之路的重要始发地之一，唐宋时期广州港就已成为中国对外贸易的第一大港口，即使在施行闭关锁国的明清时期，广州也是当时唯一的对外通商口岸。改革开放后，广州CBD的历史沿革总体可以分为如下四个阶段。

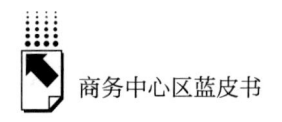

1. CBD建设初现端倪（1976～1984年）：改革开放后环市东的崛起

1976年，在党的十一届三中全会召开之前，在如今的环市东路，一栋白色建筑刷新了广州高度，那便是"白云宾馆"，在当时一个"高楼大厦即影响力"的年代，白云宾馆的出现无疑为广州对外开放的发展带来了新时尚与新希望。改革开放后，随着农村经济体制改革、流通流域改革步伐的不断加快，广州以流通流域改革为先导，从价格改革开始，逐步解决涉及老百姓日常生活的难点问题。伴随着1978年广州市部分水产品市场自由购销价格的改革，友谊商店也开始搬迁到环市东路；直至1984年，广州市开始全面改革蔬菜产销体制，花园酒店也在此时建成，这标志着环市东路的"铁三角"正式形成。此时，广州市的商务办公职能开始与传统的商业中心分离，CBD建设渐露端倪。

2. CBD概念逐步形成（1985～1995年）：天河北与环市东协同推进

20世纪80年代末到90年代初，随着城市继续东移和"六运会"在天河的成功举办，环绕天河体育中心的天河北板块开始启动建设，天河北的兴盛正式进入酝酿期。1985～1987年，国家发文批准广州市设立天河区，以及天河立交、天河体育中心的建成，天河CBD交通基础设施和各项基本功能逐渐完善。此时，从广州层面来看，广州CBD的功能也日渐完善，从初期的以零售商业为主体，发展到商务办公—商业一体化，并有扩展为办公－商业－文化娱乐－会务等综合化的趋势。到1995年时，北京路和环市东的楼宇底层拥有CBD的18种功能，CBD的概念在此时已经初步形成。

3. CBD走向成熟（1996～2007年）：天河CBD功能日益完善

21世纪初，天河北进入飞速发展阶段。2001年"九运会"的举办，以及广州火车东站的开通完善，进一步促进天河CBD商务、商业、酒店业迅速崛起。此时，中信广场成为广州新地标，大量金融保险机构、跨国公司总部、国内大型企业集团聚集于此，一个新的CBD初具雏形。2005年，国务院正式批复《广州市城市总体规划》，明确提出建设天河中央商务区。经过数年来天河经济飞跃式的发展，天河CBD已走向成熟，区内交通网络完善、配套设施高档、商业氛围浓厚、星级酒店密集、总部经济发达，功能日益完善。

4. CBD走向高质量发展（2008年至今）：梯次格局促进广州国际金融城发展

2008年12月，国务院批复的《珠江三角洲地区改革发展规划纲要（2008～2020）》正式将广州建设区域金融中心提升为国家战略。2011年5月，《广州区域金融中心建设规划（2011～2020）》提出要把毗邻珠江新城CBD的员村地区建设成为国内一流的金融总部集聚功能区；同年11月，在省区域金融中心建设工作领导小组第一次会议上，进一步明确了建设广州国际金融城的重大战略决策。广州国际金融城作为广州CBD的重要组成部分，未来，将承载CBD扩张带来的用地不足及功能延伸，为广州CBD的对外开放提供动力。至此，梯次分布的CBD格局正式形成：天河北商贸商务区成熟完善，珠江新城金融商务区正快速成型，广州国际金融城正加快建设（见表1）。总体来看，广州CBD的建设，既为广州对外开放提供重要载体和平台，也是广州对外开放的重要见证者。

表1 1978～2016年广州市与广州CBD发展历程一览

时间	广州对外开放历程	广州CBD发展历程
1978	在水产品市场实行自由购销	白云宾馆的建成
1979	农村经济体制改革	
1980	提出了"全党动员，大办外贸，尽快把广州建设成为一个外贸出口基地"的口号	
1984	全面改革蔬菜产销体制；日用工业品价格全部放开；实行开放政策，允许外地企业和个人来广州设点经营，并对外地企业和个人来广州经商简化审批手续；《国务院关于广州市对外开放工作报告的批复》	天河体育中心开工；花园酒店建成
1985～1987	放开了生猪和全部水产品的经营，彻底取消了指令性计划；组建了白云山企业集团、万宝电器集团、南方大厦股份集团等44家企业集团；杨箕村股份制合作经济联社，在广州市天河区沙河镇杨箕村成立	国务院发文批准广州市设立天河区；天河立交桥建成；天河体育中心建成；广东国际大厦开始动工；"六运会"开幕式在天河体育中心举行
1991	广州高新技术产业开发区成为首批国家级高新区之一	国家批准设立广州天河高新技术产业开发区；广东国际大厦建成

续表

时间	广州对外开放历程	广州CBD发展历程
1992	广州保税区成立	广州第一家麦当劳餐厅在"63层"开业；世界贸易中心建成，环市东CBD气质渐露；珠江新城开始规划
1993	国务院批准设立广州南沙经济技术开发区	广州电脑城建成使用，天河成为全国第二大电脑集散地；珠江新城控制性详细规划正式颁布
1996~1999	大力引进外资经济；广州一号线通车	天河城广场开业；中信大厦建成，成为广州当时最高的标志性建筑
2001	"九运会"在广东奥林匹克体育中心举行，奥林匹克体育中心的建设，推动了广州二次"东进"	珠江新城规划进行检讨优化；正佳广场落成
2005	地铁三号线开通	国务院正式批复《广州市城市总体规划》，明确建设天河中央商务区；第二少年宫建成
2008	广州塔开始建立	
2009	《广州市关于加快实施"走出去"战略若干意见》出台	广州国际金融中心建成
2010		第11届亚运会开幕式在海心沙举办；花城广场正式面向市民开放
2011		天河CBD管委会正式挂牌成立；区域金融中心建设工作领导小组明确建设广州国际金融城
2014		广州周大福金融中心建成；珠江新城基本建成
2020		天河CBD成为首批国家数字服务出口基地

资料来源：广州共青团：《广州天河CBD成立七周年》，《图片展现30多年演化历程》，2018。

（二）国际国内形势下的历史使命

党的十九大报告指出，中国对外开放不仅要"发展更高层次的开放型经济"、"推动形成全面开放新格局"，而且要"扩大服务业对外开放"，这为天河CBD融入全球经济带来了契机。然而，随着国际贸易摩擦加剧、国际竞争格局的复杂变化，粤港澳大湾区建设进入关键阶段等，天河CBD作为珠三角地区对外开放的重要窗口，既面临着外部形势变化的压力，也面临着经济迈向高质量发展的内在转型要求,如何继续构建开放型经济体系、提升服务业国际竞争力,就显得尤为重要。

2019年,广州服务业占GDP比重已超过70%,达到发达国家的平均水平但是与国际化大湾区中心城市相比,仍有一些差距。与此同时,广州知识密集型服务业增加值占GDP比重为27.42%,与发达大湾区中心城市相比,也有不小差距。因此,扩大广州服务业对外开放,激发广州经济发展新活力,就成为"十四五"时期广州的重点任务与历史使命。

此外,世界各国CBD的发展经验都表明,相对于制造业,服务业特别是高端服务业,更加追求空间集聚。天河CBD作为广州对外开放的重要窗口,在新时期,应以高质量发展为底线思维,以扩大高端服务业对外开放、改善营商环境等为手段,以提升CBD空间集聚水平与效率为阶段性目标,积极打造高质量的对外开放门户枢纽集中承载地、粤港澳大湾区现代服务业集聚区和服务贸易自由化示范区。

三 服务业开放创新的探索与实践

2018年10月,习近平总书记在视察广东时,要求广州实现老城市新活力,在综合城市功能、城市文化综合实力、现代服务业、现代化国际化营商环境方面出新出彩。天河CBD作为广州市国家中心城市功能的主要承载区和国际一流中央商务区,紧紧围绕打造粤港澳大湾区服务贸易自由化示范区的目标,在服务业开放创新和国际化营商环境方面率先探索,为广州经济高质量发展和开放型经济体系构建奠定了坚实基础。

(一)率先试验:广州对外开放的先行先试探索

自2014年2月开始,广州市人民政府便提出要在广州市发展服务业的新业态,促进服务业多元化、智能化、高端化、节能环保化发展。在此基础上,广州市人民政府办公厅出台了《广州服务经济发展规划(2016~2025年)》,目标就是要在多元化的服务业新业态基础上,构建广州高端高质高薪的现代服务经济新体系。之后，为实现这一目标，广州抢抓重要机遇、率先开拓创新，坚持"引进来"与"走出去"互动发展。加强政府购买高端专业服务的力度，积极引进国际国内优质企业，并提供各项资金和政策支持；扩大服务业对外开放，发挥市场在资源配置中的决定性作用，畅通服务业开放的重要通道，促使高端服务业"走出去"（见表2）。

表2 广州服务业开放政策一览

时间	政策文件	主要内容
2014年2月20日	广州市人民政府办公厅印发关于促进广州市服务业新业态发展若干措施的通知	加快健康服务业、互联网金融服务业、产业设计服务业、软件和信息技术服务业、现代物流服务业、电子商务服务业、检验检测服务业、节能环保服务业、融资租赁服务业的发展；加强对服务业新业态的扶持引导
2017年4月20日	广州服务经济发展规划（2016~2025年）	构建高端高质高新现代服务经济新体系；推进南沙高水平对外开放门户枢纽建设；以资本项目可兑换和金融服务业开放为目标，打造全新的金融创新制度；进一步推动贸易便利化，大力发展服务贸易等
2018年9月30日	广州市人民政府办公厅关于加快发展高端专业服务业的意见	支持引进国际国内优质企业，支持人才队伍建设，支持品牌建设等；加大政府购买高端专业服务力度；营造行业发展氛围等
2018年10月	广州市营商环境综合改革试点实施方案	着力推动审批服务便利化改革、工程建设项目审批制度、企业投资管理体制、贸易便利化、科技创新体制机制、市场监管和区域营商环境改革等方面进行试点
2019年3月22日	广州市进一步优化营商环境的若干措施	减少登记环节、申请材料等；提升税费缴纳便利化水平，降低企业纳税负担；优化口岸通关流程，进一步压缩通关时间；提升用电报装服务水平等
2019年5月	广州市优化口岸营商环境促进贸易便利化工作方案	至2019年底，将进口边境合规时间压缩至40小时，将出口边境合规时间降至16~18小时，实现机场、海港口岸"7×24"小时常态化通关

续表

时间	政策文件	主要内容
2019年10月31日	关于开展2019年广州市总部企业认定及奖励工作的通知	按照《广州市人民政府办公厅关于印发广州市促进总部经济发展暂行办法的通知》(穗府办规〔2018〕年9号)的要求,开展2019年度广州市总部企业认定及奖励工作
2020年6月23日	天河区发展改革局关于开展2019年度高端专业服务业奖励补助申报工作的通知	打造一批具有核心竞争力、辐射力、带动力的高端专业服务品牌机构,建成若干个高端专业服务业发展集聚示范载体,使天河区成为广州市高端专业服务引领区

资料来源:相关文件、规划等。

得益于广州一系列服务业开放和营商环境优化政策的落实,广州天河CBD的服务业开放水平不断提升,开放结构显著优化。2019年,天河CBD集聚了广州市108家总部企业、四大会计师事务所、五大地产行、十大律师事务所和主要人力资源机构,是广州市服务贸易种类最全、发展程度最高、辐射效应最广的平台;拥有数字服务类企业近2万家,其中高新技术企业超700家,数字服务领域上市企业8家,规模以上软件企业294家,软件业务收入达450亿元,数字服务出口企业近400家,电信、计算机和信息服务出口额达63亿元。

(二)重点探索:积极打造粤港澳大湾区服务贸易自由化示范区

1. 服务贸易自由化的示范重点和成效

2018年10月,习近平总书记视察广东时指出:"要把粤港澳大湾区建设作为广东改革开放的大机遇、大文章,抓紧抓实办好。"2019年2月,中共中央、国务院印发的《粤港澳大湾区发展规划纲要》,明确提出"加快发展现代服务业",以及广州要"全面增强国际商贸中心"功能。在此背景下,天河CBD将自身战略定位为"贸易动能转换的先锋""服务贸易政策落地的尖兵""跨境科技并购的中心""离岸贸易服务的高地""现代化国际化营商环境的样板",目标是到2020年,与港澳合作更加深入广泛,自身发展能力也得到进一步提升，初步建成粤港澳大湾区现代服务业集聚区和服务贸易自由化示范区。为此，天河CBD的重点任务就是要推动服务贸易创新发展、再创现代服务业新优势、打造跨境科技并购中心、加快离岸贸易服务发展、强化粤港澳大湾区协同、优化金融服务生态、集聚人才，等等（见表3）。

表3 天河CBD打造粤港澳大湾区服务贸易自由化示范区重点任务与领域

重点任务与领域	主要内容
推动服务贸易创新发展	扩大服务贸易领域对港澳开放；培育服务贸易龙头企业；优化服务贸易进出口结构；建立服务贸易综合监测服务平台
再创现代服务业新优势	推动现代服务业高端化；催生现代服务新模式新业态；强化现代服务产业政策研究
打造跨境科技并购中心	搭建跨境科技并购服务平台；建立企业跨境科技并购需求库；设立科技并购国别服务节点
加快离岸贸易服务发展	制定离岸贸易发展规划；推动离岸贸易业务撮合；强化研发设计及综合服务能力
强化粤港澳大湾区协同	强化与港澳协同；强化与兄弟市协同；强化与兄弟区协同
优化金融服务生态	共建离岸贸易监管中心；推动离岸贸易金融发展；推动实现金融便利化
集聚人才	推动粤港澳专业资质互认；强化港澳青年创新创业支持；引进高端服务贸易人才；创新服务贸易人才培育模式；实现人才跨境通关便利化
建设营商环境样板	以《天河中央商务区整体提升行动纲要》为行动指南，以打造"绽放岭南生命力的未来之城"为目标，着力提升互联互通水平与生态环境质量；建设公平公正法治化环境；全面落实广州市"营商环境2.0"政策，推出天河中央商务区服务贸易企业赴港澳商务备案便利措施，放宽企业赴港澳商务报备条件，便利符合条件的企业发展港澳服务贸易业务。
加强国际交流合作	依托港澳会展资源优势，整合优化现有会议载体，打造高效服务贸易会议承接配置平台，大力引进国际论坛、学术研讨、行业峰会等高端服务贸易会议；加强文化交流合作
推进体制机制创新	推进中央商务区管委会体制改革。参考上海陆家嘴和深圳前海模式，支持天河中央商务区管委会在现有"常设制"与"委员制"机构设置基础上，引入"企业委员"和"专家委员"；探索"商务区吹哨、部门报到"机制；建立与港澳协调机制；设立跨境科技并购协会与离岸贸易协会

资料来源：根据《广州市天河中央商务区打造粤港澳大湾区服务贸易自由化示范区实施方案》整理。

天河CBD主要从以下方面着力推进服务业贸易自由化。

其一，积极开展境内外招商推介活动。天河CBD重点面向港澳和内地主要城市开展招商活动，共赴香港和北京等国内重要城市开展招商活动拜访企业18家（次），进一步加强了天河CBD与港澳企业、内地企业之间的联系；赴深圳拜访华为、腾讯等企业并向企业推介天河区营商环境和产业政策，搭建项目投资线索。积极参加2019年和2020年中国（北京）国际服务贸易交易会并作为广州市服务贸易示范区受邀参展，在"广东展区"搭建展台，与中国商务区联盟成员开展座谈交流，进一步通过国际展会活动提升天河CBD知名度和影响力。其二，深入推进粤港澳大湾区服务贸易自由化工作。加快推进跨境科技并购和离岸服务贸易的研究与协会筹建工作，深化对FT账户等金融相关政策研究；在2019年4月天河CBD正式入选商务部会同中央网信办、工业和信息化部联合认定的首批国家数字服务出口基地名单。其三，加快推进相关政策研究。积极走访区域内重点服务贸易企业，收集目前港澳服务贸易企业在CEPA框架下进入内地及运营发展过程中仍存在的问题和对进一步放开CEPA方面的诉求，对照目前CEPA"负面清单"条款内容，在法律、金融、医疗、教育、家政服务等领域提出了进一步放开CEPA的政策建议。广州天河CBD联合中国社会科学院城市发展与环境研究所开展CBD营商环境优化和高质量发展的课题研究，并组织赴上海陆家嘴金融城、上海虹桥CBD、南京河西CBD和深圳福田CBD开展实地调研，为天河CBD进一步推进服务贸易自由化工作提供经验借鉴。其四，开展高端人才培训工作。2020年9月，天河CBD与英国国际贸易部联合主办"中英金融人才教育培训—数字金融专题班"，为来自银行、保险、证券、专业服务机构的200余名行业管理人员进行了培训。

2. 以规则对接加快实现粤港澳大湾区机制"软联通"

天河CBD集聚了众多国际国内知名的世界500强企业和多个国家领事馆，是广州乃至全省面向国际的重要窗口，因此，楼宇向"香港对接、国际看齐"，就显得格外重要。为此，天河CBD管委会在2015年与香港品质保证局合作，共同研发了用于评定和检验楼宇可持续发展管理水平的《广

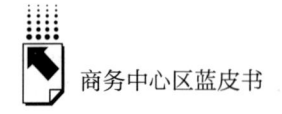

州市天河中央商务区楼宇可持续发展指数》，这是国内第一个应用国际上比较知名的标准对楼宇进行评定的具体案例，在该领域独创了"天河标准"。这一标准，不仅完善了天河CBD推广楼宇可持续发展的管理制度，更是加快实现粤港澳大湾区机制"软联通"的重要案例。

《广州市天河中央商务区楼宇可持续发展指数》（以下简称《指数》）以联合国环境规划署可持续建筑促进会的财务及可持续发展评核报告为蓝本，以多个有关可持续建筑的重要ISO标准为基础，其在评定指标和评定方法上不仅实现了与香港现行的标准对接，也实现了与国际标准的接轨。除此之外，评定还将每一项指标与香港进行了比照分析，找出了参评的广州楼宇和香港楼宇在可持续发展管理方面的优势与不足。更为重要的是，楼宇可持续发展管理是当前粤港两地为数不多深度合作的领域之一，以此为契机，可以进一步加深穗港两地在物业管理行业乃至整个现代服务业领域的合作，进一步促进两地在物业管理行业劳动力和生产要素的便捷有序流动。

同时，《指数》的定时评价，还有利于统筹"硬环境"与"软环境"，为天河CBD的楼宇进行"全身体检"，从而对标香港和国际，找出差距，不断改进。更为重要的是，楼宇可持续发展管理的评定，有助于相关政府部门和楼宇业主重新审视各类楼宇的功能定位，制定楼宇经济长期发展战略，从而汇聚更多的商品流、信息流、资金流和人才流；发展现代服务业，从而培育旧城区新税源和新增长点，使旧城区焕发新活力，为进一步树立天河CBD乃至广州与全省建设国际一流营商环境的良好形象奠定基础。

（三）环境支撑：服务业开放的各项支撑保障

促进天河CBD服务业开放，需要各项政策的支撑与保障。在产业引进与扶持方面，天河CBD以产业发展规划为蓝本、企业为主体、市场发挥决定性作用为导向，充分发挥区、市乃至省级财政资金的引导与示范作用，为对天河CBD及天河区经济社会发展有卓越贡献的企业和行业提供资金支持。在科技创新方面，对引进来的高新技术产业，不仅提供财政支持，还对其知识产权等进行有力的保护。在营商环境方面,天河CBD与国际对标,积极联合相关部门,宣传CBD,通过天河CBD形象的不断提升,吸引优质外资,并为其提供高质量的软硬件环境。在人才引进方面,天河CBD则主要根据人才的等级,进行相应的资金支持(见表4)。总体来看,天河CBD已经在产业引导、人才政策、营商环境优化等方面,为打造全方位的、高质量的、立体的、可供借鉴的、独具特色的服务业开放模式提供了保障。

表4 天河CBD支撑保障服务业开放的各项政策

政策支持	主要内容
产业引进与扶持	按照产业发展规划,以企业为主体,以市场为导向,充分发挥财政资金的引导和示范作用;对区经济社会发展贡献排名前5位的金融服务业、新一代信息技术、现代商贸业、商务服务业等四大重点产业企业,分别给予10万元支持;对企业上市实行核准制;对天河路商圈给予实际投资额10%、最高不超过30万元的支持等;将文化创意产业扶持为新的支柱产业;采用"负面清单"的形式引入香港、澳门的服务贸易企业在广州发展,享受"国民待遇"
科技创新	对上年度实质性迁入天河智慧城核心区,主营业务符合园区产业导向的企业,且上年度经济发展贡献总额达到50万元以上的,按照其对区经济发展新增贡献额的40%予以支持,可连续享受三年,每年最高不超过100万元;以科技创新需求为导向,大力发展知识产权代理、运营、信息、法律、咨询、培训等服务,逐步完善知识产权服务产业链。逐步健全知识产权保护制度和体系
营商环境	有步骤、有重点地制定年度投资环境推介计划,多形式、多渠道,广泛开展境内外重大推介、招商、选智、项目对接活动,与主流媒体、主要门户网站加强合作,强化天河营商环境宣传;明确招商目标,以粤港澳大湾区建设为契机,积极联合省、市、区相关部门等,宣传推介天河CBD;与英国伦敦金融城、法国巴黎拉德芳斯、美国芝加哥、加拿大蒙特利尔等全球顶级商务区开展密切联系,不断学习先进经验;充分利用好省、市、区相关政策与办法,提升软硬件服务
人才引进	对重点企业提供政务便利、人才服务、政策申报等优质服务;对创新领军人才项目采取评审制,首次拨付资助金额的40%,后续资金自获评之日起3年内分期拨付;对创新领军人才、创业领军人才提供为期3年的年薪补贴;对新引进创新人才项目实行核准制,并按引进层次进行分级资金支持;对产业高端人才项目实行核准制,并按照排名进行分级资金支持等

资料来源:根据《天河区"1+1+8"产业扶持和科技创新系列政策(印发稿)》《天河中央商务区管委会招商引资经验做法》整理。

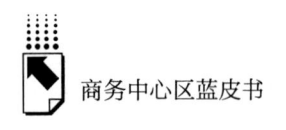

四 趋势展望与对策

(一) 加强服务业开放的制度创新和先行先试力度

以天河 CBD 当前发展已经取得的成就、区域及产业发展为基础，围绕打造高质量的对外开放门户枢纽集中承载地、粤港澳大湾区现代服务业集聚区和服务贸易自由化示范区为重点，积极争取粤港澳大湾区、广东省和广州市的对外开放政策在天河 CBD 先行先试，在投资贸易便利化、放宽外资准入、服务贸易业态创新等方面先行探索。同时，不断深化"放管服"改革，推进落实"只进一扇门""最多跑一次""一网通办"等改革举措，建立与国际接轨的投资、贸易、商事服务、人才管理、城市管理等体制机制，进一步完善城市功能，支持天河 CBD 先行先试，建立贸易自由、对标国际、多层联动的服务业开放促进机制。

(二) 着重提升国际竞争力和区域辐射带动能力

以现代化的对外开放为新理念，对接"一带一路"倡议，统筹谋划与提升天河 CBD 在"一带一路"、贸易、科技、文化等领域的竞争力。推动天河 CBD 同英国伦敦金融城、法国巴黎拉德芳斯、美国曼哈顿、加拿大蒙特利尔等全球顶级商务区的密切合作，取长补短，引进全球顶级商务区的先进开放和治理经验等。继续在国际化招商方面创新突破，紧抓服务业对外开放这一重要机遇，从战略观念上高度重视服务业开放创新发展，丰富同共建"一带一路"国家、东南亚国家港口和商协会的交流合作；加大科技服务支出力度，打造核心竞争力；培育新技术、新产业、新业态、新模式，努力将资源优势转化为产业竞争优势，着力支撑粤港澳大湾区核心增长极和引领型全球城市的战略定位。

(三) 营造有利于服务业开放的营商环境

天河 CBD 应紧跟全球营商环境优化的新趋势和新变化，从全链条、全要素、全周期的理念着手营造有利于服务业开放的营商环境。在政务服务方面，天河

CBD 要继续深化审批服务便利化改革，全面实行开办企业"线上一网一界面、线下一窗一表单"，进一步加快商事登记、刻制印章、申领发票等相关手续的审批速度。在营商规则衔接方面，天河 CBD 要坚持对标最优的原则，深入推动粤港澳规则相衔接，探索建立粤港澳大湾区服务贸易自由化机制，扩大粤港澳生产要素自由流动，强化贸易分工和合作。推进与港澳金融市场互联互通，支持企业利用香港资本市场融资发展，大力引进港澳及外资金融机构和功能型总部。加强与港澳在跨境贸易、产权保护、人力资源、专业服务等方面的合作与共享、加强制度规则对接，为实现大湾区各领域规则对接贡献力量。

参考文献

顾雪芹、赵袁军、余红心、李育冬：《服务业开放对制造业生产效率的影响及机制研究》，《工业技术经济》2020 年第 7 期。

刘斌、魏倩、吕越等：《制造业服务化与价值链升级》，《经济研究》2016 年第 3 期，第 151~162 页。

刘志彪：《生产者服务业及其集聚：攀升全球价值链的关键要素与实现机制》，《中国经济问题》2008 年第 1 期，第 3~12 页。

夏杰长、肖宇、齐飞：《广东服务业对外开放的基本格局、效应分析与对策建议》，《全球化》2014 年第 10 期，第 67-82+133 页。

白国强、葛志专：《广州打造高水平对外开放门户枢纽的策略思考》，《城市观察》2019 年第 3 期，第 78~86 页。

刘江华：《改革开放以来广州经济体制改革的基本历程与经验》，《城市观察》2018 年第 4 期，第 54~70 页。

天河中央商务区：《广州市天河中央商务区打造粤港澳大湾区服务贸易自由化示范区实施方案》，2019。

广州市天河中央商务区管委会：《广州市天河中央商务区管委会 2019 年工作总结和 2020 年工作计划》，2019。

《广州市天河中央商务区以规则对接加快实现粤港澳大湾区机制"软联通"——来自天河中央商务区的实践》，2019。

张旭、郭义盟、李东民：《开放型经济体制的实践探索与战略选择——广州的经验》，《海派经济学》2019 年第 2 期，第 157~172 页。

国际经验篇

International Experience Chapters

B.17
伦敦金融城金融服务业开放和国际化发展

王晓阳*

摘　要： "一带一路"倡议背景下，中国一线城市的 CBD 建设面临新的机遇。本文试图从"金融大爆炸"后伦敦金融中心复兴的案例出发，以金融地理学为视角，分析归纳伦敦金融中心的发展机制。全球经济金融一体化的现代经济中，金融中心的内涵发生了变化，从强调空间区位的金融集聚逐渐演化为全球金融生产和服务的节点与枢纽，强调了金融服务业开放和国际化的特征。伦敦金融城作为全球领先的金融中心，它的发展机制迎合了金融中心演化的趋势，并在国际化的进程中逐渐壮大。金融城的成功为中国一线城市 CBD 的建设提供了借鉴。

---

* 王晓阳，牛津大学经济地理学博士，全球城市实验室首席研究员，主要研究方向为国际金融中心、全球城市、城市与区域发展等。

关键词： 伦敦金融城　中央商务区　国际金融中心　全球化　"金融大爆炸"

一　引言

"一带一路"倡议背景下，CBD是中国企业进行海外投资、参与全球化的重要平台，是建设世界城市的物质载体和空间基础。目前，北京金融街、上海陆家嘴和深圳福田CBD已经发展成为中国大陆最重要的金融中心，但与伦敦金融城相比，其国际化程度相对较低，并没有发挥现代门户的作用。当代的金融中心是全球金融网络中处于枢纽地位的城市。国际金融中心不仅与其他国内金融中心形成垂直关系、构成金字塔式的等级体系，还在全球金融网络中与其他国际金融中心紧密联系，形成一个24小时不间断交易的全球金融市场[1]。因此，现阶段，决定金融中心地位的不仅仅是本地的金融服务业的规模，它的外部联系显得尤其重要。外部联系强的城市常处于全球金融网络中的枢纽地位，也就是所谓的节点城市[2]。

伦敦是世界城市网络和全球金融网络中最重要的节点城市[3]。全球化时代以来，在伦敦金融城复兴的过程中，国际化是推动其成长的核心机制。1960年代以来，伦敦金融城成为欧洲美元市场的交易中心。在1980年代，撒切尔中央政府引入许多放松管制、以市场为导向的城市规划项目，并积极推动伦敦金融城成为全球和欧洲的金融中心。在同时实行行政集权化、制度分散化和经济去管制的国家背景下，伦敦地区的空间规划得到重大重组[4]。1986年英国中央政府发起的"金融大爆炸"（Big Bang）放松了对主要金融

---

[1] Wójcik D. The dark side of NY-LON: Financial centres and the global financial crisis. Urban Studies, 2013, 50 (13): 2736-2752.

[2] Castells M. The Rise of Network Society. Oxford: Blackwell, 1996.

[3] Castells M. Local and Global: Cities in the Network Society. Journal of Economic and Social geography, 2002, 93 (5): 548-558.

[4] Brenner N. New State Spaces. Oxford: Oxford University Press, 2004.

服务行业的管制,旨在加强伦敦金融城相对于纽约和欧洲其他金融中心的战略优势地位。与此同时,金丝雀码头,一个新的黄金地段在20世纪90年代初开发并成为伦敦新的国际金融中心。本文简单回顾了伦敦金融城的历史和发展现状;并总结了半个世纪以来,伦敦金融城开放和国际化的进程;进而从金融地理学的角度归纳了伦敦金融城作为一个国际金融中心的发展机制;在此基础上,为北京、上海、深圳等国内一线城市CBD的发展提出相应的对策建议。

二 伦敦金融城的历史与发展现状

"The City"既代表一个地点又代表一种产业。金融城是伦敦最老的街区,又被称为"一平方英里"(Square Mile)。它起源于古罗马时期,中世纪时期曾经是一个有围墙的城市,圣保罗大教堂位于其心脏位置。从地理意义上说,一平方英里代指伦敦金融城。"The City"同时也成为英国乃至欧洲金融业的代称,因为在大英帝国时代,全世界的金融服务业几乎是由集聚在金融城内的大小公司所控制,因而如此转喻[1]。

在18世纪末开始的法国战争中,伦敦取代阿姆斯特丹成为世界上最重要的金融中心。伦敦金融城的卓越地位源于其在国际贸易的组织和融资中的核心作用,并发展成为世界上最重要的债券市场[2]。在19世纪,伦敦金融城成为以英镑为基础的国际黄金交易中心,世界主要货币市场和国际银行中心,并且拥有发达的大宗商品、股票市场和无与伦比的金融业产业集群。第一次世界大战期间,伦敦的国际金融业务在很大程度上被迫暂停,但在1920年代实现复兴。这场大冲突及其巨大影响使纽约在两次世界大战期间

---

[1] Cassis Y(ed.) Capitals of Capital: A History of International Financial Centres, 1780 - 2005. Cambridge: Cambridge University Press, 2006.

[2] Roberts R. London: Downturn, Recovery and New Challenges—But Still Pre - eminent// Cassis Y and Wójcik D, eds. International Financial Centres after the Global Financial Crisis and Brexit, Oxford: Oxford University Press, 2018: 37 -60.

成为一个与伦敦相互竞争、相互补充的国际金融中心。第二次世界大战后，国际金融市场由纽约和美元主导。但是伦敦作为欧洲美元和欧洲债券交易的中心使金融城从1960年代初开始复兴。

自1960年代以来，伦敦金融城和纽约华尔街代表了国际金融中心体系的顶峰，被行业内称为全球金融业的轴心。截至2018年底，伦敦金融城金融与商务服务业（会计、法律、咨询、广告等）从业人员总数达374000，占金融城全部从业总数的72%，其中金融业占34%，商务服务业占38%。伦敦金融城的GVA（估计国民生产总值）达690亿英镑，占伦敦市的15%、英国的4%；其中金融业GVA占全国金融业的24%。伦敦金融城的从业人员国际化水平非常高，39%出生于国外，其中15%来自欧洲经济区，24%来自世界其他地区。主要来源地区包括：爱尔兰、法国、美国、印度、澳大利亚、南非等国。截至2019年，伦敦金融城共有23890家企业，其中中小微企业（雇员少于250人）占98.8%。虽然大企业只有280家，但是贡献了伦敦金融城50%的就业岗位。主要的金融机构包括：英格兰银行、伦敦证交所、劳埃德银行、渣打银行、高盛集团、中国银行、中国工商银行、瑞士银行、苏格兰皇家银行、德意志银行等。[①]

正如很多金融公司扩展到纽约华尔街以外，最近几十年，伦敦金融城的很多业务也已经超越传统的一平方英里的范围。自1990年代以来，很多大型金融机构把在伦敦的办公地点迁移到东区的金丝雀码头。金丝雀码头位于伦敦金融城以东3英里的位置，由现代化的摩天大楼组成。例如，摩根士丹利、摩根大通、巴克莱银行、汇丰银行、花旗银行、德勤公司等金融服务业公司的全球或欧洲总部都选址在金丝雀码头。与此同时，伦敦西区成为对冲基金、私募基金和私人财富管理等金融服务公司的集聚地。目前，伦敦金融城占整个伦敦金融服务业从业人口的49%，金丝雀码头和伦敦西区分别占18%和15%左右。

---

① 资料来源：www.cityoflondon.gov.uk/economicresearch。

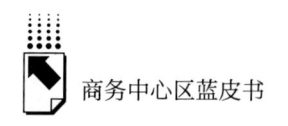

三 全球化时代以来伦敦金融城的开放和国际化进程

从 1960 年代开始,伦敦金融城就业人数增加主要是由国际金融服务的扩展推动的。国际金融服务的扩展是自 1960 年代以来伦敦金融城实现增长和繁荣的主要因素。其中包含四个主要机制:国际贸易的迅速扩张、国际金融流动的大幅度增加、投资的国际化、国际离岸金融交易的增加[①]。伦敦金融城国际化的另一个标志是金丝雀码头的兴起。金丝雀码头作为伦敦第二大金融中心的发展是在全球化背景下,伦敦金融城溢出效应的结果。

从 1970 年代末到 2016 年英国退欧之前,伦敦金融城的国际化和英国其他城市联合在一起,推动英国成为全球金融强国。近 40 年中发生的转变是非常显著的,涉及以下广泛的结构变化:市场和市场参与者的去监管和重构;制度的重新定位和创新;市场规模和市场参与者规模的增加;国内外市场和活动的融合;提升外国所有权和国际化;机构投资者的重要性增强;重建和空间扩展。

(一) 1979~2008 年全球化的兴起与繁荣背景下的伦敦金融城

可以说,1979 年废除外汇管制是伦敦金融城转型过程的真正开始。1979 年 10 月 23 日,星期二,这一天出现了对伦敦金融城具有重大意义的两项政治进展:第一,新当选的首相玛格丽特·撒切尔(Margaret Thatcher)突然宣布:立即取消英镑汇率管制,为投资者带来机遇,并推动英国证券业发生根本性变化;第二,部长级会议决定支持英国公平交易办公室(Office of Fair Trading)将伦敦证券交易所的规则书转交给限制性惯例法院(Restrictive Practices Court)。这是因为伦敦证券交易所长期以来一直要求会员为证券交易缴纳最低佣金,以消除价格竞争。这两个决定是相互联系和偶

---

① Roberts R. The City: A Guide to London's Global Financial Centre. London: Profile Books Ltd., 2008.

然的，但却是自我强化的，这使伦敦金融城迈向了根本性变革。

对伦敦金融城的开放和国际化产生深远影响的是1983～1986年的"金融大爆炸"（Big Bang）。"金融大爆炸"是由1983年7月达成的一笔交易触发的。这笔交易主要由英格兰银行促成，根据协议，政府停止了公平交易办公室的法律挑战，以换取伦敦证券交易所的改革承诺。最终实施的一揽子改革方案不仅影响证券交易佣金率，而且改变了伦敦金融城的证券市场，从根本上改变了古老的证券市场结构，使金融城证券市场的游戏规则和纽约华尔街接轨。英国证券业的这种变革被称为"金融大爆炸"。取消对伦敦证交所上市公司所有权的限制促成了证券业的重组。从1983年到1986年10月，当新的交易和制度安排完全实施之后，英国的顶级证券公司中只有两家没有被收购。据统计，伦敦证交所上市的225家公司中的77家被出售：16家被英国商人银行收购；27家由英国商业银行收购；14家被来自美国的银行收购；20家被其他地区主要是欧洲的知名银行收购①。

放宽对证券交易所上市公司所有权的管制，采用"整合"的纽约华尔街模式，使伦敦金融城的商人银行有机会发展成为投资银行。领先的商人银行在金融大爆炸之前的商业模式是专业银行（传统贸易融资和其他活动），公司金融（并购和集资）以及资产管理的混合体。华尔街主要投资银行的业务模式是公司咨询和融资，二级市场证券交易和经纪的结合，为公司组织的证券发行提供分销能力。证券交易既是作为客户的代理，也是在公司自己的账户上进行的专有交易。与传统的英国业务模式相比，整合的美国投资银行业务模式具有更高的风险，并且需要更多的资本，但它可能具有很高的盈利能力。"金融大爆炸"向主要的美国投资银行开放了英国的国内证券和公司咨询市场。从1980年代中期，它们开始在伦敦建立据点，并积极竞争英国业务。例如，1986～1989年，所罗门兄弟公司的伦敦员工从150名增加到900名，美林证券从760名增加到1600名，摩根士丹利从600名增加到950名，高盛集团

---

① Roberts R. The City: A Guide to London's Global Financial Centre. London: Profile Books Ltd., 2008.

从520名增加到750名。但是，华尔街公司的真正兴趣不仅在于英国市场，而且在于欧洲经济一体化的过程，伦敦金融城就是它们进军欧洲的门户。

从1990年代以来，通过全球金融巨头对英国商人银行和证券公司的收购，金融城的国际化有了进一步发展。在欧洲经济和金融市场一体化进程中，欧元的发行是一个重要的里程碑，这是华尔街领先的投资银行在伦敦扩大业务规模的重要原因。这些公司的大规模扩张始于1980年代，但实际上主要是在1990年代初期进行的，尤其是1992年和1993年，华尔街的公司发起了全球扩张计划，特别是将伦敦作为扩大欧洲市场的桥头堡。美国公司带来的日益严峻的挑战以及欧洲经济金融一体化带来的欧洲公司融资和资本市场业务的蓬勃发展，促使一些主要的欧洲银行寻求增强其投资银行业务的发展。最简单直接的方法是购买伦敦金融城的商人银行，从而获得现成的投资银行能力。德意志银行是第一家这样做的银行。1989年，它收购了Morgan Grenfell，成为第一家获得所有权的外资商人银行。除此之外，多家英国商人银行被欧美金融公司收购（见表1）。

表1　伦敦金融城商人银行和证券公司的出售

年份	公司	收购方	收购价（百万英镑）
1989	摩根·格伦费尔	德意志银行	950
1995	霸菱	荷兰国际集团	—
	克莱因沃特·本森	德累斯顿银行	1000
	史密斯新法院	美林银行	526
	沃伯格	瑞士银行集团	860
1997	BZW（巴克莱）（部分）	瑞士信贷第一波士顿银行	100
	汉布罗斯	法国兴业银行/天达银行	738
	水星资产管理公司	美林银行	3100
	国民威斯敏斯特银行（部分）	银行家信托/德意志银行	129
2000	罗伯特·弗莱明公司	大通曼哈顿	4800
	施罗德（部分）	花旗银行	1350
2004	嘉诚国际管理有限公司	摩根大通	110

资料来源：Roberts R. The City: A Guide to London's Global Financial Centre. London: Profile Books Ltd., 2008。

（二）2008～2009年全球金融危机和英国脱欧以来伦敦金融城的战略调整

全球金融危机对伦敦产生了巨大影响。伦敦在2008～2009年批发金融服务业的职位数量下降了12%，但在2010年开始复苏，伦敦的批发金融服务业取得了飞速发展。伦敦金融城和金丝雀码头的金融业从业人员数从2010年的284000上升到2015年的328000[①]。金融危机之后，英国最大的商业银行也是全球最国际化的银行——汇丰银行曾考虑将总部迁往中国香港、新加坡、加拿大多伦多或者美国等地，但最后决定留在伦敦。汇丰银行的主席道格拉斯·弗林特（Douglas Flint）表示："英国拥有发达且受到国际尊重的监管和法律体系。""伦敦在处理复杂的国际事务方面具有丰富的经验，因为它是最大的、最国际化的金融中心"。

2016年，英国公投决定退欧，和欧盟的关系陷入僵化，与欧洲市场的合作也有很大不确定性。在这个背景下，英国强调和全球其他主要的经济体加强联系，比如英国和伦敦金融城政府积极推动伦敦的人民币离岸金融中心建设。早在2012年，伦敦金融城政府就发起了伦敦人民币离岸中心计划，希望把伦敦打造成人民币国际市场的"西方中心"，与中国香港和其他金融中心相辅相成。目前，伦敦已经成为全球最大的人民币离岸金融中心，伦敦金融城已经占全球离岸人民币交易总额的40%。除了是世界第一大人民币离岸外汇交易中心外，最新数据还显示，伦敦已经成为全球第二大人民币离岸清算中心。英国人民币清算行地处伦敦金融城，借助其独特时区优势，协同北京和纽约两大金融中心，不仅实现了人民币清算业务对亚太、欧洲和北美主要工作时段的覆盖，更使伦敦成为中国与世界各国开展离岸人民币业务的重要平台。

除此之外，最近十年，金融科技产业（FinTech）已经成为金融服务业

[①] Roberts R. London: Downturn, Recovery and New Challenges—But Still Pre-eminent// Cassis Y and Wójcik D, eds. International Financial Centres after the Global Financial Crisis and Brexit, Oxford: Oxford University Press, 2018: 37 - 60.

发展的重要龙头。伦敦金融城加强支持本地的金融科技公司走出去积极开拓海外市场。第一，金融城政府和监管部门，利用现存的资源帮助本地的金融科技类公司了解海外市场发张状况。例如，为金融科技公司创建一个公开可用的指南，为创新公司提供分类的支持并为这些公司提供其他资源。为了进一步增强资源支持金融科技向海外市场扩张的有效性，政府与行业机构和监管机构合作，制定一套针对主要海外司法管辖区的指南，就文化、法律、监管和税收前景设定高层次的见解。伦敦金融城政府密切与监管机构和其他行业机构（例如 Global Financial Innovation Network 和 FinTech Alliance）的合作，以确保该指南得到很好的宣传并被视为监管文献的核心部分。通过这些监管机构和行业机构，英国的金融科技公司被推广到海外市场上。

四 伦敦金融城作为国际金融中心的发展机制

国际化和开放是伦敦金融城在全球化时代实现复兴的关键推动力。全球化背景下，伦敦的政策制定者积极参与国际化进程。1991年，由伦敦规划咨询委员会和其他地方政府机构委托撰写的一份报告——《伦敦：世界城市》，概述了各种助推战略和政策措施，通过这些战略和政策措施可以增强伦敦在全球和欧洲的竞争优势。1992年伦敦发起了"城市自豪感"规划，并制定了更全面的城市规划和经济发展项目，其目的是"确保伦敦作为欧洲唯一的世界城市"。2000年代初期，在肯·利文斯通领导的新成立的大伦敦管理局的支持下，这种呼声得到加强①。肯·利文斯通的空间规划项目也同样着重强调了提升伦敦作为世界城市角色的必要性。在这个过程中，伦敦金融城奠定了全球两大顶级金融中心的地位。金融中心的发展机制主要包括以下几个方面（见表2），伦敦金融城的繁荣充分体现了其成效。

---

① Brenner N. New State Spaces. Oxford: Oxford University Press, 2004.

表2　金融中心形成的主要发展机制

发展机制	关注焦点
时区优势	连接不同时区的金融中心
先进生产性服务业	金融中心是先进生产性服务业聚集的场所,是促进多尺度空间下金融资本流动和金融创新生产的控制与指挥中心
信息与知识	金融中心是信息生产、收集和解读的场所。这些信息是不对称信息和不完整的金融知识,对金融市场非常重要
制度	监管机制、市场经济的类型、法系对金融中心的形成起到重要作用,它们起到促进和阻碍金融流动的作用。金融中心是一种制度化的空间
网络	现代金融中心实际上是资本和权力在全球金融网络上空间分配的产物
政治	金融是政治的。政府在金融中心的形成中起到关键和积极的作用。国际金融体系中,政府通过监管的变化把国际金融中心作为地点修复(territorial fix)的工具

资料来源：作者整理。

第一，伦敦的时区优势，伦敦所在的欧洲时区处于亚太时区和美洲时区之间，连接香港和纽约两大国际金融中心。信息化时代带来的是全球日益一体化的金融交易网络，而伦敦是全球24小时不间断金融交易的中介场所，是联系欧洲市场与北美、亚太和中东地区的桥梁。比如伦敦目前是美元、欧元和人民币最大的交易中心。但是有人也许会产生疑问，爱尔兰也同样具备伦敦的时区优势，为什么其首都柏林没有成为世界级的金融中心？因为它不具备伦敦的其他优势。

第二，1990年之后，伦敦金融城作为全球城市，为世界经济提供先进生产性服务业的跨境服务。社会学家Sassen在全球城市理论中指出，金融业是不能孤立存在的，它的发展与相关的服务业如法律服务、会计服务、咨询、广告、信息服务业密切相关，这些产业在CBD集聚，并形成先进生产性服务业集群。跨国公司在全球城市内部形成复杂交易网络并集聚，促成了全球城市之间跨国境的交易和网络的形成[1]。

第三，伦敦金融城是信息和知识的生产与整合中心。Sassen认为，在全球

---

[1] Sassen S. Cities in a World Economy. Thousand Oaks, CA: Pine Forge Press, 2012.

化过程中,公司始终要面对"不完整知识"的问题,尤其是当公司发展跨国业务的时候,这个问题变得更加尖锐①。因为空间的异质性,不同国家之间的制度文化、政治存在差异,带来极大的信息不对称,这时候一个跨国公司在他国扩展业务就不得不依靠金融中心作为一个战略地点。金融中心可以为全球的行为主体提供特别的服务,因为它的各种网络、信息的循环、全球性的专业人才的汇聚以及可以生产某些特定的知识性资本(urban knowledge capital)。在全球化的过程中,伦敦金融城作为全球城市恰恰是这样的一个地点。

第四,英国的市场经济制度更有利于伦敦城的成长。美国政治经济学家 Peter A. Hall 等把资本主义制度区分为自由市场经济(英国、美国、加拿大、澳大利亚、爱尔兰)和协调式市场经济(德国、日本)②。前者体现了流动性、灵活性和短期行为。理想的自由市场是流动性的金融市场、开放的劳动力市场、高度竞争的产品市场,实施股东为导向的公司治理以及分散的工资谈判和快速创新。协调式市场是基于高承诺和稳定性,通过银行系统提供稳定的资本。这两种不同的资本主义制度导致出现了两种截然不同的市场:英美法系出现了以资本市场主导的金融中心如纽约、伦敦、香港等,大陆体系国家则出现了银行主导的金融市场如巴黎、法兰克福、东京等。

第五,伦敦金融城处于世界城市网络与全球金融网络中的核心位置③。1980年代以来,新自由主义经济思想的实践、英语文化的传播和全球性的移民使伦敦成为真正的全球城市,以伦敦为中心的世界城市与金融中心网络触及全球主要经济体。伦敦和全球主要城市之间的联系度较高根本原因是大英帝国的殖民扩张使伦敦和主要殖民地国家之间形成一个有机的整体。"二

---

① Sassen S. Global finance and its institutional spaces// Knorr – Cetina K. and Preda A. , eds. The Oxford Handbook of the Sociology of Finance, Oxford: Oxford University Press, 2012: 36 – 71.

② Hall P. and Soskice D. Varieties of Capitalism: The Institutional Foundations of Comparative Advantage, Oxford: Oxford University Press, 2001.

③ Taylor P. J. , Derudder B. , Faulconbrdige J, Hoyler M and Ni PF. Vital Positioning through the World City Network: Advanced Producer Service Firms as Strategic Networks, Global Cities as Strategic Places. Economic Geography, 2014, 90: 267 – 291.

战"之后，英国的全球殖民体系逐渐瓦解，主要殖民地从政治和军事上摆脱了英国的束缚，但是殖民地国家人民大量向英国移民，殖民地国家的城市和伦敦良好的社会文化联系得以保存。殖民的历史促进了城市面貌的改变和开放程度的提高，增强了城市的外向性，形成了相对包容的城市气质。同时，大多数殖民地独立后沿袭了英国的法律、语言，这使得伦敦和这些城市之间的联系变得畅通无阻。除此之外，欧盟的建立，加速了伦敦和欧洲城市的一体化进程，虽然伦敦并不在欧元区内，但它却是欧洲真正的金融中心，是众多跨国金融巨头的欧洲总部所在地。

最后，全球金融危机以来，尤其是英国退欧公投以来，英国政府和伦敦金融城政府的积极推动作用不可忽视。政府在金融中心形成中起到关键和积极的作用。国际金融体系中，政府通过监管的变化把国际金融中心作为地点修复的工具①。伦敦作为全球化时代金融资本主义的心脏长盛不衰，其奥秘是伦敦很善于利用地点修复来实现其跨境的金融资本的流动，维护其金融资本主义的运行机制。英国退欧之后，伦敦金融城加速建设欧美最重要的人民币离岸金融中心的过程。这又是一个空间再生产和地点修复的过程。

综上所述，国际金融中心实际上是资本和权力在全球金融网络上空间分配的产物。英国规划理论家 Peter Hall 认为，伦敦和纽约的跨大西洋轴心颇具历史渊源。社会地理学家卡斯特斯称，伦敦和纽约是全球网络中的巨大节点。卡斯特斯的研究指出，在流空间时代，全球经济社会将形成一个网络状的组织，而现代通信和互联网技术的发展使这样的组织变成可能并加速形成。这个网络的运行就需要一些节点城市，而伦敦金融城就是一个门户型的节点城市。简而言之，伦敦金融城作为国际金融中心的优势包括：现代服务业发达，尤其是金融服务业和信息科技服务业；在全球金融网络中掌控信息和人才的流动；在历史和文化优势基础上建立广阔的信息腹地；在特定的区域内，拥有制度上的比较优势。

---

① Hall S. Rethinking International Financial Centers through the Politics of Territory: Renminbi Internationalisation in London's Financial District. Transactions of the Institute of British Geographers, 2017, 42: 489-502.

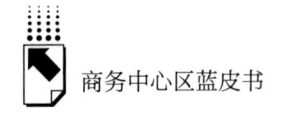

五 总结与启示

中国的CBD未来应该依托"一带一路"倡议，成为积极推动中国服务业进行深度开放的载体。中国CBD的意义不在于争取若干优惠政策和招商引资，而旨在建立一套与国际接轨的、新的制度体系。这就需要在制度创新上下功夫，打造现代版的门户城市，这应该是中国CBD未来发展的方向。具体来讲，有以下几条建议。

首先，强调健全法制建设，使英美法系和大陆法系能够实现更好地融合。如何在大陆法系的框架之内，进行制度创新，探索符合英美法系的细则，使外资能适应中国的商务环境是关键。通过减少国际与中国的差异化，吸引更多的外商投资并引导其进入CBD，从而拥有相关经验的专业人士。诺贝尔奖得主布坎南《自由的限制》一书提道：市场经济正常运转需要一种健全的法律制度来保障。CBD服务业的开放，强调有比较完备的法律制度保驾护航。

其次，建立透明而健全的监管制度，这是形成全球门户的基础，也是服务业发展的关键所在。相互承认外国监管制度、制定健全而透明的标准和发展灵活的企业、资本和分销结构与模型是全球中心发展的构成要素。在这些领域通过政策手段将促使北京、上海和深圳实现发展成为国际金融中心的宏伟目标。

再次，确保能吸引国际化且了解中国的金融和专业服务业人才入驻CBD，加强与其他金融中心的知识交流，促进信息溢出。本地人才可通过个人或者组织平台与其他主要世界城市扩大交流，了解海外市场如何运作，并将获得的先进经验带回一线城市和中国各地，类似发展战略成功在伦敦金融城已得到印证。

最后，以CBD服务业开放为平台，加强金融创新。以上海为例，上海陆家嘴CBD，应尽早创建国际板，可以推进上海金融中心的国际化进程。中国大陆监管机构对上市公司的审查较严、时间较长，上市过程不确定性较大，造成直接或间接融资成本上升，这是中国大陆资本市场化水平较低的原因之一。同时因为国内的证券市场开放程度较低,很多企业不得不到海外上市寻求更广的融资渠道。借鉴伦敦金融城的成功经验,CBD的服务业改革开放,提倡创造更好的金融环境,包括法治环境、信用体系建设、政府机构职能以及服务方式、人才等一系列基础设施建设。因此,上海金融创新以陆家嘴为平台,放松对国外投资者的限制,推进人民币自由兑换,开设国际板吸引海外的优质公司到陆家嘴上市,以提高上海作为资本枢纽的地位,加速上海的国际金融中心建设。

B.18
墨尔本中央商务区服务业开放与创新发展研究

吴昊*

摘　要： 后工业时代，信息通信技术蓬勃发展，全球性服务网络和全球性价值链快速形成，人力资本积累和新兴产业带动了经济持续增长。在此背景下，墨尔本城市劳动力结构的变化、高附加值产业的发展，推动了其城市经济可持续增长，提升了居民的生活质量，丰富了访客的旅游体验。本文研究了墨尔本中央商务区的服务产业、空间特征及政策，指出了产业发展、空间结构变迁及相关政策与服务业全球化存在内在逻辑关联，墨尔本的劳动力专业化和空间结构互动，对驱动服务型经济发展、促进产业升级、加速全球－本地经济互动发挥了巨大作用，墨尔本中央商务区完善的基础设施和有效的运营制度将其塑造为全球知名的知识服务型城市。

关键词： 墨尔本　中央商务区　服务产业　全球化　结构转型　智慧城市

---

* 吴昊，澳大利亚墨尔本大学建筑建造规划学院高级讲师、博士生导师；主要研究方向为城市土地开发管理、住宅及商用房地产经济、历史建筑管理、城市宜居性及相关产权及制度分析。

一 引言

21世纪初，国际贸易格局发生了显著变化。后工业时代西方新自由主义思潮和信息技术的长足发展对全球化背景下的城市发展产生了巨大的影响。在此过程中，中国在世界政治经济舞台中的地位越来越重要。本土经济结构调整、城市化进程加速、城乡土地改革、西部大开发、基础设施技术革新升级，以及改革开放战略背景下的对外投资和国际市场扩展，实现了中国经济的腾飞。2013年提出的"一带一路"倡议加强了国际合作，缓解了区域发展的不平衡。

20世纪后半叶，服务型经济异军突起，并在全球快速扩张（Buera & Kaboski，2012）。全球服务业和服务贸易的发展呼吁规则演变，强调专业及非专业服务的供给、劳动技能专业分工（例如低技术与高技术产业）及其合作重构。这两种现象在墨尔本市区共存。目前，墨尔本外部技术（例如网络、工业自动化等）与个人技术（例如教育、专业技能等）同步提升，中央商务区以金融财会服务为代表的高附加值服务行业稳定发展、教育产业及配套服务业快速扩张、文化娱乐消费基础设施完善以及一系列积极政策的实施为墨尔本服务业发展及全球化奠定了基础。

本文介绍了墨尔本扩大服务业开放创新的举措，集中探讨墨尔本中央商务区[①]服务业扩大开放的重点领域、主要途径、关键特征、存在的问题和政策体现。墨尔本中心区域以金融财会服务及高附加值服务行业为主，中央商务区是都市区主要经济活动区域（单中心）（Watkins 2009；2014；Sigler et al.，2018）。本文通过墨尔本中央商务区转型与服务业国际化的一个概念性框架，集中讨论中央商务区服务产业的结构和空间特征，在全球化世界城市范畴内做单一个案研究，以期为发展中国家中央商务区的发

[①] 对墨尔本城市中心区域的描述主要有：中心区、商务中心区、中央商务区等。这是西方城市管理与商业区化分非重叠性的问题。为保证一致性，笔者尽量使用"中央商务区"，但应注意中央商务区并不是市政府城市管理的专业用词。

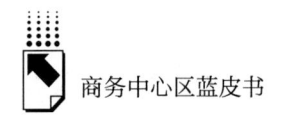

展提供借鉴。其借鉴及启发意义包括：学习研究墨尔本借助其中央商务区的产业基础与国际化优势，深化城市服务业对外开放，深度参与全球服务价值链重构，保持和提升其服务业竞争力，以及提升各级政府的发展战略和管理策略。

二 墨尔本中央商务区服务业产业基础

（一）墨尔本中央商务区概况

中央商务区虽然在空间位置上较为清晰，但具体定义较为模糊（Edgington，1982）。图1是墨尔本中心区政府的管辖区域[①]，其中"Melbourne"（邮编3000）是传统意义上的墨尔本中央商务区。该区域是以四条大街围成的大约2平方公里的封闭区域，西面以Spencer大街为界，东面延伸至排列着州议会厅、旧财政大楼等宏伟建筑的Spring大街，南面的界线是沿着亚拉河的Flinders大街，而北面界线则是维多利亚大街。在这四条大街围成的内部，古老建筑和新式建筑交相辉映，焕发着无限活力。本文对中央商务区的界定包含空间、社会经济、专业知识与生活和活动的集合概念。在服务产业内部转型、全球扩张的背景下，中央商务区引领服务产业扩大开放的问题既涉及政府与企业组织的战略决策，也包括在促进经济发展的同时提高居民生活质量。

从历史角度看，墨尔本仍属年轻的发展中城市。其地理空间决定了南部港区受自然条件制约大，内城区可塑性较强[②]。墨尔本是典型的单中心城市结构。中央商务区是主要的工作、服务、消费、交通集散地。它的城市形

[①] 墨尔本中央商务区的基本概况本文不再赘述，请读者参考City of Melbourne（2019）的最新信息。
[②] 悉尼虽然与墨尔本历史类似，但是相比之下前者城市拓展空间受自然条件制约较大。墨尔本城市大型副中心（Paramatta）的出现较自然。Yule, P. (2018). *The Buxtons: 150 Years of Developing Melbourne*, Nero.

墨尔本中央商务区服务业开放与创新发展研究

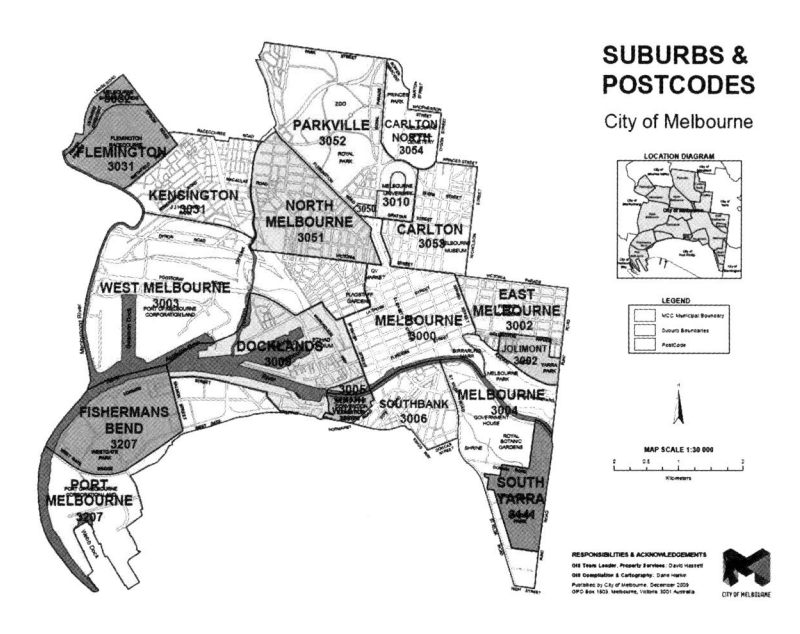

图 1　墨尔本中心区

资料来源：City of Melbourne。

态和结构与其殖民、移民历史直接相关，也受到港口工业运输功能、地理特征和基础设施布局的影响。墨尔本的城市发展与其行业变迁密切相关（Watkins，2014），造就了城市多元、开放、活力的鲜明特征。目前，仍未观察到墨尔本中央商务区有萎缩趋势。由于工业转型城市中心区的土地整治和再开发属局部城市更新的土地转型再利用。相关例子有 Docklands（见图 1）再开发引领的中央商务区扩张，Fisherman's Bend 的政府与科研单位联合开发的创新科技区（BITRE，2011；Shaw，2013；Sigler et al.，2016），以及市中心高密度住宅的迅速发展（RBA，2017；Nethercote，2019）。

本文聚焦墨尔本中央商务区的服务业变迁与服务全球化的联系，认为其自身产业基础和城市发展历史影响了区内服务业的运营和兴衰，这种变化不能仅用租金和通勤成本来解释。20 世纪 60 到 70 年代，市区写字楼面积大幅增长，反映了技术革新和经济结构变迁对相关的就业和组织行为以及城市

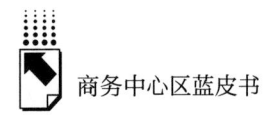

中心区格局的影响（Edgington 1982a；1982b）。同时，社区保健与教育服务产业在市中心开始显著增长。对1971~2006年历史时期的研究表明，中心区仍以服务业为主，但组成结构有显著变化和调整（Watkins，2009、2014）。自20世纪70年代开始由于产业结构调整和全球化影响，中心区服务业多元化和国际化趋势明显。很多研究从城市设计与城区改造、社区演变的角度探讨了中心区域的服务业转型和国际化引致的城市结构调整。一些学者推崇城市设计支持下的绅士化和中密度城市居住区改造（Sandercock & Dovey 2002；Woodcock et al.，2010；BITRE，2011；Shaw，2013；VSG，2017；Sigler et al.，2018）。都市中心区的基础服务产业，包括餐饮、零售、物流、文化娱乐等则保持了相对稳定性（Watkins，2014）。在六十年的发展过程中，墨尔本逐渐完成了服务产业的国际化，并直接影响其中央商务区服务业的布局和演变。

（二）就业和空间结构

本文重点研究就业结构和空间构成，不着重分析企业分布细节、生产结构和决策行为，因而不涉及都市区的整体产业空间分布与变化。[①] 目前中央商务区是邮编3000的区域（见图1）。由于周边中低密度成熟住宅区域的稳定形态和中心区域行政边界的控制，中央商务区域很难进一步。中央商务区的扩张与变化主要体现为旧工业区转型与再开发，区域内教育科研产业化和学生住宅化等城市绅士化过程及内部结构变迁（BITRE，2011；Shaw，2013；Sigler et al.，2016；VSG，2017）。工业产业结构转型产生的可再开发区域为中央商务区的拓展和结构调整提供了战略土地储备和供给，主要有中央商务区西部的Docklands（邮编3008）和西南部的Fishermans Bend（邮编3207）。

研究发现1977~2006年，部分产业的生产活动和就业分布始终集中在

---

① 相关研究见加拿大蒙特利尔（Coffey & Shearmur，2002）。

墨尔本中央商务区内及其附近（Watkins，2014）[①]，主要与行政管理、财会、研究、投资顾问、信息和通信技术（ICT）等相关，包含矿电水气、通信、金融保险、房地产、商业服务、政务、国防、文化娱乐等服务产业。这些服务的特征是无形且具有高附加值，反映了信息型"知识社会"的快速发展。信息社会的一大特征是产品运输成本极大降低，令交易成本有了结构性变化。知识的生产和交易（Iammarino & McCann，2006）使得交易成本最小化，从而导致生产行为和工业空间布局调整。这种工业布局目前已具有全球化特征，这对很多城市的产业政策制定和城市规划设计有重要借鉴意义。高级服务的提供[②]尤其是具有高附加值特征的劳动服务类型，与"知识型社会和经济"和墨尔本"知识城市"的发展策略、规划政策，以及中央商务区空间特征直接相关。高技能的高级服务业与低技能的基础服务业共同定义了墨尔本中央商务区的服务型经济转型，反映了知识与科技在价值创造过程中的中心作用（White，1999；Coffey et al.，2002；Fujita，2007；Gabe and Abel，2011）。同时，与就业规模、就业结构和工作类型的变化相适应，公共服务设施和建筑物在中央商务区的规划、运营和空间布局中也发生了相应改变。

政府提供的社会服务和行政管理服务包含基础设施及市政服务。维多利亚政府的产业私有化和制度变迁引致了产业、区位变化，并影响了墨尔本中央商务区的产业特征和布局，例如州税务局、电力、供气、供水等部门，印证了墨尔本制造业本地化服务的特征（Watkins，2014）。内部经济与外部经济在开放型大型城市中都有可能有效地且相辅相成地推动城市发展，并很大程度上塑造和影响中央商务区的运营。墨尔本中央商务区中密集的文化娱乐及运动场馆等服务设施和空间布局延续了市场规模经济在传统单中心城市满足各类游客和居民市场与地点通达性的消费需求（见图2；Combes & Gobillon，2015），反映了人们对长期积累的基础设施的路径依赖。毗邻中心

[①] 另有部分新兴行业与产业创新和国际化有关（第三部分讨论）（Hipp & Grupp, 2005）。
[②] 相对基本和基础服务也有其他理论解释（Buera and Kaboski, 2012）。

商务区的东部城市中心区域（邮编3002、3004，见图1）有着世界知名的、高密度的运动场馆。墨尔本市中央商务区生产服务、文化科技、消费休闲的集聚性、全面性、空间交错性和延续能力由此可见一斑。以市中心为枢纽的道路、地铁和轻轨交通系统的高效运作为这种集聚性布局提供了便利（Mees，2000）。

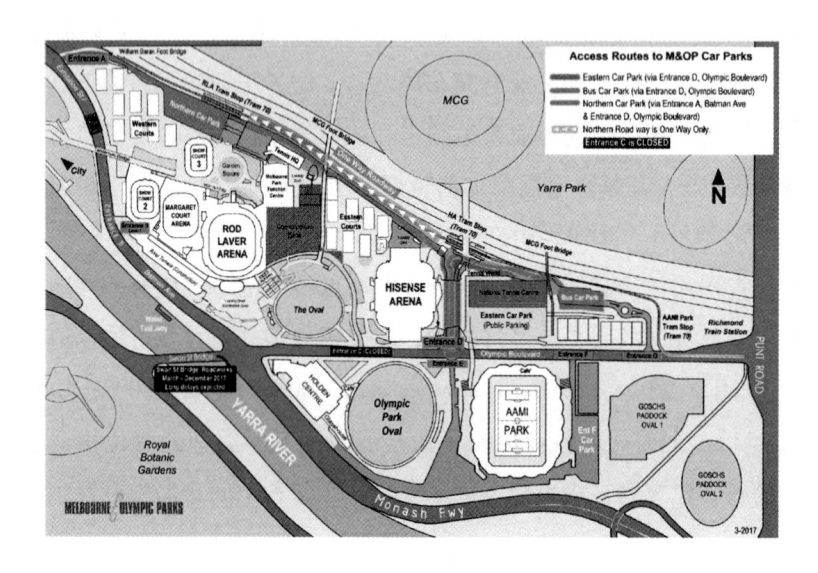

图2　墨尔本体育场馆区

资料来源：Melbourne & Olympic Parks。

（三）"知识城市"的知识生产与传播

知识和信息作为无形产品和资产，已引起关于外部性、生产力、交易成本、自由和私密性的广泛讨论。知识在城市中、城市间及国家间的生产和传播途径及机制是复杂的，有内生机制、外生机制，并受城市社会经济的动态不确定特性影响（Combes & Gobillon，2015）。信息和知识的传播及"知识溢出效应"与城市中心商务区的关系仍有待深入了解（Henderson 2007；Alcácer & Chung 2007；Audretsch & Feldman 2004）。它可以是环境依赖的，与城市区域及地点具体相关。考虑私人和社会知识的巨大维护成本，国家和政府需要发挥重要作用。自2014年以来，墨尔本中心区政府制定了与中央商务区的产业和空间特征相对应的、相协调的智慧城市策略（City of Melbourne，2014）。

研究发现，知识产业及相关服务业的雇佣能力在墨尔本城市中心区的增速明显高于其他低附加值服务产业。都市区内诸如教育产业、医疗保健业、金融保险、房地产业等知识产业的跨区域及跨国生产、运营与合作的程度极高（Watkins，2014）。理查德·佛罗里达倡导由创意阶层和创意产业支持的创意城市，认为创意阶层包含科学技术、艺术、传媒、文化、传统知识工作者，以及专业人士与专家（Florida，2012）。作为多元文化服务和活动区域，墨尔本中央商务区具有此类特征，令它成为信息高科技应用与研发的全球性"科技城市"之一（Savills，2019）。这样的特质同时支持了墨尔本的高等教育和国际留学产业、留学生住房开发和大学市中心校区的投资建设，并影响着全球文化服务产业的发展。

三 墨尔本中央商务区服务业创新和国际化优势

（一）知识分工与服务业国际化

自20世纪后期，信息通信技术和知识型经济导致了社会对知识生产率的竞争，并在全球范围内对国家和城市的社会分工、政府功能变化产生了巨大的推动作用（涂子沛，2013）。在此全球化背景下，墨尔本与理查德·佛罗里达意义上的知识和创新型城市值得探讨（Florida，2012），但墨尔本具有吸引全球化专业技术人才的特质已是不争之事实。考虑到高知从业者对工作居住地点选择的相对自由，服务业创新和发展取决于城市对全球范围内出现的高流动、高选择性的知识型人才和专业人士的吸引力（Florida，2006），又或是约翰·佛利德曼等提出的美好城市的魅力（Friedmann & Wolff，1982；Friedmann，1986；Korff，1987）。科技和创意产业主要分布在城市中央商务区及周边区域，具有高度聚集的空间地理特征（Sigler et al.，2016），

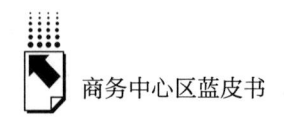

这也反映在维多利亚州都市区战略规划和墨尔本市各级政府的政府规划政策中（VSG，2017；City of Melbourne，2019）。

墨尔本中心区服务业具有本地和国际劳动分工及专业化的特征。笔者通过对澳大利亚工业区位与全球结构变更的分析发现，全球化与墨尔本中心商务区的紧密联系往往通过跨国企业来实现（Sigler et al.，2018）。由于澳洲资源型经济的结构特征，能源、原材料及相关服务业较为国际化，大型能源、矿务、公用事业和基础设施服务高度集中，公司体量与集聚度呈正相关。知识信息密集型产业在墨尔本中央商务区集聚度较高，但并不一定集中于国际化业务。墨尔本中央商务区拥有房地产、医疗保健、材料物资、工业服务产业等多种服务类型，其中能源和金融服务业的集中度最高。市区的制造及生产服务业则主要服务本国和本州，并为跨国公司提供辅助服务，因而与中央商务区联系较弱。其区位布局的主导因素包括劳动力和交通运输基础设施，以及市场和信息知识、墨尔本郊区化的相关文献支持此论点。中央商务区的地位特征决定其能够提供生产所需的市场信息和集聚的知识资本，区分了知识技能持有者和低技能从业者的需求。应当注意的是，本国、本地政策对国际形势适应的程度因本地具体情况会有所不同。

墨尔本城市规模效应下知识产业优势包括为医疗保健研发、信息通信科技、工程类教育服务的金融、资产管理、设计等高技能服务产业，以及旅游零售等基础服务业。在墨尔本中央商务区，其超过一万名科研人员的生物医疗科技园区是全球五大生命科学医疗服务研发基地之一（VSG，2018）。各级政府力图提供和支持高质量的软硬件基础设施，为智慧城市的发展提供政策支持和人力资源（技术专家），带动科研教育产业国际化。航空产业的区块化和全球化演变对墨尔本知识服务产业的影响（例如医疗健康产业）也有借鉴意义（Turkina et al.，2016）。

新自由主义发展观影响下墨尔本市区经济的结构重组、基础设施建设、全球市场拓展、经济发展产生了与诸如住房、休闲等问题相关的社会福利考虑（Beer et al.，2016）。笔者在参观墨尔本都市区外围的区域经济后（例如Bendigo市），对产业变化过程中原有区域的经济衰退进行了思考，认为对城乡活动消退和空间特征变化的观测有助于推测当地工业、农业或其他产业的变化，并辅助当地和州政府进行政策干预。这种观察和思考原则同样适用于对位于中心的中央商务区的分析。

（二）教育及相关服务产业

现有研究提供了对墨尔本都市区经济结构和空间结构变迁的洞见（Watkins，2009、2014；Hurley，2015）。近年来，区内教育设施和留学生住房的布局对中央商务区的经济结构和空间结构产生了影响（VSG，2018）。以 Docklands 和 Fishermans Bend 创新园区为例的旧区活化尝试（Fincher & Shaw，2009；BITRE，2011；Shaw，2013；Sigler et al.，2016；Nethercote，2019）则体现了城市再开发对城区空间结构的再造。美国学者研究发现，大学教育可以有效度量与服务型经济发展相关的知识技能发展水平（Buera & Kaboski，2012）。墨尔本主要高等学府和辅助设施在其中央商务区内密集分布（见表1），这些教育及配套设施可有效满足全球化知识生产、消费和集聚的需求，同时提供居住相关服务。因此，科研院校是区域微观经济增长必不可少的力量（Florida，2006）。墨尔本高等教育行业和学生住房的集聚，反映了其同时为本国、全球尤其是亚洲地区的知识技能发展提供高质量教育服务。

表1　2018年墨尔本中心区域大学

大学名称	校区/位置/数量	总学生数（名）
墨尔本大学 UoM	主校区/中央商务区接壤区/两个	68174
墨尔本皇家科技大学 RMIT	主校区/中心商务区/多个	69280
维多利亚大学 VU	副校区/中心商务区/两个	27204
迪金大学 Deakin	副校区/中心商务区/一个	59460
莫那什大学 Monash	副校区/中心商务区及接壤区/三个	83560
拉托贝大学 La Trobe	副校区/中心商务区/一个	39231
澳大利亚天主教大学 ACU	主校区/市中心接壤区/一个	34041

资料来源：Department of Education，University Australia。

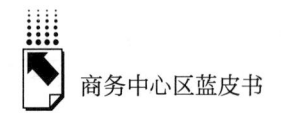

受国际学生数量和质量显著影响的高等教育、科研及住房市场是推动墨尔本中央商务区转型、再开发及空间扩张的新服务产业增长点（Fincher & Shaw，2009；Shaw，2013；Sigler et al.，2016；Sigler et al.，2018；Nethercote，2019）。中央商务区也同时吸引其他种类的居住与投资型物业，例如旅游服务产业和新兴短租住房，这类物业的国内外直接和间接投资影响了中央商务区的住房供给与需求。相关研究将墨尔本自2008年金融危机以来激进的高层公寓投资建设与国内外资本市场联系起来，提出了维多利亚州政府对高流动性资本和高技术人才的国际性竞争，同时也是对墨尔本中央商务区强有力的国际营销（Nethercote，2019）。Harvey（2005）指出了新自由主义在不同国家发展意识体系的现实体现，提出澳大利亚开始强调国家和政府的作用，国家发展经济和思维模式在维多利亚州已有所体现，州政府在过去二十年间对Docklands再开发的态度及方式是典型证明（Shaw，2013）。有趣的是，维多利亚州（墨尔本）作为发达国家地区，活跃地参与了国际招商引资，包括参与"一带一路"的合作。墨尔本的经验表明，全球性经济危机和经济快速发展引发的资本过剩可能促进国际城市中央商务区住房的投资性供给及相关服务业的扩张。

四 知识与消费服务业的可持续发展：政策视角

政府政策对中央商务区规划运营、结构变化与服务业全球化尤为重要。国际研究经验表明，服务产业的创新与制造业有别（Hipp & Grupp，2005；Florida，2006）。政府政策应该更加集中培育、促进与知识密集型商务服务相关的城市创新过程，及其相关公共物品的提供，这涉及高附加值人力资本的引进、创新能力培养、非物质信息和知识财富的保护、培养、激励机制。其中，澳中商贸合作在包括企业创立与创新、投资、基础设施联通、生命科学研发等（VSG，2018）领域成果丰富。墨尔本案例表明，产业转型中城市中央商务区服务产业多元化和产业活力提升，十分需要当地政府的创新管理、激励与融资（City of Melbourne，2014；2019）。

墨尔本中心区的条件优越、宜居性高，将当地区域发展与人口（移民）情况、旅游服务等有机结合起来，充分考虑了文化背景、身份个性差异以及产业特征，在基础设施供给方面较好地平衡了生产、居住和消费的多方需求（习希德等，2017）。中央区注重商业物业和服务业的可持续性，例如倡导资源再利用、环境保护和新能源开发，通过紧凑型土地使用、街区绅士化和棕地再开发提高了城市资源的使用效率，有助于实现紧凑型城市的愿景和策略（Wilkinson et al.，2009；Woodcock et al.，2010；BITRE，2011；Shaw，2013；VSG，2017；Nethercote，2019）[①]。

墨尔本中心区政府十分强调发挥政府自身功能和影响，它比都市区其他区政府对服务业及全球层面的招商引资更为积极主动，起到包括"推动、领导、合作、支持"等四大作用（City of Melbourne，2014）。与此同时各级政府也注重营造和推广墨尔本的国际形象。

至少自20世纪70年代开始，墨尔本中心区政府和州规划部门即针对中心商务区高效运作和发展制定战略规划（Berry，1974；Interplan，1974；MMBW，1981）。近年来墨尔本市政府制定了《2017~2050战略规划》，市中心专业化发展布局规划已逐步出现（BITRE，2011；VSG，2017；City of Melbourne，2009、2019）。

以上内容表明，长期以来，墨尔本通过推进类型全面的基础设施系统建设，吸引了当地和全球的人力资源。为确保墨尔本中央商务区这些长期积累形成的基础财富和社会服务的延续性，为实现产业聚集、结构灵活和与全球接轨，各级政府制定了有效政策，促进了知识产业、金融资产、不动产和人力资源等服务产业的可持续发展。

五 结语

澳大利亚是一个城市区域经济一体化程度较高的国度（Sigler et al.，

---

① 笔者关于广州中央商务区（珠江新城）的建设和形成的研究也反映了本文国际城市与中国城市化及转型研究的相关性（Wu & Reed，2007）。

2016）。本文讨论了墨尔本中央商务区服务业扩大开放方面取得的进展、存在的问题、政策实施，着重讨论了其服务业开放的重点领域和主要途径。近年来墨尔本服务产业结构发生了变化，高附加值的知识产业和基本服务产业空间分离趋势明显，对中央商务区组成结构和运作影响显著。具有高附加值的知识产业和基本服务产业的"中心－边缘"城市空间结构已逐渐在墨尔本都市区出现。城市中心商务区除附属服务业外，主要由知识创造及相关服务产业构成。市中心学生住房和高密度公寓的快速发展印证了与本地和国际消费投资需求挂钩的知识科研和教育服务产业的形成（Fincher & Shaw, 2009; Buera & Kaboski, 2012; RBA, 2017; Nethercote, 2019），对中国市区教育服务业发展有借鉴意义。

笔者认为：（1）中央商务区的地位和特征与它所能提供生产所需的市场信息和知识资本有关，墨尔本知识产业和服务业显然具有国际化特征。（2）墨尔本中央商务区服务产业化和国际化，与其城市历史的延续、工业结构、生产策略、州/本地政府规划和区划政策紧密相连。（3）中央商务区完善的基础设施和服务体系是支持墨尔本服务产业化、高科技化、全球化的重要保障。

中国大型城市存在多中心并行发展的现象，反映了国际旅游服务、商业创新以及城市内部多元文化移民需求的快速增长（Selvarajah & Masl, 2011）。中央商务区开始拓展高密度、高质量住房、学生住宅、科研、科技开发服务业。发展中国家在城市发展与知识开发方面，强调通过城市规划加强城市核心经济的地位（Dinggel et al., 2019）。中国作为连接发达和发展中国家的过渡国家，有必要从这些角度考虑知识服务产业和（城市）中央商务区的互动和政策制定。除对区内政治经济进行分析以外，还应研究相关制度和企业组织的特征和变迁并进行相关实证分析。

考虑到不同政体与文化氛围内的行业策略与政策适用性问题，笔者希望结合墨尔本服务业国际化的经验对中国城市中央商务区发展提供启发。第一，国家与政府的规划管理功能对促进中央商务区服务业发展和全球化将起到重要作用，并能有效协调和管理社会经济、空间结构以及制度变迁中产生的社会成本。第二，本地活动有可能产生全球性影响，因而中央商务区的战略规划应采取透明与稳定并重的原则。政策应关注全球范围发达与发展中国家的中心-边缘区位的相互联系，否则，与弗里德曼等的世界城市假说理论遥相呼应："纯技术方案最终只会为拥有权力者的利益服务"（Friedmann & Wolff，1982）。第三，2020年初开始的全球公共健康危机对未来墨尔本中央商务区的多维运作、可持续发展和结构变迁将产生巨大影响，我们也需对未来政府规划、政策制定、城市建设、基础设施投资运营等进行反思。

参考文献

习希德、吴昊、李翔：《墨尔本的城市宜居性》，《上海城市规划》2017年第136期。

徐子沛：《大数据：数据革命如何改变政府、商业与我们的生活》，中和文化出版社。

Alcácer, J. and Chung, W. (2007). Location Strategies and Knowledge Spillovers. *Management Science*, 53 (5), 760–776.

Audretsch, D. B. and Feldman, M. P. (2004). Knowledge Spillovers and the Geography of Innovation. Ch. 61, *Handbook of Regional and Urban Economics*, 4, J Henderson and J Thisse eds., 2714–2739, Elsevier B. V.

Beer, A., Bentley, R., Baker, E., Mason, K., Mallett, S. & Kavanagh, A. (2016). Neoliberalism, Economic Restructuring and Policy Change: Precarious Housing and Precarious Employment in Australia. *Urban Studies*, 53 (8), 1542–1558.

Berry, B. J. L. (1974). The Economics of Land-use Intensities in Melbourne, Australia. *Geographical Review*, 64, 479–497.

BITRE. (2011). Population Growth, Jobs Growth and Commuting Flows in Melbourne. *Research Report 125*. Bureau of Infrastructure, Transport, and Regional Economics, Canberra.

Buera, F. J. and Kaboski, J. P. (2012). The Rise of the Service Economy. *American Economic Review*, 102 (6), 2540–2569.

City of Melbourne. (2019). *Council Plan 2017–2021*. The City of Melbourne Council,

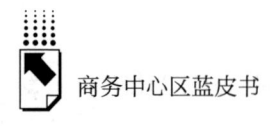

Melbourne.

City of Melbourne. (2014). A Knowledge City Strategy: Strengthening Melbourne's Knowledge Sector through Collaboration 2014 – 18. The City of Melbourne Council. Melbourne.

City of Melbourne. (2009). Transforming Australian Cities: for a More Financially Viable and Sustainable future. City of Melbourne and Victorian Department of Transport. Melbourne.

Coffey, W. J., & Shearmur, R. G. (2002). Agglomeration and Dispersion of High – order Service Employment in the Montreal Metropolitan Region, 1981 – 1996. *Urban Studies*, 39 (3), 359 – 378.

Combes, P. and Gobillon, L. (2015). The Empirics of Agglomeration Economies. Ch. 5, Handbook of Regional and Urban Economics, 5A, J Henderson and J Thisse eds., 247 – 348, Elsevier B. V.

Edgington, D. W. (1982a). Organisational and Technological Change and the Future Role of the Central Business District: An Australian Example. *Urban Studies*, 19, 281 – 292.

Edgington, D. W. (1982b). Changing Patterns of Central Business District Office Activity in Melbourne. *Australian Geographer*, 15 (4), 231 – 242.

Fincher, R. and Shaw, K. (2009). The Unintended Segregation of Transnational Students in Central Melbourne. *Environment and Planning A*, 41, 1884 – 1902.

Florida, R. (2012). *The Rise of the Creative Class, Revisited*. Basic Books, New York.

Florida, R. (2006). The Flight of the Creative Class: the New Global Competition for Talent. *Liberal Education*, 92 (3), 22 – 29.

Florida, R. (2005). The Creative Spirit of Docklands, in: J. Keeney (Ed.) Waterfront Spectacular: Creating Melbourne Docklands: the People's Waterfront. Roseville, NSW: ETNCOM.

Friedmann, J. (1986). The World City Hypothesis. *Development and Change*, 17 (12), 69 – 83.

Friedmann, J. and Wolff, G. (1982). World City Formation: An Agenda for Research and Action. *International Journal of Urban and Regional Research*, 6 (3), 309 – 344.

Fujita, M. (2007). Towards the New Economic Geography in the Brain Power Society. *Regional Science and Urban Economics*, 37, 482 – 490.

Gabe, T. & Abel, J. R. (2011). Agglomeration of Knowledge. *Urban Studies*, 48 (7), 1353 – 1371.

Henderson, J. V. (2007). Understanding Knowledge Spillovers. *Regional Science and Urban Economics*, 37, 497 – 508.

Hipp, C. and Grupp, H. (2005). Innovation in the Service Sector: the Demand for Service-specific Innovation Measurement Concepts and Typologies. *Research Policy*, 34, 517 – 535.

Hurley, K. (2015). *The Melbourne Story: An Analysis of the City's Economy Over the 2000s*. Ph. D. Thesis, Victorian Institute of Strategic Economic Studies, Victoria University, Melbourne.

Iammarino, S. and McCann, P. (2006). The Structure and Evolution of Industrial Clusters: Transactions, Technology and Knowledge Spillovers. *Research Policy*, 35, 1018 – 1036.

Interplan. (1974). *City of Melbourne Strategy Plan*. City of Melbourne, Interplan Pty Ltd., Melbourne.

Korff, R. (1987). The World City Hypothesis: A Critique. *Development and Change*, 18 (3), 483 – 493.

Mees, P. (2000). *A Very Public Solution: Transport in the Dispersed City*. Melbourne University Press, Melbourne.

MMBW. (1981). *Metropolitan Strategy Implementation*. Melbourne and Metropolitan Board of Works, Melbourne.

Nethercote, M. (2019). Melbourne's Vertical Expansion and the Political Economies of High – rise Residential Development. *Urban Studies*, 56 (16), 3394 – 3414.

Rosewall, T. and Shoory, M. (2017). Houses and Apartments in Australia. Reserve Bank of Australia Bulletin, June Quarter. Canberra.

Sandercock, L. and Dovey, K. (2002). Pleasure, Politics, and the "Public Interest": Melbourne's Riverscape Revitalisation. *Journal of the American Planning Association*, 68 (2), 151 – 164.

Savills. (2019). Tech Cities in Motion: the Cities at the Forefront of Global Tech. Savills Research, 1 – 9.

Selvarajah, C. and Masli, E. K. (2011). Ethnic Entrepreneurial Business Cluster Development: Chinatowns in Melbourne. *Journal of Asia Business Studies*, 5 (1), 42 – 60.

Shaw, K. (2013). Docklands Dreamings: Illusions of Sustainability in the Melbourne Docks Redevelopment. *Urban Studies*, 50 (11), 2158 – 2177.

Sigler, T., Searle, G., Martinus, K. & Tonts, M. (2016). Metropolitan Land – use Patterns by Economic Function: A Spatial Analysis of Firm Headquarters and Branch Office Locations in Australian cities, *Urban Geography*, 37 (3), 416 – 435.

Sigler, T. J., Searle, G. & Martinus, K. (2018). Industrial Location and Global Restructuring in Australian Cities. *Australian Geographer*, 49 (3), 365 – 381.

VSG. (2017). *Plan Melbourne 2017 – 2050: Metropolitan Planning Strategy*. https://planmelbourne.vic.gov.au/home. The State of Victoria Department of Environment, Land, Water and Planning.

VSG. (2018). *Investing in Victoria*. The Victorian State Government, Melbourne.

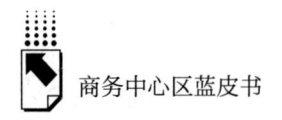

invest. vic. gov. au.

Watkins, A. (2014). The Spatial Distribution of Economic Activity in Melbourne, 1971 – 2006, *Urban Geography*, 35 (7), 1041 – 1065.

Watkins, A. (2009). The Dynamics of Urban Economies: Melbourne 1971 to 2006. *Urban Studies*, 46 (8), 1553 – 1576.

White, Michelle J. (1999). Urban Areas with Decentralized Employment: Theory and Empirical Work. In Cheshire & Mills (Eds.), *Handbook of Regional and Urban Economics*, (3, Applied Urban Economics). Amsterdam: North Holland.

Woodcock, I., Dovey, K., Wollan, S. & Beyerle, A. (2010). Modelling the Compact City: Capacities and visions for Melbourne. *Australian Planner*, 47 (2), 94 – 104.

Wu, H. & Reed, R. (2007). Understanding Commercial District Development in Guangzhou: A Real Option Approach. *Proceedings of European Real Estate Society Annual Conference*, 1 – 11, London.

大　事　记
Memorabilia

B.19
2019年CBD发展大事记

一月

1月5日　宁波南部商务区组织园区各楼宇联络员开展楼宇信息管理系统的培训学习，为园区内商务楼宇建立一楼一档，为日常的楼宇经济整规和招商引资等工作提供可靠的信息共享平台。

1月11日　由南京河西CBD管理委员会指导，南京河西CBD商会主办的"筑梦河西　商行天下"2019南京河西CBD商会经济论坛暨年会盛典活动在南京建邺区圆满落幕。

1月14日　重庆解放碑CBD鲁祖庙片区获评市级风貌区。

1月14日　北京市外办、区外办、CBD管委会联合组织相关专家对区域国贸中心、银泰中心、北京财富中心、华贸中心、嘉里中心、世贸天阶、京广中心7个重点项目进行双语标识核查，积极推进区域双语标识改善提升。

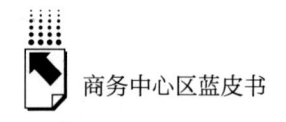

1月15日 欧洲科技商会考察团到宁波南部商务区考察参观。

1月18日至2月23日 首届新春民俗游园灯会在银川阅海湾CBD水上公园东岛举办。

1月21日 上海虹桥商务区党建服务中心举行长三角读书会成立仪式暨首场分享会。

1月23日 钱江新城CBD管委会领导与省发展规划研究院领导商议钱塘江流域产业功能定位相关事宜。

1月23日 郑州市政府观摩团观摩辖区深入推进"路长制"市容市貌大提升整治情况。

1月25日 上海虹桥商务区举办虹桥常年保税展示交易场所首批直销品牌签约入驻仪式。

1月28日 由西安市碑林区文体局、长安路CBD管委会、长安路街道办事处主办，长安路CBD建设发展有限公司、西安九步坊实业有限公司承办的为期5天的"西安年·最中国"九部坊民俗音乐节活动在南郭路·九部坊音乐街盛大开幕。

1月28日 北京电通广告有限公司税务关系迁入CBD。该企业隶属株式会社电通（日本最大的广告与传播集团，是日本乃至全球的知名品牌），注册资本200万美元。

1月 由钱江新城CBD管委会参与编制的《杭州市钱塘江流域保护与发展条例》列入市人大2019年立法正式项目。

1月 钱江新城CBD管委会获2018年杭州市"百千万"双十佳实践创新奖。

二月

2月3日 重庆解放碑CBD纽约大厦楼宇灯饰改造完成亮灯。

2月14日 郑州CBD管委会主任周军营会见中国（河南）自由贸易试验区郑州片区管委会常务副主任张秋云等人。

2月14日 中共江汉区委、江汉区人民政府组织开展"精致江汉，精彩军运"——走进武汉CBD活动，全区150余名领导干部走进汉江大道建设现场参观调研。

2月18～20日 广州天河CBD管委会组织调研团队赴上海，学习上海市政府与K11共同举办国际展览的合作模式和楼宇管理特色经验，探讨利用商业空间开展面向社会公众文化艺术展览的可行性，推动活力缤纷CBD建设，吸引国际展览来穗。

2月19日 钱江新城CBD管委会联合杭州市规划和自然资源局组织召开《杭州市钱塘江流域保护与发展条例（草案）》起草小组第一次工作会议。

2月25日 上海东方艺术中心联合上海自贸区陆家嘴管理局、陆家嘴金融城发展局推出两档高端艺术脱口秀《东方城市之光》。

2月27日 北京市CBD管委会联合市发改委、市工商联、市政务服务管理局及政策制定部门举办了北京市优化营商环境"9+N"2.0版政策解读会，邀请区域内国贸、英皇、普华永道、正大等近百家企业代表参会。

三月

3月1日 北京市领导陈吉宁等到北京CBD就国际化提升有关工作开展专题会，区领导王灏、马继业、李国红、刘海涛出席会议。

3月5日 北京市交通委主任李先忠到CBD地区调研，现场考察了CBD核心区中信项目周边道路、东大桥路南口改造、金桐西路慢行系统情况，并专题座谈研究了CBD地区交通综合治理工作，区领导刘海涛陪同。

3月6日 由吉林省委常委、延边州委书记姜治莹率领的延边州党政代表团来宁波南部商务区考察。

3月6日 上海市委常委、副市长陈寅召开上海虹桥商务区管委会工作会议。陈寅副市长充分肯定2018年商务区开发建设管理取得的成绩，并提出三点意见：一是准确把握新要求，努力实现新作为。二是聚焦重点任务，

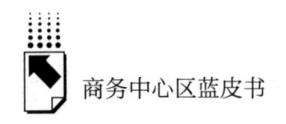

确保圆满高质量完成。三是加强统筹，形成工作合力。

3月7日 商务部台港澳司司长孙彤一行5人来访广州天河CBD，参观了花城广场和天河CBD数字化展厅，实地走访辖内澳门国际银行。

3月7日 央视大型纪录片《航拍中国》第二季广东篇首播，全篇播出时间45分钟，广州天河CBD片长4分钟（在全省所有县区级拍摄地中排名第一，超过了绝大部分地级市）。

3月7日 由南京河西CBD管委会和江苏股权交易中心主办，建邺科技创新创业金融服务中心、南京河西CBD商会协办的"创融江苏"常态化路演——新材料专场成功举行。

3月9日 广东省发展改革委到郑州CBD考察调研。

3月11日 广东省港澳办党组书记、主任廖京山及建设银行广东省分行副行长梁海燕到广州天河CBD的寰图办公空间和TIMETABLE精品联合办公空间调研天河推进粤港澳大湾区建设工作情况。

3月12日 上海浦东新区人才交流中心和陆家嘴金融城党建服务中心合作共建，将"人才服务直通车"开进陆家嘴金融城。

3月14日 上海虹桥商务区携长三角主要城市联手举办以"创新城市设计、塑造特色风貌"为主题的长三角城市雕塑、街具公共艺术创意设计大赛。

3月15日 上海市委常委、市委组织部部长于绍良到上海虹桥商务区党建服务中心、虹桥进口商品展示交易中心、上海虹桥商务区企业服务中心、上海虹桥商务区综合指挥平台等调研。

3月16日 长三角资本市场服务基地第十三期活动暨上海自贸区基金主题论坛在上海举行，本届论坛的主题是"聚焦自贸区，服务长三角，迎接科创板"。

3月18~21日 北京CBD管委会会同市政府研究室、市规自委、市城管委赴上海、杭州学习考察城市运行管理、产业发展、陆家嘴金融城、嘉会国际医院、钱江新城新一轮建设和城市管理等。

3月18~22日 由中国商务区联盟统一组织，西安碑林区长安路CBD

管委会副主任黄鑫带队赴上海虹桥商务区、深圳福田中央商务区，围绕"营商环境优化和高质量发展"主题开展学习调研。

3月18～22日 中国商务区联盟联合中国社会科学院城市发展与环境研究所组织商务区联盟成员单位共同赴上海陆家嘴金融城、上海虹桥CBD、南京河西CBD和深圳福田CBD，开展关于"营商环境优化和高质量发展情况"的调研。

3月19日 陆家嘴金融城理事会绿色金融专委会联合中国纺织工业联合会、世界自然基金会（WWF）在金融城启动智能化废旧纺织品资源化利用公共服务平台试点，从产业化和全价值链角度支持上海深化"垃圾分类就是新时尚"行动。

3月21日 中国社会科学院课题组及部分中国商务区联盟成员单位代表来南京建邺考察调研，围绕"营商环境优化和高质量发展"主题对河西CBD的建设发展进行研讨。

3月23日 GIADA大中华西南地区旗舰店在重庆解放碑CBD正式开业，GIADA 2019秋冬时装秀在解放碑中心广场举行。

3月26日 衢州市党政代表团到宁波南部商务区考察调研，宁波南部商务区管委会主任邱爱民就园区发展状况作了相关介绍。

3月26日 上海虹桥商务区管委会与淮安市政府签订全面合作协议。

3月26日 陆家嘴金融城·上格奖2019时尚科创周启幕。

3月26～29日 钱江新城CBD管委会副主任郑珊瑚带队考察珠海横琴岛新区、东莞松山湖高新园区和深圳前海深港现代服务业合作区。

3月28日 西安市市长李明远调研碑林博物馆和碑林历史文化街区、小雁塔历史文化片区综合改造项目建设情况并召开座谈会。

3月28日 北京CBD管委会组织召开2019年北京CBD楼宇工作布置会，会上发布了《CBD高精尖产业指导目录》。该目录共筛选出9个产业门类、29个产业大类、104个产业中类、183个产业小类，并根据目录选取代表性企业制定《高精尖招商引资目录》，作为商务楼宇开展招商租赁的指导性文件，指导楼宇精准招商。

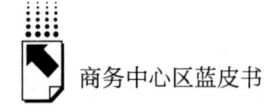

3月29日　武汉中央商务区组织编制的《商务区城市绿道框架体系设计》获武汉市自然资源和规划局技委会审议通过。

3月29日　万豪酒店集团旗下品牌喜来登酒店正式于银川阅海湾CBD开业，填补了阅海湾CBD五星级酒店的空白，引领CBD商务格局接轨国际，助推"银川都市圈"发展。

3月31日　新加坡新翔集团到郑州CBD辖区考察。

四月

4月2日　郑州市委常委、常务副市长，郑东新区党工委书记、管委会主任王鹏带队到郑州CBD金融岛调研无人公交驾驶站项目。

4月3日　太古（中国）有限公司董事一行考察郑州CBD。

4月7~11日　广州天河CBD管委会一行3人参加2019年迪拜国际投资年会，设置"中国广州天河"展位，召开专场推介会并获颁"最佳合作奖"。

4月12日　宁波国家广告产业园代表鄞州区，携手宁波南部商务区十余家优秀企业、幼稚服务平台一同参加2019年中国（宁波）特色文化产业博览会。

4月18日　商务部流通司副司长尹虹调研重庆解放碑步行街改造提升工作。

4月18日　宁波南部商务区管委会组织召开楼宇整规推进大会，园区各楼宇开发业主、物业经理、楼宇联络员、招商代理等160名代表参加本次大会。会议由宁波南部商务区管委会副主任陈维军主持。

4月19日　由河西CBD管委会主办的"器之美"陶者匠心——"我爱CBD"紫砂品鉴活动在同进文化广场党群服务中心拉开帷幕。

4月20日　台湾亲民党主席宋楚瑜一行39人到访广州天河CBD，参观了花城广场及数字化展厅，听取了改革开放40年广州的发展以及辖区内台商企业发展情况介绍。

4月22日　四川天府总部CBD与正大集团签署全面合作协议，正大集团将投资建设医疗健康产业中国总部及高端商业综合体项目。

4月23日　广州天河CBD管委会召开外资银行工作交流会，组织全市30家外资银行机构实地考察了天河中央商务区、周大福金融中心，并参与座谈交流。

4月23日　2019国际垂直马拉松系列赛事发布会暨2019年天河区"一区一品"启动仪式在广州周大福金融中心举行。

4月23日至5月4日　银川阅海湾CBD举办主题为"筑梦新时代载人航天，喜迎新中国七十华诞"的航天科普系列活动，与北京主会场纪念活动联动开展。

4月28日　重庆移动首个5G智慧生活体验馆在解放碑CBD金鹰财富中心亮相。

五月

5月3日　北京CBD城市森林公园实现开放。园区占地面积约18000m^2，是CBD区域首个以"城市森林"为设计理念的城市公园。

5月7日　法巴资管、荷宝资产、未来资产等10家境外知名资管公司与陆家嘴金融城签署合作备忘录，扩大在华业务。

5月9日　上海虹桥商务区海外贸易中心举行新加坡企业中心（上海）新址揭幕仪式。

5月9日　北京市朝阳区委书记王灏会见克诺尔集团中国区董事总经理韩竹钧，研究调度其中国总部入驻北京CBD事宜。

5月10日　第三届全球跨境电子商务大会在郑州CBD举办，亚马逊、易贝、阿里巴巴、网易考拉、京东、苏宁等60多家境内外知名跨境电商企业代表，来自国内和45个国家（地区）的1600余名客商汇聚于此，围绕跨境电商创新与合作深入探讨交流。

5月10日　中国移动北京公司与朝阳区签署协议，达成5G+战略合作

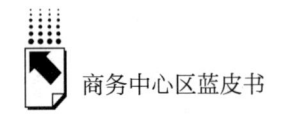

伙伴关系，将北京CBD区域作为5G商用示范首选地。

5月10~12日 2019重庆渝中国际咖啡文化节在解放碑CBD举行。

5月10日 上海虹桥商务区阿里中心开业。

5月13日 上海虹桥商务区管委会举行上海虹桥商务区产业园区、特色楼宇授牌仪式。

5月14日 上海市委书记李强到上海虹桥商务区调研，对商务区提出新的要求：第一，勇当服务长三角一体化发展国家战略的排头兵；第二，勇当持续办好进口博览会的主力军；第三，勇当打造国际一流营商环境的践行者。

5月15日 "知味杭州"亚洲美食节在杭州钱江新城CBD开幕。

5月16日 四川天府总部CBD生活性服务业品牌集中签约仪式成功举行。凯悦酒店、悦榕庄、言几又、太平洋影城等13个重大服务业品牌全面入驻。

5月16日 北京市朝阳区副区长李国红会见美国绿色建筑委员会（USGBC）全球总裁兼首席执行官马晗，并邀请马晗先生加入CBD楼宇联盟专家团，对CBD发展建言献策，共同推动商务楼宇绿色发展。

5月17日 通过5G网络和云平台下达的发车指令，郑州CBD龙湖智慧岛5G无人驾驶公交车发车，这标志着全球首条在开放道路上试运行的5G无人驾驶公交车开通。

5月17日 重庆解放碑CBD世贸大厦楼宇灯饰改造完成亮灯。

5月19日 商务部部长钟山调研解放碑CBD步行街改造提升试点工作。

5月27日 拉美主流媒体记者团一行17人到访广州天河CBD，参观了花城广场及数字化展厅。

5月28日 北京市朝阳区政协第十三届十四次常委（扩大）会议召开，会议围绕建设国际一流商务中心区、提升区域国际化水平进行专题议政。

5月28日 北京市CBD核心区中国人寿金融中心正式启用。项目位于CBD核心区Z13地块，总体量16.25万平方米，包括11.9万平方米的高品质写字楼及1万平方米的高端商业设施，是CBD核心区首个正式入驻的项目。目前，德勤、佳能（中国）已入驻办公。

5月29日 厦门市湖里区政协副主席、区重大办主任林世裕带领考察团到小雁塔历史文化片区学习考察城市有机更新方面的经验做法。

5月30日 北京中服大厦荣获LEED-EB（v4）铂金级认证，认证面积3.36万平方米。该项目于1995年竣工，是目前北京市获得该认证体系中建成最早的商务楼宇。

5月31日 全国首个中新互联互通旅游项目——中新（重庆）智慧旅游科技服务有限公司成功落户解放碑CBD。

5月30日 由南京河西CBD管委会主办的"上海·南京河西CBD基金业发展分享会"在上海成功举办。

5月 "2019活力缤纷CBD合唱大赛"在广州天河CBD正式启动，大赛以"唱响建国70周年"为主题，庆祝中华人民共和国成立70周年，歌颂改革开放以来我国取得的伟大成就。

六月

6月1日 上海市委常委会举行会议，专题研究浦东新区工作，审议通过《关于支持浦东新区改革开放再出发实现新时代高质量发展的若干意见》。

6月2日 青海省委一行到郑州CBD参观考察。

6月2~6日 北京市CBD管委会赴上海、青岛调研学习智能交通、智慧建造和智慧物流等工作，为核心区智慧化管理、智慧CBD建设提供了先进思路。

6月3日 国家发改委副主任罗文调研上海虹桥进口商品展示交易中心。

6月5日 由上海陆家嘴管理局主办的上海陆家嘴金融城国际咨询圆桌会举行，联合国环境规划署、联合国责任投资原则组织、国际可持续发展金

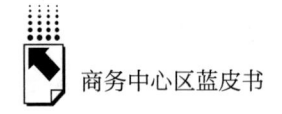

融中心联盟、英国碳信托、瑞再企商保险、德国国际合作机构、日本总研社（JRI）等世界各地的"洋高参"，为陆家嘴的发展贡献世界智慧，以全球视野发表专业见解，为"陆家嘴金融城如何对标国际最高水平、打造国际一流营商环境"贡献了诸多有价值的国际经验。

6月10日 中国电子商会跨境电商工作委员会正式入驻上海虹桥商务区，并召开第一届第四次理事会。

6月10~14日 北京市CBD管委会赴深圳、佛山、南通等地考察不锈钢蜂窝板加工技术领域标杆企业，详细了解加工工艺的整体流程，为核心区文化设施项目建设提供参考。

6月12日 重庆解放碑CBD在第五届中国楼宇经济峰会上荣膺"2018年中国楼宇经济十大活力中央商务区"称号，成为蝉联此殊荣届数最多的中央商务区。

6月18日 由南京河西CBD管委会主办，"C++青创空间"与小鹿创萌联合协办的"创享未来 智成卓越"云暨移动应用孵化平台联合路演活动在同进大厦七楼成功举办。

6月18日 四川天府CBD总部基地项目集中签约仪式和天府中央商务区总部基地建设启动仪式成功举行，招商局集团西部总部、新希望全球总部等30个项目集中签约，总投资1110亿元，天府总部商务区总部基地建设启动。

6月21~23日 广州天河CBD管委会参加第八届中国（广州）国际金融交易·博览会，并推介天河CBD营商环境。

6月23日 上海市副市长、上海虹桥商务区管委会主任许昆林带队到北京华贸中心考察，并召开座谈会。

6月24日 上海市副市长、上海虹桥商务区管委会主任许昆林一行到雄安新区参观考察，并召开座谈会。

6月25日 澳门媒体参访团一行17人来访广州天河CBD管委会，参观天河CBD数字化展厅和花城广场，邀请澳门国际银行广州分行介绍其在内地发展情况及服务港澳企业情况。

6月25~29日 "南京国际创新周"期间,河西CBD管委会邀请加拿大工程院院士肖惠宁先生作为南京建邺区重要嘉宾全程出席此次活动。

6月28日 北京市CBD核心区Z15地块项目正式命名为"中信大厦"。该项目东临金和东路,南临文化设施规划用地,西临金和路,北临光华路。总用地面积约11477平方米,总建筑规模约43.7万平方米,建筑高度528米,抗震等级为八级。在已建成建筑中其高度位列北京第一、中国第四、世界第八,是北京市地标性建筑。

6月 陆家嘴管理局、Plug and Play中国(PNP中国)和陆家嘴滨江中心签署三方合作协议,计划共建陆家嘴金融科技产业园——陆家嘴滨江中心基地。

七月

7月4日 为加强园区企业互联互通、信息共享,推动行业间组团发展,合作共赢,银川阅海湾CBD在银川喜来登酒店一楼大堂举办银川阅海湾CBD企业家联盟联席会,此次联盟联席会共邀请到总部、金融、商贸、文化产业、商会等50家企业代表。

7月5日 无锡市滨湖区政协主席刘洪兴一行到西安市碑林区长安路CBD考察楼宇经济、特色商业运营等情况。

7月6日 2019全国手工艺产业博览会暨非物质文化遗产传统技艺展在位于上海虹桥商务区的上海世界手工艺产业博览园开幕。

7月9日 商务部副部长王炳南来渝调研重庆解放碑CBD步行街。

7月11日 中国国新基金管理公司副总经理、首席战略官王志刚一行来南京河西CBD建邺区洽谈设立国新(新动能)新能源汽车及物联网投资基金有关事宜。

7月13日 北京CBD管委会与通州区运河商务区管委会签署合作协议,通州区新城中心区建设管理委员会与CBD企业中国国际技术智力合作有限

公司、威沃克办公服务（北京）有限公司（WeWork）、北京万达文化产业集团等企业签约，促进项目落地。

7月14日 北京市委书记蔡奇视察北京CBD城市森林公园建设情况。

7月22日 小雁塔片区指挥部在全区率先启用移动式建筑垃圾破碎机，实现了拆除建筑垃圾从"无处安放"到"循环利用"的蜕变。

7月22日 国家发展改革委副主任连维良带队赴北京市开展信用专题调研并召开座谈会，北京CBD作为北京市典型信用创新应用典范就CBD企业信用监管与信易租的有关情况进行汇报。

7月23日 北京市发改委组织市规自委、市住建委等20余家市级部门及CBD管委会，逐项研究北京CBD国际化提升三年行动计划市级部门牵头负责的重点任务，详细对接工作推进情况。

7月24~28日 上海虹桥商务区管委会和上海援克前方指挥部举办"进博商品走进克拉玛依暨克拉玛依2019年夏季进口商品交易展"活动。

7月31日 杭州市江干区考察团到访杭州（武林）CBD，考察团一行实地考察了坤和中心，就楼宇经济发展进行了深入讨论，并提出相互建设互动机制，取长补短，共同实现楼宇经济的繁荣发展。

7月31日 商务部服贸司副司长樊世杰等人到广州天河CBD调研数字服务贸易发展形势，实地走访天河CBD辖区内的企业酷狗音乐、汇量科技、奥飞娱乐，并参观天河CBD数字化展厅，听取天河CBD数字服务贸易发展情况介绍。

八月

8月7~9日 钱江新城CBD章云泉、郑珊瑚副主任带队赴雄安新区开展"未来城市"实践区产业发展和布局相关调研工作。

8月8日 河南自贸试验区金融专项服务体系建设工作座谈会在郑州

CBD召开。

8月8日 由南京河西CBD管理委员会主办，江苏省摄影家协会和南京市摄影家协会指导的2019河西CBD杯"锦绣建邺·大美河西"——寻找"最美城市客厅"摄影大赛颁奖典礼在紫金文创园1号楼1楼展厅隆重举行。

8月9日 北京CBD核心区Z14项目被正式命名"正大侨商中心"。该项目地上建筑规模31.6万平方米，为双塔结构，建成后将成为正大集团、世贸地产、卜蜂国际、金光纸业、玖龙纸业及华康资本等众多侨商企业的地区总部。

8月9日 上海虹桥商务区海外贸易中心举行巴西圣保罗州投资促进局上海代表处揭牌仪式。

8月12日 北京CBD核心区Z1a中期项目正式开工。该项目总建筑面积114100平方米，建设单位为中期国际投资管理中心有限公司，建成后将成为中国国际期货及金融衍生品交易中心。

8月15日 丰田金融服务（中国）有限公司落户北京CBD。

8月18~25日 北京CBD管委会领导赴德国、瑞典进行专题推介，多家意愿企业专门对北京CBD的未来产业发展方向进行咨询。

8月21日 宁波南部商务区管委会邀请浙江大学宁波校区——浙江大学宁波理工学院领导走进园区，围绕企业服务、党建创新、人才培养、产学研结合等开展深度调研，并签订校地共建战略合作协议。

8月21日 由上海现代服务业联合会为指导单位，上海现代服务业联合会金融科技服务专业委员会和《理财周刊》共同举办的"2019金融科技服务（上海）高峰论坛"在上海举行。

8月22日 重庆解放碑CBD管理委员会承办商务部全国步行街改造提升工作培训班。

8月24日 上海市委副书记、市长应勇到上海虹桥商务区调研。应勇强调：一是要贯彻落实长三角一体化发展规划纲要，二是要加快规划编制工作，三是要加强经济要素集聚，四是要以一流的城市形象和一流的服务保

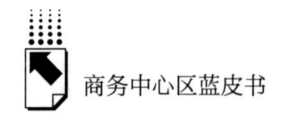

障，切实做好第二届进博会筹备工作。要进一步优化完善体制机制，为上海虹桥商务区新一轮建设发展保驾护航。

8月28日 上海虹桥商务区保税物流中心（B型）工程如期完成竣工验收。

8月29日 宁波市鄞州区人民政府办公室副主任许佳锋等一行10人来杭州（武林）CBD学习考察楼宇社区建设工作。

8月29日 鄞州区委组织部及宁波南部商务区管委会一行15人赴杭州钱江新城中央商务区党群服务中心及杭州未来科技城参观考察。

8月31日 2019垂直马拉松世界巡回赛北京CBD国贸站圆满结束。

九月

9月1日 2019中国（郑州）国际期货论坛在郑州CBD隆重举行。

9月2日 广州天河CBD管委会领导会见新任以色列驻广州总领事劳需乐先生，双方就天河CBD发展情况及营商环境，以色列企业在广州发展情况进行交流。

9月12日 约旦投资贸易推介会在上海虹桥商务区举行。

9月12日 上海虹桥海外贸易中心第二批海内外贸促机构集中入驻仪式在上海虹桥商务区举行，上海市副市长、上海虹桥商务区管委会主任许昆林出席。

9月12日 上海虹桥商务区管委会与上海证券交易所合作签约暨长三角资本市场服务基地虹桥分中心、上海股权托管交易中心中小企业培训中心暨融资路演基地揭牌仪式举行，上海市副市长、上海虹桥商务区管委会主任许昆林出席。

9月12日 上海临港新片区首批23个重点项目集中签约，总投资超过110亿元。

9月12~15日 杭州武林CBD开展"武林商圈go购够"抖音挑战赛，抖音号"武林商圈go购够"微话题突破2.2亿次的播放量；2019浙江国际进口（武林洋淘）博览会在杭州武林 CBD 成功举办。

9 月 13 日 "家国同圆"《我和我的祖国》献礼新中国成立 70 周年重庆站活动在解放碑 CBD 中心舞台举行。

9 月 16 日 宁波南部商务区商会与潘火街道商会签订友好合作协议，两家商会的合作共建将进一步发挥商会平台载体的作用，打造商会建设新样板。

9 月 18 日 金秋经贸洽谈会在南京国际青年会议中心召开，南京河西 CBD 管委会有 12 个项目参与签约，投资总额超 60 亿元。

9 月 20 日 云南省委书记陈豪、省长阮成发一行 100 人到广东学习考察，在广州天河 CBD 周大福金融中心俯瞰珠江新城全貌，听取广州市经济社会发展和城市建设规划管理情况介绍。

9 月 20 日 香港城市设计奖 2019 颁奖典礼在深圳前海举行，《天河 CBD 整体提升行动纲要》成果喜获"2019 年香港城市设计协会规划 & 概念类大奖"。

9 月 21～22 日 由陕西省体育局主办，陕西省举重摔跤柔道运动管理中心承办，碑林区长安路 CBD 管委会等单位协办的 2019 "一带一路"国际力量体能大赛在陕西省体育场朱雀广场精彩上演。

9 月 25 日 上海虹桥商务区保税物流中心（B 型）落成运营暨保税展销商品集中发布仪式在上海虹桥商务区举行。

9 月 25 日 北京 CBD 论坛方案通过区委常委会审议，北京 CBD 论坛将与德勤 2019 全球中国服务部年会结合，寻求向更加国际化、市场化、品牌化转型。

9 月 26 日 国家市场监督管理总局广告监督管理司委托第三方评估机构组成的专家组来宁波国家广告产业园区开展考核评估。

9 月 26 日 武汉 CBD 自动驾驶客车商业运营合作"三方"框架协议签约完成，深兰科技华中区域总部落户武汉 CBD。

9 月 27 日 为营造国际化、法治化、便利化的营商环境，以"软实力"更好地提升陆家嘴金融城总部企业参与国内国际市场的核心竞争力，在陆家

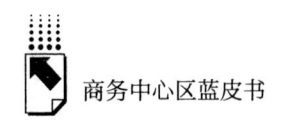

嘴金融城总部企业交流会上，陆家嘴总部经济促进会揭牌。

9月29日 2019虹桥国际美食节在上海虹桥商务区举行开幕仪式。

9月 南宁金湖CBD组建楼宇经济服务工作队，20名楼宇经济服务事务专员全部到位开展服务楼宇经济的专项工作。

十月

10月1日 郑州CBD如意湖水上旅游线路正式开通。

10月3日 由浙江省文艺界通力协作的"葵颂——大型雕塑影像展演"在杭州武林CBD的浙江展览馆前拉开帷幕，献礼新中国成立70周年。

10月10日 2019全国工商联主席高端峰会上，新希望集团董事长刘永好公开表示，新希望集团决定将全球控股总部落户四川天府总部CBD。

10月10日 上海自贸区陆家嘴管理局联合平安国际融资租赁有限公司赴云南省大理州鹤庆县开展"温暖金融城——金色阳光之路"公益活动，为当地金墩乡西甸村兴杰希望小学捐赠光伏发电站，用绿色分布式能源助力地方教育和乡村振兴的可持续发展。

10月12日 中国棋文化博览会开幕式活动在杭州钱江新城CBD举办。

10月12日 银川阅海湾CBD和丝路经济园区整合动员大会召开，会议明确两大园区正式整合，整合后更名为"银川阅海湾CBD管理委员会"。

10月13日 2019郑州国际马拉松赛在郑州CBD开赛，来自中国、美国、意大利、西班牙、俄罗斯、埃塞俄比亚、肯尼亚等32个国家和地区的2.6万名跑者参与此次活动。

10月17日 2019第二届郑州国际城市设计大会在郑州CBD隆重举行，来自国内外的专家学者、院士大师、建筑师、规划师、工程师等900余人参加了会议。

10月18~20日 杭州武林CBD积极参与筹备第六届中国（杭州）国际电子商务博览会，全面介绍下城商务发展新面貌，展现下城发展新成就。

10月25日 重百大楼、新世纪百货解放碑商都、千叶美术馆等11家商店，被授牌为离境退税商店。解放碑CBD步行街离境退税商店总数达到15家，约占全市一半，标志着解放碑步行街初步建成离境退税街区。

10月30日 2019北京CBD论坛在北京银泰中心举行，中国商务区联盟近40人参加了此次论坛活动。

10月31日 2019亚洲设计管理论坛暨生活创新展（ADM）在杭州武林CBD下城区杭锅老厂房正式启幕。展会以设计赋能产业，推动下城区会展经济快速发展。

10月31日 2019中国商务区联盟闭门会议在北京召开，四川天府总部CBD以全票通过表决成为中国商务区联盟正式会员，中国商务区联盟主席龙永图为四川天府总部CBD正式授牌。

10月31日 2019中国商务区联盟闭门会议在北京郡王府饭店-北京CBD国际论坛会议中心举办。

10月31日 由中国商务区联盟、中国社会科学院城市发展与环境研究所、社会科学文献出版社联合主办的中国商务中心区发展高峰论坛暨《商务中心区蓝皮书：中国商务中心区发展报告No.5（2019）》发布会在北京郡王府举行。

十一月

11月1日 中国商务区联盟组织联盟成员到北京三里屯太古里商圈及文化三里屯项目进行参观考察。

11月3日 2019郑州龙湖国际半程马拉松赛在郑州CBD开赛。

11月4日 首届陆家嘴国际再保险大会在陆家嘴金融城开幕。

11月5~10日 第二届中国国际进口博览会在上海虹桥商务区国家会展中心举行。

11月6日 重庆解放碑CBD步行街亮相第二届中国国际进口博览会。

11月8日 渤海银行南宁分行落户南宁金湖CBD并正式开业，这是该行在西南边疆少数民族地区设立的首家一级分行，也是入驻广西的第10家

全国性股份制商业银行。

11月8日 在"陆家嘴：中国链接全球的重要力量"活动中，全球最大的工业及物流地产运营商普洛斯、瑞典医疗器械巨头医科达、国际四大会计师事务所之一德勤等12家知名企业与上海自贸区陆家嘴管理局签署重点项目合作协议。

11月9日 2019武林大巡游在杭州武林CBD延安路火热启幕，掀起一轮全新的商业文化狂欢。

11月10日 向上马拉松2019中国公开赛郑州站比赛在郑州CBD举行。

11月10日 2019中日先进医疗与新药研发高峰论坛暨成果转化大会在成都举行，日本医学创新转化研究中心（TRI）中国总部落户四川天府总部CBD。

11月12日 日本三石事务所到郑州CBD考察。

11月14日 北京市人力资源和社会保障局、朝阳区人力资源和社会保障局、北京商务中心区管委会联合举办"2019年企业年金主题宣传季——北京CBD专场"。

11月15日 北京市人大常委会组织部分委员代表赴CBD区域，围绕推进重点区域国际语言环境建设，提升服务软实力，进一步优化营商环境，调研北京CBD区域国际语言环境建设情况。

11月20日 武汉CBD管委会组织召开商务区地下交通环廊和综合管廊移交管理体制研讨会。

11月21日 广州天河CBD管委会领导会见阿联酋驻广州副总领事阿卜杜勒哈基姆·沙姆希、阿联酋经济部投资年会总干事瓦利德·法加尔，双方就开展相关合作进行了座谈。

11月21日 "2019第四届陆家嘴金融城全球金融风险管理会议"在沪举行。会上发起设立了"陆家嘴金融与风险管理国际交流平台"并发布了"金融风险管理国际交流产学研合作陆家嘴倡议书（备忘录）"。

11月22~26日 2019浙江农业博览会（产品展销区）在杭州武林CBD下城区杭州和平国际会展中心成功举办。活动期间现场销售总额超3

亿元,意向订货总额超 70 亿元。

11 月 28 日 2019"活力缤纷 CBD"系列活动成果展演在广州天河 CBD 正佳剧场成功举办。"活力缤纷 CBD"总参与人数近万人,线上参与数十万人次,吸引近百名外籍人士加入。

11 月 28 日 全国首创的"业界共治"平台组织——陆家嘴金融城理事会发起成立"陆家嘴金融城理事会党建联建平台",交通银行、华宝基金、中国人寿等 16 家单位、机构作为首批成员,将发挥各自资源优势、资源特色,共同打造陆家嘴金融城跨界多元的党建联建阵地。

11 月 30 日 江苏省政府投资基金集聚区启用暨入驻河西 CBD 企业合作签约仪式在南京建邺区举行。

十二月

12 月 3 日 由南京市发改委、建邺区人民政府共同主办,南京河西 CBD 管理委员会、市低碳城市建设管理中心、南京五瑞完全生物基降解新材料创新研究院联合承办的《治理塑料污染行动》南京峰会在南京国际博览中心钟山厅召开。

12 月 4 日 武汉中央商务区组织编制的《商务区社会配套和服务专项规划》获武汉市自然资源和规划局技委会审议通过;下一步将纳入武汉市规划"一张图"系统,将指导武汉 CBD 公共配套服务设施规划建设,进一步优化武汉 CBD 公共服务供给功能。

12 月 6 日 中国武汉人力资源服务产业园揭牌仪式暨人力资源服务产业园创新发展研讨会在位于武汉 CBD 举行。

12 月 9 日 2019 商务区高质量发展会议在江汉区武汉 CBD 召开,中国商务区联盟成员单位代表、相关领域专家、江汉区委区政府相关负责人及辖区企业代表齐聚一堂,以"2019 商务区高质量发展"为主题,共同探讨 CBD 的高质量发展路径,理清武汉 CBD 未来发展思路,并为城市的长远规划建设明确方向。

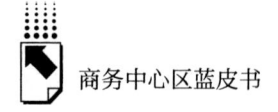

12月10日 重庆解放碑CBD管理委员会联合区委组织部、区人社局共同承办2019重庆（渝中）人力资源峰会，该峰会系全市首个人力资源峰会。

12月12日 河南－粤港澳大湾区青年创业项目交流会在郑州CBD成功举办。

12月16日 PTA、甲醇期权在郑州CBD的郑州商品交易所上市。

12月19日 "弈动长安·传梦棋航"2019年"一带一路"世界女子国际象棋大师巅峰赛暨青少年选拔挑战赛在西安建国饭店举行。比赛由中国国际象棋协会、陕西省体育局主办，陕西省社会体育管理中心、西安市体育局、碑林区人民政府承办，碑林区文化和旅游体育局、长安路CBD管委会等单位协办。

12月20日 乌拉圭驻重庆总领事馆开馆，解放碑CBD外国驻渝总领事馆达到11个。

12月24日 "2019年能源互联网高端论坛"在郑州CBD举办。

12月28日 由法制日报社、南京市地方金融监督管理局、南京市建邺区人民政府联合主办，南京河西CBD管理委员会、南京市建邺区地方金融监督管理局协办，主题为"守护金融安全，加速区域融合"的"2019泛长三角区域金融中心发展论坛"在江苏南京举行。

12月30日 南京市建邺区河西CBD新的社会阶层人士联合会在河西中央商务区（北部）企业党群服务中心召开成立大会，标志着"河西CBD新联会"正式成立。

12月31日 银川阅海湾CBD"5G阅海湾，点燃王者梦"第二届悦游杯电竞大赛，在全球汇一楼正式拉开大幕。

Abstract

From a global perspective, economic servitization and service globalization are the important trends of world economic development. The opening up of service industry has a profound impact on a country's economic development level and international competitiveness. In the new era, how to continuously deepen the opening up of service industry, deeply participate in the reconstruction of global service value chain, and enhance the international competitiveness of China's service industry are the important directions of CBD development.

"China Business Center Development Report No. 6 (2020)" (hereinafter referred to as "the report") takes "CBD: leading the expansion of China's service industry" as the theme, based on the change of international trade pattern, the strategic background of China's comprehensively deepening reform and expanding opening up, accurately studies and judges the development trend and rule evolution trend of global service industry and service trade in the future, and systematically analyzes the national expansionthe key areas and policy trends of service industry opening; combing and summarizing the progress, existing problems and policy needs of CBD in service industry expansion, research and put forward the key areas and main ways of CBD to expand the service industry opening, and put forward relevant countermeasures and suggestions. The overall framework of the report includes seven chapters: comprehensive, key areas, innovation and development, system and mechanism, domestic experience, international experience and CBD development memorabilia.

The report points out that with the deepening of reform and opening up, China's service industry has been deeply integrated into the global economy. As an important gathering area of service industry, CBD always adheres to the principle of reform first, opening first and innovation first. The opening structure of service industry is constantly optimized, and the scale of utilizing foreign capital continues to expand; the scope of opening-up continues to expand, and the emerging service formats continue to innovate; and the opening institutional environment is gradually completed Good, the formation of multiple dislocation open pattern, effectively enhance the status of "China service" in the global value chain. However, influenced by the overall environment of relatively high barriers to the opening up of China's service industry and the lagging process of liberalization, there is still a big gap between China's CBD and the world-class CBD in terms of the structure, fields and rules of opening-up of the service industry. At the same time, it is facing many risks and challenges brought about by global economic and trade frictions. The first is the risk challenge brought about by the change of the global economic and trade pattern; the second is the potential risk contained in the imperfect laws and regulations of China's service trade; the third is that there is still a gap between the convenience of trade and investment and the international leading level; the barriers to foreign investment in some service industries are still high; fourth, the opening structure of service industry needs to be optimized and improved. In the future, CBD will bear more arduous responsibilities and missions in promoting the opening up of China's service industry and participating in a new round of economic globalization.

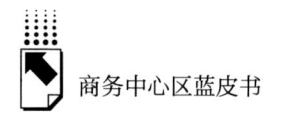

The report points out that with the deep adjustment of the world economic and trade pattern and the accelerated rise of the fourth industrial revolution, it has become an important trend of global service industry opening up to promote the innovative and integrated development of service trade with digital technology, promote the high-level opening of service industry by institutional opening, and shift from single growth goal oriented to balanced economic and social development. As the forefront of China's service industry opening, CBD should closely follow the new trends and opportunities of global economic and trade development, strengthen the institutional opening of service industry, explore the opening of emerging service industry in multiple dislocation; adhere to the two-way opening to the domestic and external, accelerate the formation of international and domestic "dual cycle" development engine; focus on optimizing the international business environment, and comprehensively improve the water of service trade facilitation We should improve the mechanism for promoting the opening up of the service industry in an all-round way, accelerate the integration of the service industry with the international advanced systems and rules on a larger scale, deeper level and higher standards, and create a front position for China's opening up in the new era.

Keywords: CBD; Service Industry; Opening-up; Service Trade; Business Environment

Contents

I General Reports

B. 1 Deepen the CBD Service Industry, Expand the Opening-up, and Create the Front Position of Opening up

General Report Writing / 001

Abstract: With the deepening of reform and opening up, China's service industry has been deeply integrated into the global economy. As an important gathering area of service industry, CBD always adheres to reform first, opening up first and innovation first. The opening structure of service industry is constantly optimized, the scale of utilizing foreign capital continues to expand, the scope of opening-up is constantly expanding, and the opening system environment is gradually improved, which effectively improves the global value of "Chinese service" Status in the chain. However, there is still a big gap between China's CBD and the world's first-class CBD in terms of open structure, open areas and opening rules. Meanwhile, China's CBD is facing severe challenges brought by the deep recession of the world economy, the rise of trade protectionism and unilateralism, the normalization of epidemic prevention and control, the intensification of anti globalization trend, and the increase of uncertainty in the international economic and trade environment. In the face of the new situation and challenges, the report proposes that CBD should adhere to the two-way opening to the outside world and accelerate the formation of an engine of "double cycle" development at home and abroad; increase the institutional opening-up of service industry, explore the opening-up of emerging service industry through multiple dislocation; focus on optimizing the international business environment and comprehensively improve the service trade facilitation level; improve the promotion mechanism of service industry opening in an all-round way, to build a front position of China's opening up in the new era.

Keywords: CBD; Service Industry; Opening-up; Service Trade ; Business Environmentt

B.2 China CBD Development Evaluation in 2019

General Report Writing / 045

Abstract: This paper focuses on the core of high-quality development, benchmarking the international first-class CBD standards, based on the basis of China's CBD development, from the quality of economic growth, innovation and development vitality, the level of opening up, high-quality business environment, CO governance and sharing atmosphere, 25 CBD of China Business District Alliance are quantitatively evaluated. The evaluation results show that in 2019, China's CBD economic benefits will continue to improve, with prominent headquarters economic characteristics; the innovation ecosystem will be gradually optimized and the emerging economy will be booming; the international influence will be significantly enhanced with the continuous promotion of opening up; the business environment will be significantly optimized in accordance with the international common rules; the diversified co governance mode will be gradually improved, and the co construction and sharing atmosphere will be increasingly strong. Looking forward to the future, CBD should accelerate the opening-up of service industry, deep-seated reform and all-round innovation, and enhance the status of: in the global value chain.

Keywords: CBD; High Quality Development; Opening up; Business Environment

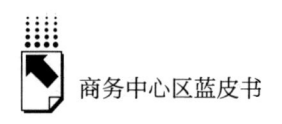

Ⅱ Key Areas Chapters

B.3　CBD in Service Trade: Current situation, Deficiencies and
　　　Countermeasures　　　　　　　　　　　　　　　*Zhang Yu* / 066

Abstract: Central business district (CBD) is an important platform and support for modern urban industrial agglomeration, while service industry is also an important pillar of urban development in the postindustrial era. Based on the reality of the development of China's service trade, this article analyzes the overall development trend of China's service trade by combining the historical trend and international comparison, and shows the roles that the CBD played in promoting the development of service opening and service trade through the cases of Shanghai Lujiazui, Beijing CBD and Guangzhou Tianhe CBD. By analyzing the advantages in promoting the development of service trade and the deficiencies in China's current CBD building, we puts forward some countermeasures and suggestions to promote the opening of CBD services and the development of service trade.

Keywords: CBD; Service Trade; Opening-up

B.4　The Current Situation, Problems and Measures of Opening
　　　up of CBD Financial Service Industry
　　　　　　　　　　　　　　　Wang Guangkai, Zhang Zhuoqun / 089

Abstract: The 2020 government work report further emphasizes that in the face of changes in the external environment, it is necessary to promote a higher level of opening up to the outside world and stabilize the basic market of foreign investment and foreign trade. As an important part of China's expansion of opening up, in recent two years, according to the principle of "fast rather than slow, early rather than late", the financial industry has made steady progress in opening up, with remarkable strength and effect. CBD, as an important space carrier of high-end service industry and a leader in the development of financial services, plays an important role in deeply implementing the national and regional financial opening policies, improving the overall opening level and promoting the development of financial industry. Meanwhile, there is still a big gap between the opening degree of CBD financial service industry and the realization of its own economic and financial development needs, and there is still a large room for improvement in the depth of opening, product supply and personnel training. In the next step, government should adhere to the pace and strength of opening up, further optimize the business environment, improve management capabilities, promote exchanges and cooperation, ensure that the opening-up is "attracting, staying and managing well", promote the overall competitiveness of CBD financial service industry, and effectively improve the level and efficiency of financial service real economy.

Keywords: CBD; Financial Service Industry; Opening-up

B. 5 Research on the Opening of CBD Cultural and Creative Industry　　　　　　　　　　　　　　*Qiu Xiaojie, Wang Yue* / 102

Abstract: Affected by the impact of the global financial crisis in 2008, countries around the world have taken cultural and creative industries as the focus of sustainable economic development and industrial diversification strategy, and the status of cultural and creative industries in international trade has been improved. An important functional feature of the Central Business District is openness, which is the region with the most active innovation and the highest concentration of high-end industries. The opening of CBD cultural and creative industries has a strong advantage. Firstly, this article has analyzed the status quo and problems of CBD cultural creative industry opening. Secondly, it has tapped the new kinetic energy of the opening of the CBD cultural and creative industry from the external drive and the internal motivation. Finally, it has proposed to accelerate the opening of the CBD cultural and creative industry.

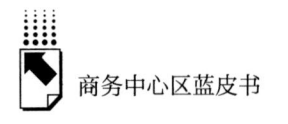

Keywords: Cultural and Creative Industry; CBD; New Kinetic Energy

B.6 The Current Situations, Problems and Countermeasures of the Development and Opening-up of CBD Science and Technology Service Industry　　　　*Zhang Zhuoqun* / 115

Abstract: CBD science and technology service industry is the key supporting industry to promote science and technology innovation. Since the reform and opening-up, the development of China's science and technology service industry has entered a rapid development stage after two stages of initial germination and orderly start. CBD science and technology service industry has entered the golden development period, compared with the first-class CBD in the world, The gap in development level is further reduced and the degree of internationalization is further improved. At the same time, we need to recognize that the development and opening-up of China's CBD science and technology service industry is facing problems such as innovation radiation capacity to be improved, international talent team building to be strengthened, and urban environmental quality to be raised. The government needs to promote the construction of innovation system and mechanism, the construction of international talent team and the construction of urban environmental quality to comprehensively improve the global radiation capacity, influence vitality and service charm of China's CBD science and technology service industry.

Keywords: CBD; Science and Technology Service Industry; Opening-up

Contents

Ⅲ Innovation and Development Chapters

B.7 Research on the Countermeasures to Promote the
　　 Development of CBD Digital Trade　　　*Zhou Ji, Li Peixu* / 128

Abstract: In recent years, the "digital revolution" set off worldwide has profoundly affected all aspects of economic society. Digital trade is a concept spawned by the deep binding of the digital economy and opening-up. It is a new form of trade that emerges from the close integration of information technology with trading methods and products. With the continuous expansion of the global digital trade scale and the development of globalization to a higher stage, the transformation and upgrading of the central business district (CBD) has ushered in new opportunities for achieving high-quality and sophisticated development. However, at this stage, the development of CBD digital trade is also faced with issues such as unclear industry boundaries, unclear management subjects, and other urban functional areas' competition against CBD in the field of digital trade. This requires CBD to actively adapt to the needs of digital development, further clarify its strategic positioning, standardize industry definition, improve policy systems, optimize infrastructure, improve the level of opening-up, release the digital dividend more widely, and comprehensively improve the quality and level of the development of the CBD digital trade.

Keywords: CBD; Digital trade; Opening-up

B.8 Research on Business Model Innovation of Cross Border
　　 E-Commerce in Central Business District　　　*Huang Jingxian* / 144

Abstract: with the continuous innovation and development of cross-border e-commerce business model in CBD, the cross-border e-commerce ecosystem has gradually become the trend of innovation and development. The cross-border e-commerce ecosystem of CBD is an innovation of business model based on enterprise capability development, and the international logistics supply chain is the main pain point of the cross-border e-commerce ecosystem in the CBD. We can learn from the successful experience of international express enterprise supply chain solution business model innovation, and promote China's excellent logistics enterprises to participate in the international market competition through streamlining administration and decentralization, so that the cross-border e-commerce ecosystem service system of the central business district can interact well in the global scope, and develop a higher-level open economy.

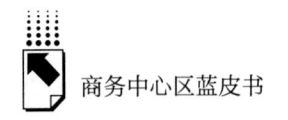

Keywords: CBD; Cross Border E-Commerce Ecosystem; Cross Border Express Logistics; Supply Chain Solutions

B.9 Research on the Path and Counter Measures of Promoting the Opening of CBD Intellectual Property Service Industry

Yuan Jinxing / 159

Abstract: The opening up of the service industry is the key content to promote the formation of a new pattern of all-round opening up in the new era. CBD is an important carrier for the development of high-end service industry in China, and intellectual property service industry is an important entry point to lead the service industry into globalization. Therefore, it is of great significance to accelerate the opening up of CBD intellectual property service industry. At the same time, we must face up to the CBD of intellectual property services of the existence of "going out" talent, platform, service level, the shortage of the industry chain and so on, mainly around the chain of international standards of service, service platform of opening to the outside world, the capital operation of the internal and external cooperation, improve the system, the platform system, organization system and service system, accelerate the CBD on intellectual property service industry opening to the outside world level, up the steps.

Keywords: CBD; Intellectual Property Service Industry; Opening-up

IV System and Mechanism Chapters

B. 10 Research on the Protection of Intellectual Property Rights in the Opening-up of CBD Service Industry *Niu Qiang* / 174

Abstract: Intellectual property protection is a hot issue in the negotiation of international trade rules and in the process of China's opening up. In the new situation of expanding the opening up process of service industry in CBD, the protection of intellectual property rights has new characteristics, and China should also have a new response. On the one hand, strict and pursuiting a higher level of intellectual property protection are not only the inevitable requirements of China's economic development, but also the practical needs of China's service industry to expand its opening up process and participate in the formulation of new service trade rules; on the other hand, CBD can gather resources such as intellectual property administrative enforcement, industry services, financing and insurance to provide assistance for the expansion of service industry opening up. It can also escort the domestic service industry to participate in international competition.

Keywords: Intellectual Property Protection; Expanding CBD Service Industry Opening Up Process; New Service Trade Rules; Intellectual Property Service Industry

B. 11 Research on Risk Prevention in the Process of Expanding the Opening of CBD Service Industry
Zhao Jiazhang, Liu Xuan and Su Ya / 189

Abstract: As the gathering place of enterprise headquarters, CBD leads the development direction of high-end service industries, such as business services, finance, commerce and trade. It is of great significance to promote the optimization and upgrading of service industry structure and expand the opening up of service industry. At present, China is actively promoting the opening-up of the service industry. The facts show that a series of opening policies have significantly improved the opening degree of China's CBD service industry and achieved positive results. This paper attempts to summarize the important measures and effects of expanding the opening of China's CBD service industry, and finds that there are risks such as trade security, market opening and financial supervision in the process of opening up China's CBD service industry. In view of these risks, the government should continue to strengthen the construction of risk prevention and guarantee mechanism, and enterprises should constantly improve the risk management and control policies, and actively promote the opening process of China's CBD service industry.

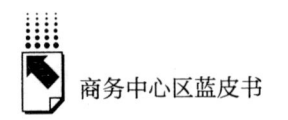

Keywords: CBD; Service Industry; Opening Wider; Risk Prevention

B.12 Construction of CBD International Talent System under the Demand of Service Industry Expansion and Opening
—*Analysis Based on the Theory of Two Factors*

Wu Xiaoxia, Huang Yan / 203

Abstract: As a city area with obvious international characteristics and high international influence, it is of great significance to build an international talent system of CBD to promote the expansion and opening of service industry. On the basis of clearly defining the connotation and characteristics of CBD international talent system, this paper analyses the status of CBD international talent system. Based on the Motivation-hygiene theory, the framework of CBD international talent system is proposed. Under the background of promoting the opening of service industry, some suggestions about the construction of CBD international talent system are put forward from hygiene factor and motivator factor.

Keywords: CBD; Opening; Motivation-hygiene theory; International Talent System

V Chinese Experience Chapters

B. 13 Open Innovation: an Analysis of the Practical Path of CBD Development in Beijing　　　　　　　　　*Zhang Jie* / 220

Abstract: the development practice of CBD in recent 100 years shows that the development process of CBD is the process of transformation, innovation and open development. This paper summarizes the development path of fpev composed of the basis, pillar, environment, vision and other theme clues of CBD transformation and development, and analyzes the open development and innovation practice of building high-end business district in industrial transformation, international service area in economic promotion, environment-friendly construction of intelligent ecological area, and innovation and innovation construction of innovation vitality area.

Keywords: Beijing CBD; Open Development; FPEV; Innovation Vitality

B. 14 Research on theCurrent Situation, Problems and Future Development Direction of Shanghai's Service Industry Opening　　　　　　　　　*Zhang Pengfei* / 235

Abstract: Lu Jia Zui and Hongqiao Business Districts have become two important poles in the growth of Shanghai's service industry. They have made remarkable achievements in financial technology, headquarters economy, exhibition economy and financial leasing. They are the reform profits brought by Shanghai's system innovation relying on the Pilot Free Trade Zone and the China I

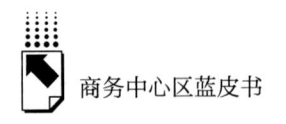

International Import Expo. At present, Shanghai takes the lead in the reform of the Pilot Free Trade Zone in China, takes the lead in implementing 100 items of opening to the outside world, and has successfully held two successive fairs, which have continuously optimized and improved the business environment of Shanghai's service industry. The impact of the COVID-19 on Shanghai's service industry is obvious, but it also stimulates the rapid development of online new economy. In the future, Shanghai needs to take Lu Jia Zui and Hongqiao Business Districts as the core areas, strengthen the linkage with the construction of the "five centers" and the integration development of the Yangtze River Delta, benchmarking with the international, and forming a number of benchmarking system innovation measures in expanding the opening up of the service industry.

Keywords: Lujiazui; Hongqiao Business District; Modern Service Industry; Opening

B.15 Research on the Construction of International Brand System of Lujiazui Financial City

Chen Xinlei, Zhou Haidong etc. / 250

Abstract: In the era of globalization, it has become an important way for a country or region to enhance its global competitiveness to create a regional brand with competitiveness and influence. Based on the comparative analysis of the brand building experience of international important financial centers, this paper quantitatively evaluates the advantages and disadvantages of the brand system construction of Shanghai Lujiazui Financial City, and puts forward relevant strategies to enhance the brand construction of Lujiazui International Financial City.

Keywords: Financial Center; Lujiazui Financial City; International Brand System

B.16　Practical Exploration and Strategic Choice of Service Industry
Opening in Tianhe CBD of Guangzhou
Wu Zhanyun, Zhang Shuangyue and Yu Binglei / 268

Abstract: Under the background of the national opening-up strategy and the construction of Guangdong, Hong Kong and Macao Bay, Guangzhou Tianhe CBD, as the leading area of export-oriented economic development in Guangzhou and even the Pearl River Delta, has become the headquarters center and high-end service center in South China after more than 30 years of development and construction, and the opening of service industry is in the forefront of China's CBD. This paper analyzes the practice and exploration of Tianhe CBD service industry, as well as the future development direction and strategic choice.

Keywords: Tianhe CBD; Service Industry Open; Guangdong Hong Kong Macao Bay Area

Ⅵ International Experience Chapters

B.17　The Openness and Internationalization of Financial
Services of the City of London　　*Wang Xiaoyang* / 282

Abstract: In the context of "One Belt, One Road" Initiative, the construction of CBD in China's first tier cities faces a fresh opportunity. In this paper, it attempts to examine and summarize the growth mechanism of London as a global financial centre by virtue of the perspective of financial geography, which is based on the case of the City of London's regeneration after the financial reform of 'Big Bang'. In a globalizing world economy, the definition of financial centre undergoes a shift along with the emergence of global production and financial network, which gradually highlights the flows and network between differential financial centers rather than an emphasis on financial agglomerations at the local scale by highlighting the characteristics of openness and internationalization. As a global leading financial centre, the City of London's mechanisms perfectly match the evolutionary of financial centre and contribute to the financial reinvention since 1980s. These mechanisms of financial centre growth probably provide some inspiration for the development of CBD in China.

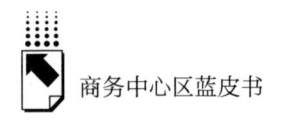

Keywords: London; CBD; International Financial Centre; Globalization; "Big Bang"

B. 18　Research on Service Industry Openingand Innovation Development in Melbourne CBD　*Wu Hao* / 296

Abstract: in the post industrial era, the rapid development of information and communication technology, the rapid formation of global service network and global value chain, the accumulation of human capital and emerging industries have led to sustained economic growth. In this context, the change of labor structure and the development of high value-added industries in Melbourne promote the sustainable growth of its urban economy, improve the quality of life of residents and enrich the tourism experience of visitors. This paper studies the service industry, spatial characteristics and policies of Melbourne central business district, and points out that there are internal logical relations between industrial development, spatial structure change and related policies and service industry globalization. The interaction between labor specialization and spatial structure in Melbourne has played a great role in driving service-oriented economic development, promoting industrial upgrading and accelerating global local economic integration, The perfect infrastructure and effective operation system of Melbourne CBD make it a world-famous knowledge service city.

Keywords: Melbourne; Central Business District; Service Industry; Globalization; Structural Transformation; Smart City

Ⅶ Memorabilia

B.19 Chronology of China's CBD in 2019 / 313

社会科学文献出版社

皮 书

智库报告的主要形式
同一主题智库报告的聚合

❖ 皮书定义 ❖

皮书是对中国与世界发展状况和热点问题进行年度监测,以专业的角度、专家的视野和实证研究方法,针对某一领域或区域现状与发展态势展开分析和预测,具备前沿性、原创性、实证性、连续性、时效性等特点的公开出版物,由一系列权威研究报告组成。

❖ 皮书作者 ❖

皮书系列报告作者以国内外一流研究机构、知名高校等重点智库的研究人员为主,多为相关领域一流专家学者,他们的观点代表了当下学界对中国与世界的现实和未来最高水平的解读与分析。截至2020年,皮书研创机构有近千家,报告作者累计超过7万人。

❖ 皮书荣誉 ❖

皮书系列已成为社会科学文献出版社的著名图书品牌和中国社会科学院的知名学术品牌。2016年皮书系列正式列入"十三五"国家重点出版规划项目;2013~2020年,重点皮书列入中国社会科学院承担的国家哲学社会科学创新工程项目。

中国皮书网

（网址：www.pishu.cn）

发布皮书研创资讯，传播皮书精彩内容
引领皮书出版潮流，打造皮书服务平台

栏目设置

◆ 关于皮书
何谓皮书、皮书分类、皮书大事记、
皮书荣誉、皮书出版第一人、皮书编辑部

◆ 最新资讯
通知公告、新闻动态、媒体聚焦、
网站专题、视频直播、下载专区

◆ 皮书研创
皮书规范、皮书选题、皮书出版、
皮书研究、研创团队

◆ 皮书评奖评价
指标体系、皮书评价、皮书评奖

◆ 互动专区
皮书说、社科数托邦、皮书微博、留言板

所获荣誉

◆ 2008年、2011年、2014年，中国皮书网均在全国新闻出版业网站荣誉评选中获得"最具商业价值网站"称号；
◆ 2012年，获得"出版业网站百强"称号。

网库合一

2014年，中国皮书网与皮书数据库端口合一，实现资源共享。

权威报告·一手数据·特色资源

皮书数据库
ANNUAL REPORT(YEARBOOK) DATABASE

分析解读当下中国发展变迁的高端智库平台

所获荣誉

- 2019年，入围国家新闻出版署数字出版精品遴选推荐计划项目
- 2016年，入选"'十三五'国家重点电子出版物出版规划骨干工程"
- 2015年，荣获"搜索中国正能量 点赞2015""创新中国科技创新奖"
- 2013年，荣获"中国出版政府奖·网络出版物奖"提名奖
- 连续多年荣获中国数字出版博览会"数字出版·优秀品牌"奖

成为会员

通过网址www.pishu.com.cn访问皮书数据库网站或下载皮书数据库APP，进行手机号码验证或邮箱验证即可成为皮书数据库会员。

会员福利

- 已注册用户购书后可免费获赠100元皮书数据库充值卡。刮开充值卡涂层获取充值密码，登录并进入"会员中心"—"在线充值"—"充值卡充值"，充值成功即可购买和查看数据库内容。
- 会员福利最终解释权归社会科学文献出版社所有。

卡号：576627843582
密码：（涂层）

数据库服务热线：400-008-6695
数据库服务QQ：2475522410
数据库服务邮箱：database@ssap.cn
图书销售热线：010-59367070/7028
图书服务QQ：1265056568
图书服务邮箱：duzhe@ssap.cn

S 基本子库
SUB DATABASE

中国社会发展数据库（下设 12 个子库）

整合国内外中国社会发展研究成果，汇聚独家统计数据、深度分析报告，涉及社会、人口、政治、教育、法律等 12 个领域，为了解中国社会发展动态、跟踪社会核心热点、分析社会发展趋势提供一站式资源搜索和数据服务。

中国经济发展数据库（下设 12 个子库）

围绕国内外中国经济发展主题研究报告、学术资讯、基础数据等资料构建，内容涵盖宏观经济、农业经济、工业经济、产业经济等 12 个重点经济领域，为实时掌控经济运行态势、把握经济发展规律、洞察经济形势、进行经济决策提供参考和依据。

中国行业发展数据库（下设 17 个子库）

以中国国民经济行业分类为依据，覆盖金融业、旅游、医疗卫生、交通运输、能源矿产等 100 多个行业，跟踪分析国民经济相关行业市场运行状况和政策导向，汇集行业发展前沿资讯，为投资、从业及各种经济决策提供理论基础和实践指导。

中国区域发展数据库（下设 6 个子库）

对中国特定区域内的经济、社会、文化等领域现状与发展情况进行深度分析和预测，研究层级至县及县以下行政区，涉及地区、区域经济体、城市、农村等不同维度，为地方经济社会宏观态势研究、发展经验研究、案例分析提供数据服务。

中国文化传媒数据库（下设 18 个子库）

汇聚文化传媒领域专家观点、热点资讯，梳理国内外中国文化发展相关学术研究成果、一手统计数据，涵盖文化产业、新闻传播、电影娱乐、文学艺术、群众文化等 18 个重点研究领域。为文化传媒研究提供相关数据、研究报告和综合分析服务。

世界经济与国际关系数据库（下设 6 个子库）

立足"皮书系列"世界经济、国际关系相关学术资源，整合世界经济、国际政治、世界文化与科技、全球性问题、国际组织与国际法、区域研究 6 大领域研究成果，为世界经济与国际关系研究提供全方位数据分析，为决策和形势研判提供参考。

法律声明

"皮书系列"(含蓝皮书、绿皮书、黄皮书)之品牌由社会科学文献出版社最早使用并持续至今,现已被中国图书市场所熟知。"皮书系列"的相关商标已在中华人民共和国国家工商行政管理总局商标局注册,如 LOGO( )、皮书、Pishu、经济蓝皮书、社会蓝皮书等。"皮书系列"图书的注册商标专用权及封面设计、版式设计的著作权均为社会科学文献出版社所有。未经社会科学文献出版社书面授权许可,任何使用与"皮书系列"图书注册商标、封面设计、版式设计相同或者近似的文字、图形或其组合的行为均系侵权行为。

经作者授权,本书的专有出版权及信息网络传播权等为社会科学文献出版社享有。未经社会科学文献出版社书面授权许可,任何就本书内容的复制、发行或以数字形式进行网络传播的行为均系侵权行为。

社会科学文献出版社将通过法律途径追究上述侵权行为的法律责任,维护自身合法权益。

欢迎社会各界人士对侵犯社会科学文献出版社上述权利的侵权行为进行举报。电话:010-59367121,电子邮箱:fawubu@ssap.cn。

社会科学文献出版社